V&R

Stephan Grätzel
Josef Größchen

Was soll ich tun?

Orientierungen
für den Ethikunterricht
der Oberstufe

Vandenhoeck & Ruprecht

Bibliografische Information der Deutschen Nationalbibliothek

Die Deutsche Nationalbibliothek verzeichnet diese Publikation in der Deutschen Nationalbibliografie; detaillierte bibliografische Daten sind im Internet über http://dnb.d-nb.de abrufbar.

ISBN 978-3-525-78001-5

Printed in Germany.
Layout: weckner media+print GmbH, Göttingen
Druck und Bindung: Quensen Druck+Verlag, Hildesheim-Lamspringe.

Gedruckt auf chlorfrei gebleichtem Papier.

Inhalt

Bedeutung der Farbcodierungen

- Ergebnisoffen
- Grundlegend
- Weiterführend
- Vertiefend

Was soll ich tun? – Orientierungen für das Leben

Liebe Schülerin, lieber Schüler,
werte Kollegin, werter Kollege,

das vorliegende Unterrichtswerk äußert im Titel eine Frage, die anerkanntermaßen als Grundfrage der Ethik gilt: „Was soll ich tun?". Der Zusammenhang geht auf Immanuel Kant zurück. Er hat die kritische Philosophie – im Unterschied zu einer dogmatischen – in ihrer Auseinandersetzung mit Grundfragen gesehen, die den Menschen in seinem Leben in geradezu drängender Weise beschäftigen. Die Frage „Was soll *ich* tun?" lenkt die Besinnung und Reflexion dabei auf das Handeln.

Reflektieren kann man lernen. Ein wesentliches Merkmal unseres Buches ist, dass es Anlässe zur Einübung in die Reflexion bietet. Reflexion soll zuerst als gemeinsame Reflexion erlebt werden. Zur gemeinsamen Einführung und Einübung braucht man Methoden, also Reflexionsmethoden. Wir unterscheiden zwischen Reflexionsmethoden, Fachmethoden und Methoden für die Arbeit mit Medien. Im Einleitungsteil führen wir exemplarisch vor, wie diese Methoden angewandt werden und was sie leisten können. Im Unterricht sind verschiedene Möglichkeiten des Umgangs mit diesem Einleitungsteil denkbar:

- Im ersten Jahr der Oberstufe könnte mit einer Methodeneinheit begonnen werden. Der Einleitungsteil wird dann entweder gemeinsam komplett im Unterricht besprochen oder zu Hause durchgearbeitet.
- Der Einleitungsteil könnte aber auch begleitend zum Unterricht gelesen werden, wenn sich die entsprechenden Fragen ergeben.

Ein weiteres Merkmal unseres Buches ist das Doppelseitenprinzip. Die Arbeitstexte stehen also nicht allein, sondern werden in einen möglichen unterrichtlichen Zusammenhang gestellt. Auf der linken Seite einer Doppelseite finden Sie häufig ein Bild mit Erschließungsfragen bzw. Arbeitsaufträgen, die in den theoretischen Text auf der rechten Seite einführen, die ihn problematisieren, vertiefen oder die Anlässe zur Reflexion bieten können. Entsprechend kann im Unterricht mit dieser linken Seite unterschiedlich verfahren werden:

- Sie kann als Vorbereitung zu Hause durchgearbeitet werden.
- Sie kann als Einführung in den Text im Unterricht besprochen werden.
- Sie kann ganz im Mittelpunkt des Unterrichts stehen.
- Sie kann für die Nachbereitung des Unterrichts herangezogen werden.

Ein Hinweis zu den Arbeitsaufträgen: Die Arbeitsaufträge sind einheitlich mit Hilfe von Operatoren formuliert. „Operatoren“ sind Verben, die durch folgende Tätigkeiten charakterisiert sind:

Operator	**Tätigkeit**
Beschreiben Sie [...] Stellen Sie dar [...] Geben Sie wieder [...]	Einen Text, einen Sachverhalt oder einen Bildeindruck in eigenen Worten wiedergeben.
Entnehmen Sie [...]	Die Bedeutung eines Begriffs mit Hilfe der Wortverwendung erläutern; die Bedeutung eines Satzes aus dem textlichen Zusammenhang erklären.
Informieren Sie sich [...] Recherchieren Sie [...]	Sich in einem Wörterbuch oder Lexikon informieren, im Internet nach Informationen suchen.
Erläutern Sie [...] Erklären Sie [...] Entwickeln Sie eine Argumentation für [...]	Einen Sachverhalt nachvollziehbar und verständlich machen.
Diskutieren Sie [...] Bewerten Sie [...] Nehmen Sie Stellung zu [...]	Zu einem Sachverhalt ein selbständiges und begründetes Urteil mit Hilfe des im Unterricht Gelernten formulieren.

Der Operator „Erläutern Sie [...]“ ist auch für die *Texterschließung* von Bedeutung. Im Abschnitt „Didaktische Orientierung“ wird gezeigt, welche Tätigkeiten im Einzelnen mit diesem Operator bei der Erschließung von Texten verbunden sind.

Die Arbeitstexte auf der rechten Seite stellen in den Abschnitten „Anthropologie“ und „Allgemeine Ethik“ einen Ausschnitt aus der Theorie des jeweiligen Denkers dar und im Abschnitt „Bereichsethiken“ einen Ausschnitt aus der jeweiligen aktuellen Diskussion. Die Fragen neben den Texten sollen die Erschließung dieser Texte erleichtern.

Darüber hinaus gibt es zu jedem Abschnitt einen einführenden Autorentext und einen Reflexionsteil.

An verschiedenen Stellen des Buches finden Sie Anregungen für weiterführende Aufgaben, für Referate, Facharbeiten o.ä. (z. B. in den Abschnitten zur Reflexion, aber auch im Zusammenhang mit den Erschließungsfragen/ Arbeitsaufträgen zu den Bildern).

Wir würden unser Buch gerne weiter verbessern und sind dabei auf Ihre Mithilfe angewiesen. Wir freuen uns über jede Rückmeldung, die Sie per E-Mail an die folgende Adresse schicken: ethik.schulbuch@v-r.de.

Mit dem Buch wünschen wir Ihnen viel Freude und hoffen, dass es seinem Anspruch genügen kann, sich mit Hilfe der Ethik im Leben zu orientieren.

Mainz, im November 2008

Stephan Grätzel
Josef Größchen

I. Einleitung

1. Sachliche Orientierung

Ethik kann sich heutzutage nicht mehr auf ein einziges Wertesystem – und sei es auch ein anerkanntermaßen moralisch hochwertiges – beziehen. Die Pluralisierung hat das Erlangen ethischer Kompetenz schwieriger gemacht. Sie verlangt neben der Kenntnis anderer Wertesysteme ein Verständniswissen oder eine hermeneutische Kompetenz, um Werte nicht nur aus der Perspektive des eigenen Systems, sondern auch aus der Perspektive des anderen Systems einschätzen und beurteilen zu können.

Kommen wir zunächst auf den Titel des Buches und sein Angebot einer Orientierung für das Leben zu sprechen: Orientierung ist nicht nur lebensweltlich, sondern auch philosophisch ein Grundbegriff. Eigenartigerweise ist dies bisher im Fach Philosophie wissenschaftlich nicht richtig gewürdigt worden. Eine Ausnahme bietet ein gerade erschienenes Buch des Greifswalder Philosophen Werner Stegmaier. In seiner über 800-seitigen Monographie *Philosophie der Orientierung* (2008) geht er dem Phänomen und Begriff der Orientierung auf den Grund. Ein wichtiger Hinweis findet sich im Vorwort. Dort heißt es:

„Um einen Stadtplan benutzen zu können, muss man sich schon einigermaßen in Städten und mit Stadtplänen auskennen, um einer Gebrauchsanweisung für ein technisches Gerät folgen zu können, muss man schon etwas von Technik und von Gebrauchsanweisungen verstehen, um von einem Rat guten Gebrauch machen zu können, muss man im Übrigen schon gut beraten sein. Orientierung setzt immer schon Orientierung voraus, Orientierung schließt immer schon an Orientierung an." (S. 16f.)

Die Frage: Was soll ich tun? dient der Orientierung. Orientierung ist aber nach dem gerade zitierten Text kein bloßes Umherschauen im Möglichen, sondern setzt schon Orientierungen voraus. Diese vorausgehenden Orientierungen ermöglichen es, das Angebot der aktuellen Orientierung brauchbar umzusetzen. Wenn unser Buch also Orientierungen für das Leben anbietet, dann greift es auch und zuerst auf gewisse vorausgegangene Orientierungen zurück, um daran anschließen zu können. Dieser Rückgriff ist hier aber nicht so zu verstehen, dass gewisse Vorkenntnisse erwartet würden, vielmehr versuchen wir, diese Voraussetzungen mitzuliefern. Wenn wir bei dem Beispiel des Stadtplans in Stegmaiers Buch bleiben, dann ist das vorliegende Buch nicht nur ein Plan und Wegweiser durch die Ethik, sondern es zeigt auch, wie Pläne und Wegweiser zu verstehen und zu gebrauchen sind. Orientierungshilfen sind schlecht bis unbrauchbar, wenn sie Kenntnisse voraussetzen, die dem Benutzer nicht zur Verfügung stehen.

In erster Hinsicht sind es die Menschenbilder und ihre philosophische Aufarbeitung, die als Orientierung für die Ethik maßgeblich werden. Hier gilt es zu klären, welchem Kontext sich der Mensch zuordnet und ob er sich ausschließlich *einem* Kontext zuordnet. Im Kapitel II mit dem Titel: Orientierungen in der Anthropologie: Wer bin ich – was ist der Mensch? wollen wir uns dieser Problematik zuwenden. Die Frage „Was soll ich tun?" geht deshalb zunächst von dem Bild aus, welches das Ich von sich selbst hat, von seinem Selbstbild. Das Selbstbild geht auf die Frage *Wer bin ich?* zurück. Diese Frage ist orientiert an der Grundfrage der philosophischen Anthropologie: Was ist der Mensch?

In der anthropologischen Orientierung stellen sich also folgende Fragen: Wie sieht sich der Mensch? Auf welche Aspekte achtet er? Wo sieht er sich verortet? Ist er Tier, Gott oder Maschine – legt er den Schwerpunkt auf seine tierischen, göttlichen oder mechanischen Anteile oder Funktionen? Je nachdem, wie hier die Antworten ausfallen, wird sich auch die Orientierung für das Handeln und für das Leben verändern.

Sieht sich der Mensch als Tier, dann wird er sich vorwiegend biologisch orientieren. Er wird dann wahrscheinlich auf gesunde Lebensweise und dabei besonders auf gute Ernährung, angemessene Bewegung oder Sport, eine ausgewogene Sexualität achten und überhaupt seine leibliche und medizinische Verfassung im Auge behalten.

Sieht sich der Mensch als Kind Gottes, als ein Wesen mit göttlicher Herkunft und göttlicher Bestimmung, dann wird er sich vorwiegend religiös und moralisch orientieren. Hier wird er darauf achten, sein Leben als Weg zu Gott zu begreifen und den religiösen Vorbildern nachzueifern. Insbesondere wird er die religiösen Bräuche beachten, umsetzen und üben und überhaupt eine gottgefällige Lebensweise führen.

Sieht sich der Mensch als Maschine, dann wird er sich eher mechanisch, vielleicht sogar chemisch-pharmakologisch orientieren. Er wird den Leib und alle Organe als Apparat begreifen und darauf achten, ihn dementsprechend zu behandeln und wie einen Apparat zu pflegen.

Diese Skizzen sind keineswegs erschöpfend, sie sollen nur den angesprochenen Grundsatz verdeutlichen helfen, dass eine Orientierung für das Leben auf unterschiedliche Menschenbilder zurückgreift. Deshalb sind Menschbilder grundlegend für die Behandlung der Frage: Was soll ich tun?

Die Anthropologie sucht aber nicht nur eine Antwort auf die Frage: Was ist der Mensch?, sondern auch auf die Frage: Wer bin ich? Hier stoßen wir auf eine philosophische Problematik, die nur zu lösen ist, wenn sich die Frage nach dem *Wer* kritisch mit der Frage nach dem *Was* auseinandersetzt. Die Frage nach dem *Was* ist immer eine Frage nach *Etwas*, nach einer Sache. Da das Selbst oder das Subjekt aber keine Sache ist, kann das Subjekt nicht nach dem Etwas, sondern muss nach der *Person* befragt werden.

Eine weitere Problematik stellt sich ein, wenn der Andere ins Spiel kommt. In Kapitel III: Orientierungen in der Allgemeinen Ethik wird dieser Problematik Rechnung getragen. Der Mensch erfasst und versteht sich nicht nur im Verhalten zu sich als Subjekt, sondern auch im Verhältnis zu Anderen. Hier liegt insbesondere die Aufgabe der philosophischen Ethik. Sie untersucht Prinzipien des Handelns und schult die kritische Auseinandersetzung mit Menschenbildern, Weltanschauungen und Ideologien.

Als deontologische Ethik nimmt sie eine Stellung ein, die nicht interessenbestimmt, sondern am Grundsatz der Glückswürdigkeit orientiert ist. Als utilitaristische Ethik sucht sie Kriterien für das Glück aller und ist dabei an der Glücksmöglichkeit orientiert. Als Ethik der Ehrfurcht vor dem Leben fordert sie eine das Selbst und die Spezies übergreifende Perspektive und Stellungnahme und ist darin am Ideal der Lebensanschauung orientiert. Als Ethik der Rechtsgemeinschaft sucht sie die Möglichkeiten einer auf Gleichheit, Sicherheit und Zweckmäßigkeit des Rechts aufgebauten Gemeinschaft und ist dabei an der Gerechtigkeit orientiert. Als existenzialistische Ethik verwehrt sie jegliche Reduktion des Handelns auf bloße Vorgänge und ist dabei an der Unbestimmbarkeit der menschlichen Existenz orientiert. Als dialogische Ethik sieht sie das Selbst mit dem Anderen durch die Liebe als tiefstem und letztem Prinzip verwachsen. Diese Ansätze rütteln festgefahrene Formen und Prinzipien der Handlung auf. Die Orientierungen in der Allgemeinen Ethik sind damit philosophische Besinnungen, die zur Umorientierung führen können und sollen.

Die Orientierungen in den Bereichsethiken (Kapitel IV) führen wieder in den Alltag und die Anwendung zurück. Die Vielfalt der sich hier anbietenden Orientierungshilfen muss aber auf einige Kernbereiche reduziert werden. Sie ergibt sich aus den aktuellen und vor allem akuten gesellschaftlichen Belangen, in denen eine ethische Kompetenz notwendig geworden ist. In der Sozialethik wird das gesellschaftliche Leben vor allem unter dem Aspekt des friedlichen Zusammenlebens unterschiedlicher Religionen betrachtet. Diese sind am interreligiösen Dialog orientiert. Auch Wirtschaftsethik, Bioethik und Medizinethik tragen die Ethik in die aktuelle Debatte und Politik. Sie sind an den Fragen und Problemen der jeweiligen Bereiche orientiert und bieten ihrerseits die Orientierung an Menschenbildern zur philosophischen Auseinandersetzung und Umorientierung an.

Die Selbstvergewisserung des Menschen („Wer bin ich? – Was ist der Mensch?") steht bei der Beantwortung der Frage „Was soll ich tun?" also im Zentrum. Damit entsprechen wir der grundlegenden Herangehensweise des abendländischen Denkens. Allerdings ist es unser Anliegen, diese Denkform, die seit Edmund Husserl als „egologisch" bezeichnet wird, zu problematisieren. Dem tragen wir Rechnung durch die Darstellung der Philosophie von Emmanuel Lévinas, mit der die Darstellung der Theorie der Ethik zum Abschluss kommt.

Eine wesentliche Aufgabe heutiger und zukünftiger Ethik sehen wir in der Problematisierung des gesellschaftlichen Zusammenlebens. Das Denken von Lévinas ist geeignet, unser Verhältnis zum Anderen ethisch reflektiert zu bestimmen.

Unser Buch folgt folgendem Gliederungsprinzip:

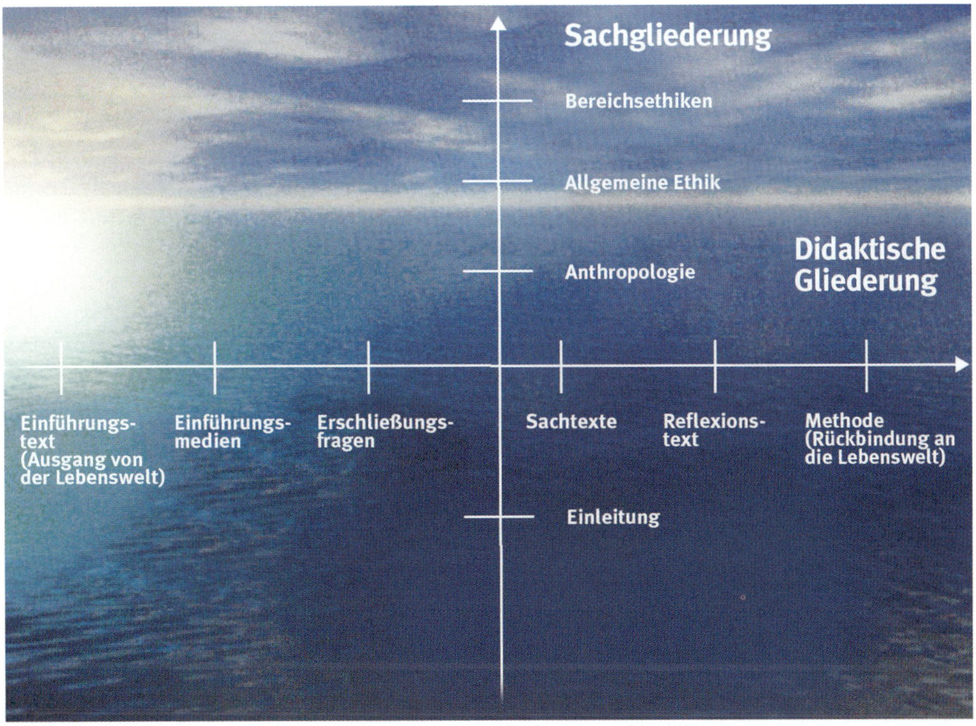

2. Didaktische Orientierung

2.1 Die Themen der Ethik

Ethik ist die Lehre vom gelingenden Leben. Sie stellt die Frage nach den verbindlichen Gründen für unser Handeln. Es geht ihr nicht nur darum zu fragen, was getan werden könnte, dürfte oder müsste, sondern um das Sollen, das in der Freiheit des Menschen gründet.

Ausgangspunkt der Ethik ist also die Freiheit, d.h. die Tatsache, dass der Mensch sein Leben selbst gestaltet. Wird er sich dessen bewusst und erfasst er die ganze Tragweite dieser Erkenntnis, dann gerät er ins Grübeln und verlangt nach Orientierung. Doch wo kann er Orientierung finden? Wer kann ihm Orientierung bieten?

Ein grundsätzlicher Orientierungspunkt ist die Wahrheit. Auf Sokrates geht das dialektische Verfahren der Wahrheitsfindung zurück.

Diese zentralen Aussagen zur Ethik (der Mensch ist frei, ein Orientierungspunkt für die Suche nach dem gelingenden Leben ist die Wahrheit, der Dialog ist ein Verfahren zur Wahrheitsfindung) sollen nun anhand grundlegender ethischer Texte überprüft werden. Sie lernen dabei zugleich Methoden kennen, mit denen Sie sich in Zukunft ethische Texte selbstständig erschließen können.

Im Einzelnen handelt es sich dabei um folgende Vorgehensweisen der Texterschließung:

Arbeitsauftrag	Bezeichnung/Erschließungsfragen	Beispiel
„Exzerpieren Sie [...]“	Textreduktion: 1. Gliedern Sie den Text in Sinnabschnitte. 2. Finden Sie zu jedem Sinnabschnitt eine passende Überschrift. 3. Stellen Sie den Zusammenhang dar, in dem die einzelnen Sinnabschnitte stehen.	Text 1
„Fassen Sie zusammen [...]“	Textproduktion: 1. Gliedern Sie den Text in Sinnabschnitte. 2. Finden Sie zu jedem Sinnabschnitt eine passende Überschrift. 3. Stellen Sie den Zusammenhang dar, in dem die einzelnen Sinnabschnitte stehen. 4. Fertigen Sie mit Hilfe der Überschriften und des dargestellten Zusammenhangs eine Zusammenfassung des Textes für eine Freundin bzw. einen Freund an. Beachten Sie dabei den situativen Kontext.	Text 2

Arbeitsauftrag	Bezeichnung/Erschließungsfragen	Beispiel
„Erläutern Sie [...]“	Textexpansion: 1. Gliedern Sie den Text in Sinnabschnitte. 2. Finden Sie zu jedem Sinnabschnitt eine passende Überschrift. 3. Markieren Sie die Stellen im Text, die sie nicht sofort verstehen. 4. Suchen Sie nach geeigneten, eigenen Formulierungen für die markierten Stellen. 5. Ergänzen Sie den eigentlich für Fachleute geschriebenen Text mit weiteren, eigenen Formulierungen, damit er verständlicher wird.	Text 3

Im Folgenden finden Sie drei zentrale Texte zur Ethik mit den in der Tabelle zusammengestellten Aufgabenstellungen. Den ersten Text sollen Sie *exzerpieren*, den zweiten *zusammenfassen* und den dritten *erläutern*. Wir schlagen vor, dass Sie diese Aufgaben zunächst für sich erledigen und sich erst dann die im Anschluss dargestellten Musterlösungen ansehen.

Text 1: Die Freiheit des Menschen

Demnach ist der Ausspruch, dass „mit Willen schlecht und ungern glücklich keiner ist", teils falsch, teils wahr. Niemand ist unfreiwillig glücklich, aber die Schlechtigkeit ist etwas Freiwilliges. Oder man müsste unsere Ausführungen von vorhin anzweifeln und leugnen, dass der Mensch das Prinzip und der Urheber seiner Handlungen sei, wie er auch der Vater seiner Kinder ist. Muss man uns aber beipflichten, und können wir unsere Handlungen auf keine anderen Prinzipien als auf solche zurückführen, die in unserer Macht stehen, so folgt notwendigerweise, dass das, dessen Prinzip bei uns steht, auch selbst bei uns steht und freiwillig ist.

Dafür legen nicht bloß die Einzelnen für sich, sondern auch die Gesetzgeber selbst Zeugnis ab. Denn sie züchtigen und strafen die, welche Böses tun, soweit es nicht aus Zwang oder unverschuldeter Unwissenheit geschehen ist; die aber das Gute tun, zeichnen sie aus, wobei ihre Absicht ist, die einen zu ermuntern, die anderen abzuschrecken. Niemand aber muntert zu Dingen auf, die nicht bei uns stehen und nicht freiwillig sind, da es gar nichts nützen könnte, wenn man sich überreden ließe, keine Hitze oder Schmerz oder Hunger oder sonst dergleichen zu empfinden. Denn man empfände es doch. Selbst die Unwissenheit bestraft das Gesetz, wenn sich herausstellt, dass man an ihr selber schuld ist. [...]

Aber vielleicht ist er nun einmal so, dass er keine Sorgfalt anwendet. – Aber, dass man ein solcher geworden ist, ist man selber schuld, indem man sich gehen lässt; und dass man ungerecht und zügellos ist, ist man selber schuld, der eine dadurch, dass er fortgesetzt Unrecht begeht, der andere dadurch, dass er in Trinkgelagen und ähnlichen Dingen seine Zeit hinbringt. Denn die Akte, die man in einer bestimmten Richtung ausübt, machen einen zu einem solchen, wie man ist. Man sieht das an denen, die sich auf irgend einen Wettkampf oder ein Geschäft einüben. Sie tun dies, indem sie beharrlich die erforderlichen Akte verrichten.

Wenn man nicht weiß, dass Akte, die in bestimmter Richtung erfolgen, einen entsprechenden Habitus erzeugen, so nimmt sich das beinahe wie Stumpfsinn aus. Es ist aber auch unvernünftig, wenn man Unrecht tut und dabei nicht den Willen haben soll, ungerecht zu sein, und zuchtlos lebt und nicht den Willen haben soll, zuchtlos zu sein. Wer mit klarer Erkenntnis tut, was ihn ungerecht macht, ist doch wohl freiwillig ungerecht. Dagegen wird er freilich nicht, wenn er nur will, aufhören, ungerecht zu sein, und gerecht werden, so wenig als ein Kranker auf diese Weise gesund werden wird, während dagegen seine Krankheit unter Umständen freiwillig ist, wenn er nämlich zügellos gelebt hat und den Ärzten nicht gefolgt ist. Einmal gewiss stand es ihm frei, nicht krank zu werden, jetzt aber, wo er sich hat gehen lassen, nicht mehr, so wenig einer den Stein, den er aus der Hand entlassen hat, wieder an sich nehmen kann. Und doch ist das Werfen und Schleudern des Steines seine freie Tat, weil das Prinzip davon in ihm liegt.

Aristoteles: Nikomachische Ethik, hg. Von Günther Bien, 4. Aufl., Hamburg 1985, S. 55ff.

Exzerpieren Sie den Text, d. h.:

1. Gliedern Sie ihn in Sinnabschnitte.
2. Finden Sie zu jedem Sinnabschnitt eine passende Überschrift.
3. Stellen Sie den Zusammenhang dar, in dem die einzelnen Sinnabschnitte stehen.

Text 2: Die Wahrheit als Orientierung des Handelns

Sokrates: Gut, und was bedeutete es, wenn wir folgendes sagten: Wird jemand, der Sport treibt, und zwar ernsthaft, jedermanns Lob und Tadel und Meinung beachten, oder nur die des einen, der Arzt oder Sportlehrer ist?

Kriton: Nur die des einen.

Sokrates: Fürchten muss er sich also vor dem Tadel und sich freuen über das Lob jenes einen – nicht der Menge.

Kriton: Offensichtlich.

Sokrates: So also muss er sich betätigen und Sport treiben und essen und trinken, wie es der eine für richtig hält, der Fachmann und Sachverständige, nicht wie alle die andern.

Kriton: Das stimmt.

Sokrates: Schön. Wenn er nun nicht dem einen folgen will und seine Meinung und sein Lob missachtet, statt dessen aber das der Menge achtet, die nichts von der Sache versteht: wird es ihm dann nicht schlimm ergehen?

Kriton: Allerdings.

Sokrates: Was ist nun dieses Schlimme, und worauf bezieht es sich: auf welchen Teil dessen, der nicht folgen will?

Kriton: Offensichtlich auf den Körper; denn den ruiniert er.

Sokrates: Richtig. Verhält es sich nicht auch bei den anderen Dingen so, Kriton, damit wir nicht alles einzeln durchgehen müssen: beim Gerechten und Ungerechten, beim Hässlichen und Schönen, beim Guten und Schlechten, worüber wir jetzt nachdenken [...]

Kriton: Ich meine schon, Sokrates.

Sokrates: Gut – wenn wir nun dasjenige, das vom Gesunden gebessert, vom Kranken jedoch ruiniert wird, zugrunde richten, indem wir nicht die Meinung der Sachverständigen befolgen, lohnt es sich für uns dann noch zu leben, wenn es erst ruiniert ist? Das ist doch wohl der Körper – oder nicht?

Kriton: Ja.

Sokrates: Und lohnt es sich für uns noch zu leben: mit einem elenden und ruinierten Körper?

Kriton: Keinesfalls.

Sokrates: Lohnt es sich nun noch zu leben, wenn das ruiniert ist, dem das Ungerechte Schande antut und das Gerechte nützt? Oder halten wir das für geringwertiger als den Körper, was für ein Teil von uns das auch sein mag, zu dessen Bereich die Ungerechtigkeit und die Gerechtigkeit gehört?

Kriton: Keinesfalls.

Sokrates: Sondern für wertvoller?

Kriton: Bei weitem.

Sokrates: Folglich, mein Bester, haben wir uns durchaus nicht so sehr um die Menge zu kümmern, was sie von uns sagen wird, sondern vielmehr um den Sachverständigen für das Gerechte und das Ungerechte, um den einen und um die Wahrheit selber.

Platon: Apologie des Sokrates/Kriton, übersetzt von Manfred Fuhrmann, Stuttgart 1986, S. 45f.

Fassen Sie den Text zusammen, d.h.:

1. Gliedern Sie den Text in Sinnabschnitte.
2. Finden Sie zu jedem Sinnabschnitt eine passende Überschrift.
3. Stellen Sie den Zusammenhang dar, in dem die einzelnen Sinnabschnitte stehen.
4. Fertigen Sie mit Hilfe der Überschriften und des dargestellten Zusammenhangs eine Zusammenfassung des Textes für eine Freundin bzw. einen Freund an. Beachten Sie dabei den situativen Kontext.

Text 3: Das dialektische Verfahren als Methode der Wahrheitsfeststellung

Sokrates: Dann müssen wir also – da wir hierin übereinstimmen – untersuchen, ob es gerecht ist, wenn ich von hier ohne Erlaubnis der Athener wegzugehen versuche, oder ungerecht. Und wenn es sich als gerecht erweist, dann wollen wir's versuchen, wenn aber nicht, dann lassen wir's. Doch die Gesichtspunkte, die du nennst – die des Geldausgebens, der üblen Meinung und der Kinderaufzucht –, die sind ja wohl wirklich Gesichtspunkte derer, Kriton, die leichten Sinnes den Tod verhängen und gewiss ihr Opfer wieder ins Leben zurückriefen, wenn sie dazu imstande wären, ohne Sinn und Verstand, Gesichtspunkte der Menge? Wir aber haben, da uns der Gedanke so lenkt, nichts anderes zu prüfen, als was wir soeben sagten: ob wir gerecht handeln, wenn wir denen Geld zahlen, die mich von hier wegschaffen, und noch Dank wissen dazu – indem wir das Wegschaffen selber betreiben und uns wegschaffen lassen –, oder ob wir uns in Wahrheit ins Unrecht setzen, wenn wir all das tun. Und wenn sich herausstellt, dass wir damit ein Unrecht begingen, dann dürfen wir ganz gewiss nicht in Betracht ziehen, dass wir, wenn wir hier bleiben und nichts unternehmen, sterben oder sonst etwas erleiden müssen – wenn wir nur kein Unrecht begehen.
Kriton: Du hast wohl recht, Sokrates; sieh zu, wie wir jetzt vorgehen sollen.

Platon: Apologie des Sokrates/Kriton, übersetzt von Manfred Fuhrmann, Stuttgart 1986, S. 47.

Erläutern Sie den Text, d.h.:

1. Gliedern Sie den Text in Sinnabschnitte.
2. Finden Sie zu jedem Sinnabschnitt eine passende Überschrift.
3. Markieren Sie die Stellen im Text, die sie nicht sofort verstehen.
4. Suchen Sie nach geeigneten, eigenen Formulierungen für die markierten Stellen.
5. Ergänzen Sie den eigentlich für Fachleute geschriebenen Text mit weiteren eigenen Formulierungen, damit er verständlicher wird.

Musterlösung Text 1

Aufgabe 1 und 2:

Textgliederung mit Überschriften für die Sinnabschnitte

Demnach ist der Ausspruch, dass „mit Willen schlecht und ungern glücklich keiner ist", teils falsch, teils wahr. Niemand ist unfreiwillig glücklich, aber die Schlechtigkeit ist etwas Freiwilliges. Oder man müsste unsere Ausführungen von vorhin anzweifeln und leugnen, dass der Mensch das Prinzip und der Urheber seiner Handlungen sei, wie er auch der Vater seiner Kinder ist. Muss man uns aber beipflichten, und können wir unsere Handlungen auf keine anderen Prinzipien als auf solche zurückführen, die in unserer Macht stehen, so folgt notwendigerweise, dass das, dessen Prinzip bei uns steht, auch selbst bei uns steht und freiwillig ist.

1. Sinnabschnitt:
Der Mensch als Urheber seiner Handlungen

Dafür legen nicht bloß die Einzelnen für sich, sondern auch die Gesetzgeber selbst Zeugnis ab. Denn sie züchtigen und strafen die, welche Böses tun, soweit es nicht aus Zwang oder unverschuldeter Unwissenheit geschehen ist; die aber das Gute tun, zeichnen sie aus, wobei ihre Absicht ist, die einen zu ermuntern, die anderen abzuschrecken. Niemand aber muntert zu Dingen auf, die nicht bei uns stehen und nicht freiwillig sind, da es gar nichts nützen könnte, wenn man sich überreden ließe, keine Hitze oder Schmerz oder Hunger oder sonst dergleichen zu empfinden. Denn man empfände es doch. Selbst die Unwissenheit bestraft das Gesetz, wenn sich herausstellt, dass man an ihr selber schuld ist. [...]

2. Sinnabschnitt:
Rechtfertigung durch das Handeln der Gesetzgeber

Aber vielleicht ist er nun einmal so, dass er keine Sorgfalt anwendet. – Aber, dass man ein solcher geworden ist, ist man selber schuld, indem man sich gehen lässt; und dass man ungerecht und zügellos ist, ist man selber schuld, der eine dadurch, dass er fortgesetzt Unrecht begeht, der andere dadurch, dass er in Trinkgelagen und ähnlichen Dingen seine Zeit hinbringt. Denn die Akte, die man in einer bestimmten Richtung ausübt, machen einen zu einem solchen, wie man ist. Man sieht das an denen, die sich auf irgend einen Wettkampf oder ein Geschäft einüben. Sie tun dies, indem sie beharrlich die erforderlichen Akte verrichten.

3. Sinnabschnitt:
Möglicherweise konnte er nicht anders

4. Sinnabschnitt:
Man ist aber schuld, dass man so geworden ist

Wenn man nicht weiß, dass Akte, die in bestimmter Richtung erfolgen, einen entsprechenden Habitus erzeugen, so nimmt sich das beinahe wie Stumpfsinn aus. Es ist aber auch unvernünftig, wenn man Unrecht tut und dabei nicht den Willen haben soll, ungerecht zu sein, und zuchtlos lebt und nicht den Willen haben soll, zuchtlos zu sein. Wer mit klarer Erkenntnis tut, was ihn ungerecht macht, ist doch wohl freiwillig ungerecht. Dagegen wird er freilich nicht, wenn er nur will, aufhören, ungerecht zu sein, und gerecht werden, so wenig als ein Kranker auf diese Weise gesund werden wird, während dagegen seine Krankheit unter Umständen freiwillig ist, wenn er nämlich zügellos gelebt hat und den Ärzten nicht gefolgt ist. Einmal gewiss stand es ihm frei, nicht krank zu werden, jetzt aber, wo er sich hat gehen lassen, nicht mehr, so wenig einer den Stein, den er aus der Hand entlassen hat, wieder an sich nehmen kann. Und doch ist das Werfen und Schleudern des Steines seine freie Tat, weil das Prinzip davon in ihm liegt.

5. Sinnabschnitt:
Der Mensch ist frei

Musterlösung Text 1

Aufgabe 3:

Aristoteles geht von folgendem Argument aus: Der Mensch ist der Urheber seiner Handlungen.

Im Anschluss zeigt er, dass dieses Argument sinnvoll ist: Von der Tatsache, dass der Mensch der Urheber seiner Handlungen ist, gehen auch die Gesetzgeber aus, wenn sie die belohnen, die Gutes tun und die bestrafen, die Böses tun.

Im Anschluss wird ein Einwand formuliert: Wenn jemand falsch gehandelt hat, dann ließe sich einwenden, dass er möglicherweise nicht anders konnte.

Diesen Einwand widerlegt Aristoteles so: Der Mensch ist schuld daran, dass er so geworden ist. Denn die Handlungen, die er immer wieder ausführte, haben ihn so gemacht, wie er ist. Man sieht das an denen, die für einen Wettkampf üben.

Als Ergebnis wird festgehalten: Wenn die Gewohnheiten das Handeln bestimmen und der Mensch an seinen Gewohnheiten schuld ist, dann ist er auch freiwillig gerecht oder ungerecht.

Der Zusammenhang der einzelnen Sinnabschnitte lässt sich in einer Strukturskizze darstellen:

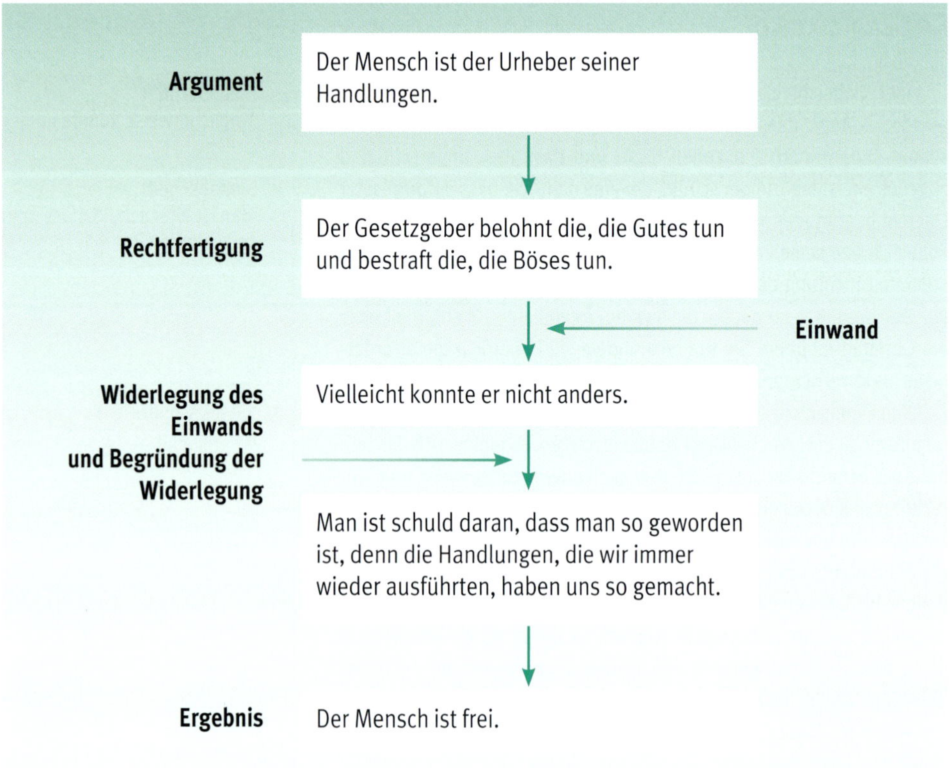

Musterlösung Text 2

Aufgabe 1 und 2:

Sokrates: Gut, und was bedeutete es, wenn wir folgendes sagten: Wird jemand, der Sport treibt, und zwar ernsthaft, jedermanns Lob und Tadel und Meinung beachten, oder nur die des einen, der Arzt oder Sportlehrer ist?
Kriton: Nur die des einen.
Sokrates: Fürchten muss er sich also vor dem Tadel und sich freuen über das Lob jenes einen – nicht der Menge.
Kriton: Offensichtlich.
Sokrates: So also muss er sich betätigen und Sport treiben und essen und trinken, wie es der eine für richtig hält, der Fachmann und Sachverständige, nicht wie alle die andern.
Kriton: Das stimmt.
Sokrates: Schön. Wenn er nun nicht dem einen folgen will und seine Meinung und sein Lob missachtet, statt dessen aber das der Menge achtet, die nichts von der Sache versteht: wird es ihm dann nicht schlimm ergehen?
Kriton: Allerdings.
Sokrates: Was ist nun dieses Schlimme, und worauf bezieht es sich: auf welchen Teil dessen, der nicht folgen will?
Kriton: Offensichtlich auf den Körper; denn den ruiniert er.

1. Sinnabschnitt:
Der Sportlehrer/der Arzt als Sachverständiger für den Sport

Sokrates: Richtig. Verhält es sich nicht auch bei den anderen Dingen so, Kriton, damit wir nicht alles einzeln durchgehen müssen: beim Gerechten und Ungerechten, beim Hässlichen und Schönen, beim Guten und Schlechten, worüber wir jetzt nachdenken [...]
Kriton: Ich meine schon, Sokrates.
Sokrates: Gut – wenn wir nun dasjenige, das vom Gesunden gebessert, vom Kranken jedoch ruiniert wird, zugrunde richten, indem wir nicht die Meinung der Sachverständigen befolgen, lohnt es sich für uns dann noch zu leben, wenn es erst ruiniert ist? Das ist doch wohl der Körper – oder nicht?
Kriton: Ja.
Sokrates: Und lohnt es sich für uns noch zu leben: mit einem elenden und ruinierten Körper?
Kriton: Keinesfalls.
Sokrates: Lohnt es sich nun noch zu leben, wenn das ruiniert ist, dem das Ungerechte Schande antut und das Gerechte nützt? Oder halten wir das für geringwertiger als den Körper, was für ein Teil von uns das auch sein mag, zu dessen Bereich die Ungerechtigkeit und die Gerechtigkeit gehört?
Kriton: Keinesfalls.
Sokrates: Sondern für wertvoller?
Kriton: Bei weitem.

2. Sinnabschnitt:
Auch für die anderen Dinge gibt es Sachverständige

Sokrates: Folglich, mein Bester, haben wir uns durchaus nicht so sehr um die Menge zu kümmern, was sie von uns sagen wird, sondern vielmehr um den Sachverständigen für das Gerechte und das Ungerechte, um den einen und um die Wahrheit selber.

3. Sinnabschnitt:
Der Sachverständige für das Gerechte und Ungerechte ist die Wahrheit.

Musterlösung Text 2

Aufgabe 3:

Sokrates beginnt mit einem Beispiel, dem Sport. Der Sportlehrer oder der Arzt sind Fachleute für diejenigen, die Sport treiben. Wenn man beim Sport auf sie hört, bleibt man gesund; hört man auf die anderen, so wird man krank.

Im Anschluss wird das Beispiel des Sports auf das Gerechte und Ungerechte, das Hässliche und Schöne, das Gute und Schlechte erweitert. Es zeigt sich, dass auch in diesen Fällen gilt: Wenn man auf den Sachverständigen hört, bleibt man körperlich und seelisch gesund, sonst wird man krank.

Sokrates kann jetzt aus dem Vorhergehenden die Schlussfolgerung ziehen: Man darf sich auch bei den Fragen nach dem Gerechten und Ungerechten nicht um die Meinung der anderen kümmern, sondern man muss dem Sachverständigen für das Gerechte und Ungerechte folgen, der Wahrheit.

Aufgabe 4:

Sokrates sitzt unschuldig im Gefängnis und wartet dort auf seine Hinrichtung. Von Kriton, seinem besten Freund, der ihn im Gefängnis besucht, soll er überzeugt werden, zu fliehen. In seiner Begründung für eine Flucht beruft sich Kriton auf die Meinung der Menge, die man hören müsse.

Diese Begründung nimmt Sokrates zum Anlass, eine Untersuchung darüber anzustellen, auf wen man eigentlich zu hören habe.

Er beginnt die Untersuchung mit dem Beispiel des Sports. Sportlehrer und Ärzte sind die Fachleute für den Sport. Wenn man auf sie hört, bleibt man beim Sport gesund; wenn man auf die Meinung der Menge hört, wird man krank.

Nachdem diese Frage für den Einzelfall des Sports geklärt wurde, kann das an diesem Fall gewonnene Ergebnis auf andere Bereiche übertragen werden. Es zeigt sich, dass in jedem Fall gilt: Wenn man im jeweiligen Bereich auf den Sachverständigen hört, bleibt man gesund; hört man auf die Meinung der Menge, wird man krank.

Aus dem Vorhergehenden lässt sich nun auf den eigentlichen Untersuchungsbereich, das Gerechte und das Ungerechte, schließen: Auch hier darf man nicht auf die Meinung der Menge hören, sondern man muss dem Sachverständigen in diesem Bereich folgen, der Wahrheit.

Im Anschluss ist also das zu ermitteln, was die Wahrheit verlangt. In diesem Zusammenhang ist zuerst die Frage zu klären, auf welche Weise die Wahrheit gefunden werden kann.

Musterlösung Text 3

Aufgabe 1 und 2:

Ist es gerecht zu fliehen?

Sokrates: Dann müssen wir also – da wir hierin übereinstimmen – untersuchen, ob es gerecht ist, wenn ich von hier ohne Erlaubnis der Athener wegzugehen versuche, oder ungerecht. Und wenn es sich als gerecht erweist, dann wollen wir's versuchen, wenn aber nicht, dann lassen wir's. — Ende erster Sinnabschnitt

Kritons Argumente für eine Flucht sind nicht überzeugend.

Doch die Gesichtspunkte, die du nennst – die des Geldausgebens, der üblen Meinung und der Kinderaufzucht –, die sind ja wohl wirklich Gesichtspunkte derer, Kriton, die leichten Sinnes den Tod verhängen und gewiss ihr Opfer wieder ins Leben zurückriefen, wenn sie dazu imstande wären, ohne Sinn und Verstand, Gesichtspunkte der Menge? — Ende zweiter Sinnabschnitt

Erneute Vergewisserung der zu prüfenden Frage

Wir aber haben, da uns der Gedanke so lenkt, nichts anderes zu prüfen, als was wir soeben sagten: ob wir gerecht handeln, wenn wir denen Geld zahlen, die mich von hier wegschaffen, und noch Dank wissen dazu – indem wir das Wegschaffen selber betreiben und uns wegschaffen lassen –, oder ob wir uns in Wahrheit ins Unrecht setzen, wenn wir all das tun. — Ende dritter Sinnabschnitt

Die Antwort muss gelebt werden.

Und wenn sich herausstellt, dass wir damit ein Unrecht begingen, dann dürfen wir ganz gewiss nicht in Betracht ziehen, dass wir, wenn wir hier bleiben und nichts unternehmen, sterben oder sonst etwas erleiden müssen – wenn wir nur kein Unrecht begehen.
Kriton. Du hast wohl recht, Sokrates; sieh zu, wie wir jetzt vorgehen sollen.

Musterlösung Text 3

Aufgabe 3:

1 *Sokrates:* Dann müssen wir also – da wir hierin übereinstimmen –
untersuchen, ob es gerecht ist, wenn ich von hier ohne Erlaubnis der
2 Athener wegzugehen versuche, oder ungerecht. Und wenn es sich als
gerecht erweist, dann wollen wir's versuchen, wenn aber nicht, dann
lassen wir's.

3 Doch die Gesichtspunkte, die du nennst – die des Geldausgebens,
der üblen Meinung und der Kinderaufzucht –, die sind ja wohl wirklich
4 Gesichtspunkte derer, Kriton, die leichten Sinnes den Tod verhängen
und gewiss ihr Opfer wieder ins Leben zurückriefen, wenn sie dazu
5 imstande wären, ohne Sinn und Verstand, Gesichtspunkte der Menge?

Wir aber haben, da uns der Gedanke so lenkt, nichts anderes zu
6 prüfen, als was wir soeben sagten: ob wir gerecht handeln, wenn wir
denen Geld zahlen, die mich von hier wegschaffen, und noch Dank wis-
7 sen dazu – indem wir das Wegschaffen selber betreiben und uns weg-
schaffen lassen –, oder ob wir uns in Wahrheit ins Unrecht setzen, wenn
wir all das tun.

Und wenn sich herausstellt, dass wir damit ein Unrecht begingen,
8 dann dürfen wir ganz gewiss nicht in Betracht ziehen, dass wir, wenn
wir hier bleiben und nichts unternehmen, sterben oder sonst etwas er-
leiden müssen – wenn wir nur kein Unrecht begehen.

Kriton. Du hast wohl recht, Sokrates; sieh zu, wie wir jetzt vorgehen sollen.

Aufgabe 4:

1 dass man nicht dem Überleben den größten Wert zuerkennen soll,
sondern dem moralisch richtigen (also dem *gelingenden*) Leben

2 heimlich fliehen

3 Argumente

4 Argumente des Kriton: Die Menge könnte
- sagen, die Freunde würden das Geld für eine Flucht (Bestechungsgelder etc.) nicht zahlen wollen („Geldausgeben")
- schlecht über die Freunde denken, weil sie Sokrates nicht zur Flucht verholfen hätten („üble Meinung")
- sagen, die Kinder des Sokrates sind noch klein und brauchen ihren Vater („Kinderaufzucht").

5 Meinungen derjenigen, die ihre Meinung leichtfertig ändern, die sie wechseln wie
das Fähnchen seine Richtung im Wind

6 weil es logisch ist, d.h. weil es sich durch die Anwendung des dialektischen Prinzips
der Wahrheitssuche ergibt

7 die bei der Flucht helfen

8 dabei dürfen wir nicht berücksichtigen

Musterlösung Text 3

Aufgabe 5:

Vorhandene Textbausteine

dass man nicht dem Überleben den größten Wert zuerkennen soll, sondern dem moralisch richtigen (also dem *gelingenden*) Leben

heimlich fliehen

Argumente

Argumente des Kriton:
Die Menge könnte

- sagen, die Freunde würden das Geld für eine Flucht (Bestechungsgelder etc.) nicht zahlen wollen („Geldausgeben")
- schlecht über die Freunde denken, weil sie Sokrates nicht zur Flucht verholfen hätten („üble Meinung")
- sagen, die Kinder des Sokrates sind noch klein und brauchen ihren Vater („Kinderaufzucht").

Meinungen derjenigen, die ihre Meinung leichtfertig ändern, die sie wechseln wie das Fähnchen seine Richtung im Wind

weil es logisch ist, d. h. weil es sich durch die Anwendung des dialektischen Prinzips der Wahrheitssuche ergibt
die bei der Flucht helfen

dabei dürfen wir nicht berücksichtigen

Eigener Text

Sokrates untersucht zusammen mit Kriton die Frage, ob es gerecht ist, aus dem Gefängnis zu fliehen.

Zu Beginn erinnert Sokrates an einen Wert, der für beide ausschlaggebend ist, nämlich dass man nicht dem Überleben den größten Wert zuerkennen soll, sondern dem moralisch richtigen, dem *gelingenden* Leben. Er macht sein Handeln, eventuell heimlich zu fliehen, vom Ergebnis dieser gemeinsamen Suche nach Wahrheit abhängig.

Kriton hatte vorher versucht, Sokrates zu einer Flucht zu überreden. Seine Argumente waren: wenn Sokrates nicht fliehen würde, dann würde man [...]

- sagen, die Freunde würden das für eine Flucht benötigte Geld (Bestechungsgelder etc.) nicht zahlen wollen
- schlecht über die Freunde denken, weil sie ihm nicht zur Flucht verholfen hätten
- sagen, Sokrates ließe seine Kinder im Stich, weil sie noch klein sind und ihren Vater brauchen.

Sokrates zeigt, dass Kritons Argumente nicht ausschlaggebend sein können, weil sie willkürlich sind und nicht sachlich. Er vergleicht sie mit den Meinungen der Menge: Die Menge wechselt ihre Standpunkte auch, wie das Fähnchen seine Richtung im Wind.

Die Frage einer möglichen Flucht ist also noch nicht geklärt und aus der Logik ergibt sich, dass neu untersucht werden muss, ob es gerecht wäre, denen Geld zu zahlen, die bei einer Flucht helfen und zu fliehen oder ob es ungerecht wäre.

Am Ende weist Sokrates auf die Konsequenzen dieser Untersuchung hin: Wenn sie ergibt, dass eine Flucht Unrecht ist, dann darf man nicht fliehen, selbst wenn das den Tod bedeuten würde. Man darf also auch nicht berücksichtigen, dass man sterben könnte.

Kriton stimmt daraufhin einer weiteren Untersuchung zu.

2.2 Die Methoden des Ethikunterrichts

Versuchen wir unsere bisherige Arbeit zu reflektieren, also auf uns selbst zu beziehen. – Was ist Ihnen beim Lesen und Durcharbeiten aufgefallen?

Aufgefallen sein könnte Ihnen Folgendes:

1. Es wurde bisher ausschließlich mit philosophischen Texten gearbeitet.
2. Jeder Text trug eine Überschrift.
3. Die Texterschließung wurde durch Fragen wesentlich gesteuert und damit beeinflusst.
4. Die bearbeiteten Texte wurden nicht bewertet. Jede Kritik unterblieb.
5. Der Alltag blieb unberücksichtigt. Die betrachteten Texte bauten unabhängig von einem eventuellen Alltagsbezug aufeinander auf.

Was bleibt also noch zu tun?

Zur Identifizierung der noch ausstehenden Aufgaben verwenden wir folgende Übersicht:

Methoden des Ethikunterrichts

Fachmethoden

- Phänomenologie
- Hermeneutik
- Dialektik

Methoden für die Arbeit mit Medien

- Texterschließungsverfahren
- Arbeit mit Bildern

Reflexionsmethoden

- Sokratisches Gespräch
- Dilemma-Methode
- Ethische Analyse
- Szenisches Spiel
- Philosophieren mit narrativen Texten
- Schreiben eines Essays

Aus diesem Schema ergeben sich die folgenden Aufgaben:

1. Die Fachmethoden wurden bisher noch nicht explizit besprochen. Wir müssen sie erläutern und den bisher erarbeiteten Texten die Methode zuordnen, die vom Autor jeweils angewandt wurde.
2. Die philosophischen Methoden, die bisher nicht vorkamen, werden im Anschluss behandelt.
3. Wir müssen die Arbeit mit Medien diskutieren.
4. Wir erarbeiten uns die Reflexionsmethoden.

Aufgabe 1: *Die Fachmethoden für die bisher besprochenen Texte*

Name der Fachmethode	Erläuterung
Phänomenologie	Die Frage der *Phänomenologie* lautet: Wie erscheinen Dinge und wie werden sie zum Ereignis? Sie ist die Methode, die uns anleitet, Fragen an die Lebenswelt zu stellen.
Hermeneutik	*Hermeneutik* ist die Lehre vom Verstehen. Nach dieser Lehre geht der Leser immer mit Vor-Urteilen an einen Text heran: Diese Vor-Urteile behinderten das Verstehen, weshalb versucht werden sollte, sie aufzuheben. Die Hermeneutik schlägt vor, mit einer Frage an einen Text heranzugehen. Die Urteile würden dann nicht mehr wirksam, weil man ein anderes Interesse habe. Man sei dann nämlich daran interessiert, die Frage mit Hilfe des Textes zu beantworten.
Dialektik	Die *Dialektik* geht auf den sokratischen Dialog zurück. Sie hat dort ihr Vorbild und lehrt uns u. a., dass die Situationen oder Positionen, die sich dem ersten Anschein nach widersprechen, möglicherweise doch auszugleichen sind.

Einordnung der besprochenen Texte:

Text	Zuordnung der philosophischen Methode
Text 1: Die Freiheit des Menschen	Dialektik Begründung: Aristoteles führt einen Dialog mit dem Leser. Beispielsweise leitet zweimal die Konjunktion „Aber" am Satzanfang (vgl. Zeile 24 und 25 des unbearbeiteten Textes) einen Einwand zum vorher Gesagten ein.
Text 2: Die Wahrheit als Orientierung des Handelns	Dialektik Begründung: Bereits die äußere Form des Textes weist auf den Dialog hin.
Text 3: Das dialektische Verfahren als Methode der Wahrheitsfeststellung	Dialektik Begründung: Auch hier ist schon die äußere Form Kennzeichen für den Dialog.

Zusammenfassung:

Bisher wurde nur die Methode der Dialektik angewandt. Daraus ergibt sich die Aufgabe, die Hermeneutik als Methode kennen zu lernen. Wir machen das am Beispiel eines Textes von Karl Jaspers, der für uns einen doppelten Zweck erfüllt: Einerseits werden wir ihn mit methodischen Vorschlägen der Hermeneutik erschließen, andererseits enthält er inhaltliche Aussagen zur Hermeneutik (vgl. Aufgabe 2).

Der Arbeit mit Bildern legen wir die Methode der Phänomenologie zugrunde und erschließen mit Hilfe der phänomenologischen Methode exemplarisch ein Bild (vgl. Aufgabe 3).

Aufgabe 2: *Die Fachmethode der Hermeneutik*

Lese ich, so will ich zunächst verstehen, was der Autor gemeint hat. Jedoch um zu verstehen, was gemeint ist, muss man nicht nur die Sprache, sondern auch die Sache verstehen. Das Verständnis ist von der Sachkunde abhängig.

Im philosophischen Studium ergeben sich dabei wesentliche Grunderscheinungen: Wir wollen mit dem Verstehen der Texte die Sachkunde erst erwerben. Daher müssen wir an die Sache selbst denken und zugleich an das, wie es der Autor gemeint hat. Eines ohne das andere macht die Lektüre ergebnislos.

Indem ich beim Studium des Textes selber an die Sache denke, geschieht im Verstehen eine unwillkürliche Umformung. Daher ist zu rechtem Verständnis beides notwendig: Vertiefung in die Sache und Rückkehr zum klaren Verstehen des vom Autor gemeinten Sinnes. Auf dem ersten Weg erwerbe ich die Philosophie, auf dem zweiten die historische Einsicht.

Bei der Lektüre ist zunächst eine Grundhaltung erforderlich, die aus dem Vertrauen zum Autor und aus der Liebe zu der von ihm ergriffenen Sache erst einmal liest, als ob alles im Text Gesagte wahr sei. Erst wenn ich mich ganz habe hinreißen lassen, dabei war und dann aus der Mitte der Sache gleichsam wieder auftauche, kann sinnvolle Kritik einsetzen.

In welchem Sinne wir Geschichte der Philosophie studieren und vergangene Philosophie uns aneignen, mag erörtert werden am Leitfaden der *drei Kantischen Forderungen:* Selbstdenken; an der Stelle jedes anderen denken; mit sich selbst einstimmig denken. Diese Forderungen sind unendliche Aufgaben. Jede vorwegnehmende Lösung, als ob man es schon hätte oder könnte, ist eine Täuschung; wir sind immer auf dem Wege dahin. Die Geschichte hilft auf diesem Wege.

Selbstdenken erfolgt nicht aus dem Leeren heraus. Was wir selbst denken, muss uns in der Tat gezeigt werden. Die Autorität der Überlieferung erweckt in uns die vorweg geglaubten Ursprünge durch die Berührung mit ihnen in den Anfängen und in den Vollendungen des historisch gegebenen Philosophierens. Alles weitere Studium setzt dieses Vertrauen voraus. Ohne es würden wir die Mühe des Plato-, des Kantstudiums nicht auf uns nehmen. [...]

Wir kommen zur Wahrheit im Selbstdenken nur, wenn wir unablässig bemüht sind, *an der Stelle eines jeden anderen zu denken.* Man muss kennen lernen, was dem Menschen möglich ist. Indem man ernstlich zu denken versucht, was der andere gedacht hat, erweitert man die Möglichkeiten der eigenen Wahrheit auch dann, wenn man sich dem anderen Denken verweigert. Man lernt es nur kennen, wenn man es wagt, sich ganz in es zu versetzen. [...]

Alles kommt dadurch zusammen, dass es in dem einen Ich des Verstehenden aufgenommen wird. Mit sich einstimmig werden heißt, das eigene Denken zu bewähren dadurch, dass das Getrennte, Gegensätzliche, Sichnichtberührende auf ein Eines bezogen wird.

Jaspers, Karl: Über philosophische Lektüre, in: Jaspers, Karl: Einführung in die Philosophie. Zwölf Radiovorträge, hg. von Karl Piper, München 1953, Sonderausgabe 2004, S. 113f.

1. Formulieren Sie eine Frage, auf die der Text eine Antwort gibt. Finden Sie eine Antwort und begründen Sie sie.

   Auch in diesem Fall schlagen wir vor, dass sie zuerst die Aufgabe für sich erledigen und sich erst dann die im Anschluss dargestellte Musterlösung ansehen.

Musterlösung

Eine mögliche Frage: Wie kann man einen philosophischen Text „verstehen“?

Die Antwort von Karl Jaspers: Verstehen ist eine nie endende Aufgabe. Zur Annäherung an das Verstehen hilft aber die Orientierung am Leitfaden der drei kantischen Forderungen.

Begründung dieser Antwort in zwei Schritten:
1. Identifizierung zentraler Stellen des Textes
2. Erläuterung dieser Stellen

1. Schritt:

Lese ich, so will ich zunächst verstehen, was der Autor gemeint hat. Jedoch um zu verstehen, was gemeint ist, muss man nicht nur die Sprache, sondern auch die Sache verstehen. Das Verständnis ist von der Sachkunde abhängig.

Lese ich, so will ich verstehen, d. h. die Sachkunde erwerben.

Im philosophischen Studium ergeben sich dabei wesentliche Grunderscheinungen: Wir wollen mit dem Verstehen der Texte die Sachkunde erst erwerben. Daher müssen wir an die Sache selbst denken und zugleich an das, wie es der Autor gemeint hat. Eines ohne das andere macht die Lektüre ergebnislos.

Indem ich beim Studium des Textes selber an die Sache denke, geschieht im Verstehen eine unwillkürliche Umformung. Daher ist zu rechtem Verständnis beides notwendig: Vertiefung in die Sache und Rückkehr zum klaren Verstehen des vom Autor gemeinten Sinnes. Auf dem ersten Weg erwerbe ich die Philosophie, auf dem zweiten die historische Einsicht.

Bei der Lektüre ist zunächst eine Grundhaltung erforderlich, die aus dem Vertrauen zum Autor und aus der Liebe zu der von ihm ergriffenen Sache erst einmal liest, als ob alles im Text Gesagte wahr sei. Erst wenn ich mich ganz habe hinreißen lassen, dabei war und dann aus der Mitte der Sache gleichsam wieder auftauche, kann sinnvolle Kritik einsetzen.

In welchem Sinne wir Geschichte der Philosophie studieren und vergangene Philosophie uns aneignen, mag erörtert werden am Leitfaden der *drei Kantischen Forderungen:* Selbstdenken; an der Stelle jedes anderen denken; mit sich selbst einstimmig denken. Diese Forderungen sind unendliche Aufgaben. Jede vorwegnehmende Lösung, als ob man es schon hätte oder könnte, ist eine Täuschung; wir sind immer auf dem Wege dahin. Die Geschichte hilft auf diesem Wege.

Die drei kantischen Forderungen als Weg zum Verstehen

Selbstdenken erfolgt nicht aus dem Leeren heraus. Was wir selbst denken, muss uns in der Tat gezeigt werden. Die Autorität der Überlieferung erweckt in uns die vorweg geglaubten Ursprünge durch die Berührung mit ihnen in den Anfängen und in den Vollendungen des historisch gegebenen Philosophierens. Alles weitere Studium setzt dieses Vertrauen voraus. Ohne es würden wir die Mühe des Plato-, des Kantstudiums nicht auf uns nehmen. [...]

Selbstdenken

An der Stelle jedes anderen denken

Mit sich selbst einstimmig denken

Wir kommen zur Wahrheit im Selbstdenken nur, wenn wir unablässig bemüht sind, *an der Stelle eines jeden anderen zu denken.* Man muss kennen lernen, was dem Menschen möglich ist. Indem man ernstlich zu denken versucht, was der andere gedacht hat, erweitert man die Möglichkeiten der eigenen Wahrheit auch dann, wenn man sich dem anderen Denken verweigert. Man lernt es nur kennen, wenn man es wagt, sich ganz in es zu versetzen. [...]

Alles kommt dadurch zusammen, dass es in dem einen Ich des Verstehenden aufgenommen wird. Mit sich einstimmig werden heißt, das eigene Denken zu bewähren dadurch, dass das Getrennte, Gegensätzliche, Sichnichtberührende auf ein Eines bezogen wird.

2. Schritt:

Textstelle	Erläuterung
Lese ich, so will ich verstehen, d.h. die Sachkunde erwerben	Grundlage für das Verstehen ist, dass man verstehen will und die Frage ist: Was bringt mich dazu, einen Text verstehen zu *wollen*? Die philosophische Lektüre ist anstrengend; es fällt nicht leicht, diese Mühe auf sich zu nehmen. Woher nehmen wir also die Lust auf den Text? Die Antwort ist: Der Text wird interessant, wenn wir eine spannende Frage haben, auf die der Text eine Antwort geben könnte.
Die drei kantischen Forderungen als Weg zum Verstehen	Verstehen ist eine bleibende Aufgabe, die kantischen Forderungen bieten aber eine Orientierung auf diesem Weg.
Selbstdenken	In diesem Abschnitt geht Karl Jaspers davon aus, dass das Denken gelernt werden muss. Dafür benötigen wir als Vorbild die Lektüre philosophischer Schriften. Er schlägt vor, dass wir beim Lesen dieser Texte eine bestimmte Haltung einnehmen: Aus dem Vertrauen zum Autor und aus der Liebe zu der von ihm ergriffenen Sache sollen wir zunächst einmal so lesen, **als ob** alles im Text Gesagte wahr sei. Stellen wir uns also vor, dass wir mit unserem Autor ein stückweit unterwegs sind.
An der Stelle jedes anderen denken	Mit diesem Zitat empfiehlt Jaspers einen Wechsel der Perspektive, die kritische Distanz zum Text. Angeregt durch den Vergleich mit anderen Denkern, aber immer orientiert auf eine gelingende Praxis, soll sich die kritische Auseinandersetzung vollziehen. Wir setzen nun den Wahrheitsgehalt des Textes nicht mehr voraus, sondern fragen danach, ob er einsichtig und nachvollziehbar ist (mögliche Prüfverfahren: Erkennen und Überprüfen von Voraussetzungen und Folgerungen) und ob die praktischen Konsequenzen im Hinblick auf die Orientierung am gelingenden Leben (siehe S. 12) für uns tragbar sind.
Mit sich selbst einstimmig denken	Mit diesem Zitat fordert Jaspers zur persönlichen Stellungnahme auf. In der kritischen Auseinandersetzung mit dem vom Autor Gesagten gelangen wir möglicherweise zu einem veränderten Selbst- und Weltverständnis, d.h. durch die kritische Auseinandersetzung mit dem fremden Text kommt es vielleicht zur kritischen Auseinandersetzung mit unserem eigenen Denken und deshalb zur Entwicklung unseres Denkens, was klassisch als Bildung verstanden wird.

Aufgabe 3: *Die Fachmethode der Phänomenologie/Die Arbeit mit Bildern*

1. Beschreiben Sie das Gemälde. – Welches Thema wird hier dargestellt? Geben Sie dem Bild einen Titel.

2. Informieren Sie sich über den Mythos von Ikarus.

3. Vergleichen Sie den Mythos mit obenstehendem Bild von Pieter Brueghel. – Diskutieren Sie den gewählten Bildtitel noch einmal, indem Sie einen Zusammenhang mit dem Mythos von Ikarus herzustellen versuchen.

4. Informieren Sie sich über die Arbeit mit der Zentralperspektive in der Geschichte der Malerei und über die Auseinandersetzung mit ihr. – Könnte Brueghel ein pädagogisches Anliegen haben?

5. Erläutern Sie den Zusammenhang zwischen dem Bild und dem Problem der menschlichen Freiheit, indem Sie sowohl den Mythos selbst berücksichtigen als auch Brueghels Umgang mit ihm und mit dem Betrachter.

Reflektieren wir den durch die Aufgaben vorgeschlagenen Zugang zum Thema „Freiheit“. Was könnte Ihnen beim Lesen und Durcharbeiten aufgefallen sein?

Wir gliedern die möglichen Eindrücke im Hinblick auf Inhaltliches und Methodisches. Wir versuchen also auch die Bedeutung und Reihenfolge der Aufgaben zu reflektieren.

1. Zum Inhaltlichen: Im ersten Zugang zum Bild haben sie vermutlich sehr viel wahrgenommen: Landschaft, Himmel und Meer, Schiffe, einen pflügenden Bauern und eine Schafherde mit Schäfer. Man kann diese Eindrücke vertiefen, indem man sie gliedert: Was ist im Vordergrund zu sehen? Was in der Bildmitte und was im Hintergrund? Die Suche nach einem Bildtitel beendete diese Phase der Bildbetrachtung.

2. Die Beschäftigung mit dem „Mythos vom Ikarus“ hat hoffentlich eine zweite Betrachtung des Bildes veranlasst, diesmal jedoch unter einer vorgegebenen Blickrichtung.

3. Möglicherweise haben Sie jetzt den Ikarus im Bild gesucht. Mit diesem Versuch hätten Sie dem Anliegen des Malers entsprochen, der seinem Gemälde den Titel „Der Sturz des Ikarus“ gab.

4. und 5.
Die folgenden Aufgaben veranlassten Sie eventuell zur Bewertung der bisherigen Betrachtung: Wie ist es zu verstehen, dass wir den Ikarus erst entdeckten, nachdem der Originaltitel des Gemäldes bekannt war? – Eine mögliche Antwort ist: Unser Sehen ist immer auf die Bildmitte gerichtet. Bei der Betrachtung gehen wir sozusagen „zentralperspektivisch“ vor. Deshalb hatte der Maler ein Anliegen, als er den Ikarus aus der Bildmitte an den Bildrand versetzte. Es lohnt sich, über dieses Anliegen nachzudenken: Möglicherweise war es sein Anliegen, zu zeigen, dass unser Blick häufig getrübt ist durch Nebensächlichkeiten, so dass wir das Wesentliche nicht entdecken können. Vielleicht wollte er aber auch nur zeigen, dass der Ikarus mit seinem Höhenflug zur Sonne eine eher lächerliche Figur ist.

In jedem Fall können wir in diesen Schritten der Bildbetrachtung erleben, dass ein ungebundenes Sehen zu keinem brauchbaren Resultat führt und dass wir erst dann begründbare Vermutungen über das Anliegen des Malers formulieren können, wenn wir einen bestimmten Blickwinkel bewusst einnehmen. Insofern ist dieses Erlebnis vergleichbar mit dem, wie wir „Freiheit als Willkür“ und „Freiheit als Selbstbestimmung“ erleben. Fasst man *Freiheit* als Willkür auf, dann kann sich die Frage nach dem gelingenden Leben nicht stellen, weil das Leben zufällig wäre und nicht geplant werden könnte. Erst *Freiheit* als Selbstbestimmung kann gelingendes Leben ermöglichen, weil dann das Handeln einer Bestimmung folgt, die sich bewerten lässt. Deshalb lohnt es sich, das Thema „Freiheit als Selbstbestimmung“ genauer zu untersuchen.

Kommen wir zur abschließenden Reflexion unserer Vorgehensweise: Angefangen haben wir mit einer offenen Betrachtung des Bildes, in der alle Eindrücke zugelassen und damit gleichwertig waren. Die Frage nach einem Bildtitel in diesem Zusammenhang bedeutet also nicht, die Absicht des Malers zu erraten. Es ging vielmehr um den Versuch, ein Ergebnis der offenen Betrachtung zu formulieren und festzuhalten. Phänomenologisch gesehen, war es der Versuch auszuprobieren, inwieweit innere Bilder verhandelbar sind. Die Frage war also, inwieweit man sich auf ein einheitliches Sehen ohne vorab formulierte Anhaltspunkte verständigen kann.

In einem zweiten Schritt wurde das Bild neu betrachtet, diesmal aber mit Hilfe der vom Maler vorgegebenen Perspektive. In diesem Fall sind nicht mehr alle geäußerten Eindrücke gleichwertig, vielmehr gibt es jetzt *wahre* und *falsche* Eindrücke.

In einem dritten Schritt wurde der Zusammenhang mit dem Thema „Freiheit“ hergestellt.

Aufgabe 4: *Reflexionsmethoden*

<table>
<tr><th>Reflexions-
methode</th><th>Erläuterung</th></tr>
<tr><td>Sokratisches Gespräch</td><td>Ausgangspunkt ist ein philosophisches Problem.
– In der Regel wird zunächst ein konkretes Beispiel zu diesem Problem aus dem Erfahrungsbereich eines Teilnehmers bzw. einer Teilnehmerin untersucht.
Dazu werden Urteile gefällt.
Anschließend werden im Gespräch die Prinzipien freigelegt, die diesen Urteilen zugrunde liegen.

– Im nächsten Schritt wird in die eigentliche Untersuchung eingetreten und es wird danach gefragt, inwieweit die für das Beispiel formulierten Urteile allgemeingültig sind.

– Weitere Grundsätze:
▪ Die wichtigsten Behauptungen werden an der Tafel festgehalten.
▪ Um das Sachgespräch von Störungen zu entlasten, wird mit einem anderen Leiter bzw. einer anderen Leiterin ein Gespräch über das Gespräch geführt. Die Ziele dieses Metagesprächs sind: Thematisierung von Spannungen, die möglicherweise im Sachgespräch entstanden sind, Klärung von Fragen zur Methode, Strategiegespräch zur Klärung des weiteren Vorgehens.

Das Ziel des Sokratischen Gesprächs besteht darin, gemeinsam an der Lösung des Problems zu arbeiten und in der Gruppe darüber einen Konsens zu finden.</td></tr>
<tr><td>Dilemma-
diskussion</td><td>Ausgangspunkt ist eine Dilemma-Geschichte.
– Anfangs werden die beiden möglichen Handlungen benannt und die jeweils betroffenen Werte angegeben.
– Im Anschluss wird eine Probeabstimmung mit der Fragestellung durchgeführt.
– Es folgt eine Arbeit in kleinen Gruppen mit folgender Aufgabenstellung: Finden Sie Gründe, die für die eine Handlungsmöglichkeit sprechen und solche, die für die andere sprechen.
– Nach dieser Gruppenarbeitsphase werden Pro- und Contra-Gruppen gebildet. Die Argumente, die für die eine Handlungsmöglichkeit sprechen und diejenigen, die für die andere sprechen, werden in Form eines „Schlagabtauschs“ abwechselnd im Plenum ausgetauscht. Dabei sitzen sich beide Gruppen gegenüber.
– Auf diesen Schlagabtausch folgt eine zweite Gruppenarbeit mit dem Arbeitsauftrag: Jede Gruppe bringt die Argumente der eigenen Seite und auch die der anderen in eine Rangordnung.
– Am Ende findet eine Schlussabstimmung statt: Wer hat seine Meinung geändert? Welche Argumente waren überzeugend?

Ziel ist das Bewusstwerden der persönlichen Einstellung zum Dilemma, weil dann die Möglichkeit einer bewussten Einstellungsänderung besteht.</td></tr>
</table>

Reflexionsmethode	**Erläuterung**
Ethische Analyse	Ausgangspunkt ist ein moralisches Dilemma. Wir geben konkrete Arbeitsaufträge an: – Definieren Sie das zur Diskussion stehende Dilemma. – Welche Handlungsoptionen können Sie nennen? – Welche ethischen Werte werden durch die jeweilige Handlungsoption berührt? – Ordnen Sie die ethischen Werte der jeweiligen ethischen Tradition zu, also z. B. in die deontologische oder die utilitaristische Tradition ein. – Welches argumentativ begründete Urteil fällen sie persönlich?/ Welche andersartigen Urteile wären möglich? – Welche Konsequenzen hat ihr Urteil bzw. das andersartige Urteil für ▪ Sie persönlich ▪ die Gesellschaft ▪ die Beziehung zum Partner ▪ andere Familienmitglieder ▪ Freunde und Bekannte ▪ Ihren Arbeitsplatz. Ziel ist auch hier das Bewusstwerden der persönlichen Einstellung zum Dilemma, um eine bewusste Einstellungsänderung zu ermöglichen.
Szenisches Spiel	Ausgangspunkt ist eine alltägliche Situation. – Man beginnt mit Lockerungsübungen, die auch die Modulation der Stimme einschließen. Dabei entdecken die Teilnehmerinnen und Teilnehmer Verfremdungsmöglichkeiten ihrer Mimik, Gestik und Stimme. – Im Anschluss werden Standbilder zu konkreten Ereignissen entwickelt, beispielsweise aufgrund von Zeitungsmeldungen. – Diese Standbilder werden zu Standbildfolgen weiterentwickelt, wodurch kleine szenische Einheiten entstehen. Die körperlichen und sprachlichen Verfremdungsmöglichkeiten aus den Vorübungen werden so zu Gestaltungsmitteln der Szene. Ziel ist das Aufzeigen der moralischen Dimension, die in einer Situation verborgen ist und eine bewusste Stellungnahme zu den damit verbundenen Werten.
Philosophieren mit narrativen Texten	Ausgangspunkt ist eine Erzählung oder ein Roman. Wir geben wieder konkrete Arbeitsaufträge an: – Decken Sie die Verstrickungen von Personen und Geschichten in der Erzählung auf. – Unterscheiden Sie dabei zwischen persönlichem Verschulden und Schicksal. – Stellen Sie heraus, wie die Protagonisten ihr Schicksal verarbeiten. – Versuchen Sie zu erkennen, ob und wie in der Erzählung die Integration von Geschichte in das persönliche Leben der Protagonisten gelingt. Ziel ist die Erkenntnis des In-Geschichten-Seins und die Überwindung des Gefühls, seiner Geschichte ausgeliefert zu sein, also der Gewinn von Handlungsfähigkeit.

Reflexions-methode	Erläuterung
Schreiben eines Essays	Ausgangspunkt ist ein Thema aus dem unterrichtlichen Zusammenhang. Dieses Thema wird im Essay (engl. „Versuch“) aus einer betont subjektiven Perspektive abgehandelt. Es kommt nicht nur darauf an, sichere Ergebnisse wiederzugeben oder hieb- und stichfeste Antworten auf die sich stellenden Fragen zu geben, sondern es geht darum, schreibend Klarheit über sich selbst zu gewinnen. Durch das Schreiben entstehen Gedanken, die sonst verborgen geblieben wären. Michel de Montaigne gilt als Vorbild für diese Art des Schreibens (vgl. Kapitel IV., Abschnitt „Fremdverstehen als Problem“, Text „Das Fremde als Wahrnehmungsproblem“). Qualitätsmerkmale eines Essays sind: – argumentierend – stringent – differenziert – durchdacht – originell

Sokratisches Gespräch: nach Gesellschaft für Sokratisches Philosophieren (GSP).
Dilemma-Diskussion: nach Georg Lind, Konstanz.
Ethische Analyse: nach Corinna Hößle, Oldenburg.

II. Orientierungen in der Anthropologie: Wer bin ich – was ist der Mensch?

1. Anthropologie

Der Begriff „Anthropologie“ stammt aus dem Griechischen. Er leitet sich her von „anthropos“ (Mensch) und „logos“ (Lehre). „Anthropologie“ ist also die Lehre vom Menschen. Mit der Grundfrage „Was ist der Mensch?“ ist der Problembereich festgelegt: Die Anthropologie befasst sich mit dem Menschen in seinen unterschiedlichen Bezügen, d.h. im Hinblick auf sich selbst, im Hinblick auf die anderen Menschen, im Hinblick auf die nichtmenschliche Natur und im Hinblick auf die Kultur. Anthropologie ist nicht einfach eine Disziplin einer bestimmten Wissenschaft, sondern ein Thema in verschiedenen Wissenschaften. In systematischer Hinsicht unterscheidet man deshalb folgende „Anthropologien“:

- Theologische Anthropologie
- Biologische Anthropologie
- Philosophische Anthropologie

Wodurch unterscheiden sich diese Wissensgebiete inhaltlich voneinander?

Die *theologische Anthropologie* betrachtet die Stellung des Menschen vor Gott und im Fall der christlichen Anthropologie die Beschädigung des menschlichen Ebenbildes Gottes in Adam und seine Wiederherstellung in Christus.

Die *biologische Anthropologie* befasst sich mit dem Verhalten von Primaten und ihrer evolutionären Entwicklung. Es besteht ein enger Zusammenhang zwischen der biologischen Anthropologie und der menschlichen Genetik.

Die philosophische Anthropologie betrachtet die Stellung des Menschen in der Welt und erarbeitet so sein Wesen. Dabei erfasst sie insbesondere seinen Bezug zu sich selbst und zu anderen Menschen sowie zu den Tieren und zu menschlichen Artefakten.

Das Interesse der Ethik an der Anthropologie ergibt sich aus ihrer Grundfrage „Was soll ich tun?“

Sie setzt eine Problematisierung des Ich, d.h. eine Diskussion der Frage nach dem Wesen des Menschen voraus. Berücksichtigt man diesen Zusammenhang, so zeigt sich die Anthropologie als Grundlage der Ethik schlechthin. Es wäre eine Verkürzung, diese Grundlage beispielsweise auf die philosophische Anthropologie zu verengen.

Was bedeutet das inhaltlich für die Diskussion der Frage nach dem Menschen?

Historisch gesehen stellte sich im jüdisch-christlichen, aber auch im islamischen Kulturkreis die Frage nach dem Menschen zuerst als Frage nach der Beziehung zwischen Mensch und Gott, die Anthropologie war in erster Linie religiös geprägt. In der christlichen Anthropologie ging es um die Frage nach der Ebenbildlichkeit mit Gott, nach der Würde des Menschen sowie um das Problem der Unsterblichkeit der Seele. Das religiöse Bedürfnis des Menschen wurde in den Blick genommen, ebenso das Problem der Beweisbarkeit der Existenz Gottes.

Im 16. und 17. Jahrhundert kam es zu einer Ergänzung der Problemstellung. Insbesondere in der Philosophie ging es nun auch um die Selbstergründung des Menschen ausschließlich mit den Mitteln der rationalen Selbsterkenntnis. Dabei verschob sich das Blickfeld: Im Zeitalter der Aufklärung stand nicht mehr der einzelne Mensch als Beispiel für die Gattung im Zentrum der Betrachtung, sondern *der* Mensch als menschliche Natur.

Seit dem 20. Jahrhundert spricht man von der philosophischen Anthropologie im engeren Sinne. Bei der Frage nach der Sonderstellung des Menschen in der Natur wurden die Lebens- und Glaubenserfahrungen durch Erkenntnisse der Naturwissenschaften ersetzt, insbesondere durch Erkenntnisse aus Medizin und Biologie. Der Unterschied zwischen Mensch und Tier wurde von philosophischer Seite erarbeitet, indem man durch Anwendung wissenschaftlicher Erkenntnisse versuchte, Merkmale des Menschlichen zu identifizieren: Als wesentliche Eigenschaft wurde die Sprache herausgestellt, aber auch das Lachen und Weinen. Die Entwicklung des Menschen in der und durch die Gesellschaft wurde als zentral angesehen, ebenso die Bedeutung der Institutionen.

Im 20. Jahrhundert entstand als Ergebnis des technologischen Fortschritts ein weiterer Themenkreis, das Verhältnis Mensch – Maschine wurde problematisch. Bereits im 19. Jahrhundert identifizierte Sigmund Freud drei Kränkungen der menschlichen Eigenliebe: Die erste Kränkung geschah durch Kopernikus, als er dem Menschen den zentralen Platz im Universum raubte, die zweite vollzog sich durch die Feststellung Darwins, dass Mensch und Tier gemeinsame Vorfahren haben und die dritte kam durch Freud selbst. Seine Entdeckung des Unbewussten bedeutet nämlich, dass der Mensch noch nicht einmal Herr im eigenen Hause ist. In der zweiten Hälfte des 20. Jahrhunderts kam es zu einer enormen Entwicklung der Computerwissenschaften, aus der sich eine vierte Kränkung ergeben könnte: Computer werden immer leistungsfähiger, es gibt bereits Schachcomputer, die entweder gar nicht oder doch nur sehr schwer zu besiegen sind. In diesem Zusammenhang stellt sich die Frage, ob man solchen Maschinen nicht Intelligenz zubilligen sollte. Als Konsequenz müsste dann aber auf die Intelligenz als Merkmal des Menschlichen verzichtet werden, wenn man noch auf einem wesentlichen Unterschied zwischen Mensch und Maschine bestehen will. Worin zeigt sich dann aber noch das spezifisch Menschliche?

Heute wird die Frage nach dem Menschen im Kontext aktueller neurobiologischer Forschung gestellt. Dabei kommt es zu Schlagzeilen wie „Freiheit ist eine Illusion“ (Wolf Singer) oder „Der Mensch hat keine Seele“ (Thomas Metzinger).

Welche Position kann das Wesen des Menschen im 21. Jahrhundert am besten beschreiben? Anders gefragt: Welche Merkmale muss ein Menschenbild erfüllen, damit es für unser Jahrhundert „gut“ ist?

Der Schweizer Theologe Hans Urs von Balthasar schrieb einmal: „Wo der Einzelne seinen Anspruch auf die einmalige Würde seiner Person großmütig aufgibt, kann er nicht verlangen, dass die Gesellschaft, zumal die technokratische, auf diese Würde achtet. Das milliardenmal vorkommende Individuum kann dann nur noch Material dieser Gesellschaft sein, die über dessen Erhaltung, Dezimierung und auch fabrikmäßige Vernichtung verfügt. Das ist unser Zeitalter.“ Hans Urs von Balthasar nimmt also den Einzelnen in die Pflicht: Eine allgemeine Antwort auf die Frage nach dem Menschen ist nicht möglich. Sie muss von jedem selbst gefunden, auf ihren Bezug zur Würde hin bedacht und verantwortet werden.

Auf der rechten Seite finden Sie einen zusammenfassenden Überblick.

Diskussion der Problemstellung durch Vergleich	Problemstellung (als Ergebnis des fachlichen Diskurses)	Autoren
Mensch und Gott	Das Problem der Transzendenz	Friedrich Nietzsche Platon Aurelius Augustinus René Descartes Immanuel Kant
Mensch und Tier	Die Frage nach der Sonderstellung des Menschen	J.-B. Savigny, Alexandre Corréard Johann Gottfried Herder Adolf Portmann Arnold Gehlen Helmuth Plessner
Mensch und Maschine	Das Problem der künstlichen Intelligenz	Clemens Brentano Joseph Weizenbaum John R. Searle Kurt Gödel Douglas R. Hofstadter

2. Mensch und Gott

1. Beschreiben Sie das Foto.

2. Informieren Sie sich über die Bedeutung des Marktplatzes (griechisch: Agora) für das Philosophieren.

3. Informieren Sie sich über die Bergpredigt Jesu.

4. Bewerten Sie diese Predigt im Hinblick auf ihre Bedeutung für uns heute.
   Hinweis: Für eine ausführlichere Auseinandersetzung mit der Bergpredigt bietet „Frieden ist möglich“ von Franz Alt viel Gesprächsstoff. In dem im Jahre 1983 erschienenen Buch forderte der Autor, das politische Handeln an der Bergpredigt auszurichten.

5. Diskutieren Sie in Ihrer Lerngruppe die Bedeutung der Religion für unsere Gesellschaft: Ist sie eher Trost oder nur Vertröstung? Ist Religion überhaupt noch zeitgemäß?

„Gott starb!“ – Über die Bedeutung einer Diagnose

Als Zarathustra in die nächste Stadt kam, die an den Wäldern liegt, fand er daselbst viel Volk versammelt auf dem Markte: denn es war verheißen worden, dass man einen Seiltänzer sehen solle. Und Zarathustra sprach also zum Volke:

Ich lehre euch den Übermenschen. Der Mensch ist etwas, das überwunden werden soll. Was habt ihr getan, ihn zu überwinden?

Alle Wesen bisher schufen etwas über sich hinaus: und ihr wollt die Ebbe dieser großen Flut sein und lieber noch zum Tiere zurückgehen, als den Menschen überwinden?

Was ist der Affe für den Menschen? Ein Gelächter oder eine schmerzliche Scham. Und eben das soll der Mensch für den Übermenschen sein: ein Gelächter oder eine schmerzliche Scham.

Ihr habt den Weg vom Wurme zum Menschen gemacht, und vieles ist in euch noch Wurm. Einst wart ihr Affen, und auch jetzt noch ist der Mensch mehr Affe, als irgendein Affe. [...]

Der Übermensch ist der Sinn der Erde. Euer Wille sage: der Übermensch *sei* der Sinn der Erde!

Ich beschwöre euch, meine Brüder, *bleibt der Erde treu* und glaubt denen nicht, welche euch von überirdischen Hoffnungen reden! Giftmischer sind es, ob sie es wissen oder nicht.

Verächter des Lebens sind es, Absterbende und selber Vergiftete, deren die Erde müde ist: so mögen sie dahinfahren!

Einst war der Frevel an Gott der größte Frevel, aber Gott starb, und damit starben auch diese Frevelhaften. An der Erde zu freveln ist jetzt das Furchtbarste und die Eingeweide des Unerforschlichen höher zu achten, als den Sinn der Erde!

Einst blickte die Seele verächtlich auf den Leib: und damals war diese Verachtung das Höchste – sie wollte ihn mager, grässlich, verhungert. So dachte sie ihm und der Erde zu entschlüpfen.

Oh diese Seele war selber noch mager, grässlich und verhungert: und Grausamkeit war die Wollust dieser Seele!

Aber auch ihr noch, meine Brüder, sprecht mir: was kündet euer Leib von eurer Seele? Ist eure Seele nicht Armut und Schmutz und ein erbärmliches Behagen?

Wahrlich, ein schmutziger Strom ist der Mensch. Man muss schon ein Meer sein, um einen schmutzigen Strom aufnehmen zu können, ohne unrein zu werden.

Seht, ich lehre euch den Übermenschen: der ist dies Meer, in ihm kann eure große Verachtung untergehn.

Nietzsche, Friedrich: Also sprach Zarathustra. Ein Buch für alle und keinen, 8. Aufl., München 1989, S. 11f.

a Exzerpieren Sie den Text.

b Erläutern Sie, inwiefern sich hier ein Zusammenhang mit der Evolutionstheorie ergibt.

c Entnehmen Sie dem Text Hinweise für die Umwertung der Werte.

d Entnehmen Sie dem Text Hinweise auf den Begriff „Übermensch“ und erläutern sie dessen Bedeutung für diese Umwertung.

e Anders als Hitlers Übermensch unterscheidet sich Nietzsches aber nicht durch überlegene Körperkraft oder Intellekt. Vgl. ggf.: *http://www.nietzsche.at/info_uebermensch.htm – Zugriff: 29.10.2008.* Recherchieren Sie die Rezeption Nietzsches in der Nazi-Zeit. Nehmen Sie Stellung zur Deutung der Nazis.

1. Beschreiben Sie das Gemälde.

2. Informieren Sie sich über Hieronymus Bosch, den Maler des Bildes und seine Epoche.

3. Informieren Sie sich über die sogenannten „Nahtod-Erfahrungen“ und über naturwissenschaftliche Erklärungen dieser Phänomene. Bewerten Sie diese Erklärungen.

4. Die Sehnsucht nach Unsterblichkeit wurde in Kunstwerken vielfach aufgearbeitet und dargestellt, beispielsweise in Stanley Kubricks Film „2001 – Odyssee im Weltraum“. Informieren Sie sich über diesen Film und schauen Sie sich ihn gegebenenfalls an.

5. Diskutieren Sie den Wunsch des Menschen nach Unsterblichkeit. – Informieren Sie sich in diesem Zusammenhang auch über das christliche Osterfest.

Gott und Mensch: Über die Unsterblichkeit der Seele

„Ich glaube nämlich", begann Sokrates, „wenn es außer dem Schönen an sich noch etwas Schönes gibt, dann ist dies einzig deshalb schön, weil es an jenem Schönen teilhat; und das behaupte ich von allen Dingen. Bist du mit dieser Art von Ursache einverstanden?"

„Ja", sagte Kebes.

„Ich begreife nun aber alle diese anderen gelehrten Gründe nicht mehr", sagte er, „und kann sie nicht verstehen. Sondern wenn mir einer behauptet, dass irgend etwas deshalb schön sei, weil es eine glänzende Farbe habe oder eine schöne Gestalt oder sonst etwas dieser Art, dann lasse ich das alles unbeachtet, weil es mich doch nur verwirrt, und halte mich schlicht und einfach und vielleicht einfältig nur an das eine, dass [...] alles Schöne durch das Schöne schön ist. [...] Oder glaubst du das nicht auch?"

„Doch." [...]

„So antworte nun", fuhr Sokrates fort, „was muss dem Leibe innewohnen, wenn er leben soll?"

„Eine Seele", sagte er.

„Und ist das immer so?"

„Ja, selbstverständlich."

„Wird also die Seele, wovon sie auch Besitz ergreift, immer das Leben mit sich bringen?"

„Ja, das wird sie."

„Gibt es aber etwas, das dem Leben entgegengesetzt ist, oder nicht?"

„Es gibt etwas."

„Was?"

„Den Tod."

„So wird also die Seele das Entgegengesetzte von dem, was sie immer mit sich bringt, ausschließen – darüber sind wir uns nach dem Vorangegangenen doch einig?"

„Ganz gewiss", antwortete Kebes. [...]

„Gut. Wie nennen wir aber das, was den Tod ausschließt?"

„Unsterblich", sagte er.

„Nun schließt doch die Seele den Tod aus?"

„Ja."

„So ist also die Seele unsterblich?"

„Ja, unsterblich."

„Gut", sprach er; „können wir das als erwiesen betrachten, oder was meinst du?"

„Ja, und zwar ganz zur Genüge, Sokrates."

Platon: Phaidon, in: Die großen Dialoge, hg. von Thomas Alexander Szlezák, übersetzt von Rudolf Rufener, München 1991, S. 404f., 414f.

a Alfred North Whitehead hat einmal behauptet, die philosophische Tradition Europas sei am sichersten als eine „Reihe von Fußnoten zu Platon" zu beschreiben. Informieren Sie sich über Platons Bedeutung für die Philosophie und bewerten Sie die Auffassung von Whitehead.
Hinweis: Berücksichtigen Sie bei Ihrer Stellungnahme, dass Whitehead Logiker war.

b Geben Sie im Text Platons Argumentation wieder.

c Setzen Sie den Dialog in ein Szenisches Spiel um.

d Bewerten Sie diesen Beweis. – Konnte Platon Sie überzeugen?

e Informieren Sie sich über die Pythagoreer und ihre Seelenwanderungslehre.

f Vergleichen Sie dieses Konzept der Seelenwanderung mit dem Gesetz des Karma im Buddhismus (vgl. den Abschnitt „Interreligiöser Dialog").

1. Beschreiben Sie das Gemälde. – Schlagen Sie für das Gemälde einen Titel vor und begründen Sie Ihren Vorschlag.

2. Erklären Sie den Wunsch mancher Menschen nach dem Außergewöhnlichen (beispielsweise dem außergewöhnlichen Erlebnis, der außergewöhnlichen Beziehung, dem außergewöhnlichen Leben).

3. Informieren Sie sich über das Leben des Hl. Augustinus und sein Denken.

4. „Die Skeptiker sagen: Es gibt keine Wahrheit; man kann alles anzweifeln. Augustinus entgegnet: ‚Mag einer bezweifeln, was er will, über dieses Zweifeln selbst kann er nicht zweifeln.' "
Hirschberger, Johannes: Kleine Philosophiegeschichte, 13. Aufl., Freiburg 1976, S. 62.
Erläutern Sie die Aussage des Augustinus und bewerten Sie sie.

5. Diskutieren Sie die Frage, ob bzw. was wir heute noch von Augustinus lernen können.

Ein Lobpreis Gottes

Groß bist du, o Herr, und hoch zu preisen, groß ist deine Kraft und unermesslich deine Weisheit. Und preisen will dich ein Mensch, der doch nur ein Stücklein ist deiner Kreatur, ein Mensch, der einhergeht unter dem Druck seiner Sterblichkeit, dem Zeugnis seiner Sünde, dem Zeugnis, dass du den Hochmütigen widerstehst. Und doch, preisen will dich ein Mensch, dies Stücklein deiner Kreatur. Du selbst aber gibst den Antrieb; so beglückt es ihn, dich zu preisen. Denn zu dir hin hast du uns geschaffen, und unruhig ist unser Herz, bis es ruhet in dir.

Lass, Herr, mich wissen und erkennen, ob ich eher dich anrufen muss oder dich preisen, und ob ich dich eher kennen muss oder dich anrufen. Doch wer wollte dich anrufen, ohne dich zu kennen? Er könnte ja, wenn er dich nicht kennt, einen Fremden statt deiner anrufen. Oder ruft man dich vielmehr darum an, dich kennen zu lernen? ‚Doch wie sollen sie anrufen, an den sie nicht glauben? Und wie an den glauben, der nicht verkündigt ward?' ‚Preisen werden den Herrn, die ihn suchen.' Denn die ihn suchen, finden ihn, und die ihn gefunden, werden ihn preisen. So will ich denn, o Herr, anrufend dich suchen und gläubig zu dir rufen, denn du bist uns verkündigt. Dich ruft an, Herr, mein Glaube, den du mir gegeben, den du mir eingeflößt hast durch die Menschwerdung deines Sohnes, durch den Dienst deines Predigers.

Aber wie soll ich anrufen meinen Gott, meinen Gott und Herrn, da ich ihn doch, wenn ich ihn anrufe, zu mir hereinrufen muss? Ist denn eine Stätte in mir, wohin mein Gott kommen könnte, wenn er eingeht bei mir? Ja, wohin könnte Gott kommen, wenn er bei mir einkehrt, der Gott, der Himmel und Erde gemacht hat? Gibt es denn irgend etwas in mir, mein Herr und Gott, das dich fassen könnte? Fassen dich Himmel und Erde, die du geschaffen, mit denen du auch mich geschaffen hast? Oder liegt es im Gegenteil so, da ohne dich gar nichts sein kann, dass alles was ist, dich fasst? Dann brauchte ich ja, eben darum weil ich bin, nicht erst zu bitten, du mögest zu mir kommen, da ich nicht sein könnte, wärest du nicht in mir. Denn noch bin ich nicht bei den Schatten, und wäre ich es – selbst dort bist du. ‚Denn wenn ich auch hinabfahre ins Schattenreich, du bist da.' Ich könnte nicht sein, mein Gott, ganz und gar nicht, wärst du nicht in mir. Oder ist's nicht vielmehr so: ich könnte nicht sein, wäre ich nicht in dir, ‚aus dem alles, durch den alles, in dem alles ist'? Ja, auch das ist wahr, auch das. Wohin also soll ich dich rufen, da ich in dir längst bin? Oder woher solltest du zu mir kommen? Wohin könnte ich mich schwingen, über Himmel und Erde hinaus, dass von da mein Gott zu mir käme, der gesagt hat: ‚Ich bin's, der Himmel und Erde füllet'?

Augustinus, Aurelius: Bekenntnisse, übersetzt von Wilhelm Thimme, 10. Aufl., München 2003, S. 31f.

a Informieren Sie sich über die Bedeutung von Augustinus für die Philosophie und die christliche Religion.

b Exzerpieren Sie den Text.

c Erklären Sie, inwiefern man bei diesem Text von einem Gebet *und* einer Autobiographie sprechen kann.

d Entnehmen Sie dem Text Aussagen zum Verhältnis von Gott und Mensch.

e Bewerten Sie das Gottesbild von Augustinus: Lässt sich damit heute noch etwas anfangen? Hinweis: Gott ist für Augustinus das schlechthin Gute und die Fragen könnten beispielsweise sein, worin für uns das schlechthin Gute besteht und wie wir uns zu ihm verhalten.

f Wilhelm Thiemme, der Übersetzer unseres Textes, schreibt in seiner Einführung zu den „Bekenntnissen": „Die schauende Liebe des religiösen Menschen ist nach Augustin immer auch ehrfürchtige Liebe. Nie vergisst er Gottes Erhabenheit. Gleich das einleitende Gebet lässt eindrucksvoll den Gegensatz zwischen dem großen Herrn und Schöpfer und dem Menschlein hervortreten, dem Teilchen der Schöpfung, das in seiner Sterblichkeit das Zeugnis seiner Sünde zur Schau trägt […]."
Augustinus, Aurelius: Bekenntnisse, übersetzt von Wilhelm Thimme, 10. Aufl., München 2003, S. 14.
Entnehmen Sie dem Text das Gottesbild von Augustinus und vergleichen Sie dieses mit Ihren Ausführungen in Teilaufgabe d.

g Schreiben Sie im Anschluss an Augustinus einen Essay zum Thema „Der Mensch als Homo Religiosus: Ist diese Kennzeichnung heute noch sinnvoll?"

1. Beschreiben Sie das Gemälde.

2. Informieren Sie sich über die christliche Ikonographie und erklären Sie die Darstellung.

3. Die islamische Tradition beinhaltet auch ein Bilderverbot.
Es ist verboten, Gott oder den Propheten darzustellen. Erklären Sie das Verbot.

4. Informieren Sie sich über die 99 Namen Gottes im Islam.

5. Informieren Sie sich über den Bildbegriff und diskutieren Sie die Frage,
ob der Mensch Bilder von Gott braucht.

Gott – Das vollkommene Wesen

So sehr habe ich mich in diesen Tagen daran gewöhnt, mein Denken von den Sinnen abzulenken, so eingehend ist mir bewusst geworden, dass wir nur äußerst wenig von den körperlichen Dingen wahrhaft begreifen, weit mehr vom menschlichen Geiste und noch viel mehr von Gott erkennen, – dass ich schon jetzt ohne jede Schwierigkeit meine Gedanken von den Gegenständen der Einbildung abwende und auf die von aller Materie abgesonderten Gegenstände des reinen Denkens richte. Und freilich, ich habe eine weit deutlichere Vorstellung vom menschlichen Geiste, sofern er denkendes Wesen ist – weder in die Länge, Breite und Tiefe ausgedehnt noch sonst im Besitz körperlicher Eigenschaften – als von irgendeinem Körper. Achte ich darauf, dass ich zweifle, d.h. dass ich ein unvollkommenes und abhängiges Wesen bin, dann findet sich eine so klare und deutliche Vorstellung eines unabhängigen und vollkommenen Wesens – d.h. Gottes – bei mir ein; so einleuchtend schließe ich allein daraus, dass eine solche Vorstellung in mir ist oder dass ich, der ich jene Vorstellung habe, existiere, auf die Existenz Gottes und auf die Abhängigkeit, in der sich meine ganze Existenz in jedem Moment von ihm befindet, – dass ich zuversichtlich überzeugt bin: Einleuchtenderes, Gewisseres kann vom Menschengeist nicht erkannt werden. Und schon glaube ich einen Weg zu sehen, auf dem man von dieser Betrachtung des wahren Gottes – in dem nämlich alle Schätze des Wissens und der Weisheit verborgen sind – zur Erkenntnis aller übrigen Dinge gelangt.

Denn erstens erkenne ich, dass es nicht geschehen kann, dass er mich täuscht, denn in jeder Täuschung und jedem Betrug liegt etwas Unvollkommenes. Und möchte es auch scheinen, als ob „täuschen können" ein Zeichen von Scharfsinn oder ein Beweis von Macht sei, so bezeugt doch „täuschen wollen" unzweifelhaft entweder Bosheit oder Schwäche und trifft demnach auf Gott nicht zu.

Sodann entdecke ich in mir eine gewisse Urteilsfähigkeit, die ich sicherlich, wie auch alles übrige in mir, von Gott empfangen habe und die, da er mich nicht täuschen will, gewiss nicht so sein wird, dass ich jemals irren könnte, solange ich sie nur recht gebrauche.

Auch bliebe hierüber gar kein Zweifel, wenn nicht daraus zu folgen schiene, dass ich also niemals irren könnte. Denn wenn ich alles, was in mir ist, von Gott habe, und er mir gar keine Fähigkeit zu irren verliehen hätte, so scheint es, als ob ich niemals irren könnte. Gewiss, solange ich nur an Gott denke und mich ganz ihm zuwende, entdecke ich keine Ursache für Irrtum oder Falschheit; wende ich mich aber hernach zu mir selbst zurück, so finde ich mich trotzdem unzähligen Irrtümern ausgesetzt, [...]

Descartes, René: Meditationen über die Grundlagen der Philosophie, Hamburg 1960, S. 48f.

a Fassen Sie den Text zusammen.

b Der Text enthält einen Gottesbeweis. Geben Sie diesen Beweis in eigenen Worten wieder.

c Der Text wurde dem Hauptwerk von Descartes entnommen, den „Meditationen über die Grundlagen der Philosophie". Informieren Sie sich über den „methodischen Zweifel" bei Descartes und wie er überwunden wird.

d Erklären Sie mit Hilfe dieser Informationen die Bedeutung des Gottesbeweises für den Aufbau der „Meditationen".

Beweis der Nichtexistenz Gottes

Behauptung:	Gott existiert nicht!	
Beweis:	Wir führen den Beweis indirekt. Wir nehmen also an, Gott existiert und führen das zum Widerspruch.	
Annahme:	Gott existiert.	

Folgerungen aus der Annahme:

(1) Gott ist gütig.	⇢ Er wird Leid verhindern.	⇢ **Es gibt kein Leid**
(2) Gott ist allmächtig.	⇢ Er kann Leid verhindern.	
	Aus der Erfahrung wissen wir aber: Es gibt Leid.	

Insgesamt:	(Es gibt kein Leid.) und (Es gibt Leid.)	⇢ Widerspruch

Also ist die Behauptung bewiesen und Gott existiert nicht!

1. Erklären Sie den Beweis.

2. Der Beweis beruht auf dem „Satz vom ausgeschlossenen Dritten“.
   Informieren Sie sich über dieses Prinzip der Logik.

3. Bewerten Sie den „Beweis der Nichtexistenz Gottes“.

4. Wiederholen Sie den Gottesbeweis von Descartes (vgl. Text, S. 45).
   Bewerten Sie diesen Beweis.

5. Es hat viele Versuche gegeben die Existenz Gottes zu beweisen.
   Diskutieren Sie die Frage, ob bzw. inwiefern diese Bemühungen sinnvoll waren.

Mensch und Gott: Über die Versuche, Gott zu beweisen

Zum logischen Prädikate kann alles dienen, was man will, so gar das Subjekt kann von sich selbst prädiziert werden; denn die Logik abstrahiert von allem Inhalte. Aber die Bestimmung ist ein Prädikat, welches über den Begriff des Subjekts hinzukommt und ihn vergrößert. Sie muss also nicht in ihm schon enthalten sein.

Sein ist offenbar kein reales Prädikat, d.i. ein Begriff von irgend etwas, was zu dem Begriffe eines Dinges hinzukommen könne. Es ist bloß die Position eines Dinges, oder gewisser Bestimmungen an sich selbst. Im logischen Gebrauche ist es lediglich die Kopula eines Urteils. Der Satz: Gott ist allmächtig, enthält zwei Begriffe, die ihre Objekte haben: Gott und Allmacht; das Wörtchen: ist, ist nicht noch ein Prädikat oben ein, sondern nur das, was das Prädikat beziehungsweise aufs Subjekt setzt. Nehme ich nun das Subjekt (Gott) mit allen seinen Prädikaten (worunter auch die Allmacht gehöret) zusammen, und sage: Gott ist, oder es ist ein Gott, so setze ich kein neues Prädikat zum Begriffe von Gott, sondern nur das Subjekt an sich selbst mit allen seinen Prädikaten, und zwar den Gegenstand in Beziehung auf meinen Begriff. Beide müssen genau einerlei enthalten, und es kann daher zu dem Begriffe, der bloß die Möglichkeit ausdrückt, darum, dass ich dessen Gegenstand als schlechthin gegeben (durch den Ausdruck: er ist) denke, nichts weiter hinzukommen. Und so enthält das Wirkliche nichts mehr als das bloß Mögliche. Hundert wirkliche Taler enthalten nicht das Mindeste mehr, als hundert mögliche. Denn, da diese den Begriff, jene aber den Gegenstand und dessen Position an sich selbst bedeuten, so würde, im Fall dieser mehr enthielte als jener, mein Begriff nicht den ganzen Gegenstand ausdrücken, und also auch nicht der angemessene Begriff von ihm sein. Aber in meinem Vermögenszustande ist mehr bei hundert wirklichen Talern, als bei dem bloßen Begriffe derselben, (d.i. ihrer Möglichkeit). Denn der Gegenstand ist bei der Wirklichkeit nicht bloß in meinem Begriffe analytisch enthalten, sondern kommt zu meinem Begriffe (der eine Bestimmung meines Zustandes ist) synthetisch hinzu, ohne dass, durch dieses Sein außerhalb meinem Begriffe, diese gedachte hundert Taler selbst im mindesten vermehrt werden.

Wenn ich also ein Ding, durch welche und wie viel Prädikate ich will, (selbst in der durchgängigen Bestimmung) denke, so kommt dadurch, dass ich noch hinzusetze, dieses Ding ist, nicht das mindeste zu dem Dinge hinzu. Denn sonst würde nicht eben dasselbe, sondern mehr existieren, als ich im Begriffe gedacht hatte, und ich könnte nicht sagen, dass gerade der Gegenstand meines Begriffs existiere. [...] Denke ich mir nun ein Wesen als die höchste Realität (ohne Mangel), so bleibt noch immer die Frage, ob es existiere, oder nicht.

Kant, Immanuel: Kritik der reinen Vernunft, Stuttgart 1975, S. 633ff.

a Informieren Sie sich über die Bedeutung von Kants Philosophie.

b Fassen Sie den Text zusammen.

c Informieren Sie sich über folgende Grundbegriffe der Logik: Subjekt und Prädikat sowie Intension und Extension eines Begriffes.

d Geben Sie die Argumentationsstruktur des Textes von Kant in eigenen Worten wieder.

e Recherchieren Sie die Intention Kants: Wollte Kant Sie davon überzeugen, nicht mehr an Gott zu glauben? Gegebenenfalls: Ist ihm das gelungen?

f Recherchieren Sie die Bedeutung der „Kritik der reinen Vernunft“ für die Philosophie.

3. Mensch und Tier

1. Beschreiben Sie das Foto.

2. Informieren Sie sich über Wölfe und ihr Sozialverhalten.

3. Für Konrad Lorenz ist Aggression das „sogenannte Böse". Sie kommt nur innerartlich vor und dient als Trieb der Evolution. Lorenz entwickelte sein Trieb-Instinkt-Modell u. a. durch Beobachtungen an Graugänsen. – Informieren Sie sich über Aggression und vergleichen Sie das Ergebnis Ihrer Recherche mit dem „sogenannten Bösen" von Konrad Lorenz.

4. Informieren Sie sich über den Untergang der französischen Fregatte „Medusa" im Jahre 1816.

5. Informieren Sie sich über den Begriff des Bösen. – Formulieren Sie mit Hilfe Ihrer Recherchen zur Aggression und zum Bösen Vermutungen über den Unterschied zwischen menschlicher und tierischer Aggression.

Bericht vom Schiffbruch der Fregatte Medusa

Nach diesem zweiten Gefecht legte sich die Wut der Soldaten auf einmal, um der niederträchtigsten Feigheit Platz zu machen; mehrere warfen sich auf die Knie und baten um Schonung, die ihnen auch versprochen wurde. Wir glaubten, die Ordnung sei hergestellt, und verfügten uns wieder auf unsere Posten in der Mitte des Floßes. Es war Mitternacht; wir legten die Waffen nicht ab. Nach einer anscheinenden Ruhe, die ungefähr eine Stunde dauerte, empörten sich die Soldaten von neuem; sie waren ganz von Sinnen und kamen wie Verzweifelte mit Säbeln oder Messern auf uns los. Wir mussten uns abermals zur Wehr setzen. Sie griffen uns zuerst an, wir drängten sie zurück, und bald war das Floß mit ihren Leichnamen bedeckt. Diejenigen unter ihnen, die keine Waffen hatten, bissen mit ihren Zähnen und nicht selten derb; Herr Savigny erhielt einen solchen Biss an Bein und Schultern, wie auch eine Säbelwunde am rechten Arm [...] Grauenvolle Nacht! Du bedecktest mit deinem schwarzen Schleier dieses grausame Gemetzel, das von der schrecklichsten Verzweiflung erzeugt wurde. [...] Viele der Meuterer hatten sich ins Meer gestürzt; wir fanden, dass 60 bis 65 in der Nacht umgekommen waren; ein Viertel mochte sich wohl in der Verzweiflung ersäuft haben; uns fehlten nur zwei Mann und kein einziger Offizier. [...]

Aber so elend unser Leben war, wünschten wir es doch hinzufristen; wir schaudern, indem wir das Mittel angeben, welches wir einschlugen; die Feder schlüpft uns aus der Hand, eine Todeskälte fährt uns durch alle Glieder, die Haare sträuben sich auf unserm Haupt. Leser! Wehret eurem Abscheu vor Menschen, die nur zu unglücklich sind, beklaget sie vielmehr und weiht ihrem grausamen Schicksal einige Tränen.

Die Unglücklichen, welche der Tod in der grauenvollen Nacht verschont hatte, fielen über die Leichname her, mit denen das Floß bedeckt war, und teilten sie in Stücke, die von einigen auf der Stelle verschlungen wurden; viele andere, und darunter die meisten Offiziere, rührten sie nicht an. Da man sah, dass diese schreckliche Speise denen, welche sie genossen, etwas Kräfte gab, so kam man auf den Einfall, sie zu trocknen, um sie womöglich ein wenig schmackhafter zu machen. Diejenigen, die sich nicht überwinden konnten, sie zu genießen, nahmen etwas mehr Wein zu sich. [...]

Endlich ging die vierte Sonne seit unserer Abfahrt über unser Missgeschick auf und zeigte uns zehn oder zwölf von unsern Gefährten, die auf dem Floß ohne Leben dalagen. Dieser Anblick griff uns um so mehr an, als wir uns sagen mussten, dass auch wir in kurzem dem Tode in die Arme sinken würden; wir warfen die Leichname ins Meer und behielten nur einen, welcher nun denen zur Nahrung dienen sollte, die noch den Tag zuvor seine zitternden Hände gedrückt und ihm ewige Freundschaft geschworen hatten. Dieser Tag war schön, ein neuer Strahl von Hoffnung!

Savigny, J.-B. Henri/Corréard, Alexandre: Der Schiffbruch der Fregatte Medusa, Berlin 2005, S. 57ff.

a Fertigen Sie eine Nacherzählung zum Text an.

b Formulieren Sie Vermutungen über die Intentionen der Autoren.

c Informieren Sie sich über das Bild „Das Floß der Medusa" von Théodore Géricault. Erklären Sie, weshalb dieses Bild bei seiner Präsentation 1819 eine Provokation darstellte.

d Recherchieren Sie nach weiteren Fällen von Kannibalismus nach Unglücksfällen oder aufgrund von Extremsituationen.

e Diskutieren Sie die Frage, was sich aus dem „Bericht vom Schiffbruch der Fregatte Medusa" für den Vergleich zwischen Mensch und Tier ergibt.

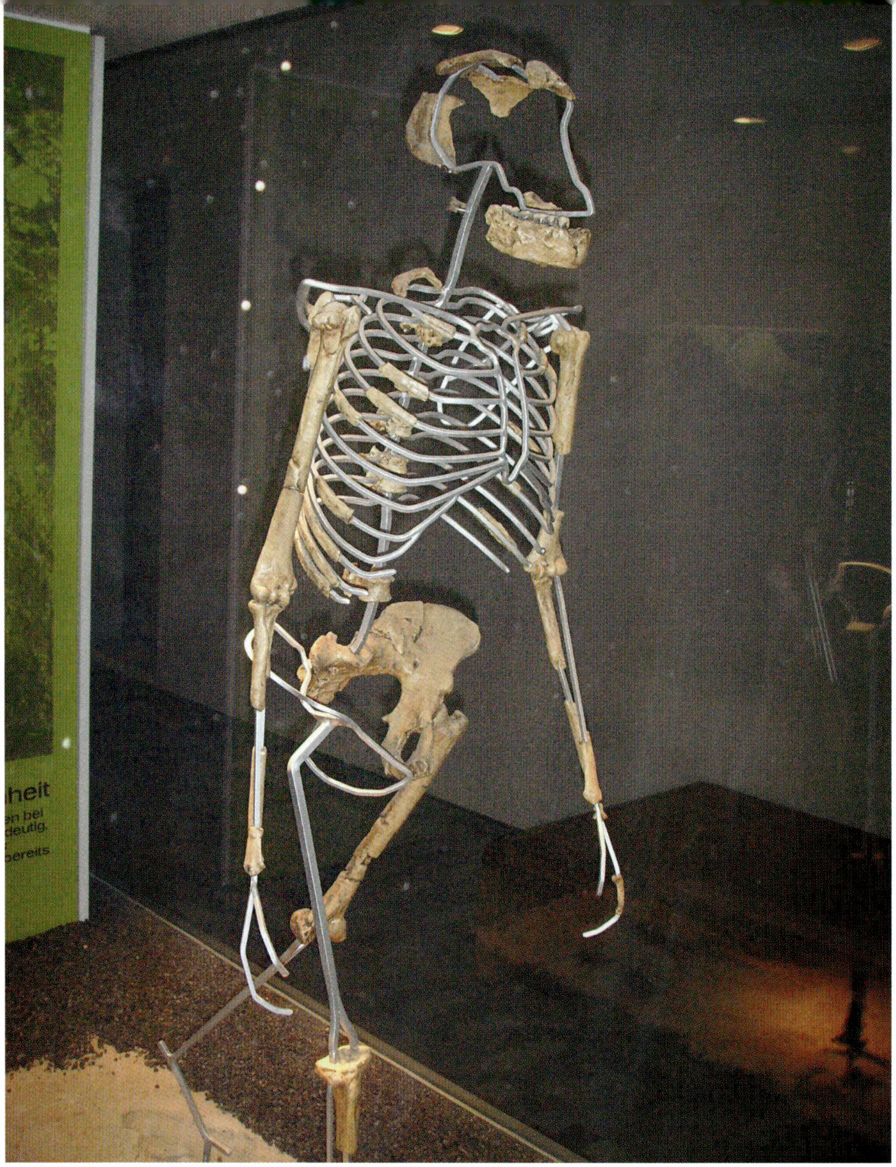

1. Beschreiben Sie das Foto.

2. Informieren Sie sich über den Knochenfund, der als „Lucy“ berühmt wurde.
   Hinweis: Besuchen Sie beispielsweise die Seite des Naturmuseum Senckenberg in Frankfurt *http://www.senckenberg.de/root/index.php?page_id=24 – Zugriff: 29.12.2008.*

3. Informieren Sie sich über die Paläoanthropologie.

4. Im Anschluss an Lucy stellt sich die Frage nach dem Unterschied zwischen Tier und Mensch. Bewerten Sie erneut tierische und menschliche Aggression, indem Sie jetzt „Aggression“ als ein *Verhalten* auffassen, also als eine Anpassung an die Umwelt, die u. U. überlebenssichernd ist.

5. Die Menschwerdung wird heute damit verbunden, dass die Gattung „Homo“ durch die gezielte Herstellung von Werkzeugen damit begann, sich von den direkten Umweltbedingungen abzukoppeln. Formulieren Sie Merkmale zur Charakterisierung des Menschlichen, die sich Ihrer Meinung nach aus dieser Abkopplung herleiten lassen.

Die Bedeutung der Sprache

Jedes Tier hat seinen Kreis, in den es von der Geburt an gehört, gleich eintritt, in dem es lebenslang bleibet und stirbt. Nun ist es aber sonderbar, dass *je schärfer die Sinne der Tiere, je stärker und sichrer ihre Triebe und je wunderbarer ihre Kunstwerke sind, desto kleiner ist ihr Kreis, desto einartiger ist ihr Kunstwerk.* Ich habe diesem Verhältnisse nachgespürt, und ich finde überall eine wunderbar beobachtete umgekehrte Proportion zwischen der mindern Extension ihrer Bewegungen, Elemente, Nahrung, Erhaltung, Paarung, Erziehung, Gesellschaft und ihren Trieben und Künsten. Die Biene in ihrem Korbe bauet mit der Weisheit, die Egeria ihrem Numa nicht lehren konnte; aber außer diesen Zellen und außer ihrem Bestimmungsgeschäft in diesen Zellen ist sie auch nichts. Die Spinne webet mit der Kunst der Minerva; aber alle ihre Kunst ist auch in diesen engen Spinnraum verwebet; das ist ihre Welt! Wie wundersam ist das Insekt und wie enge der Kreis seiner Wirkung!

Gegenteils. *Je vielfacher die Verrichtungen und Bestimmung der Tiere, je zerstreuter ihre Aufmerksamkeit auf mehrere Gegenstände, je unsteter ihre Lebensart, kurz, je größer und vielfältiger ihre Sphäre ist, desto mehr sehen wir ihre Sinnlichkeit sich verteilen und schwächen.* Ich kann es mir hier nicht in Sinn nehmen, dies große Verhältnis, was die Kette der lebendigen Wesen durchläuft, mit Beispielen zu sichern; ich überlasse jedem die Probe oder verweise auf eine andre Gelegenheit und schließe fort:

Nach aller Wahrscheinlichkeit und Analogie lassen sich also alle Kunsttriebe und Kunstfähigkeiten aus den Vorstellungskräften der Tiere erklären, ohne dass man blinde Determinationen annehmen darf [...].

Und ich darf also den Satz annehmen: *Die Empfindsamkeiten, Fähigkeiten und Kunsttriebe der Tiere nehmen an Stärke und Intensität zu im umgekehrten Verhältnisse der Größe und Mannigfaltigkeit ihres Wirkungskreises.* Nun aber –

Der Mensch hat keine so einförmige und enge Sphäre, wo nur *eine* Arbeit auf ihn warte: eine Welt von Geschäften und Bestimmungen liegt um ihn.

Seine Sinne und Organisation sind nicht auf eines geschärft: er hat Sinne für alles und natürlich also für jedes einzelne schwächere und stumpfere Sinne.

Seine Seelenkräfte sind über die Welt verbreitet; keine Richtung seiner Vorstellungen auf ein Eins: mithin kein Kunsttrieb, keine Kunstfertigkeit – und, das eine gehört hier näher her, *keine Tiersprache.*

Was ist doch das, was wir, außer der vorher angeführten Lautbarkeit der empfindenden Maschine, bei einigen Gattungen Tiersprache nennen, anders als ein Resultat der Anmerkungen, die ich zusammengereihet? Ein dunkles sinnliches Einverständnis einer Tiergattung untereinander über ihre Bestimmung im Kreis ihrer Wirkung.

Herder, Johann Gottfried: Abhandlung über den Ursprung der Sprache, Stuttgart 1966, S. 20ff.

a Der Text ist optisch gegliedert. Formulieren Sie Überschriften für jeden Absatz.

b Fertigen Sie eine Strukturskizze zur Veranschaulichung der Argumentation an.

c Erläutern Sie, inwiefern man von einer „Tiersprache“ sprechen kann und worin sich diese „Sprache“ von der menschlichen Sprache unterscheidet.

d Diskutieren Sie die Frage, worin für Herder der Unterschied zwischen Tier und Mensch besteht?

e Versuchen Sie seine Antwort durch Recherche in dem Bereich der Paläoanthropologie zu verifizieren.

f Vergleichen Sie Herders Sichtweise mit einer religiösen Auffassung von Sprache. Beziehen Sie sich beispielsweise auf den Islam, der häufig als „Religion des Buches“ bezeichnet wird.

1. Beschreiben Sie das Bild. Informieren Sie sich über Wilhelm Busch und seinen Lehrer Lämpel.

2. Diskutieren Sie die Chancen und Probleme, die sich daraus ergeben, dass der Mensch über eine ihm eigentümliche Sprache verfügt.

3. Diskutieren Sie die Frage, ob der Mensch überhaupt Schule benötigt. Finden Sie Pro- und Contraargumente.

4. Informieren Sie sich über den Roman *Emile* von Jean-Jacques Rousseau und stellen Sie das Menschenbild dar, das sich daraus ergibt.

5. Diskutieren Sie die Konsequenzen für die Erziehung, die sich durch die Auseinandersetzung mit Rousseaus *Emile* ergeben.

Die physiologische Frühgeburt

Ein hilfloser Nestflüchter – so erscheint der neugeborene Mensch dem Zoologen. Ist es uns bewusst, dass diese Tatsache die Regel der Säugetiere durchbricht? Suchen wir einmal in Gedanken den Geburtszustand zu erfinden, wie er sein müsste, wäre der Mensch wirklich dem Bildungsgesetze seiner Gestaltverwandten unterworfen. Ein solcher Versuch ist nicht nur müßige Konstruktion; er dient der Feststellung einer Möglichkeit, an der erst das Seltsame unserer wirklichen Entwicklung gemessen werden kann. [...]

Es gibt dieses theoretisch geforderte Stadium in der Tat in unserer Entwicklung: etwa ein Jahr nach der Geburt wird diese Stufe erreicht. *Nach einem Jahr erlangt der Mensch den Ausbildungsgrad, den ein seiner Art entsprechendes echtes Säugetier zur Zeit der Geburt verwirklichen müsste. Würde also dieser Zustand beim Menschen auf echte Säugerweise gebildet, so müsste unsere Schwangerschaft etwa um ein Jahr länger sein als sie tatsächlich ist;* sie müsste etwa 21 Monate betragen. [...] Dass der menschliche Geburtszustand eine Art „physiologischer“ d.h. normalisierter Frühgeburt ist, das wird kaum ernsthaft bestritten werden, und die Feststellung ist in dieser Form auch nicht neu. Aber der Gegensatz zur Entwicklungsnorm höherer Säuger ist nicht erkannt worden: durch die suggestive Wirkung der Gemeinsamkeiten von Menschen und Menschenaffen wird das Problem überblendet, das die Schwangerschaftsdauer beim Menschen uns in Wahrheit aufgibt. [...]

Das Einzelwesen ist aber eingefügt – also planmäßig zugeordnet – einer Sozialstruktur, in der es mindestens bis zum vierzehnten bis sechzehnten Jahr bei allen Menschenrassen in behüteter Kindheit und Jugend zum Geschlechtswesen heranwächst. Wir können diese lange Periode unschwer erfassen als eine jener bewahrten Zeiten – hier besonders lang ausgedehnt –, in der im Schutze elterlicher Pflege auch bei höheren Tieren die Anzeichen von Freiheit auftreten können. In dieser Zeit erfolgt die Übermittlung der gesamten Sozialstrukturen – ein langsam wachsendes Hineinlernen und ein lernendes Hineinwachsen in die bereits bestehende Sozialwelt. [...] Die für das lernende Hineinwachsen in die obligatorische Sozialwelt eingesetzte Zeit ist also nicht nur durch Hinausschiebung der sexuellen Reifung und durch späten Abschluss des Wachstums verlängert, sie wird vielmehr in besonders gewichtiger Weise erweitert, nach rückwärts gleichsam, durch die frühe Geburt. Wieso in besonders gewichtiger Weise? Weil damit das für höhere Säuger normale spätere Ausreifen aller Strukturen im gleichmäßigen, reizarmen, mütterlichen Medium in eine an Reizen reiche, wechselvolle Sozialwelt verlegt wird. Gerade in diesem der Uteruszeit abgewonnenen Jahr wird die aufrechte Haltung, das Sprechen, das Denken ausgebildet – und zwar auf Wegen, die sich als einzigartig human nachweisen lassen.

Portmann, Adolf: Biologische Fragmente, Reinbek 1956, S. 49ff.

a Exzerpieren Sie den Text.

b Erläutern Sie, inwiefern beim Menschen von einer „physiologischen Frühgeburt“ gesprochen werden kann.

c Erklären Sie am Text den Begriff „sozialer Uterus“ und entnehmen Sie dem Text dessen Merkmale.

d Erklären Sie, weshalb sich aus dieser spezifisch menschlichen Entwicklung ein Vorteil ergibt und erläutern Sie den Unterschied zwischen Mensch und Tier.

e Bewerten Sie das Konzept von Adolf Portmann. – Welche Bedeutung kommt dann der Bildung des Menschen (beispielsweise durch die Schule) zu?

f Schreiben Sie im Anschluss an Portmann einen Essay zum Thema „Der Mensch als ‚animal rationale‘: Ist dieses Konzept heute noch brauchbar?“.

1. Beschreiben Sie das Foto. – Informieren Sie sich über das Reichstagsgebäude in Berlin.
2. Informieren Sie sich über die Bedeutung des Bundestages als Einrichtung unseres Staates.
3. Finden Sie Argumente zur Bewertung dieser Einrichtung für das Funktionieren unserer Gesellschaft. Finden Sie auch Argumente zur Bewertung der Einrichtung Schule. Vergleichen Sie beide Einrichtungen hinsichtlich ihrer Bedeutung.
4. Diskutieren Sie auch die Frage, ob durch die staatliche Gesetzgebung unsere Freiheit in unzulässiger Weise beschnitten wird.
5. Informieren Sie sich darüber, ob der Einfluss des Bundestages durch andere staatliche Einrichtungen beschränkt wird.

Die Aufgabe der Institutionen

Jede Kultur nimmt aus der Vielheit der möglichen menschlichen Verhaltensweisen bestimmte Varianten heraus und erhebt sie zu gesellschaftlich sanktionierten *Verhaltensmustern,* die für alle Glieder der Gruppe verbindlich sind. Solche kulturellen Verhaltensmuster oder *Institutionen* bedeuten für das Individuum eine *Entlastung* von allzu vielen Entscheidungen, einen Wegweiser durch die Fülle von Eindrücken und Reizen, von denen der weltoffene Mensch überflutet wird.

Unter diesen Gesichtspunkten erscheinen die Institutionen einmal als die Formen der Bewältigung lebenswichtiger Aufgaben oder Umstände, so wie die Fortpflanzung oder die Verteidigung oder die Ernährung ein geregeltes und dauerndes Zusammenwirken erfordern; sie erscheinen von der anderen Seite als die *stabilisierenden* Gewalten: Sie sind die Formen, die ein seiner Natur nach riskiertes und unstabiles, affektüberlastetes Wesen findet, um sich gegenseitig und um sich selbst zu ertragen, etwas, worauf man in sich und den anderen zählen und sich verlassen kann. Auf der einen Seite werden in diesen Institutionen die Zwecke des Lebens gemeinsam angefasst und betrieben, auf der anderen Seite orientieren sich die Menschen in ihnen zu endgültigen Bestimmtheiten des Tuns und Lassens, mit dem außerordentlichen Gewinn einer Stabilisierung auch des Innenlebens, so dass sie nicht bei jeder Gelegenheit sich affektiv auseinander zu setzen oder Grundsatzentscheidungen sich abzuzwingen haben.

Der Einzelne erlebt nun in der Tat eine Institution wie das Eigentum oder die Ehe als ein überpersönliches vorgefundenes Muster, dem er sich einordnet; oder in anderen Fällen tritt er in eine Institution seines Berufes, eine Behörde, eine Fabrik ein in dem Bewusstsein, dass sie als dieselbe seit langem bestand und bestehen wird, im Wechsel der Menschen, die in sie ein- oder wieder austreten. Diese Thematik führt in sehr interessante und schwierige Überlegungen, wenn man sich im einzelnen klarmachen will, wie eigentlich die Handlungen der Menschen zu so etwas wie einer Eigennorm umschlagen und sich nun wie eine objektive Ordnung über ihnen verfestigen, die der einzelne als ein Geltendes vorfindet.

Um mit wenigen Worten zusammenzufassen: Die Formen, in denen die Menschen miteinander leben oder arbeiten, in denen sich die Herrschaft ausgestaltet oder der Kontakt mit dem Übersinnlichen – sie alle gerinnen zu Gestalten eigenen Gewichts, den *Institutionen,* die schließlich den Individuen gegenüber etwas wie eine Selbstmacht gewinnen, so dass man das Verhalten des einzelnen in der Regel ziemlich sicher voraussagen kann, wenn man seine Stellung in dem System der Gesellschaft kennt, wenn man weiß, von welchen Institutionen er eingefasst ist.

Gehlen, Arnold: Anthropologische Forschung. Zur Selbstbegegnung und Selbstentdeckung des Menschen, Reinbek 1961, S. 71.

a Fassen Sie den Text zusammen.

b Informieren Sie sich über den Begriff „Institutionen“ und erläutern Sie diesen Begriff.

c Entnehmen Sie dem Text, in welchen Formen uns die Institutionen erscheinen.

d Erläutern Sie die Vorteile, die sich daraus ergeben, dass man weiß, zu welchen Institutionen ein Individuum gehört.

e Erläutern Sie zusammenfassend, inwiefern die Institutionen *entlasten.*

f Erklären Sie, weshalb Tiere keine Institutionen benötigen.

1. Beschreiben Sie das Foto.

2. Betrachten Sie das Foto erneut: Äußern Sie sich jetzt insbesondere zu Haltung und Gesichtsausdruck. – Drückt sich darin etwas spezifisch Menschliches aus?

3. Die philosophische Anthropologie versucht durch Interpretation biologischer Erkenntnisse sogenannte „anthropologische Konstanten“ zu identifizieren. Formulieren Sie Pro- und Contraargumente für diese Vorgehensweise.

4. „Anthropologische Konstanten“ erheben den Anspruch das Wesen des Menschen auf den Begriff zu bringen. Aus diesem Anspruch ergibt sich leicht eine starke Orientierung an den Naturwissenschaften. Informieren Sie sich über den *Status* von naturwissenschaftlichen Erkenntnissen. Bewerten Sie von daher die mögliche Abhängigkeit der philosophischen Anthropologie von den Naturwissenschaften.

5. Formulieren Sie mit Hilfe der durch die Beschreibung des Fotos gefundenen Vergleichsmerkmale einen Satz, der den Unterschied zwischen Mensch und Tier auf den Punkt bringt.

Lachen und Weinen als Ausdruck des Menschlichen

Menschliches Verhalten entspricht immer irgendwelchen Verhältnissen, die ihm Abstand gewähren, zu Dingen und Situationen wie zu sich selber. Irgendeine Ordnung muss herrschen, in der und mit der es sein Bewenden hat. Diese Bewandtnis trägt den Wortgebrauch, das verfügende Umgehen und planvolle Handeln. Sobald diese Ordnung nicht einfach in Unordnung geraten ist, die sich wieder beseitigen lässt, sondern als Ordnung sich begrenzt zeigt, das heißt, das andere ihrer selbst in Erscheinung tritt, wird das Verhalten gebremst. Der Schock verschlägt uns die Sprache und setzt uns außer Gefecht. Ist unser Abstand im Verhältnis zur Sache selber nicht aufgehoben, so erheitert uns die Situation, wir finden sie komisch oder witzig, wir lachen. Sind wir selber aber betroffen und um jeden Abstand gebracht, so erliegen wir dem Schmerz, dem Leid, der Rührung und Ergriffenheit, wir weinen. [...]

Mit Lachen und Weinen meldet sich die Unterbindung der Verkörperung als des Mittels zur geregelten Bildung menschlichen Verhaltens. Sie stellen sinnvolle Fehlreaktionen auf die Unmöglichkeit dar, zwischen der Person und ihrem Körper das zum Verhalten entsprechende Verhältnis zu sichern. An ihnen wird die Distanziertheit der Person als Bruch im Verlust ihrer auf Ordnung der Verhältnisse bezogenen und gestützten Selbstbeherrschung sichtbar. Einem Wesen ohne Distanz, ohne Exzentrum kann das nie passieren. Darum können Tiere weder lachen noch weinen. Nur der Mensch hat die Höhe, aus der er sich fallen lässt. Nur der Mensch kennt mit dem Sinn zugleich Doppelsinn, Unsinn und das, was darüber hinausreicht.

Wie zum Ausgleich für die in jedem Sinne unbeherrschten, explosiven und desaströsen Ausbruchsformen, in welche der Mensch durch die Unterbindung seines vermittelten Verhältnisses zur Welt gerät, verfügt er über eine, und zwar echte mimische Gebärde, das Lächeln. Unter allen Ausdrucksformen hat sie das Privileg der geringsten Bindung an eine besondere Emotion. Die leichte Auflockerung des Gesichts, in der sich alle Erregungen mit schwacher, unausgesprochener Antriebsform unmittelbar und unwillkürlich spiegeln: Staunen, Zufriedenheit, Geöffnetheit zum Anderen, Verständnis, bietet sich von selbst als ein Spielfeld dar. In den starken Affekten und in den explosiven Reaktionen des Lachens und Weinens sind wir hingenommen und überwältigt. Jede Distanz zum eigenen Gesicht ist ausgelöscht. Im Lächeln dagegen herrscht ein Gleichgewicht zur eigenen Gebärde, die damit Maskenfunktion annehmen kann, mit der Zärtlichkeit wie Aggressivität, Geöffnetheit wie Verschlossenheit gleichermaßen zum Ausdruck kommen. Wie von selbst gleitet das Lächeln aus dem Bereich der unwillkürlichen mimischen Gebärde in den der abgewogenen Geste über, die unergründlich wirken kann, weil sie alles und nichts sagt.

Plessner, Helmuth: Mit anderen Augen. Aspekte einer philosophischen Anthropologie, Stuttgart 1982, S. 82ff.

a Fassen Sie den Text zusammen.

b Entnehmen Sie dem Text die Merkmale menschlichen Verhaltens.

c Erläutern Sie in diesem Zusammenhang die Bedeutung von Lachen und Weinen.

d Entnehmen Sie dem Text die Bedeutung des Lächelns.

e Entnehmen Sie dem Text den Unterschied zwischen Mensch und Tier.

f Einerseits ist die philosophische Anthropologie auf die Erkenntnisse der Biologie angewiesen, andererseits kommt sie mit Ergebnissen nicht weiter, die nur vorläufig gültig sind. Führen Sie ein sokratisches Gespräch über die Möglichkeiten, mit diesem Dilemma umzugehen.

4. Mensch und Maschine

1. Beschreiben Sie die Karikatur und bewerten Sie sie.

2. Informieren Sie sich über die Anwendungen in der Informatik, die unter dem Begriff „Künstliche Intelligenz“ zusammengefasst werden.

3. Eine Definition von „Künstlicher Intelligenz“ lautet: „Mit Künstlicher Intelligenz bezeichnet man alle Bereiche, bei denen die Bemühungen darauf gerichtet sind, ein Verhalten mit Maschinen zu bewerkstelligen, das man normalerweise als intelligent bezeichnen würde.“
   Erklären Sie, inwiefern diese Definition problematisch ist.
   Hinweis: Achten Sie bei Ihrer Erklärung insbesondere auf die Verwendung des Adjektivs „intelligent“.

4. Informieren Sie sich über die Figur des Dr. Frankenstein in der Literatur und im Film.

5. Erläutern Sie das Interesse an dieser Figur. Sehen Sie auch einen Zusammenhang mit der Künstlichen Intelligenz?

Der Golem

Die Golems sind Figuren aus Lehm nach dem Ebenbilde eines Menschen geformt, über welche das geheimnisreiche und wunderkräftige Schemhamphoras (eine kabbalistische Schöpfungsformel) ausgesprochen, und auf deren Stirn das Wort *Anmanth,* Wahrheit, geschrieben worden, wodurch sie lebendig werden, und von außen ganz dem Wesen gleichen, das sie darstellen. Aber der Zauberkünstler läuft große Gefahr bei ihnen, denn sie wachsen sehr schnell, und werden leicht größer als ihr Meister, indem sie keine innere Bedingung ihrer Gestalt haben und hohl sind. Solange der Meister, der diese Kunstbilder erschafft, ihre Stirn erreichen kann, ist es leicht für ihn, sie wieder zu töten; denn er darf nur das *An* von dem Worte *Anmanth* auf ihrer Stirne verlöschen, damit nur die Silbe *Manth* bleibt, welche Tod bedeutet, worauf sie wieder in Lehm zerfallen.

Versäumt aber der Meister diesen Zeitpunkt, wächst ihm dieses Äußerlichkeitsgespenst über den Kopf, so wird es sein Tyrann. Die rabbinische Fabel erzählt einen solchen Fall. Es hatte ein kunstreicher alter Rabbi einen solchen Golem gemacht und den Zeitpunkt versehen. Der Golem wurde dadurch seiner mächtig und quälte ihn sehr und drohte ihm schon, so gewaltig wuchs das Zauberbild in die Höhe, das Dach von seinem Hause emporzuheben. Da erfand der Zauberer die List, sich einstens von dem Golem die Stiefel ausziehen zu lassen. Als der Golem sich zu dieser Arbeit bückte, wischte ihm der Künstler schnell das Wort *Anmanth* auf der Stirne aus; aber leider war die Stellung des sich plötzlich wieder in Lehm verwandelnden Golems so, dass die Last des zertrümmerten Tons auf den armen Künstler niederstürzte und den Rabbi erschlug.

Diese Zauberfabel ist eine Mythos, die nicht ohne große Tiefe ist. Alle falsche äußerliche Kunst erschlägt endlich ihren Meister. Wir haben die ungeheuersten Beispiele davon in aller Zeit. Nur die wahre Kunst, welche die Schöpfung selbst ist, ist ewig; nur ein Meister ist immer größer als sein Werk und kann das *Anmanth,* das er auf die Stirne des Menschen geschrieben, den er seinem Ebenbild nacherschaffen, immer erreichen.

Brentano, Clemens von: Erklärung der sogenannten Golem in der Rabbinischen Kabbala, in: Zeitung für Einsiedler, Heidelberg 1814.

a Fertigen Sie zum Text eine Nacherzählung an.

b Informieren Sie sich über den Begriff „Mythos“ und geben Sie die Merkmale des Golem-Motivs an.

c Bewerten Sie durch eigene Recherche die These, das Golem-Motiv sei ein häufig wiederkehrendes Muster.

d Diskutieren Sie die Frage, ob die Geschichte vom Golem eine Bedeutung für die Forschung über „Künstliche Intelligenz“ hat.

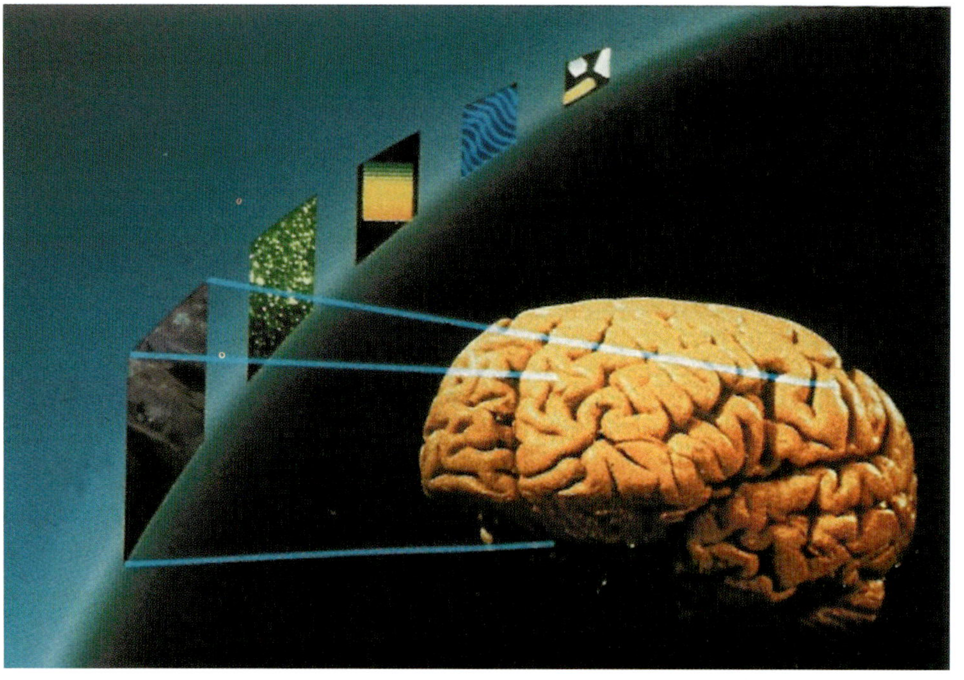

1. Beschreiben Sie das Bild und erläutern Sie es.

2. „Unser Weltwissen ist nur ein Teilwissen, da unsere Sinne nur für ausgewählte Bereiche der uns umgebenden Welt empfindlich sind." (Ernst Pöppel)
   Erläutern Sie das Zitat und bewerten Sie es.

3. Nehmen Sie an, dass Ernst Pöppel recht hat. Diskutieren Sie im Anschluss an Pöppel die Frage, für welche Bereiche wir eine selektive Intelligenzverstärkung benötigen könnten.

4. Die Frage ist aber auch, inwiefern eine maschinelle Intelligenzverstärkung überhaupt möglich ist. In diesem Zusammenhang stoßen wir also auf das Problem maschineller Intelligenz. Der englische Mathematiker Alan Turing hat einen Test vorgeschlagen, mit dem sich feststellen lässt, ob eine Maschine intelligent ist. Sein Vorschlag wurde unter dem Namen „Turingtest" bekannt. Er lautet: Eine Maschine ist intelligent, wenn ihre Antworten auf beliebige Aussagen und Fragen nicht zuverlässig von denen eines Menschen unterschieden werden können. – Diskutieren Sie Turings Vorschlag.

5. Informieren Sie sich über Kandidaten, die den Turingtest (wenigstens für einen begrenzten Bereich) erfüllen.

Gespräch mit Eliza

Die Männer sind alle gleich.
INWIEFERN?
Sie machen uns immer verrückt wegen irgend etwas.
FÄLLT IHNEN EIN BESTIMMTES BEISPIEL EIN?
Na ja, mein Freund schickte mich hierher.
IHR FREUND SCHICKTE SIE HIERHER?
Er sagte, ich sei meistens deprimiert.
TUT MIR WIRKLICH LEID, VON IHNEN ZU HÖREN, DASS SIE DEPRIMIERT SIND!
Wirklich wahr, ich bin unglücklich.
ERWARTEN SIE, DASS UNSER GESPRÄCH IHNEN HILFT, NICHT MEHR UNGLÜCKLICH ZU SEIN?
Auf jeden Fall brauche ich Hilfe, das steht fest.
WAS WÜRDE ES IHNEN BEDEUTEN, HILFE ZU BEKOMMEN?
Vielleicht könnte ich lernen, mit meiner Mutter auszukommen.
ERZÄHLEN SIE MIR MEHR VON IHRER FAMILIE!
Meine Mutter kümmert sich um mich.
WER KÜMMERT SICH IN IHRER FAMILIE NOCH UM SIE?
Mein Vater.
IHR VATER?
Irgendwie sind Sie wie mein Vater.
ÄHNLICH? IN WELCHER WEISE?
Sie sind nicht besonders aggressiv, aber ich glaube, sie möchten nicht, dass wir darüber sprechen.
WIE KOMMEN SIE DARAUF, DASS ICH NICHT BESONDERS AGGRESSIV BIN?
Sie streiten nicht mit mir.
WARUM GLAUBEN SIE, DASS ICH NICHT MIT IHNEN STREITE?
Sie haben Angst vor mir.
MACHT ES IHNEN SPASS ANZUNEHMEN, ICH HABE ANGST VOR IHNEN?
Mein Vater hat vor jedem Angst.
WAS FÄLLT IHNEN NOCH EIN, WENN SIE AN IHREN VATER DENKEN?
Angeber.
HAT DAS IRGEND ETWAS DAMIT ZU TUN. DASS SIE IHR FREUND HIERHER SCHICKTE?

Goldschlager, Les/Lister, Andrew: Informatik. Eine moderne Einführung, 2. Aufl., München/Wien 1986, S. 249f.

a Setzen Sie das „Gespräch mit Eliza“ in ein Szenisches Spiel um.

b Charakterisieren Sie die beiden Gesprächsteilnehmer.

c Bewerten Sie das Gespräch: Wirkte es natürlich? Sind Sie auch auf das Programm „hereingefallen“?

d Formulieren Sie Vermutungen über die Intention des Programmierers.

e Diskutieren Sie die Frage, ob „Eliza“ den Turingtest erfüllt.

Die Turing-Maschine (TM)

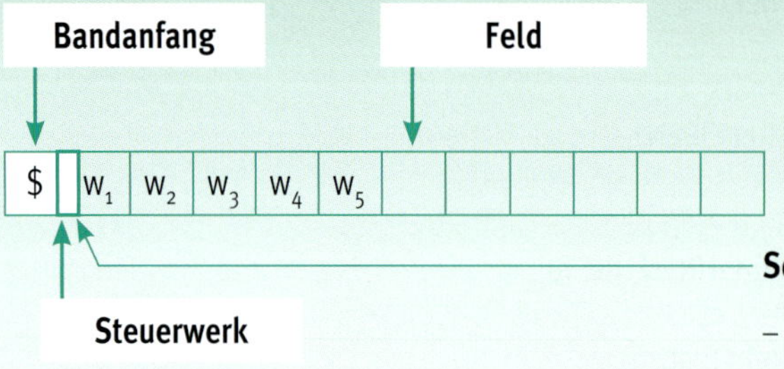

Schreib-Lesekopf (S-L-Kopf):

- liest ein Zeichen aus einem Feld
- schreibt ein Zeichen in ein Feld
- bewegt sich nach links (L)
- bewegt sich nach rechts (R)

Die TM wird im Anfangszustand z_0 mit einem Wort w1 auf dem Arbeitsband gestartet.
Der S-L-Kopf befindet sich auf dem ersten Zeichen von w_1.
Die TM liest das erste Zeichen und führt von dort ausgehend den diesem Zeichen zugeordneten Schreibvorgang und Zustandsübergang aus. Dabei bedeutet „Schreibvorgang" Schreiben eines Zeichens auf das Band oder Ausführen einer Kopfbewegung L oder R.

1. In der Theoretischen Informatik spielt die Turing-Maschine eine zentrale Rolle. Versuchen Sie die Funktionsweise dieser Maschine mit Hilfe der Abbildung zu erklären. Hinweis: Die Funktionsweise ist im Internet gut dokumentiert. Sie können aber auch Mitschülerinnen bzw. Mitschüler, die den Informatikunterricht besuchen, um Rat fragen.

2. Die Arbeitsweise der Turing-Maschine lässt sich durch vier Merkmale beschreiben: Zustand, gelesenes Zeichen, geschriebenes Zeichen, Folgezustand. Geben Sie an, welche Arbeitsschritte durch (z1, 0, 1, z2) ausgelöst werden.

3. Erläutern Sie die Aussage „Die Turing-Maschine ist ein Gedankenmodell über die Funktionsweise eines Computers." – Wie funktioniert also ein Computer?

4. Die Semiotik (als allgemeine Lehre von den Zeichen) gliedert sich in Syntax (Beziehung sprachlicher Zeichen untereinander), Semantik (Beziehung zwischen sprachlichen Zeichen und bezeichnetem Objekt) und Pragmatik (Beziehung auf Sprecher und Hörer). Ordnen Sie den Computer in die Semiotik ein.

5. Erläutern Sie das Problem, das sich aus Ihrer Einordnung für die Frage der Künstlichen Intelligenz ergibt.

Computer und Geist

Für unser Verständnis vom digitalen Computer ist es wesentlich, dass sich seine Operationen rein formal angeben lassen; d. h., wir geben Operationsschritte des Computers mit abstrakten Symbolen an – beispielweise mit Folgen von Nullen und Einsen, die auf ein Blatt gedruckt sind. Eine typische Computer-„Regel" legt fest, dass eine Maschine, wenn sie sich in einem gewissen Zustand befindet und auf ihrem Band ein bestimmtes Symbol hat, dann eine gewisse Operation ausführt (z.B. das Symbol löscht oder ein anderes druckt oder das Band ein Feld weiter nach links laufen lässt) und anschließend in einen andern Zustand übergeht. Doch die Symbole haben keine Bedeutung; sie haben keinen semantischen Gehalt; sie beziehen sich auf nichts. Sie müssen ausschließlich mittels ihrer formalen oder syntaktischen Struktur spezifiziert werden. Die Nullen und Einsen beispielsweise sind bloß Ziffern; sie stehen nicht einmal für Zahlen. Tatsächlich verdanken digitale Computer ihre Stärke gerade dieser Eigenschaft. Hardware ein und desselben Typs kann – wenn sie passend konstruiert ist – unbestimmt viele verschiedene Programme zum Laufen bringen. Und ein und dasselbe Programm kann in unbestimmt vielen Typen von Hardware laufen.

Doch an diesem Merkmal von Programmen – rein formal oder syntaktisch definiert zu sein – scheitert die Auffassung, geistige Vorgänge und Programmvorgänge seien identisch. Und der Grund dafür lässt sich ganz einfach angeben. Es gehört mehr dazu, einen Geist zu haben, als formale oder syntaktische Prozesse zu durchlaufen. Unsere Geisteszustände haben kraft Definition verschiedene Inhalte. Wenn ich an Kansas City denke oder wenn ich wünsche, es wäre noch ein kaltes Bier für mich da, oder wenn ich mir überlege, ob der Zinssatz gesenkt wird, dann hat mein Geisteszustand jedes Mal zusätzlich zu seinen formalen Eigenschaften (welche auch immer das sein mögen) auch noch einen gewissen geistigen Gehalt. Das heißt: selbst wenn meine Gedanken in mir als Symbolketten auftreten, so muss der Gedanke mehr sein als bloß eine Folge, denn eine Folge kann aus eigener Kraft keine Bedeutung haben. Wenn meine Gedanken *von etwas handeln,* dann müssen die Folgen eine *Bedeutung* haben, dank derer die Gedanken von diesen Dingen handeln. In einem Wort: Der Geist hat mehr als nur eine Syntax, er hat eine Semantik. Kein Computerprogramm kann jemals ein Geist sein, und zwar aus dem einfachen Grunde, weil ein Computerprogramm bloß syntaktisch und der Geist mehr als bloß syntaktisch ist. Der Geist ist semantisch – semantisch in dem Sinne, dass er mehr hat als eine formale Struktur: er hat einen Gehalt. [...]

Sie verstehen die Fragen auf Deutsch, weil sie in Symbolen ausgedrückt sind, deren Bedeutung Sie kennen. Entsprechend erzeugen Sie – wenn Sie auf Deutsch antworten – Symbole, die für Sie eine Bedeutung haben.

Searle, John R.: Geist, Hirn und Wissenschaft, Frankfurt/M. 1986, S. 27ff.

a Exzerpieren Sie den Text.

b Erläutern Sie den Zusammenhang zwischen Searles Text und der Beschreibung der Turing-Maschine.

c Stellen Sie Searles Argument zur Widerlegung der Auffassung dar, dass geistige Vorgänge und Programmvorgänge identisch wären.

d Informieren Sie sich auch über das Gedankenexperiment von Searle, das als „Das chinesische Zimmer bekannt wurde" und geben Sie dieses Experiment in eigenen Worten wieder.

e Informieren Sie sich über die Arbeit des Bamberger Psychologen Dietrich Dörner und über seine Kritik an Searle. Stellen Sie Dörners Kritik dar.

f Diskutieren Sie, ob der Text von Antonio Damasio (vgl. S. 63, Aufgabe 8) die Position von Searle stützt.

g Bewerten Sie die Position von Searle.

1. Beschreiben Sie die Karikatur und bewerten Sie sie.

2. Diskutieren Sie die häufig gehörte Einschätzung „ein Computer kann nur, was sein Programmierer kann".

3. Epimenides, ein Mann aus Kreta, soll einmal den Satz ausgesprochen haben „Alle Kreter lügen". Erklären Sie, was diesen Satz unsterblich macht.

4. Die Strukturmerkmale einer Paradoxie sind Selbstbezug und Negation. Weisen Sie im Fall des Epimenides diese Merkmale nach.

5. Informieren Sie sich über Paradoxien in der Logik und diskutieren Sie die Frage ihrer Bedeutung für dieses Wissensgebiet.

Gödels Entdeckung: Die Unvollständigkeit formaler Systeme

Gödels Idee war es, mathematisches Denken zur Erforschung des mathematischen Denkens selbst zu verwenden. Dieser Einfall, die Mathematik „introspektiv“ zu machen, erwies sich als ungeheuer fruchtbar, und seine vielleicht weitestreichende Folge war die, die Gödel fand: den nach ihm benannten Unvollständigkeitssatz. [...]

Gödels Satz erscheint als Behauptung VI in seiner 1931 erschienenen Arbeit „Über formal unentscheidbare Sätze der ‚Principia Mathematica‘ und verwandter Systeme I.“ Er lautet [...] einfacher gesagt: Alle widerspruchsfreien axiomatischen Formulierungen der Zahlentheorie enthalten unentscheidbare Aussagen.

Das ist die Perle.

Es ist schwierig, in dieser Perle die Seltsame Schleife zu sehen. Das rührt daher, dass die Seltsame Schleife in der Auster – dem Beweis – verborgen liegt. Der Beweis von Gödels Unvollständigkeitssatz beruht darauf, dass man einen selbstbezüglichen mathematischen Satz niederschreibt, so wie die Epimenides-Paradoxie eine selbstbezügliche sprachliche Aussage ist. [...] Was er letzten Endes von Epimenides transplantierte, lautet nicht: „Diese zahlentheoretische Aussage ist falsch“, sondern „Für diese zahlentheoretische Aussage gibt es keinen Beweis“. Das kann große Verwirrung stiften, weil man ganz allgemein von dem Begriff „Beweis“ nur eine vage Vorstellung hat. Eigentlich bildet Gödels Werk nur einen Teil der lange andauernden Bemühungen der Mathematiker, sich darüber klar zu werden, was Beweise sind. Wichtig ist, festzuhalten, dass Beweise *innerhalb fester Systeme* von Aussagen operieren. In Gödels Fall ist das feste System zahlentheoretischer Schlüsse, auf die sich das Wort „Beweis“ bezieht, das der „Principia Mathematica“, eines gigantischen Werks von Bertrand Russell und Alfred North Whitehead, das von 1910 bis 1913 veröffentlicht wurde. Deswegen sollte der Gödel-Satz in seiner umgangssprachlichen Fassung genauer lauten:

Für diesen Satz der Zahlentheorie gibt es im System der „Principia Mathematica“ keinerlei Beweis.

[...] Die grandiose Schlussfolgerung? Dass das System der „Principia Mathematica“ „unvollständig“ ist – es gibt wahre zahlentheoretische Aussagen, für deren Beweis ihre Methoden zu schwach sind. [...]

Gödels Beweis gilt für jedes axiomatische System, das den Anspruch erhebt, die Ziele zu erreichen, die Russell und Whitehead sich gesteckt hatten. Und eine einzige grundsätzliche Methode funktioniert für jedes einzelne System. Kurz, Gödel zeigte, dass Beweisbarkeit ein schwächerer Begriff ist als Wahrheit, unabhängig davon, um welches axiomatische System es sich handelt.

Deshalb elektrisierte Gödels Satz die Logiker, Mathematiker und die an den Grundlagen der Mathematik interessierten Philosophen [...].

Hofstadter, Douglas R.: Gödel, Escher, Bach, Stuttgart 1985, S. 19ff.

a Geben Sie die Argumentation des Textes wieder.

b Informieren Sie sich über die Begriffe „Wahrheit“ und „Beweis“.

c Formulieren Sie Gödels Entdeckung in eigenen Worten. – Entnehmen Sie dem Text die Aussagen über die Mathematik und stellen Sie dar, was sein Satz für die Grundlagen dieser Wissenschaft bedeutet.

d Mathematische Paradoxien werden auch als Antinomien bezeichnet. Informieren Sie sich über Russels Mengenantinomie und erläutern Sie deren Zusammenhang mit der Epimenides-Paradoxie.

1. Beschreiben Sie das Gemälde.

2. Rene Magritte schrieb über sein Gemälde: „Und so sehen wir die Welt: Wir sehen sie außerhalb von uns, obgleich das nur eine geistige Repräsentierung dessen ist, was wir in unserem Innern erfahren.“ Erläutern Sie Magrittes Aussage.

3. Erklären Sie den Titel des Gemäldes „Die Beschaffenheit des Menschen“ im Anschluss an Magrittes Aussage. – Kann man dem Denken zusehen?

4. Erläutern Sie den Zusammenhang mit dem Problem der künstlichen Intelligenz.

5. Eine brauchbare Wissensrepräsentation ist nach Meinung von Fachleuten der Schlüssel für die Lösung grundlegender Probleme im Bereich der Künstlichen Intelligenz. Formulieren Sie im Anschluss daran eine Vermutung über die Möglichkeiten der Künstlichen Intelligenz.

Über die logische Möglichkeit von künstlicher Intelligenz

Erst durch seine bedeutungsschweren Bilder und sodann direkt in Worten drückt Magritte die Verbindung aus zwischen den beiden Fragen: „Wie funktionieren Symbole?“ und „Wie funktioniert unser Geist?“ Und so führt er uns zurück zu der früher gestellten Frage: „Können wir hoffen, unseren Geist und unser Gehirn jemals zu verstehen?“

Oder schließt eine wundervoll teuflische Gödelsche Aussage aus, dass wir jemals unser Denken entwirren können? Wenn man sich nicht an eine vollständig unvernünftige Definition von „verstehen“ hält, sehe ich kein Gödelsches Hindernis auf dem Weg zum schließlichen Verständnis unseres Geistes. Zum Beispiel scheint es mir ganz vernünftig, dass jemand Grundsätze zu erkennen wünscht, nach denen unsere Gehirne im Allgemeinen funktionieren, in gleicher Weise, wie wir die Funktionsgrundlage eines Automotors erkennen. Das ist etwas ganz anderes als ein einziges Gehirn bis ins Letzte zu verstehen – und schon gar nicht das eigene Gehirn. Ich sehe nicht, wie Gödels Satz, selbst in der schlampigsten Art angewandt, etwas über die Möglichkeit dieses Vorhabens aussagen kann. Ich sehe keinen Grund dafür, dass Gödels Satz unsere Fähigkeit, über die allgemeinen Mechanismen, kraft derer Denkprozesse im Medium der Nervenzellen stattfinden, zu verfügen und sie zu formulieren, beeinträchtigen könnte. Ich sehe keine von Gödels Satz errichtete Schranke für den Einsatz von Computern (oder deren Nachfolger), welche Symbolmanipulationen vornehmen, die ungefähr die gleichen Ziele erreichen wie das menschliche Gehirn. Ein ganz anderes Problem ist der Versuch, in einem Programm das Denken eines bestimmten menschlichen Geistes nachzuahmen – aber erst einmal überhaupt ein intelligentes Programm zu erzeugen, ist ein bescheideneres Ziel. Gödels Satz verbietet uns nicht, unser Intelligenzniveau auf Grund von Programmen zu reproduzieren, genauso wenig wie er uns verbietet, unser eigenes Intelligenzniveau durch die Übertragung von ererbter DNS, gefolgt von einem Lernprozess, zu reproduzieren. In der Tat haben wir [...] gesehen, wie ein bemerkenswerter Gödelscher Mechanismus – die Seltsame Schleife von Proteinen und DNS – genau das ist, was die Übertragung von Information ermöglicht! [...]

Es geht um Folgendes: Es könnte sein, dass unsere Gehirne im Gegensatz zu Automotoren hartnäckige und ungefügige Systeme sind, die wir nicht säuberlich irgendwie zerlegen können. Im Augenblick haben wir keine Vorstellung davon, ob unser Gehirn nachgeben würde, wenn man es wiederholt in verschiedene, sauber getrennte Schichten spalten würde [...]. Aber selbst wenn wir uns selber nicht verstehen, braucht kein Gödelscher „Dreh“ dahinter zu stecken. Es könnte ja einfach ein Zufall sein, dass unser Gehirn zu schwach ist, um sich selber zu verstehen.

Hofstadter, Douglas R.: Gödel, Escher, Bach. Stuttgart 1985, S. 753f.

a Fassen Sie den Text zusammen. – Geben Sie insbesondere das Fazit des Textes wieder.

b Informieren Sie sich über die Auseinandersetzung mit der Künstlichen Intelligenz im Film, beispielsweise anhand des Films „I, Robot“ und stellen Sie diese Auseinandersetzung dar.

c Schreiben Sie einen Essay zum Thema „Sind Schachcomputer ‚intelligent‘?“

d Informieren Sie sich über den Film „Wargames“. Benutzen Sie den Film als Beispiel um zu erläutern, welche Entscheidungen man niemals Maschinen überlassen darf.

e Von dem Tübinger Hirnforscher Valentin Braitenberg stammt der Satz: „Wenn unsere Gehirne so einfach wären, dass wir sie verstehen könnten, wären wir so einfach, dass wir es nicht könnten.“ – Führen Sie ein sokratisches Gespräch zu diesem Thema.

5. Reflexion der Anthropologie

1.

a Fassen Sie den einführenden Text „Anthropologie“ zusammen.

b Stellen Sie die Aufgabe der Anthropologie möglichst in einem Satz dar.

c Nehmen Sie Stellung zu den Aufgaben der Anthropologie in systematischer Hinsicht.

d Stellen Sie kurz die historische Entwicklung der Anthropologie dar.

e Geben Sie die drei Kränkungen der menschlichen Eigenliebe nach Freud wieder und stellen Sie darüber hinaus eine Vierte dar, die sich im Zusammenhang mit der Entwicklung maschineller Intelligenz ergeben könnte.

f Stellen Sie die Argumente zusammen, die für eine gründliche Auseinandersetzung mit der Anthropologie sprechen und bewerten Sie Ihre Argumente in der Lerngruppe.

g Schreiben Sie im Anschluss an Hans Urs von Balthasar einen Essay zum Thema „Welche Antwort auf die Frage nach dem Menschen lässt sich heute verantworten?“

2. Wahrheit bemisst sich also danach, ob es möglich ist, festzustellen, ob der behauptete Sachverhalt tatsächlich vorliegt oder nicht. Dies ist an *Beobachtungen* gebunden, und alles, was wir soeben über den Aussagewert von Beobachtungen gesagt haben, gilt natürlich auch in diesem Zusammenhang. Danach kann es keine objektiven Wahrheiten geben.

Roth, Gerhard: Das Gehirn und seine Wirklichkeit, 2. Aufl., Frankfurt am Main. 1995, S. 317

Nehmen Sie Stellung zu Roths Auffassung. Vergleichen Sie mit Descartes.

3. Auf Descartes geht der berühmte Satz „Cogito ergo sum“ zurück. Der amerikanische Neurologe Antonio Damasio hat ein Buch mit dem Titel „Descartes’ Irrtum“ geschrieben:

Darin liegt Descartes’ Irrtum: in der abgrundtiefen Trennung von Körper und Geist, von greifbarem, ausgedehntem, mechanisch arbeitendem, unendlich teilbarem Körperstoff auf der einen Seite und dem ungreifbaren, ausdehnungslosen, nicht zu stoßenden und zu ziehenden, unteilbaren Geiststoff auf der anderen; in der Behauptung, dass Denken, moralisches Urteil, das Leiden, das aus körperlichem Schmerz oder seelischer Pein entsteht, unabhängig vom Körper existieren. Vor allem: in der Trennung der höchsten geistigen Tätigkeiten vom Aufbau und der Arbeitsweise des biologischen Organismus.

Damasio, Antonio R.: Descartes’ Irrtum. Fühlen, Denken und das menschliche Gehirn, übersetzt von Hainer Kober, München 1997, S. 330.

a Erklären Sie „Descartes’ Irrtum“ in eigenen Worten.

b Informieren Sie sich über die Bedeutung von Descartes für die Philosophie und setzen Sie sich auf der Grundlage Ihrer Recherche mit dieser Auffassung von Damasio auseinander.

4. Auf den griechischen Philosophen Karneades wird die Schilderung einer Situation zurückgeführt, die als „Brett des Karneades“ in die philosophische Diskussion einging: „Zwei Schiffbrüchige treiben an einer Planke geklammert im Meer. Das Brett, so stellt sich heraus, kann nur einen der Männer tragen. Darf nun einer der beiden den anderen ins Meer stoßen, um sich zu retten? Und wenn ja, welcher? Oder ist es besser, wenn beide Schiffbrüchige ertrinken?“

Diskutieren Sie diese Situation und bewerten Sie anschließend das Verhalten der Schiffbrüchigen auf dem Floß der Medusa.

5. Adorno: Damit kein Missverständnis ist: ich insistiere in gewisser Weise genauso auf den Institutionen, weil ich glaube, dass die Übergewalt der Institutionen über die Menschen, jedenfalls für die heutige Situation, der Schlüssel ist. Nur kommen wir dabei zu unterschiedlichen Konsequenzen. [...] Ja! Ich habe eine Vorstellung von objektivem Glück und objektiver Verzweiflung, und ich würde sagen, dass die Menschen so lange, wie man sie entlastet und ihnen nicht die ganze Verantwortung und Selbstbestimmung zumutet, dass so lange auch ihr Wohlbefinden und ihr Glück in dieser Welt ein Schein ist. Und ein Schein, der eines Tages platzen wird. Und wenn er platzt, wird das entsetzliche Folgen haben.

Adorno, Theodor W./Gehlen, Arnold: Ein Streitgespräch, in: Grenz, Friedrich: Adornos Philosophie in Grundbegriffen, Frankfurt 1974, S. 242ff.

■ Bewerten Sie diese Diskussion: Sind Institutionen eher „Entlastung“ (Gehlen) oder „schränken sie die Möglichkeiten des Menschen ein“ (Adorno)?

6. Lange Zeit war man überzeugt, dass nur Menschen lachen können. Neue Forschungsergebnisse aber könnten belegen, dass auch Tiere eine Art von Lachen äußern. Wenn diese These stimmt, wären Emotionen nicht etwas spezifisch Menschliches, wie bisher angenommen, sondern könnten sich evolutionsbiologisch entwickelt haben.

   Wie der US-Psychologe Jaak Panksepp in der aktuellen Ausgabe von *Science* (1. April 2005) schreibt, weisen neue Forschungsergebnisse darauf hin, dass Darwin mit seinem Hinweis auf die enge Verwandtschaft zwischen Mensch und Tier auch im Bereich der Emotionen Recht hatte. In seinem Beitrag führt er Affen und Ratten an, bei denen man beim Spielen eine Art von freudigem Glucksen bzw. Zirpen registriert habe.

   Jaak Panksepp beruft sich in seiner Argumentation vor allem auf neueste Erkenntnisse der Hirnforschung und auf Tierstudien. Erstere hätten gezeigt, dass beim Lachen sehr alte Regionen des Gehirns aktiviert werden – ältere als jene, die beim Erlernen einer Sprache bzw. beim Reden angesprochen werden. Zweitere würden zeigen, dass es Formen von Spiel und Lachen bei Tieren schon lange gab, bevor der Mensch sein erstes „Haha“ äußerte.

   http://science.orf.at/science/news/134070 – Zugriff: 28.03.2008.

■ Fassen Sie den Bericht zusammen. Bewerten Sie im Anschluss Helmuth Plessners Konzept.

7. Die cartesianische Vorstellung von einem körperlosen Geist ist wohl die Grundlage gewesen, auf der man Mitte des 20. Jahrhunderts die Metapher vom Geist als Softwareprogramm entwickelt hat. Ließe sich der Geist tatsächlich vom Körper trennen, dann könnte man ihn wohl auch ohne Rückgriff auf die Neurobiologie verstehen, dann käme man ohne die Hilfe von neuroanatomischen, neurophysiologischen und neurochemischen Erkenntnissen aus.

   Damasio, Antonio R.: Descartes' Irrtum. Fühlen, Denken und das menschliche Gehirn, übersetzt von Hainer Kober, München 1997, S. 331.

■ Diskutieren Sie die Probleme, die sich daraus für die Arbeit im Bereich der „Künstlichen Intelligenz“ ergeben.

8. Gemessen an seinen Aufgaben, belehrte ein amerikanischer Luftwaffeninstruktor seine Kadetten, sei der Mensch, wie die Natur ihn nun einmal hervorgebracht habe, eine *„faulty construction“*, eine Fehlkonstruktion.

   Gleich, ob ernsthaft oder als Scherz gemeint, ein besseres Zeugnis für „Desertion“ ist gar nicht denkbar. Denn als Konstruktion, gar als „fehlerhafte“, kann der Mensch natürlich nur als sub species der Geräte gelten. Nur wenn diese Kategorie sowohl als universal anwendbar wie als erschöpfend anerkannt ist, kann die Umdeutung stattfinden, kann das Nichtkonstruierte als Schlechtkonstruiertes erscheinen.

   Dass, was Kraft, Tempo, Präzision betrifft, der Mensch seinen Apparaten unterlegen ist; dass auch seine Denkleistungen, verglichen mit denen seiner ‚computing machines‘, schlecht abschneiden, ist ja unbestreitbar. Von seinem (den Geräten entliehenen) Gesichtspunkt aus hat der Instruktor also recht. Dies um so mehr, als er ja diese Art von Konkurrenz-Unfähigkeit schon gar nicht mehr im Auge hat – mit der sich zu befassen, würde er sich vermutlich bereits schämen – sondern eine ungleich modernere: denn was er meint, ist ja *nicht, der Mensch als Gerät neben Geräten, sondern der Mensch als Gerät für Geräte;* der Mensch als Werkstück innerhalb bereits gebauter Maschinerien oder innerhalb bereits festgelegter technischer Entwürfe. Als solchen nennt er ihn ‚faulty‘ – was also so viel bedeutet, wie ‚schlecht passend‘, ‚unangemessen‘, nicht nach Maß gearbeitet.

   Anders, Günther: Die Antiquiertheit des Menschen, Bd. I, München 1968, S. 35ff.

■ Erläutern Sie, inwiefern der Mensch nicht nur im Vergleich zum Tier, sondern auch im Vergleich mit seinen eigenen Produkten als Mängelwesen wahrgenommen werden konnte. Diskutieren Sie im Anschluss diese Beurteilung des Menschlichen.

III. Orientierungen in der Allgemeinen Ethik: Das Ich und die Anderen

1. Die Allgemeine Ethik als Grundlage des Ethikunterrichts

Ethik ist die Lehre vom guten Leben und Handeln. Als „Allgemeine Ethik" wird sie bezeichnet, wenn darauf abgehoben werden soll, dass sie die praktische Grundlagenwissenschaft ist, die ein Begriffs- und Methodenrepertoire bereitstellt. Mit dessen Hilfe werden Fragen diskutiert, die sich im Kontext der Sehnsucht nach dem guten Leben und Handeln stellen.

Wenn Ethik als „Lehre vom guten Leben und Handeln" charakterisiert wird, dann muss zuerst der Handlungsbegriff bestimmt werden.

Eine Handlung ist als Tätigkeit und Bewegung immer eingebunden in den Zusammenhang einer Geschichte, in einen Plot. Sie ist also – wie die Handlung eines Films oder eines Romans – zugleich eine Tätigkeit und ein Geschehnis. Durch die Eingebundenheit in den größeren Zusammenhang einer Geschichte ist die Handlung komplex und lässt sich nicht wie ein physikalischer Vorgang durch Ursache und Wirkung beschreiben oder bestimmen. In ihren Motiven ist sie nicht nur von naheliegenden Zielen bestimmt, sondern auch von Normen, Werten und Grundanschauungen oder Überzeugungen. Diese unterschiedlichen Faktoren der Handlung drücken sich in den Modalitäten aus.

Der Modus des Handelns wird durch die Modalverben erfasst. Im Deutschen gibt es sechs Modalverben: können, dürfen, müssen, sollen, mögen und wollen. Sie fügen dem Verb die zusätzliche Information hinzu, dass die Möglichkeit/Erlaubnis, die Notwendigkeit oder der Wunsch zu einer Handlung besteht:

- Mit *können* und *dürfen* wird ausgedrückt, dass eine Handlung möglich (bzw. erlaubt) ist.
- Mit *müssen* und *sollen* wird ausgedrückt, dass eine Handlung notwendig ist.
- Mit *mögen* und *wollen* wird ausgedrückt, dass eine Handlung erwünscht ist.

In der Ethik geht es darum, das Handeln unter dem Primat der praktischen Vernunft zu bestimmen. Der Modus des Wunsches ist für die Ethik nur insoweit relevant, als er die Vorlage für das ethische Handeln bereitstellt. Jeder Wunsch geht auf ein Ziel hin, er ist also intendiert und wird in dieser Intention durch das Können, Dürfen, Sollen und Müssen modifiziert. Dabei werden zwei Handlungsmodi wichtig, die oben erläutert wurden und die also hier voneinander zu trennen sind: die Modi der Möglichkeit bzw. der Erlaubnis und der Notwendigkeit.

Zusammenfassend lässt sich das System der Ethik anhand einer zweidimensionalen Matrix darstellen:

	Möglichkeit/Erlaubnis: Pragmatisches Handeln/ Pflichtgemäßes Handeln	**Notwendigkeit:** Moralisches Handeln/ Handeln aus Pflicht
Ausgangspunkt des Handelns/Wunsch	Können (Kompetenz, Tugend)	Sollen (Pflicht, Freiheit)
	Dürfen (Erlaubnis, Gebot, Verbot)	Müssen (Sein, Existieren)

Bestimmen wir nun die ethische Bedeutung der Handlungsmodi im Einzelnen: Das Können steht insgesamt für alles Machen und Herstellen, von seiner ethischen Intention her für das Pragmatische, im positiven Sinne für die Tugenden. Das Dürfen erfasst alle Einschränkungen, aber auch Zulassungen, die das Können betreffen. Es ist der Bereich, der uns Handlungsbeschränkungen auferlegt oder Handlungen erlaubt. „Können" und „Dürfen" sind von sich aus keine ethischen Kategorien, sie werden es erst im Zusammenhang und im System der Ethik. Das „Müssen" bildet die Grundlage für die Möglichkeit des freien Handelns. Das Müssen ist dadurch gesetzt, dass wir *sind*. Dieses Sein ist etwas, dem wir uns nicht entziehen können. Das ist die Unbedingtheit, aus der heraus alles Handeln geschieht: aus dem Verhalten, das ich zu mir selbst einnehmen muss. Dieses Selbstverhältnis ist die Grundlage für das eigentliche und freie Handeln, das sich als Sollen bestimmt. Das Sollen zeigt die Pflicht auf, das Selbstverhältnis als ein freies und autonomes Verhältnis zu bewahren und dabei das Anliegen aller vernünftigen Wesen zu verfolgen. Das freie Handeln steht deshalb unter einem Imperativ, der im Sinne der Pflicht und des Pflichtbegriffs von Kant verstanden wird.

Ethik als Lehre vom guten Leben und Handeln verweist also auf die ethisch relevanten Handlungsmodi in ihrer Gesamtheit und damit stellen sich dem Suchenden im Hinblick auf die gute Handlung die folgenden Fragen:

- Was kann ich tun?
- Was darf ich tun?
- Was muss ich tun?
- Was soll ich tun?

Aus dieser Systematisierung der Fragestellung ergibt sich, dass ich bei der Frage nach dem guten Handeln nicht nur zu mir selbst in ein Verhältnis gesetzt bin, sondern mich auch zu dem Anderen, zur Gesellschaft, zur Geschichte und zur Natur in ein Verhältnis zu setzen habe. Das wiederum bedeutet, dass ich innerhalb dieser vielfältigen Bezüge einen Orientierungspunkt oder ein Leitmotiv benötige.

Das Grundgesetz für die Bundesrepublik Deutschland legt im Art. 1 fest: „Die Würde des Menschen ist unantastbar." Dieser Auftrag ist Orientierung und Verpflichtung für uns und damit ist das Leitmotiv als Würde festgelegt. Und wenn Ethik die Lehre vom guten Handeln ist, dann wird sie im Zusammenhang mit der Würde zur Lehre der Achtung der Würde und des Umgangs mit Würde.

Die Aufgabe der Schule wird heute darin gesehen, Kompetenzen zu vermitteln. Aus dem System der Ethik ergibt sich, dass Kompetenz im Ethikunterricht als Können zu denken ist und dass das Können im Spannungsfeld zwischen Müssen, Dürfen und Sollen steht:

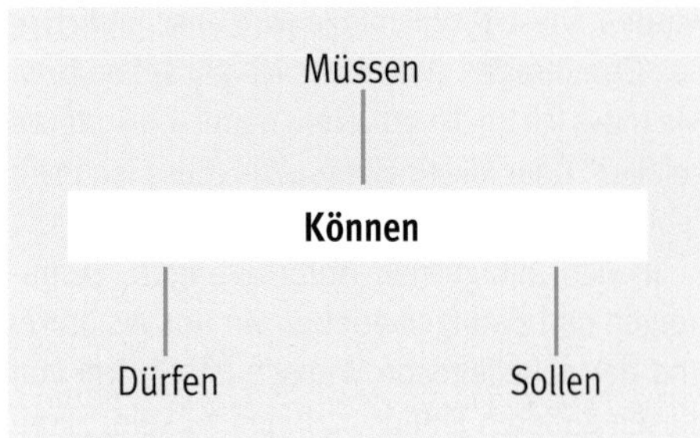

Nimmt man jetzt das ganze System der Ethik in den Blick, dann geht es im Ethikunterricht um die Bildung des reflexionsfähigen Subjekts durch die Vermittlung von Können als Kompetenz und Tugend in diesem Spannungsfeld. Ziel des Unterrichts ist das mit sich selbst identische Subjekt, das in Harmonie mit seiner Mit- und Umwelt lebt und dem Wert der Menschenwürde verpflichtet ist.

Welche Konsequenzen ergeben sich daraus für die Darstellung der Allgemeinen Ethik?

Oben wurden vier Fragen entwickelt, die im Zusammenhang der Ethik zu diskutieren sind. Die Frage „Was kann ich tun?" wurde dabei als die zentrale Intention des Unterrichts entdeckt. Zu den übrigen Fragen sind jetzt ethische Theorien anzugeben, die diese Fragen in paradigmatischer Weise behandeln:

Frage	Theorien/Autoren
Was darf ich tun?	Utilitarismus (von Bentham bis Singer)/ Grundlegung der Rechtsgemeinschaft (Radbruch)
Was muss ich tun?	Existenzialistische Ethik (Sartre)/ Überwindung der Egologie (Lévinas)
Was soll ich tun?	Deontologische Ethik (Kant)/ Ethik der Ehrfurcht vor dem Leben (Schweitzer)

2. Die Deontologische Ethik Immanuel Kants

In Freundeskreis, Elternhaus und Schule sind wir vielen Anforderungen, Zumutungen und Zwängen ausgesetzt, die unmittelbar erlebt und durch die Medien vermittelt und potenziert werden. Diese Problemlage wird anschaulich in den Grundfragen „Wie muss ich aussehen bzw. wie muss ich mich verhalten, damit ich anderen gefalle?“ oder allgemeiner: „Wie muss ich mein Leben gestalten, damit ich begehrenswert bin?“.

In den alltäglichen Anforderungen, Zumutungen und Zwängen erleben wir uns als unfrei und der naheliegende Wunsch ist es, frei von diesen äußeren Einflussnahmen zu sein. „Freiheit“ kann für den Alltagsverstand „Tun- und Lassen-Können, was man gern möchte“ bedeuten.

Kants Ziel ist es, uns über dieses alltägliche Verständnis aufzuklären. Er macht darauf aufmerksam, dass es Freiheit ohne Verpflichtung nicht geben kann. Diese Klarstellung wird vom alltäglichen Verständnis zunächst abgewehrt, schließlich doch akzeptiert. Denn auch der Alltagsverstand versteht „Freiheit“ implizit als Verpflichtung. Man verpflichtet sich nämlich darauf, den eigenen Stimmungen, Gefühlen und Bedürfnissen zu entsprechen, d.h. man ist abhängig von körperlichen Interessen und damit doch wieder bloß fremdbestimmt. „Verpflichtung“ bei Kant bedeutet jedoch nicht etwas, was als Fremdbestimmung erlebt wird. „Verpflichtung“ steht hier für Selbstverpflichtung auf die unbedingte Forderung des Sittengesetzes. Es kommt darauf an, diese Forderung wahrzunehmen und ihr zu entsprechen: „Freiheit“ ist Autonomie und „Autonomie“ ist Verpflichtung auf das Gesetz, das jeder Mensch in sich selbst vorfindet.

Wie rechtfertigt Kant diesen Freiheitsbegriff? – Wie macht er ihn plausibel?

Der Ausgangspunkt seiner Untersuchung ist die Frage nach dem obersten Prinzip der Sittlichkeit. Dieses Prinzip muss es möglich machen, die Frage „Was soll ich tun?“ zu beantworten.

Nach Kant ist schon der „gesunde Menschenverstand“ in praktischer Hinsicht ein tauglicher Verstand. Es geht ihm lediglich darum, das zum Prinzip zu machen, was diesem Verstand der Sache nach immer schon vertraut ist.

Der „gesunde Menschenverstand“ weiß, dass er das Gute tun soll. Diese Forderung begegnet ihm als Gebot: „Du sollst das Gute tun!“ – Was aber ist das „Gute“?

Nach Kant ist das „Gute“ der „gute Wille“. Dabei wird „Wille“ nicht als ein bloßer Wunsch aufgefasst, sondern als die Aufbietung aller Kräfte, über die der Mensch verfügt.

Damit stellt sich die Frage nach der Beurteilung des Willens: Wann ist ein Wille „gut“?
Diese Frage lässt sich leichter negativ beantworten:

- Er ist nicht gut, wenn er einen Zweck verfolgt, der außer ihm liegt. Der Wille wäre dann nämlich fremdbestimmt, eben durch diesen äußeren Zweck.
- Selbst wenn er nichts ausrichten würde, wäre er immer noch gut. Das Gute darf nämlich nicht vom Handlungserfolg abhängen, weil der Erfolg vom Zufall abhängt.

Man kann es aber auch positiv sagen:

- Der Wille ist dann gut, wenn er sich selbst (sonst wäre er heteronom bestimmt) aus sich heraus (sonst würde der Zweck außer ihm liegen) auf etwas verpflichtet. Die Neigung unterliegt dem Zufall, sie ist also nicht notwendig und auch nicht allgemein. Also bleibt für den guten Willen nur die Pflicht als Bestimmungsgrund übrig. – Erfahrung und Neigung sind nach Kant die beiden großen Feinde der Sittlichkeit.
- Der Wille ist also gut, wenn er allein durch die Pflicht bestimmt ist. In diesem Zusammenhang ist die Unterscheidung der Begriffe „Handeln aus Pflicht“ und „pflichtgemäßes Handeln“ wichtig: „Handeln aus Pflicht“ ist immer auch pflichtgemäßes Handeln, aber „pflichtgemäßes Handeln“ ist nicht immer Handeln aus Pflicht, weil es auch aus anderen Motiven erfolgen könnte.

Damit stellt sich die Frage nach der Pflicht: Was versteht Kant unter „Pflicht“?

- Wir wissen bereits: Eine Handlung aus Pflicht hat ihren moralischen Wert nicht in der Absicht, die dadurch erreicht werden soll, sondern in der Maxime (dem subjektiven Grundsatz der Handlung), nach der sie beschlossen wird.
- Pflicht ist die Notwendigkeit einer Handlung aus Achtung für das Gesetz.

Was versteht Kant unter dem „Gesetz“?

- Das praktische Gesetz ist die Gesetzmäßigkeit, die herrschen würde, wenn bei allen vernünftigen Wesen die Vernunft die volle Gewalt über unseren Willen hätte und nicht unsere Neigungen.
- Die Formel des praktischen Gesetzes ist der kategorische Imperativ: „Handle nur nach derjenigen Maxime, durch die du zugleich wollen kannst, dass sie ein allgemeines Gesetz werde.“
- Was ist in diesem Zusammenhang zu beachten?
  - „Kategorisch“ heißt der Imperativ, weil er notwendig und allgemein gelten muss und nicht nur zum Erreichen einer möglichen oder wirklichen Absicht, wie die hypothetischen Imperative.
  - Der kategorische Imperativ bezieht sich nicht auf die Materie der Handlung, sondern auf ihre Form.
  - Im kategorischen Imperativ wird nicht eine mögliche Handlung oder Handlungsfolge verallgemeinert, sondern die Maxime. Kant geht es nicht um das, was geschieht, sondern um das, was geschehen soll, obwohl es vielleicht niemals geschieht.

Fassen wir zusammen: In ihrer Alltagsbedeutung sind die Begriffe „Freiheit“ und „Pflicht“ unklar und mehrdeutig. Gerade mit dem Begriff „Pflicht“ wurde in der Geschichte sehr viel Schindluder getrieben, weil er sogar als Rechtfertigung für schlimmste Verbrechen gegen die Menschheit herhalten sollte. Auch aus historischen Gründen ist es also ganz wichtig, dass der Alltagsverstand über diese Begriffe und ihre ethische Bedeutung aufgeklärt wird.

Wir gehen vom kantischen Freiheitsbegriff aus. Daraus folgt die Feststellung, dass Freiheit Autonomie ist und Autonomie die Verpflichtung zum Guten bedeutet. Was aber ist das Gute? Das Gute ist der gute Wille, also der durch die Pflicht bestimmte Wille. Der durch die Pflicht bestimmte Wille handelt nicht nur pflichtgemäß, sondern aus Pflicht. Pflicht aber ist die Notwendigkeit einer Handlung aus Achtung fürs Gesetz und das Gesetz ist der kategorische Imperativ.

1. Beschreiben Sie das Foto. Geben Sie dem Foto einen Titel.

2. Informieren Sie sich über das Warschauer Ghetto.
   Für ausführlichere Informationen empfiehlt sich das Buch „Mein Leben“ von Marcel Reich-Ranicki.

3. Beziehen Sie sich auf den Mann mit dem Gewehr: Erläutern Sie den Zusammenhang der Szene mit dem Problem der Pflicht.

4. Rudolf Höss, der Lagerkommandant von Auschwitz, schreibt in seinen autobiographischen Aufzeichnungen:
   „Wenn der Führer selbst die ‚Endlösung der Judenfrage‘ befohlen hatte, gab es für einen alten Nationalsozialisten keine Überlegungen, noch weniger für einen SS-Führer.
   ‚Führer befiehl, wir folgen‘ – war keinesfalls eine Phrase, kein Schlagwort für uns. [...]
   Was der Führer befahl bzw. für uns sein ihm Nächststehender, der RFSS – war immer richtig.“
   Broszat, Martin (Hg.): Kommandant in Auschwitz. Autobiographische Aufzeichnungen des Rudolf Höss, 7. Aufl., München 1979, S. 124f.
   Erläutern Sie das Zitat.

5. Bewerten Sie diese Feststellung von Rudolf Höss.

Pflichtgemäßes Handeln und Handeln aus Pflicht

Adolf Eichmann wurde 1906 in Solingen geboren. 1914 zog die Familie nach Linz (Österreich). Von 1919 bis 1921 besuchte er die „Höhere Bundeslehranstalt für Elektrotechnik, Maschinenbau und Hochbau“ in Linz, die er aber ohne Abschluss verließ. Im Anschluss an seinen Schulbesuch war er als Arbeiter, Verkäufer und Vertreter für eine Mineralölfirma tätig. 1932 trat er der österreichischen NSDAP bei und kam 1934 nach Berlin in das sogenannte Juden-Referat des Sicherheitsdienstes (SD). 1938 ging er wieder nach Österreich, wo er in Wien die „Zentralstelle für jüdische Auswanderung“ aufbaute. Im Dezember 1939 wurde Eichmann ins Reichssicherheitshauptamt versetzt und übernahm dort das Referat „Juden- und Räumungsangelegenheiten“. Von 1941 an organisierte sein Referat die Massentransporte der europäischen Juden in die Vernichtungslager. Bei der Durchführung der Deportationen zeichnete sich Eichmann durch eine besondere Gefühlskälte aus, obwohl er nie fanatischer Antisemit war und stets betonte, persönlich nichts gegen Juden zu haben. Als sich gegen Kriegsende sogar Himmler milder gestimmt zeigte, ignorierte Eichmann seinen Befehl, die Vergasungen einzustellen, solange seine unmittelbaren Vorgesetzten ihn deckten. Nach Kriegsende wurde er interniert, konnte jedoch aus einem amerikanischen Lager fliehen und entkam schließlich nach Argentinien. 1960 wurde er in einem Vorort von Buenos Aires vom israelischen Geheimdienst entdeckt, nach Jerusalem entführt und dort vor Gericht gestellt. Im Dezember 1961 wurde er zum Tode verurteilt und im Juni 1962 hingerichtet.

Hannah Arendt berichtet über Eichmann: „Was er getan hatte, hatte er seinem eigenen Bewusstsein nach als gesetzestreuer Bürger getan. Er habe seine Pflicht getan, wie er im Polizeiverhör und vor Gericht unermüdlich versicherte, er habe nicht nur Befehlen gehorcht, er habe auch das Gesetz befolgt. [...]

Eigener Text nach Biographie: http://www.dhm.de/lemo/html/biografien/EichmannAdolf/ – Zugriff: 24.04.2008.
Arendt, Hanna: Eichmann in Jerusalem. Ein Bericht von der Banalität des Bösen, 3. Aufl., München/Zürich 2008, S. 231f.

a Fassen Sie den Text zusammen.

b Informieren Sie sich über die sogenannten „Preußischen Tugenden“.

c Erklären Sie, was Eichmann unter „Pflicht“ versteht.

d Geben Sie das „Prinzip seines Wollens“ an und erläutern Sie, inwiefern er aus seiner Sicht sagen kann, „sein Leben lang den Moralvorschriften Kants“ gefolgt zu sein.

e Setzen Sie sich in Ihrer Lerngruppe mit Eichmanns Biographie auseinander, in dem Sie die Begriffe „Pflichtgemäßes Handeln“ und „Handeln aus Pflicht“ aus dem einleitenden Text als Diskussionsgrundlage verwenden.

1. Beschreiben Sie das Gemälde. – Welches Thema wird hier dargestellt? Geben Sie dem Bild einen Titel.

2. Informieren Sie sich über den Mythos vom Ikarus.

3. Vergleichen Sie den Mythos mit obenstehendem Bild Brueghels. Diskutieren Sie den gewählten Bildtitel noch einmal, indem Sie einen Zusammenhang mit dem Mythos von Ikarus herzustellen versuchen.

4. Informieren Sie sich über die Arbeit mit der Zentralperspektive in der Geschichte der Malerei und über die Auseinandersetzung mit ihr. Könnte Brueghel ein pädagogisches Anliegen haben?

5. Erläutern Sie den Zusammenhang zwischen dem Bild und dem Problem der menschlichen Freiheit, indem Sie sowohl den Mythos selbst berücksichtigen als auch Brueghels Umgang mit ihm und mit dem Betrachter.

Darf ich tun, was ich will? – Die Bedeutung von Freiheit

Der *Wille* ist eine Art von Kausalität lebender Wesen, so fern sie vernünftig sind, und *Freiheit* würde diejenige Eigenschaft dieser Kausalität sein, da sie unabhängig von fremden sie *bestimmenden* Ursachen wirkend sein kann; so wie *Naturnotwendigkeit* die Eigenschaft der Kausalität aller vernunftlosen Wesen, durch den Einfluss fremder Ursachen zur Tätigkeit bestimmt zu werden.

Die angeführte Erklärung der Freiheit ist *negativ*, und daher, um ihr Wesen einzusehen, unfruchtbar; allein es fließt aus ihr ein *positiver* Begriff derselben, der desto reichhaltiger und fruchtbarer ist. Da der Begriff einer Kausalität den von *Gesetzen* bei sich führt, nach welchen durch etwas, was wir Ursache nennen, etwas anderes, nämlich die Folge, gesetzt werden muss: so ist die Freiheit, ob sie zwar nicht eine Eigenschaft des Willens nach Naturgesetzen ist, darum doch nicht gar gesetzlos, sondern muss vielmehr eine Kausalität nach unwandelbaren Gesetzen, aber von besonderer Art sein; denn sonst wäre ein freier Wille ein Unding. Die Naturnotwendigkeit war eine Heteronomie der wirkenden Ursachen; denn jede Wirkung war nur nach dem Gesetze möglich, dass etwas anderes die wirkende Ursache zur Kausalität bestimmte; was kann denn wohl die Freiheit des Willens sonst sein, als Autonomie, d.i. die Eigenschaft des Willens, sich selbst ein Gesetz zu sein? [...]

Es ist nicht genug, dass wir unserem Willen, es sei aus welchem Grunde, Freiheit zuschreiben, wenn wir nicht ebendieselbe auch allen vernünftigen Wesen beizulegen hinreichenden Grund haben. Denn da Sittlichkeit für uns bloß als für *vernünftige Wesen* zum Gesetze dient, so muss sie auch für alle vernünftigen Wesen gelten, und da sie lediglich aus der Eigenschaft der Freiheit abgeleitet werden muss, so muss auch Freiheit als Eigenschaft des Willens aller vernünftigen Wesen bewiesen werden, und es ist nicht genug, sie aus gewissen vermeintlichen Erfahrungen von der menschlichen Natur darzutun (wiewohl dieses auch schlechterdings unmöglich ist und lediglich a priori dargetan werden kann), sondern man muss sie als zur Tätigkeit vernünftiger und mit einem Willen begabter Wesen überhaupt gehörig beweisen. Ich sage nun: Ein jedes Wesen, das nicht anders als *unter der Idee der Freiheit* handeln kann, ist eben darum in praktischer Rücksicht wirklich frei, d. i. es gelten für dasselbe alle Gesetze, die mit der Freiheit unzertrennlich verbunden sind, ebenso als ob sein Wille auch an sich selbst und in der theoretischen Philosophie gültig für frei erklärt würde. Nun behaupte ich: dass wir jedem vernünftigen Wesen, das einen Willen hat, notwendig auch die Idee der Freiheit leihen müssen, unter der es allein handle. Denn in einem solchen Wesen denken wir uns eine Vernunft, die praktisch ist, d. i. Kausalität in Ansehung ihrer Objekte hat.

Kant, Immanuel: Grundlegung zur Metaphysik der Sitten, hg. von Theodor Valentiner, Stuttgart 1984, S. 103ff.

a Exzerpieren Sie den Text „Darf ich tun, was ich will? – Die Bedeutung von Freiheit“.

b Entnehmen Sie dem Text die negative Erklärung von Freiheit.

c Erläutern Sie, inwiefern sich aus dieser negativen Erklärung ein positiver Begriff von Freiheit ergibt und stellen Sie diesen positiven Begriff dar.

d Erläutern Sie, weshalb dieser Begriff von Freiheit für alle vernünftigen Wesen gelten muss.

e Vergleichen Sie Kants Freiheitsbegriff mit dem alltäglichen „Tun- und Lassen-Können, was man gern möchte“.

f Diskutieren Sie die Frage, wie Kant die Freiheit verortet: Geht es ihm um Freiheit als etwas Reales oder ist sie eine notwendige Idee?

g Nehmen wir einmal an, Freiheit wäre eine notwendige Idee: Welche Aufgabe würde sich daraus für die Philosophie in der Auseinandersetzung mit verschiedenen Kognitionswissenschaftlern um den Freiheitsbegriff ergeben? Müsste Philosophie zeigen, dass Freiheit theoretisch möglich ist oder sollte sie sich auf eine ethisch-praktische Argumentation beschränken?

1. Beschreiben Sie die Zeichnung. –
   Welches Thema wird hier dargestellt? Geben Sie dem Bild einen Titel.

2. Deuten Sie die Zeichnung. – Welche Handlungsoptionen hat der Ritter?
   Was sollte er Ihrer Meinung nach tun?

3. Erläutern Sie, inwiefern das Gemälde das Phänomen des Guten thematisiert.

4. „Die Guten – die können nicht *schaffen*, die sind immer der Anfang vom Ende – sie kreuzigen den, der *neue* Werte auf neue Tafeln schreibt, sie opfern *sich* die Zukunft, sie kreuzigen alle Menschenzukunft!"
   Nietzsche, Friedrich: Ecce homo. Wie man wird, was man ist, Frankfurt/M. 1977, S. 130.
   Betrachten Sie sich als ein Anhänger Nietzsches: Was würden Sie dem Ritter jetzt raten? – Begründen Sie Ihren Ratschlag.

5. Bewerten Sie die Position Nietzsches.

Was ist das Gute? – Eine Erläuterung des Guten

Es ist überall nichts in der Welt, ja überhaupt auch außer derselben zu denken möglich, was ohne Einschränkung für gut könnte gehalten werden, als allein ein *guter Wille*. Verstand, Witz, Urteilskraft, und wie die *Talente* des Geistes sonst heißen mögen, oder Mut, Entschlossenheit, Beharrlichkeit im Vorsatze, als Eigenschaften des *Temperaments*, sind ohne Zweifel in mancher Absicht gut und wünschenswert; aber sie können auch äußerst böse und schädlich werden, wenn der Wille, der von diesen Naturgaben Gebrauch machen soll und dessen eigentümliche Beschaffenheit darum *Charakter* heißt, nicht gut ist. Mit den *Glücksgaben* ist es eben so bewandt. Macht, Reichtum, Ehre, selbst Gesundheit, und das ganze Wohlbefinden und Zufriedenheit mit seinem Zustande, unter dem Namen der *Glückseligkeit*, machen Mut und hierdurch öfters auch Übermut, wo nicht ein guter Wille da ist, der den Einfluß derselben aufs Gemüt, und hiermit auch das ganze Prinzip zu handeln, berichtige und allgemeinzweckmäßig mache; ohne zu erwähnen, dass ein vernünftiger unparteiischer Zuschauer sogar am Anblicke eines ununterbrochenen Wohlergehens eines Wesens, das kein Zug eines reinen und guten Willens ziert, nimmermehr ein Wohlgefallen haben kann, und so der gute Wille die unerläßliche Bedingung selbst der Würdigkeit, glücklich zu sein, auszumachen scheint. [...]

Der gute Wille ist nicht durch das, was er bewirkt oder ausrichtet, nicht durch seine Tauglichkeit zur Erreichung irgend eines vorgesetzten Zweckes, sondern allein durch sein Wollen, d.i. an sich gut, und, für sich selbst betrachtet, ohne Vergleich weit höher zu schätzen als alles, was durch ihn zu Gunsten irgend einer Neigung, ja, wenn man will, der Summe aller Neigungen nur immer zustande gebracht werden könnte. Wenngleich durch eine besondere Ungunst des Schicksals, oder durch kärgliche Ausstattung einer stiefmütterlichen Natur es diesem Willen gänzlich an Vermögen fehlte, seine Absicht durchzusetzen; wenn bei seiner größten Bestrebung dennoch nichts von ihm ausgerichtet würde, und nur der gute Wille (freilich nicht etwa als ein bloßer Wunsch, sondern als die Aufbietung aller Mittel, soweit sie in unserer Gewalt sind) übrig bliebe: so würde er wie ein Juwel doch für sich selbst glänzen, als etwas, das seinen vollen Wert in sich selbst hat. Die Nützlichkeit oder Fruchtlosigkeit kann diesem Werte weder etwas zusetzen, noch abnehmen. Sie würde gleichsam nur die Einfassung sein, um ihn im gemeinen Verkehr besser handhaben zu können, oder die Aufmerksamkeit derer, die noch nicht genug Kenner sind, auf sich zu ziehen, nicht aber um ihn Kennern zu empfehlen und seinen Wert zu bestimmen.

Kant, Immanuel: Grundlegung zur Metaphysik der Sitten, hg. von Theodor Valentiner, Stuttgart 1984, S. 28f.

a Fassen Sie den Text zusammen.

b Für Kant ist das Gute der gute Wille. Entnehmen Sie dem Text die Gründe für diese Bestimmung.

c Entnehmen Sie dem Text die Merkmale dafür, dass ein Wille gut ist.

d Kant unterscheidet im Text streng zwischen dem guten Willen und dem Willen aus Neigung. Erklären Sie diesen Unterschied.

e Max Weber hat in einer berühmt gewordenen Einteilung ethischer Theorien zwischen „Gesinnungsethik" und „Verantwortungsethik" unterschieden. Kants Ethik bezeichnet er als Gesinnungsethik. Können Sie diese Bewertung nachvollziehen? Nehmen Sie begründet Stellung.

f Bewerten Sie die Bedeutung des Guten bei Kant: Überzeugt Sie seine Bestimmung?

1. Beschreiben Sie das Bild.

2. Informieren Sie sich in Platons Dialog „Phaidon“ über den Tod des Sokrates.

3. Bewerten Sie die Darstellung der Sterbeszene vor dem Hintergrund der Platon-Lektüre.

4. Informieren Sie sich in Platons Dialog „Kriton“ über den Konflikt des Sokrates zwischen dem positiven Recht der Stadt Athen und seinem Daimonion (also den überpositiven Verbindlichkeiten, denen er sich verpflichtet glaubte). –
Überzeugt Sie die Argumentation des Sokrates im Hinblick auf seine Pflichterfüllung?

5. Versetzen Sie sich in die Situation des Sokrates: Wie hätten Sie sich entschieden?
Begründen Sie Ihre Entscheidung: Was hätte Ihnen die Pflicht geboten?

Die Bedeutung der Pflicht

Allerdings! gerade da hebt der Wert des Charakters an, der moralisch und ohne alle Vergleichung der höchste ist, nämlich dass er wohltue, nicht aus Neigung, sondern aus Pflicht. [...]

So sind ohne Zweifel auch die Schriftstellen zu verstehen, darin geboten wird, seinen Nächsten, selbst unsern Feind, zu lieben. Denn Liebe als Neigung kann nicht geboten werden, aber Wohltun aus Pflicht selbst, wenn dazu gleich gar keine Neigung treibt, ja gar natürliche und unbezwingliche Abneigung widersteht, ist *praktische* und nicht *pathologische* Liebe, die im Willen liegt und nicht im Hange der Empfindung, in Grundsätzen der Handlung und nicht schmelzender Teilnehmung; jene allein kann geboten werden. [...]

Eine Handlung aus Pflicht hat ihren moralischen Wert *nicht in der Absicht*, welche dadurch erreicht werden soll, *sondern in der Maxime, nach der sie beschlossen wird*, hängt also nicht von der Wirklichkeit des Gegenstandes der Handlung ab, sondern bloß von dem *Prinzip des Wollens*, nach welchem die Handlung, unangesehen aller Gegenstände des Begehrungsvermögens, geschehen ist. Dass die Absichten, die wir bei Handlungen haben mögen, und ihre Wirkungen, als Zwecke und Triebfedern des Willens, den Handlungen keinen unbedingten und moralischen Wert erteilen können, ist aus dem Vorigen klar. Worin kann also dieser Wert liegen, wenn er nicht im Willen, in Beziehung auf dessen verhoffte Wirkung, bestehen soll? Er kann nirgend anders liegen, als im *Prinzip des Willens*, unangesehen der Zwecke, die durch solche Handlung bewirkt werden können; denn der Wille ist mitten inne zwischen seinem Prinzip a priori, welches formell ist, und zwischen seiner Triebfeder a posteriori, welche materiell ist, gleichsam auf einem Scheidewege, und, da er doch irgend wodurch muss bestimmt werden, so wird er durch das formelle Prinzip des Wollens überhaupt bestimmt werden müssen, wenn eine Handlung aus Pflicht geschieht, da ihm alles materielle Prinzip entzogen worden. [...] *Pflicht ist die Notwendigkeit einer Handlung aus Achtung fürs Gesetz.* Zum Objekte als Wirkung meiner vorhabenden Handlung kann ich zwar *Neigung* haben, aber niemals *Achtung,* eben darum, weil sie bloß eine Wirkung und nicht eine Tätigkeit des Willens ist. Ebenso kann ich für Neigung überhaupt, sie mag nun meine oder eines andern sein, nicht Achtung haben, ich kann sie höchstens im ersten Fall billigen, im zweiten bisweilen selbst lieben, d. i. sie als meinem eigenen Vorteile günstig ansehen. Nur das, was bloß als Grund, niemals aber als Wirkung mit meinem Willen verknüpft ist, was nicht meiner Neigung dient, sondern sie überwiegt, wenigstens diese von deren Überschlage bei der Wahl ganz ausschließt, mithin das bloße Gesetz für sich, kann ein Gegenstand der Achtung und hiemit ein Gebot sein.

Kant, Immanuel: Grundlegung zur Metaphysik der Sitten, hg. von Theodor Valentiner, Stuttgart 1984, S. 36ff.

a Exzerpieren Sie den Text.

b Entnehmen Sie dem Text die drei Sätze, in denen das Wesen der Pflicht deutlich wird.

c Kant unterscheidet streng zwischen Pflicht und Neigung. Erläutern Sie diesen Unterschied.

d Entnehmen Sie dem Text die Bedeutung des Begriffs „Maxime“ und erläutern Sie den Zusammenhang mit dem Pflichtbegriff.

e Entnehmen Sie dem Text die Bedeutung der Begriffe „a priori“ und „a posteriori“.

f Erklären Sie, was den moralischen Wert einer Handlung ausmacht und erläutern Sie, weshalb dieser Wert nicht materiell bestimmt werden kann.

g Stellen Sie den Zusammenhang zwischen dem Guten und der Pflicht dar.

1. Beschreiben Sie das Bild.

2. Informieren Sie sich im Buch „Genesis“ der Bibel über die zehn Gebote.
   Bewerten Sie auf der Grundlage Ihrer Bibellektüre das Bild.

3. Diskutieren Sie die Bedeutung von Regeln für das menschliche Zusammenleben.

4. Erläutern Sie den Zusammenhang zwischen der Herkunft der Regeln und ihrer Akzeptanz.

5. Dostojewski schrieb einst: „Wenn Gott nicht existierte, so wäre alles erlaubt.“
   Bewerten Sie Dostojewskis Feststellung.

Das moralische Gesetz

Die Vorstellung eines objektiven Prinzips, sofern es für einen Willen nötigend ist, heißt ein Gebot (der Vernunft) und die Formel des Gebots heißt *Imperativ*.

Alle Imperative werden durch ein *Sollen* ausgedrückt, und zeigen dadurch das Verhältnis eines objektiven Gesetzes der Vernunft zu einem Willen an, der seiner subjektiven Beschaffenheit nach dadurch nicht notwendig bestimmt wird (eine Nötigung). Sie sagen, dass etwas zu tun oder zu unterlassen gut sein würde, allein sie sagen es einem Willen, der nicht immer darum etwas *tut*, weil ihm vorgestellt wird, dass es zu tun gut sei. Praktisch *gut* ist aber, was vermittelst der Vorstellungen der Vernunft, mihin nicht aus subjektiven Ursachen, sondern objektiv, d.i. aus Gründen, die für jedes vernünftige Wesen als ein solches gültig sind, den Willen bestimmt. [...]

Alle *Imperative* nun gebieten entweder *hypothetisch,* oder *kategorisch.* Jene stellen die praktische Notwendigkeit einer möglichen Handlung als Mittel, zu etwas anderem, was man will (oder doch möglich ist, dass man es wolle), zu gelangen, vor. Der kategorische Imperativ würde der sein, welcher eine Handlung als für sich selbst, ohne Beziehung auf einen andern Zweck, als objektiv-notwendig vorstellte. [...]

Wenn ich mir einen *hypothetischen* Imperativ überhaupt denke, so weiß ich nicht zum voraus, was er enthalten werde: bis mir die Bedingung gegeben ist. Denke ich mir aber einen *kategorischen Imperativ,* so weiß ich sofort, was er enthalte. Denn da der Imperativ außer dem Gesetze nur die Notwendigkeit der Maxime enthält, diesem Gesetze gemäß zu sein, das Gesetz aber keine Bedingung enthält, auf die es eingeschränkt war, so bleibt nichts als die Allgemeinheit eines Gesetzes überhaupt übrig, welchem die Maxime der Handlung gemäß sein soll, und welche Gemäßheit allein den Imperativ als notwendig vorstellt.

Der kategorische Imperativ ist also nur ein einziger und zwar dieser: *handle nur nach derjenigen Maxime, durch die du zugleich wollen kannst, daß sie ein allgemeines Gesetz werde.* [...]

Weil die Allgemeinheit des Gesetzes, wonach Wirkungen geschehen, dasjenige ausmacht, was eigentlich *Natur* im allgemeinsten Verstande (der Form nach), d. i. das Dasein der Dinge, heißt, so fern es nach allgemeinen Gesetzen bestimmt ist, so könnte der allgemeine Imperativ der Pflicht auch so lauten: *handle so, als ob die Maxime deiner Handlung durch deinen Willen zum allgemeinen Naturgesetze werden sollte.* [...]

Der praktische Imperativ wird also folgender sein: *Handle so, daß du die Menschheit, sowohl in deiner Person, als in der Person eines jeden anderen, jederzeit zugleich als Zweck, niemals bloß als Mittel brauchest.*

Kant, Immanuel: Grundlegung zur Metaphysik der Sitten, hg. von Theodor Valentiner, Stuttgart 1984, S. 56ff.

a Fassen Sie den Text zusammen.

b Entnehmen Sie dem Text die Bedeutung der Begriffe „Gebot“, „Imperativ“ und „Sollen“.

c Erklären Sie, was „praktisch gut“ bedeutet.

d Entnehmen Sie dem Text die Bedeutung der Begriffe „hypothetisch“ und „kategorisch“.

e Erläutern Sie den Unterschied zwischen einem „hypothetischen“ Imperativ und dem „kategorischen“ Imperativ.

f Entnehmen Sie dem Text die drei Formeln des kategorischen Imperativs. Sie sind als „Universalisierungsformel“, als „Naturgesetzformel“ und als „Zweck-an-sich-Formel“ in der ethischen Diskussion bekannt.

g Diskutieren Sie in Ihrer Lerngruppe, welche Formel „anwendungsfreundlicher“ ist und lernen Sie diese Formel auswendig.

Reflexion der Ethik Kants

1.

a Exzerpieren Sie den einführenden Text „Die Deontologische Ethik Immanuel Kants“.

b Begründen Sie, weshalb es wichtig ist, sich mit der ethischen Bedeutung der Begriffe Freiheit und Pflicht zu beschäftigen.

c Entnehmen Sie dem Text die Bedeutung der Freiheit und des Guten.

d Entnehmen Sie dem Text die Bedeutung der Pflicht und gehen Sie dabei auch auf den Gesetzesbegriff und seine Problematik ein.

2. Informieren Sie sich über die alltagssprachliche Bedeutung der Begriffe des Guten, der Pflicht und des Gesetzes.

3. Gerne dien ich den Freunden,
doch tu ich es leider mit Neigung,
Und so wurmt es mir oft,
dass ich nicht tugendhaft bin.

Da ist kein anderer Rat, du musst suchen,
sie zu verachten,
Und mit Abscheu alsdann tun,
wie die Pflicht dir gebeut.

Schiller, Friedrich: Sämtliche Werke in 5 Bänden, Bd. I, München/Wien 2004, S. 299f.

Stellen Sie Schillers Kritik an Kant dar und bewerten Sie sie.

4.

a In einer Einführung in den kategorischen Imperativ wird der Begriff „Maxime“ so erklärt: „Maxime ist eine beabsichtigte Handlungsweise mit dem Anspruch, über die singuläre Verwirklichung hinauszugehen“. – Suchen Sie mit Hilfe dieser Definition Beispiele für Maximen.

b Eine Schülerin stellt die folgende Behauptung auf: „Wenn der Mensch nach Kant autonom ist, dann bedeutet das Anarchie, weil jeder sein Handeln selbst bestimmen soll!“ – Setzen Sie sich mit dieser Behauptung auseinander!

c Schreiben Sie einen Essay zu folgendem Thema: „Bezog sich Eichmann zu recht auf Kant? Lässt sich also jeder rechtmäßig ergangene Befehl mit Kant rechtfertigen?“

5. Auf Lawrence Kohlberg, einen amerikanischen Psychologen und Erziehungswissenschaftler, geht der Vorschlag zurück, die moralische Entwicklung von Menschen in Stufen einzuteilen. Bei den Untersuchungen zur moralischen Entwicklung, die er und seine Mitarbeiter in diesem Zusammenhang durchführten, benutzten sie wiederholt die folgende Geschichte, die als Heinz-Dilemma berühmt wurde:

Eine todkranke Frau leidet an einer besonderen Krebsart. Es gibt ein Medikament, das nach Ansicht der Ärzte ihr Leben retten könnte und zwar ein Radiumderivat, das ein Apotheker erst kurz zuvor entdeckt hat. Das Medikament war schon teuer in der Herstellung, der Apotheker jedoch verlangt nochmals ein Mehrfaches der reinen Herstellungskosten, und zwar 20.000 € pro Behandlung.

Heinz, der Ehemann der kranken Frau, versucht soviel Geld aufzutreiben wie möglich, doch er bringt lediglich etwa die Hälfte der erforderlichen Summe zusammen. In seiner Not bittet er den Apotheker, entweder den Preis zu reduzieren, oder aber ihm zu erlauben, den Restbetrag in Raten abzustottern, weil seine Frau andernfalls sterben müsse. Der Apotheker hatte selbst hohe Anfangsinvestitionen tätigen müssen, außerdem befürchtet er einen Präzedenzfall. Deshalb lehnt er den Wunsch des Ehemannes ab.

In seiner Verzweiflung bricht Heinz wenig später in die Apotheke ein und stiehlt das Medikament für seine Frau.

Stellen Sie sich vor, Sie wären der Richter, der das Verhalten von Heinz beurteilen müsste: Wie würden Sie entscheiden?

Diskutieren Sie diesen Fall in Ihrer Lerngruppe und gehen Sie dabei folgendermaßen vor:

a Geben Sie die Handlungsoptionen des Richters an und entscheiden Sie sich für eine.

b Begründen Sie Ihre Entscheidung.

c Welcher moralische Wert hat Ihre Entscheidung bestimmt?

d Entscheiden Sie sich probehalber für die andere Option: Versuchen Sie auch diese Entscheidung zu begründen.

e Welcher moralische Wert ist in diesem Fall handlungsleitend?

f Versuchen Sie jede Option mit der Ethik Kants zu begründen.

g Bewerten Sie diese Begründung.

6. Und wenn zutrifft, dass „Recht nicht nur geschehen, sondern sichtbar geschehen muss“, dann wäre die Rechtmäßigkeit dessen, was in Jerusalem getan wurde, manifest geworden, wenn die Richter es gewagt hätten, an den von ihnen Angeklagten etwa die folgenden Worte zu richten: [...]

„Sie haben sich, als Sie Ihre Lebensgeschichte erzählten, als einen Pechvogel dargestellt, und in Kenntnis der Bedingungen, unter denen Sie lebten, sind wir bis zu einem gewissen Grad sogar bereit, Ihnen zuzugestehen, dass es höchst unwahrscheinlich ist, dass Sie unter günstigeren Umständen je in diesem oder einem anderen Strafprozess als Angeklagter erschienen wären. Aber auch wenn wir unterstellen, dass es reines Missgeschick war, das aus Ihnen ein willfähriges Werkzeug in der Organisation des Massenmords gemacht hat, so bleibt eben doch die Tatsache bestehen, dass Sie mithalfen, die Politik des Massenmordes auszuführen und also diese Politik aktiv unterstützt haben. Denn wenn Sie sich auf Gehorsam berufen, so möchten wir Ihnen vorhalten, dass die Politik ja nicht in der Kinderstube vor sich geht und dass im politischen Bereich der Erwachsenen das Wort Gehorsam nur ein anderes Wort ist für Zustimmung und Unterstützung. So bleibt also nur übrig, dass Sie eine Politik gefördert und mitverwirklicht haben, in der sich der Wille kundtat, die Erde nicht mit dem jüdischen Volk und einer Reihe anderer Volksgruppen zu teilen, als ob Sie und Ihre Vorgesetzten das Recht gehabt hätten, zu entscheiden, wer die Erde bewohnen soll und wer nicht. Keinem Angehörigen des Menschengeschlechts kann zugemutet werden, mit denen, die solches wollen und in die Tat umsetzen, die Erde zusammen zu bewohnen. Dies ist der Grund, der einzige Grund, dass Sie sterben müssen.“

Arendt, Hannah: Eichmann in Jerusalem. Ein Bericht von der Banalität des Bösen, 3. Aufl., München 2008, S. 402ff.

a Fassen Sie den Text von Hannah Arendt zusammen.

b Entnehmen Sie dem Text das Argument für eine Verurteilung Eichmanns.

c Diskutieren Sie die Frage, inwieweit sich Hannah Arendts Argument mit Kants Ethik rechtfertigen lässt. Hinweis: Als Grundprinzip des Rechts gilt die Auffassung, dass die Strafe dem Verbrechen angemessen sein muss. Nach Hannah Arendt war Eichmann wegen Verbrechen an der Menschheit zu verurteilen. Die Auslöschung ganzer Völker verletzt und gefährdet die völkerrechtliche Ordnung der Welt und der Menschheit im Ganzen und aufs Schwerste.

Bewerten Sie diese Hinweise: Lassen sie sich auf Kants Ethik beziehen oder auf die Rechtsphilosophie? Informieren Sie sich über Kants Einstellung zur Todesstrafe.

d Für ausführlichere Informationen empfiehlt sich eine Lektüre des Buches von Hannah Arendt. Informieren Sie sich im Anschluss aber auch über die Rezeption des Buches.

3. Der Utilitarismus: Von Bentham bis Singer

Der Utilitarismus erkennt die ethische Verbindlichkeit im Nutzen (Utilität), den eine Handlung (bzw. eine Handlungsregel) für das größtmögliche Glück des Einzelnen und der Gemeinschaft verspricht. Den Grund für diese ethische Zielsetzung sieht der Utilitarismus im Menschenbild. Danach strebt jeder Mensch nach Lust und versucht, Unlust zu vermeiden. Ziel einer humanen Ethik kann es deshalb nur sein, dieses Streben für möglichst viele Menschen Wirklichkeit werden zu lassen. Alle Menschen sollen gerecht am Glück beteiligt werden. Das Ziel der utilitaristischen Ethik ist deshalb das maximale Glück möglichst vieler Menschen.

Auch wenn utilitaristische Ansätze bis in die Antike zurückreichen, wurde der Utilitarismus vor allem durch John Stuart Mill (1806–1873) und seine Schrift *Der Utilitarismus* von 1871 zu einer ethischen Theorie. Heutzutage ist er in unterschiedliche Richtungen zersplittert, deren Differenzen sich aus Schwierigkeiten ergeben haben, das Ideal eines allgemeinen Glücks mit den unterschiedlichen konkreten Vorstellungen und Interessen, wie dies umzusetzen sei, zu vereinen.

Schon John Stuart Mills Vater James Mill (1773–1836) war ein bekannter und bekennender Utilitarist. Er und sein Freund Jeremy Bentham (1748–1832) führten mit dem Sohn ein Experiment durch und erzogen ihn nach ihren utilitaristischen Vorstellungen.

John Stuart Mill nimmt trotzdem eine kritische Position zu diesem Denken ein, er greift unterschiedliche Vorwürfe am Utilitarismus auf und diskutiert sie. Dazu gehört das berühmt gewordene „Schweine-Argument“: Wenn die Ethik in der Beförderung von Lust bestünde, dann müssten eigentlich Schweine, die sich im Pfuhl baden, die glücklichsten Wesen und die Beförderung eines solchen Schweine-Glücks moralisch gut sein. John Stuart Mill geht auf diesen Vorwurf ein und stellt heraus, dass Lust nicht gleich Lust sei. So seien tierische Lüste nicht mit menschlichen Lüsten und deren möglicher intellektueller Dimension zu vergleichen. Mill stellt damit die Qualität der Lust (sinnliche Lust gegenüber intellektueller Lust) der Quantität (maximale Lust) entgegen. Es sei, so sagt er „besser, ein unzufriedener Mensch zu sein als ein zufriedenes Schwein; besser ein unzufriedener Sokrates als ein zufriedener Narr“.

Da Mill Lust und Glück an der geistigen Kapazität des Menschen festmacht, muss es das Ziel der Ethik sein, die geistigen Fähigkeiten zu fördern und durch Erziehung und Bildung das Glück vieler Menschen zu ermöglichen. Durch die Erhöhung der geistigen Fähigkeiten können auch die geistigen Genüsse und damit die Lusterfahrung überhaupt erhöht werden. Nur geistige Genüsse sind wahre Genüsse. Wenn es dieses höhere Glück nicht gäbe, dann wäre auch der Utilitarismus widerlegt, wie Mill im Blick auf seine Kritiker einräumt.

Die utilitaristische Ethik ist deshalb an der Verbesserung und Ausweitung der Wissenschaften interessiert. Neben der Ermöglichung einer möglichst hohen Bildung der Menschen geht es auch um die Verbesserung des Gesundheitswesens und überhaupt um soziale Leistungen.

Schon aus dieser Skizze des Utilitarismus wird deutlich, dass diese Ethik pragmatisch ausgerichtet ist und Ideale entwirft, die durch Beseitigungen von Ungerechtigkeiten zur Verbesserung der Lebensbedingungen und Umstände geführt haben und führen. So ist es nicht verwunderlich, dass der Utilitarismus an vielen Veränderungen im politischen und sozialen Bereich wesentlichen Anteil hatte, vor allem bei der Bekämpfung und Beseitigung von Diskrimierungen von Frauen, Rassen, Klassen und Minderheiten.

Für die Entwicklung demokratischer Rechte und Menschenrechte hat der Utilitarismus die notwendigen ethischen Grundlagen geschaffen, indem er das Wohl aller zum allgemeinen Ziel erklärt hat. Insbesondere förderte er nicht nur das demokratische Denken, sondern formte auch die Kultur der angelsächsischen Gesellschaften insgesamt, insbesondere die pragmatische Denkweise der amerikanischen Kultur. So hat der utilitaristische Grundsatz auch Eingang gefunden in die Präambel der Verfassung der Vereinigten Staaten von Amerika. Die Förderung des Allgemeinwohls und des allgemeinen Glückes wird dort explizit erwähnt.

Da das utilitaristische Ziel des allgemeinen Glücks prinzipiell auf alle Lebewesen, die Empfindungen und Bewusstsein haben, erweitert werden kann, überschreitet der Utilitarismus in seinem Anliegen auch die anthropologischen Grenzen und schafft die Grundlage für eine Tierethik. Hier fordert er bedingungslos das allgemeine Wohl aller Lebewesen. Das Glück sei nicht für den Menschen reserviert, sondern gelte für alle Wesen, die empfindungsfähig und bewusstseinsfähig und damit – wenngleich auf unterschiedliche Weise – lustfähig sind. Der Utilitarismus hat damit auch an der Entwicklung der Tierrechtsbewegung maßgeblichen Anteil.

Doch gerade diese Erweiterung des ethischen Spektrums auf alle empfindungsfähigen Wesen hat den Utilitarismus in schwierige, aber interessante Debatten um das Recht auf Leben und den Personenbegriff hinein geführt.

Fassen wir zusammen: Der Utilitarismus ist an den Folgen einer Handlung interessiert und misst diese Folgen an dem größten Nutzen für die von dieser Handlung Betroffenen. Der Nutzen besteht in der Lust und die größtmögliche Lust wird durch den von Bentham eingeführten hedonistischen Kalkül für alle von der Handlung Betroffenen „berechnet". Der Utilitarismus kann also durch vier Prinzipien charakterisiert werden: das Folgen- und das Nutzenprinzip sowie das hedonistische und das universalistische Prinzip.

Oben wurde darauf hingewiesen, dass der Utilitarismus keine einheitliche ethische Theorie darstellt, sondern sich in eine Theoriefamilie verzweigt. Schematisch lässt sich diese Familie so darstellen:

Autor	**Was wird unter dem größtmöglichen Glück verstanden?**	**Woran wird das größtmögliche Glück gemessen?**	**Wie wird das größtmögliche Glück festgestellt?**
Bentham	Lust	Handlung	Anzahl der Betroffenen (Quantität)
Mill	Lust	Handlung	Qualität des Erlebnisses
Brandt	Lust	Handlungsregel	Optimale Regel
Singer	Interessen	Handlung	Optimale Interessenbefriedigung

1. Beschreiben Sie das Gemälde. Geben Sie das Thema an und begründen Sie Ihre Themenwahl.

2. Der Titel des Bildes lautet *Mariä Himmelfahrt*. Informieren Sie sich über den Feiertag Maria Himmelfahrt, der in christlichen Kirchen am 15. August gefeiert wird.

3. Beschreiben Sie das Bild erneut, diesmal jedoch unter der Perspektive des Titels.

4. Informieren Sie sich über die Ethik Epikurs (341 – 270 v. Chr.), insbesondere über die Begriffe „Lust" bzw. „Glück" als Lebensziel und stellen Sie diese Informationen dar.

5. Erklären Sie, ob bzw. inwiefern es dem Künstler gelungen ist, uns Glück bzw. Lust durch Marias Körperhaltung und Gesichtsausdruck zu veranschaulichen.

Das Prinzip der Nützlichkeit

1. Die Natur hat die Menschheit unter die Herrschaft zweier souveräner Gebieter – Leid und Freude – gestellt. Es ist an ihnen allein aufzuzeigen, was wir tun sollen, wie auch zu bestimmen, was wir tun werden. Sowohl der Maßstab für Richtig und Falsch als auch die Kette der Ursachen und Wirkungen sind an ihrem Thron festgemacht. Sie beherrschen uns in allem, was wir tun, was wir sagen, was wir denken: jegliche Anstrengung, die wir auf uns nehmen können, um unser Joch von uns zu schütteln, wird lediglich dazu dienen, es zu beweisen und zu bestätigen. Jemand mag zwar mit Worten vorgeben, ihre Herrschaft zu leugnen, aber in Wirklichkeit wird er ihnen ständig unterworfen bleiben. Das Prinzip der Nützlichkeit erkennt dieses Joch an und übernimmt es für die Grundlegung jenes Systems, dessen Ziel es ist, das Gebäude der Glückseligkeit durch Vernunft und Recht zu errichten. Systeme, die es in Frage zu stellen versuchen, geben sich mit Lauten anstatt mit Sinn, mit einer Laune anstatt mit der Vernunft, mit Dunkelheit anstatt mit Licht ab. [...]
2. Das Prinzip der Nützlichkeit ist die Grundlage des vorliegenden Werkes; es wird daher zweckmäßig sein, mit einer ausdrücklichen und bestimmten Erklärung dessen zu beginnen, was mit ihm gemeint ist. Unter dem Prinzip der Nützlichkeit ist jenes Prinzip zu verstehen, das schlechthin jede Handlung in dem Maß billigt oder missbilligt, wie ihr die Tendenz innezuwohnen scheint, das Glück der Gruppe, deren Interesse in Frage steht, zu vermehren oder zu vermindern, oder – das gleiche mit anderen Worten gesagt – dieses Glück zu befördern oder zu verhindern. Ich sagte: schlechthin jede Handlung, also nicht nur jede Handlung einer Privatperson, sondern auch jede Maßnahme der Regierung.
3. Unter Nützlichkeit ist jene Eigenschaft an einem Objekt zu verstehen, durch die es dazu neigt, Gewinn, Vorteil, Freude, Gutes oder Glück hervorzubringen (dies alles läuft im vorliegenden Fall auf das gleiche hinaus) oder (was ebenfalls auf das gleiche hinausläuft) die Gruppe, deren Interesse erwogen wird, vor Unheil, Leid, Bösem oder Unglück zu bewahren; sofern es sich bei dieser Gruppe um die Gemeinschaft im allgemeinen handelt, geht es um das Glück der Gemeinschaft; sofern es sich um ein bestimmtes Individuum handelt, geht es um das Glück dieses Individuums.
4. „Das Interesse der Gemeinschaft" ist einer der allgemeinsten Ausdrücke, die in den Redeweisen der Moral vorkommen können; kein Wunder, dass sein Sinn oft verloren geht. Wenn er einen Sinn hat, dann diesen: Die Gemeinschaft ist ein fiktiver Körper, der sich aus den Einzelpersonen zusammensetzt, von denen man annimmt, dass sie sozusagen seine Glieder bilden. Was also ist das Interesse der Gemeinschaft? – Die Summe der Interessen der verschiedenen Glieder, aus denen sie sich zusammensetzt.

Bentham, Jeremy: Eine Einführung in die Prinzipien der Moral und der Gesetzgebung, in: Höffe, Otfried (Hg.): Einführung in die utilitaristische Ethik. Klassische und zeitgenössische Texte, 2. Aufl., Tübingen 1992, S. 55f.

a Fassen Sie den Text zusammen.

b Geben Sie Benthams Menschenbild wieder.

c Erläutern Sie den Zusammenhang zwischen dem Prinzip der Nützlichkeit und diesem Menschenbild.

d Erklären Sie das Prinzip der Nützlichkeit.

e Erklären Sie auch den Sinn des Ausdrucks „Interesse der Gemeinschaft".

1. Das Foto zeigt den Apple II aus dem Jahre 1977. Der Apple II gehört zu den ersten Mikrocomputern, die eine weite Verbreitung fanden. Rechner aus der Apple-II-Baureihe wurden Anfang der achtziger Jahre auch im Informatikunterricht eingesetzt. Informieren Sie sich über diese Apple-Rechner.

2. Informieren Sie sich über den Begriff „Kalkül" und erläutern Sie den Zusammenhang mit dem oben abgebildeten Computer.

3. Informieren Sie sich über den sogenannten Fall Ashley (beispielsweise auf der Internet-Seite *http://www.spiegel.de/wissenschaft/mensch/0,1518,457787,00.html – Zugriff: 23.10.2008*). Diskutieren Sie diesen Fall durch Anwendung des Prinzips der Nützlichkeit nach Jeremy Bentham.

4. Bewerten Sie Ihre Anwendung.

5. Wäre es Ihnen eine Hilfe, wenn es ein Kalkül geben würde, mit dessen Unterstützung sich eine Entscheidung wie in der Mathematik „berechnen" ließe? Diskutieren Sie die Vor- und Nachteile eines solchen Kalküls in der Ethik.

Das hedonistische Kalkül

Es hat keinen Sinn, vom Interesse der Gemeinschaft zu sprechen, ohne zu wissen, was das Interesse des Individuums ist. Man sagt von einer Sache, sie sei dem Interesse förderlich oder zugunsten des Interesses eines Individuums, wenn sie dazu neigt, zur Gesamtsumme seiner Freuden beizutragen: oder, was auf das Gleiche hinausläuft, die Gesamtsumme seiner Leiden zu vermindern.

Man kann also von einer Handlung sagen, sie entspreche dem Prinzip der Nützlichkeit oder – der Kürze halber – der Nützlichkeit (das heißt in Bezug auf die Gemeinschaft insgesamt), wenn die ihr innewohnende Tendenz, das Glück der Gemeinschaft zu vermehren, größer ist als irgendeine andere ihr innewohnende Tendenz, es zu vermindern. [...]

Wenn man einen Menschen für sich betrachtet, so ist für ihn der Wert einer Freude oder eines Leids – wenn man ihn für sich betrachtet – gemäß den vier folgenden Umständen größer oder geringer, nämlich gemäß:

a) der Intensität
b) der Dauer
c) der Gewissheit oder Ungewissheit
d) der Nähe oder Ferne einer Freude oder eines Leids.

Diese Umstände müssen in Betracht gezogen werden, wenn man eine Freude oder ein Leid jeweils für sich beurteilt. Wenn man aber den Wert einer Freude oder eines Leids betrachtet, um die Tendenz einer Handlung zu beurteilen, durch die Freude oder Leid hervorgebracht wird, müssen zwei weitere Umstände berücksichtigt werden, nämlich

e) die Folgenträchtigkeit der Freude oder des Leids oder die Wahrscheinlichkeit, dass auf sie Empfindungen von derselben Art folgen, das heißt Freuden, wenn es sich um eine Freude handelt; Leiden, wenn es sich um ein Leid handelt;
f) die Reinheit der Freude oder des Leids oder die Wahrscheinlichkeit, dass auf sie nicht Empfindungen von entgegengesetzter Art folgen, das heißt Leiden, wenn es sich um eine Freude handelt; Freuden, wenn es sich um ein Leid handelt.

Diese beiden letzten Umstände kann man jedoch streng genommen kaum für Eigenschaften von Freude oder Leid selbst halten; streng genommen dürfen sie daher nicht zur Bestimmung dieser Freude oder jenes Leids herangezogen werden. Man darf sie streng genommen nur für Eigenschaften der Handlung oder eines sonstigen Ereignisses halten, durch die solche Freude oder solches Leid hervorgebracht worden ist, und entsprechend dürfen sie nur zur Bestimmung der Tendenz einer solchen Handlung oder eines solchen Ereignisses herangezogen werden.

Bentham, Jeremy: Eine Einführung in die Prinzipien der Moral und der Gesetzgebung, in: Höffe, Otfried (Hg.): Einführung in die utilitaristische Ethik. Klassische und zeitgenössische Texte, 2. Aufl., Tübingen 1992, S. 56ff.

a Exzerpieren Sie den Text.

b Erläutern Sie, wann man von einer Handlung sagen kann, sie entspreche dem Prinzip der Nützlichkeit.

c Stellen Sie die vier „Umstände“ dar, die man berücksichtigen muss, wenn man den Wert einer Freude oder eines Leids bestimmen will.

d Versuchen Sie mit Hilfe dieser Umstände, eine moralische Frage (beispielsweise den Fall Ashley) zu entscheiden und diskutieren Sie Ihr Ergebnis.

e Unter einem „Kalkül“ versteht man ein System von Zeichen und Regeln zur formalen Ausführung mathematischer Rechnungen. Kalküle eigenen sich besonders zum Einsatz programmgesteuerter Rechner (zum Begriff „Kalkül“ vgl. z.B. das Brockhaus-Lexikon). Setzen Sie sich mit dem Anspruch Benthams auseinander, die größtmögliche Lust, den eine Handlung verursacht, mit Hilfe eines Kalküls bestimmen zu können.

1. Beschreiben Sie das Bild. Äußern Sie sich auch zur „Gemütslage“ der abgebildeten Tiere.

2. Informieren Sie sich über den Unterschied zwischen Mensch und Tier.
Recherchieren Sie beispielsweise im Abschnitt „Anthropologie“.

3. „Betrachte die Herde, die an dir vorüberweidet: sie weiß nicht, was Gestern, was Heute ist, springt umher, frisst, ruht, verdaut, springt wieder, und so vom Morgen bis zur Nacht und von Tage zu Tage, kurz angebunden mit ihrer Lust und Unlust, nämlich an den Pflock des Augenblicks, und deshalb weder schwermütig noch überdrüssig. Dies zu sehen geht dem Menschen hart ein, weil er seines Menschentums sich vor dem Tiere brüstet und doch nach seinem Glücke eifersüchtig hinblickt [...].“
Nietzsche, Friedrich: Vom Nutzen und Nachteil der Historie für das Leben, Stuttgart 1985, S. 7.
Erläutern Sie den Text.

4. Erklären Sie den Unterschied zwischen Mensch und Tier nach Nietzsche.

5. Bewerten Sie Nietzsches Ansatz im Hinblick auf die unterstellte Differenz zwischen tierischem und menschlichem Glück. Sehen Sie eine Möglichkeit, den Ansatz von Bentham mit Hilfe einer solchen Differenzierung zu modifizieren?

Das utilitaristische Prinzip und die Qualität einer Freude

Nur beiläufiger Erwähnung bedarf hier das auf bloßer Unkenntnis beruhende Missverständnis, dass die, die für Nützlichkeit als den Maßstab für Recht und Unrecht eintreten, dies Wort nur in jener beschränkten und lediglich umgangssprachlichen Bedeutung gebrauchen, in der man die Nützlichkeit der Lust entgegensetzt. Ich muss die philosophischen Gegner des Utilitarismus um Nachsicht bitten, wenn es auch nur einen Moment *so* aussehen sollte, als verwechselte ich sie mit denen, die zu einem so widersinnigen Missverständnis fähig sind, einem Missverständnis, das umso unglaublicher ist, als die genau entgegengesetzte Anschuldigung, nämlich dass er alles auf die Lust beziehe und obendrein in ihrer rohesten Form, ebenfalls zu den gängigen Vorwürfen gegen den Utilitarismus gehört, und dass, wie ein geistreicher Autor treffend bemerkt hat, derselbe Schlag von Leuten und oft sogar dieselben Leute an der Theorie bemängeln, „dass sie unbrauchbar trocken sei, wenn das Wort Nützlichkeit vor dem Wort Lust zu stehen kommt, und dass sie allzu brauchbar sinnlich sei, wenn das Wort Lust dem Wort Nützlichkeit vorangeht". [...] Nachdem sie das Wort „utilitaristisch" einmal aufgegriffen haben, ohne außer seinem Klang irgendetwas darüber zu wissen, haben sie es sich zur Gewohnheit gemacht, damit die Verwerfung oder Vernachlässigung einiger Formen des Lustvollen: des Schönen, des Gefälligen oder des Vergnüglichen auszudrücken. [...]

Die Anerkennung der Tatsache, dass einige Arten der Freude wünschenswerter und wertvoller sind als andere, ist mit dem Nützlichkeitsprinzip durchaus vereinbar. Es wäre unsinnig anzunehmen, dass der Wert einer Freude ausschließlich von der Quantität abhängen sollte, wo doch in der Wertbestimmung aller anderen Dinge neben der Quantität auch die Qualität Berücksichtigung findet.

Fragt man mich nun, was ich meine, wenn ich von der unterschiedlichen Qualität von Freuden spreche, und was eine Freude – bloß als Freude, unabhängig von ihrem größeren Betrag – wertvoller als eine andere macht, so gibt es nur eine mögliche Antwort: von zwei Freuden ist diejenige die wünschenswertere, die von allen oder nahezu allen, die beide erfahren haben, ungeachtet des Gefühls, eine von beiden aus moralischen Gründen vorziehen zu müssen, entschieden bevorzugt wird. Wird die eine von zwei Freuden von denen, die beide kennen und beurteilen können, soweit über die andere gestellt, dass sie sie auch dann noch vorziehen, wenn sie wissen, dass sie größere Unzufriedenheit verursacht, und sie gegen noch so viele andere Freuden, die sie erfahren könnten, nicht eintauschen möchten, sind wir berechtigt, jener Freude eine höhere Qualität zuzuschreiben, die die Quantität soweit übertrifft, dass diese im Vergleich nur gering ins Gewicht fällt.

Mill, Stuart: Der Utilitarismus, in: Höffe, Otfried (Hg.): Einführung in die utilitaristische Ethik. Klassische und zeitgenössische Texte, 2. Aufl., Tübingen 1992, S. 84ff.

a Fassen Sie den Text zusammen.

b Erläutern Sie, was Mill unter der *Qualität* einer Freude versteht.

c Stellen Sie Mills Position in der Form eines moralischen Imperativs dar.

d Versuchen Sie mit Hilfe dieses Imperativs, eine moralische Frage (beispielsweise den Fall Ashley) zu entscheiden und diskutieren Sie Ihr Ergebnis.

1. Beschreiben Sie das Gemälde. Verständigen Sie sich auf einen Titel für das Gemälde.

2. Informieren Sie sich über den Vorfall, den Francisco de Goya in seinem Bild „Die Erschießung der Aufständischen" festgehalten hat.

3. „Pierre, Reporter bei einer französischen Armeezeitung, befindet sich zufällig in der Nacht vom 2. auf den 3. Mai 1808 auf dem Hügel von Principe Pio, auf dem spanische Aufständische gegen die französische Besatzungspolitik zusammengetrieben wurden und erschossen werden sollen. Pierre hat Mitleid mit den Gefangenen. Der Offizier, der die Exekution leitet, bietet Pierre deshalb als Mutprobe an, selbst einen der Aufständischen zu erschießen. Falls er einwilligt, werden alle anderen laufen gelassen, andernfalls – wie vorgesehen – getötet. Die Todgeweihten drängen Pierre zur Einwilligung. – Was soll er tun?"
   Fiktive Geschichte gestaltet nach dem Bericht über den von Goya festgehaltenen Vorfall.
   Vgl. http://de.wikipedia.org/wiki/Die_Erschie%C3%9Fung_der_Aufst%C3%A4ndischen – Zugriff: 14.10.2008.
   Stellen Sie den Konflikt dar, in dem Pierre sich befindet und erläutern Sie ihn.

4. Treffen Sie eine begründete Entscheidung und beziehen Sie sich dabei auf die utilitaristische Theorie von Mill.

5. Bewerten Sie Ihre Entscheidung. Sind Sie mit ihr zufrieden? Suchen Sie gegebenenfalls nach Verbesserungsvorschlägen für die angewandte Theorie.

Der Regelutilitarismus

Den Regelutilitarismus kann man in zwei Hauptgruppen einteilen, je nachdem ob man die Richtigkeit einer besonderen Handlung zu einer Funktion von in einem gewissen Sinn idealen Regeln oder von den geltenden und anerkannten Regeln einer Gesellschaft macht. Die verschiedenen Theorien des zuerst genannten Typs werde ich ausführlicher erklären als die des zuletzt genannten.

Nach dem zuletzt genannten Typ der Theorie werden die moralischen Pflichten oder Verpflichtungen eines Menschen in einer bestimmten Situation mit einigen Ausnahmen nur durch die moralischen Regeln, Institutionen oder Handlungsweisen bestimmt, die in der Gesellschaft vorrangig sind, und nicht durch die Überlegung, welche Regeln (etc.) in der Gesellschaft die Idealsten wären. (Man hat manchmal behauptet, dass geltende moralische Regeln, Handlungen etc. nur eine notwendige Bedingung dafür sind, dass eine Handlung moralisch verpflichtend oder falsch ist.) [...]

Wir wollen uns nun „idealen" Formen des Regelutilitarismus zuwenden, die behaupten, dass die Antwort auf die Frage, ob es moralisch verpflichtend oder moralisch richtig ist, in einer besonderen Situation etwas Bestimmtes zu tun, nicht von dem geltenden Kodex oder der geltenden Praxis der Gesellschaft festgesetzt wird (diese können indirekt von Bedeutung sein, insofern sie Bestandteil der Situation sind), sondern durch eine „ideale" Regel – das heißt durch den Nutzen, der sich ergibt, wenn man eine bestimmte allgemeine moralische Regel hat, oder durch den Nutzen, der sich ergibt, wenn alle oder die meisten Handlungen, die zu einer relevanten Klasse von Handlungen gehören, ausgeführt werden.

Wenn die Richtigkeit einer Handlung durch die Nützlichkeit einer relevanten Regel (Klasse) bestimmt wird, müssen wir dann sagen, dass die qualifizierende Regel (Klasse) eine optimale Regel (Klasse) sein muss, die den Nutzen maximiert, oder braucht die Regel (Klasse) nur einer weniger strengen Forderung zu genügen (zum Beispiel dass es besser sein muss, dass es sie gibt, als dass es gar keine Regel gäbe, die die fragliche Verhaltensweise bestimmt)? Und wenn sie optimal sein sollte, muss man dann jeden Nutzen veranschlagen oder vielleicht nur den „negativen" Nutzen, wie man es tut, wenn man der Ansicht ist, dass die Regel (Klasse) diejenige sein muss, die Leiden verringert?

Der einfachste Vorschlag – dass die qualifizierende Regel (Klasse) diejenige ist, die den Nutzen maximiert, wobei jeglicher Nutzen, ob „positiver" oder „negativer" Art, zählt – scheint mir auch der beste zu sein [...].

Brandt, Richard B.: Einige Vorzüge einer bestimmten Art des Regelutilitarismus, in: Höffe, Otfried (Hg.): Einführung in die utilitaristische Ethik. Klassische und zeitgenössische Texte, 2. Aufl., Tübingen 1992, S. 189ff.

a Exzerpieren Sie den Text.

b Geben Sie die beiden Hauptgruppen des Regelutilitarismus wieder.

c Erläutern Sie den Typ des Regelutilitarismus, der von den anerkannten Regeln einer Gesellschaft ausgeht.

d Erklären Sie, inwiefern geltende moralische Regeln nur eine notwendige Bedingung dafür sind, dass eine Handlung moralisch geboten ist, nicht aber hinreichend.

e Erläutern Sie den Typ des Regelutilitarismus, der von idealen Regeln ausgeht.

f Stellen Sie Brandts Position in der Form eines moralischen Imperativs dar.

g Versuchen Sie mit Hilfe dieses Imperativs, eine moralische Frage (beispielsweise den Fall Ashley) zu entscheiden und diskutieren Sie Ihr Ergebnis.

h Vergleichen Sie Brandts Regelutilitarismus mit der Ethik Kants (vgl. den Abschnitt „Deontologische Ethik").

1. Beschreiben Sie das Foto.

2. Informieren Sie sich über Katzen und stellen Sie Ihre Informationen dar.
   Äußern Sie sich auch zur „Gemütslage“ des abgebildeten Tieres.

3. Für den australischen Philosophen Peter Singer haben höhere Tiere (also auch Katzen) Interessen und gehören deshalb zur moralischen Gemeinschaft.
   Stellen Sie die Konsequenzen dieser Auffassung für den Umgang mit dem im Foto abgebildeten Tier dar.

4. Bewerten Sie Singers Auffassung.

5. Diskutieren Sie die Frage, ob bzw. wie sich Singers Auffassung begründen ließe.

Der Präferenzutilitarismus

Nun stelle man sich vor, dass ich zwischen zwei möglichen Handlungsverläufen zu entscheiden versuche – etwa, ob ich alle Früchte, die ich gesammelt habe, selber esse oder sie mit andern teile. Zudem stelle man sich vor, dass ich in einem völligen ethischen Vakuum entscheide, dass ich nichts weiß von moralischen Erwägungen – ich bin sozusagen in einem vormoralischen Stadium des Denkens. Wie würde ich mich entscheiden?

Etwas, das immer noch relevant bliebe, wäre die Frage, in welcher Weise die möglichen Handlungsverläufe meine Interessen beträfen. Würden wir „Interessen" weit genug definieren, so dass wir alles, was Menschen wünschen, als ihre Interessen auffassten (sofern dies nicht unverträglich ist mit einem oder mehreren anderen Wünschen), dann kann wohl in diesem vormoralischen Zustand *nur* das je eigene Interesse für die Entscheidung relevant sein.

Angenommen, ich beginne dann so weit moralisch zu denken, dass ich erkenne, dass meine eigenen Interessen nicht einfach aus dem Grund, weil sie meine eigenen sind, mehr zählen als die Interessen anderer. Anstelle meiner eigenen Interessen habe ich nun die Interessen aller zu berücksichtigen, die von meiner Entscheidung betroffen sind. Dies erfordert von mir, dass ich alle diese Interessen abwäge und jenen Handlungsverlauf wähle, von dem es am wahrscheinlichsten ist, dass er die Interessen der Betroffenen weitestgehend befriedigt. Also muss ich – wenigstens auf einer bestimmten Ebene meiner moralischen Überlegungen – den Handlungsverlauf wählen, der per saldo für alle Betroffenen die besten Konsequenzen hat. [...] Mit anderen Worten: in dem genannten Beispiel könnten wir es auf den ersten Blick für selbstverständlich halten, dass es bessere Konsequenzen hat, wenn ich die gesammelten Früchte teile, als wenn ich es nicht tue. Dies könnte sich am Ende durchaus als das beste allgemeine Prinzip erweisen, aber bevor wir Gründe für die Überzeugung haben können, dass dies der Fall ist, müssen wir auch Folgendes betrachten: Ist die Wirkung einer allgemeinen Praxis, die gesammelten Früchte zu teilen, für alle Betroffenen gut, weil dadurch eine gleichmäßigere Verteilung erreicht wird, oder reduziert sie eventuell den Ertrag der gesammelten Nahrung, weil manche aufhören, etwas zu sammeln, wenn sie wissen, dass sie genug bekommen aus ihrem Anteil an dem, was andere sammeln? Die hier skizzierte Denkweise ist eine Form von Utilitarismus. Sie unterscheidet sich vom klassischen Utilitarismus dadurch, dass „beste Konsequenzen" das bedeutet, was per saldo die Interessen der Betroffenen fördert, und nicht bloß das, was Lust vermehrt und Unlust verringert.

Singer, Peter: Praktische Ethik, übersetzt von Oscar Bischoff, Jean-Claude Wolf und Dietrich Klose, 2. Aufl., Stuttgart 1994, S. 29ff.

a Fassen Sie den Text „Der Präferenzutilitarismus" zusammen.

b Erläutern Sie, was *Interesse* in einem „vormoralischen Zustand" bedeutet.

c Erklären Sie, wodurch es zum moralischen Zustand kommt.

d Erläutern Sie, worauf es bei der Bestimmung der Konsequenzen für alle Betroffenen ankommt.

Reflexion des Utilitarismus

1.

a Exzerpieren Sie den einführenden Text „Der Utilitarismus: Von Bentham bis Singer“.

b Erläutern Sie die Kritik am Utilitarismus, die von Mill aufgegriffen wird und geben Sie wieder, wie er damit umgegangen ist.

c Stellen Sie den Anteil des Utilitarismus an der Entwicklung der demokratischen Rechte dar.

d Im Text werden vier Teilkriterien als Merkmale des Utilitarismus genannt. Geben Sie diese Merkmale an.

2.

Vergleichen Sie die Ethik Epikurs mit dem Klassischen Utilitarismus, also mit den Theorien von Bentham und Mill.

3. „Es ist besser, ein unzufriedener Mensch zu sein als ein zufriedenes Schwein; besser ein unzufriedener Sokrates als ein zufriedener Narr. Und wenn der Narr oder das Schwein anderer Ansicht sind, dann deshalb, weil sie nur die eine Seite der Angelegenheit kennen. Die andere Partei hingegen kennt beide Seiten.“

Mill, John Stuart: Der Utilitarismus, übersetzt von Dieter Birnbacher, Stuttgart 1985, S. 18.

Erklären Sie den Text von Mill und bewerten Sie ihn.

4. Die Auffassung, die bloße Zugehörigkeit zu unserer Spezies, ungeachtet aller anderen Eigenschaften, sei von entscheidender Bedeutung für die Unrechtmäßigkeit des Tötens, ist ein Erbe religiöser Lehren, die selbst die Gegner der Abtreibung nur mehr zögernd ins Gespräch bringen. [...] Ich schlage daher vor, dem Leben eines Fötus keinen größeren Wert zuzubilligen als dem Leben eines nichtmenschlichen Lebewesens auf einer ähnlichen Stufe der Rationalität, des Selbstbewusstseins, der Bewusstheit, der Empfindungsfähigkeit usw. Da kein Fötus eine Person ist, hat kein Fötus denselben Anspruch auf Leben wie eine Person.

Singer, Peter: Praktische Ethik, übersetzt von Oscar Bischoff, Jean-Claude Wolf und Dietrich Klose, 2. Aufl., Stuttgart 1994, S. 196f.

a Erläutern Sie Singers Text. Diskutieren Sie die Konsequenzen des Textes für das Problem der Abtreibung und für das Problem der Formulierung einer Tierethik.

b Stellen Sie Singers Position in der Form eines moralischen Imperativs dar.

c Versuchen Sie mit Hilfe dieses Imperativs, eine moralische Frage (beispielsweise den Fall Ashley) zu entscheiden und diskutieren Sie Ihr Ergebnis.

d Bewerten Sie Singers Beurteilung eines menschlichen Fötus und reflektieren Sie Ihre Bewertung mit Hilfe folgender Fragen: Entspricht die von Singer angegebene Konsequenz stringent seiner Theorie? Kann ich sein Ergebnis teilen? An welchem ethischen Prinzip habe ich mich bei meiner Bewertung orientiert?

5.

16.09.2007 12:55 Uhr

Jung: Entführte Flugzeuge notfalls abschießen

Bei einem Terrorangriff will Verteidigungsminister Jung ein entführtes Passagierflugzeug notfalls ohne gesetzliche Grundlage abschießen lassen. Auch Innenminister Schäuble warnte unterdessen vor einem Anschlag.

Verteidigungsminister Franz Josef Jung
Foto: ddp

Bei einem Terrorangriff würde Verteidigungsminister Franz Josef Jung ein entführtes Passagierflugzeug notfalls ohne gesetzliche Grundlage abschießen lassen. „Wenn es kein anderes Mittel gibt, würde ich den Abschussbefehl geben, um unsere Bürger zu schützen", sagte der CDU-Politiker dem Magazin Focus laut Vorabmeldung vom Sonntag.

Es gebe das Recht des übergesetzlichen Notstandes. Der Minister erklärte, er wünsche sich eine verfassungsrechtliche Klarstellung. „Aber da gibt es noch keinen Konsens in der Koalition." Jung räumte zwar ein, dass das Bundesverfassungsgericht den Abschuss eines gekaperten Passagierflugzeuges auf die Fälle beschränkt habe, in denen nur Terroristen und keine Unschuldigen an Bord seien.

„Aber wenn es eine gemeine Gefahr ist oder die Gefährdung der freiheitlich-demokratischen Grundordnung, dann gelten andere Regeln." Jung sagte, dass in Abstimmung mit der Luftwaffe für einen möglichen Abschuss nur Piloten fliegen sollten, die auch vor dem Hintergrund der schwierigen rechtlichen Frage dazu bereit wären, den Befehl auszuführen.

Er müsse sich im Ernstfall auf die Soldaten verlassen können: „Ich kann in einer solchen Situation nicht lange diskutieren." Das Luftsicherheitsgesetz scheiterte im Jahr 2006 in Karlsruhe. Das Bundesverfassungsgericht verbot damals die Abwägung „Leben gegen Leben" als Verstoß gegen das Grundgesetz. Aus Sicht der Richter ist die Menschenwürde und das Recht auf Leben verletzt, wenn von dem Abschuss auch Passagiere und Besatzungsmitglieder betroffen wären.

Das gelte selbst dann, wenn ein Flugzeug wie am 11. September 2001 als Terrorwaffe eingesetzt werden soll.

AP/Reuters: http://www.sueddeutsche.de/deutschland/artikel/298/133052/ – Zugriff: 03.04.2008.

a Stellen Sie die Meinung des Ministers dar.

b Versetzen Sie sich in die Lage einer Pilotin bzw. eines Piloten, die bzw. der einen solchen Abschussbefehl erhält. Stellen Sie seinen Konflikt dar, erläutern sie ihn und treffen Sie eine begründete Entscheidung.

c Nehmen Sie in diesem Sachverhalt begründet Stellung zur Position des Verteidigungsministers.

d Diskutieren Sie nacheinander das Problem mit der handlungsutilitaristischen Theorie von Bentham und Mill, mit dem regelutilitaristischen Ansatz von Brandt und dem präferenzutilitaristischen Ansatz von Singer. Zu welchem Ergebnis kommen Sie jeweils?

e Reflektieren Sie Ihre Vorgehensweise und Ihr Ergebnis mit Hilfe folgender Fragen:
Lässt sich dieser Fall mit Hilfe des Utilitarismus lösen? Gegebenenfalls: Sollte man sich dabei eher der handlungsutilitaristischen (Bentham, Mill), der regelutilitaristischen (Brandt) oder der präferenzutilitaristischen Argumentation bedienen?

Im Jahre 1955, zum 80. Geburtstag Albert Schweitzers, erschien ein Buch, das den Theologen, Philosophen, Musiker und Arzt als „Symbol eines guten Menschen" und damit als Vorbild präsentierte: „Und wen beglückte nicht die Tatsache, dass diese Begeisterung der Jugend geweckt wurde durch die überzeugende Kraft, die von einem Menschen ausgeht, der sich selbst hingibt für die gute Tat." Schweitzer war ein Held, aber ein Held ohne Waffen! Das machte ihn zum möglichen Vorbild für die Jugend eines Volkes, das sich bis dahin nicht gerade durch diese Art Heldentum ausgezeichnet hatte.

Das hier und an vielen anderen Stellen geäußerte Lob erwies sich in der Folge als zweischneidig. Albert Schweitzer wurde in erster Linie als der gute Mensch aus Lambarene wahrgenommen, nicht aber als der geniale philosophische Kopf. In Universitäten und Schulen wurde seine Ethik kaum zur Kenntnis genommen. Wo sie gelehrt wurde, war sie nicht gründlich erarbeitet und wurde nur oberflächlich dargestellt. An dieser oberflächlichen Rezeption liegt es wohl auch, dass man Schweitzer manchmal einen naturalistischen Fehlschluss unterstellte, also einen unzulässigen Schluss von der Naturphilosophie auf die Ethik. Diese Irrtümer und Vorurteile müssen korrigiert werden, damit Schweitzers Ethik für uns wieder verfügbar wird. Sie ist nämlich wie kaum eine andere geeignet, heutige Probleme der Bioethik, der Globalisierung und des Fundamentalismus auf einem angemessenen Niveau zu diskutieren und eventuell einer Lösung zuzuführen.

Was macht seine Ethik so einzigartig? Albert Schweitzer beginnt mit Naturphilosophie, mit der Betrachtung der Natur: „Die Natur ist schön und großartig von außen betrachtet, aber in ihrem Buch zu lesen, ist schaurig." In der Natur beobachtet man nämlich Darwins Kampf ums Dasein, man beobachtet den Willen zum Leben. Die Natur wird beherrscht von Naturgesetzen, in ihr herrscht ein unwissender Egoismus. Zur Ethik kommt es allein durch den Menschen, weil er um den Egoismus wissen kann. Auf der menschlichen Ebene darf der Begriff „Egoismus" nicht mehr beschreibend gebraucht werden, menschliches Verhalten, das als „egoistisch" bezeichnet werden muss, ist böse.

Demnach sind Ethik und Naturerkenntnis grundsätzlich verschieden: Die Naturerkenntnis stellt fest, was in der Natur ist, die Ethik, wie wir mit dieser Erkenntnis umgehen können und was wir tun sollen, damit wir angesichts dieser Erkenntnis im Gleichgewicht bleiben oder dazu zurückfinden. Schweitzer verbietet eine Ableitung von Ethik aus Naturerkenntnis und überhaupt aus sachlichen Feststellungen. Er verbietet geradezu den naturalistischen Fehlschluss.

Die nun zu klärende Frage ist, wie der Egoismus der Natur durch Ethik überwunden werden kann. Schauen wir dazu in die Geschichte der Ethik: Was lehrt sie uns?

Schweitzer entdeckt in der Geschichte vor allem zwei unterschiedliche ethische Konzepte: die Ethik der Hingebung und die Ethik der Selbstvervollkommnung. Die Ethik der Hingebung sieht er im Utilitarismus verkörpert, die Ethik der Selbstvervollkommnung u.a. in der Ethik Kants. Beide Konzepte sind gut, aber unvollkommen und defizitär: Die Ethik der Hingebung hat ein Theoriedefizit und sieht nur den Menschen, ihr Vorzug ist jedoch ihre praktische Relevanz: „Es ist ihr selbstverständlich, dass der Einzelne sich dem anderen Einzelnen und der Gesellschaft in jeder Hinsicht hingeben soll." Die Ethik der Selbstvervollkommnung hat kein Theoriedefizit und ist universal, ihr fehlt aber der konkrete Inhalt: „Will die Ethik der Selbstvervollkommnung wirklich zu einem Inhalt kommen, so muss sie Ethik entweder in Welt- und Lebensverneinung oder in höherer Welt- und Lebensbejahung bestehen lassen. Das Erste kommt nicht in Betracht, bleibt also nur das Andere." Leider endeten bisher alle Versuche, die Ethik der Selbstvervollkommnung als höhere Welt- und Lebensbejahung aufzufassen, in Resignation, im Rückzug von der Welt.

Was ergibt sich daraus für die vollständige Ethik? Die Ethik der Hingebung müsste sich auf alles Leben beziehen, das in der Welt ist und in den Bereich des Menschen tritt. Wenn sie so allgemein geworden ist, dass sie auf das gesamte äußere, uns umgebende Leben bezogen ist, kann sie sich mit der Ethik der Selbstvervollkommnung des eigenen, selbsterfahrenen Lebens verbinden. Die Ethik der Selbstvervollkommnung ihrerseits bezieht sich nicht mehr auf einen abstrakten Begriff des Seins, sondern auf wirkliches Sein. Im Akt der geistigen, innerlichen Hingebung an das Sein gleicht die Ethik der Selbstvervollkommnung der christlichen Mystik, sie unterscheidet sich aber von ihr, weil sie sich an das Leben wendet und im Leben aufgeht. Hierin zeigt sich die „Ehrfurcht vor dem Leben". Albert Schweitzer ist zu dieser Formulierung bei der bloßen Betrachtung einer Gruppe von vier Nilpferden gekommen, wie er selbst berichtet. Damit wollte er zum Ausdruck bringen, dass die mystische Erfahrung der „Ehrfurcht vor dem Leben" eine alltägliche Erfahrung sein kann.

Was ist nun mit dem Prinzip „Ehrfurcht vor dem Leben" für das Handeln gewonnen? In Vielem sind wir ohnmächtig, viel Leid müssen wir selbst anderen Wesen schaffen, ohne dass wir es verhindern könnten. Eine andere Frage: Ist es für unsere Gesundheit überhaupt zuträglich, wenn wir mit allen mitleiden wollen? Mitleiden bedeutet Leiden. Ist die Ethik der Ehrfurcht vor dem Leben also eine Aufforderung zur Depression?

Diese Fragen beruhen auf Missverständnissen. Die Ethik der Ehrfurcht vor dem Leben versucht kein reales und existenzielles, sondern ein geistiges Verhältnis zur Welt zu begreifen. Sie fordert kein Einswerden mit der Welt, sondern Empathie, die sich ihrer Distanz bewusst ist. Ethik besteht darin, allem Willen zum Leben die gleiche Ehrfurcht entgegenzubringen wie meinem eigenen. Damit steht das Grundprinzip des Sittlichen fest: Gut ist Leben zu erhalten und zu fördern; böse ist, Leben zu vernichten und zu hemmen. Das Leben als solches ist heilig! Wo ich irgendwelches Leben schädige, muss ich mir darüber klar werden, ob es nötig ist. Indem ich einem Insekt aus seiner Not helfe, versuche ich, etwas von der immer neuen Schuld der Menschen an der Kreatur abzutragen. „Der Landmann, der auf seiner Wiese tausend Blumen für seine Kühe hingemäht hat, soll sich hüten, auf dem Heimweg in geistlosem Zeitvertreib eine Blume am Rande der Landstraße zu köpfen, denn damit vergeht er sich am Leben, ohne unter der Gewalt der Notwendigkeit zu stehen."

Schweitzer, Albert: Kultur und Ethik, München 1996. S. 340.

Fassen wir zusammen: Schweitzer geht von der Feststellung aus, dass die Ethik sich nicht in der Natur findet, sondern dass sie das Andere der Natur ist. Die Frage ist dann, wie der Mensch zur Ethik kommt. Gibt es Vorbilder? Oben wurde festgestellt, dass man nach Schweitzer die bisherigen ethischen Theorien zwei großen Traditionslinien zuordnen kann, der Ethik der Hingebung und der Ethik der Selbstvervollkommnung. Beide Konzepte sind jedoch defizitär. Wie kann das Positive dieser Konzepte bewahrt werden, ohne dass man sich ihre Defizite einhandelt? Wie können also beide Konzepte zusammen kommen? Die Lösung liegt für Schweitzer in der Mystik, aber einer Mystik, die sich dem Sein zuwendet. Die Ethik der Ehrfurcht vor dem Leben ist die Ethik, die durch diese Mystik entsteht und die die Vorteile der beiden historischen Konzepte in sich vereinigt.

1. Beschreiben Sie das Foto. – Formulieren Sie einen Titel.

2. Informieren Sie sich über den Begriff „Wille zum Leben“. Erläutern Sie, inwiefern sich im Bild der Wille zum Leben ausdrückt.

3. Suchen Sie Beispiele für menschliches Verhalten, das Ausdruck des Willens zum Leben ist.

4. Erklären Sie, inwiefern der Begriff „unwissender Egoismus“ auf tierisches Leben passt, nicht aber auf menschliches.

5. Bewerten Sie den Begriff „Egoistische Ethik“.

Natur und Ethik

Die Natur kennnt keine Ehrfurcht vor dem Leben. Sie bringt tausendfältig Leben hervor in der sinnvollsten Weise und zerstört es tausendfältig in der sinnlosesten Weise. Durch alle Stufen des Lebens hindurch bis in die Sphäre des Menschen hinan ist furchtbare Unwissenheit über die Wesen ausgegossen. Sie haben nur den Willen zum Leben, aber nicht die Fähigkeit des Miterlebens, was in andern Wesen vorgeht; sie leiden, aber sie können nicht mitleiden. Der große Wille zum Leben, der die Natur erhält, ist in rätselhafter Selbstentzweiung mit sich selbst. Die Wesen leben auf Kosten des Lebens anderer Wesen. Die Natur lässt sie die furchtbarsten Grausamkeiten begehen. Sie leitet Insekten durch Instinkt an, mit ihrem Stachel Insekten anzubohren und ihre Eier in sie hineinzulegen, dass das, was sich aus dem Ei entwickelt, von der Raupe leben und sie damit zu Tode quälen soll. Sie leitet die Ameisen an, sich zusammenzutun und ein armes kleines Wesen anzufallen, um es zu Tode zu hetzen. Schaue der Spinne zu! Wie grauenvoll ist das Handwerk, das sie die Natur gelehrt!

Die Natur ist schön und großartig, von außen betrachtet, aber in ihrem Buch zu lesen, ist schaurig. Und ihre Grausamkeit ist so sinnlos! Das kostbarste Leben wird dem niedersten geopfert. Einmal atmet ein Kind Tuberkelbazillen ein. Es wächst heran, gedeiht, aber Leiden und früher Tod sitzen in ihm, weil diese niedersten Wesen sich in seinen edelsten Organen vermehren. Wie oft packte mich in Afrika das Entsetzen, wenn ich das Blut eines Schlafkranken untersuchte. Warum saß der Mann mit leidenverzerrtem Gesicht da und stöhnte: Oh, mein Kopf, mein Kopf! Warum musste er Nächte hindurch weinen und elend sterben? Weil da, unter dem Mikroskop, feine, kleine, blasse Körperchen zehn bis vierzehn tausendstel Millimeter lang vorhanden waren – oh nicht viele, oft nur ganz wenige, so dass man zuweilen Stunden suchen musste, um nur eines zu entdecken! [...] Die Natur lehrt grausigen Egoismus, nur dadurch auf kurze Zeit unterbrochen, dass sie in die Wesen den Trieb gelegt hat, dem Leben, das von ihnen abstammt, so lange es ihrer bedarf, Liebe und Helfen entgegenzubringen. Aber dass das Tier seine Jungen mit Selbstaufopferung bis zum Tode liebt, also hier mitfühlen kann, macht es nur noch schrecklicher, dass ihm das Mitleiden für die Wesen, die nicht in dieser Weise mit ihm zusammengehören, versagt ist.

Die Welt, dem unwissenden Egoismus überantwortet, ist wie ein Tal, das im Finstern liegt; nur oben auf den Höhen liegt Helligkeit. Alle müssen in dem Dunkel leben, nur eines darf hinaus, das Licht schauen: Das Höchste, der Mensch. Er darf zur Erkenntnis der Ehrfurcht vor dem Leben gelangen, aus der Unwissenheit heraustreten, in der die übrige Kreatur schmachtet.

Und diese Erkenntnis ist das große Ereignis in der Entwicklung des Seins. Hier erscheinen die Wahrheit und das Gute in der Welt; [...].

Schweitzer, Albert: Die Ehrfurcht vor dem Leben. Grundtexte aus fünf Jahrzehnten, 8. Aufl., München 2003, S. 32f.

a Fassen Sie den Text zusammen.

b Erläutern Sie, inwiefern die Natur keine Ehrfurcht vor dem Leben kennt.

c Erklären Sie, inwiefern man im Hinblick auf die Welt von einem „unwissenden Egoismus“ sprechen kann.

d Erläutern Sie Schweitzers Feststellung von der „rätselhaften Selbstentzweiung“ des Willens zum Leben.

e Stellen Sie in diesem Zusammenhang die Aufgabe des Menschen dar.

1. Beschreiben Sie das Foto.

2. Das Foto zeigt den Bioabfall einer dreiköpfigen Familie nach dem Frühstück. An anderen Orten wird Brot systematisch entsorgt. Beispielsweise wird aus Wien berichtet, dass man täglich jene Menge an Brot als Retourware vernichtet, mit der die zweitgrößte Stadt Österreichs – Graz – versorgt werden könnte. Informieren Sie sich über die Gründe für diese Vernichtung von Lebensmitteln.

3. Bewerten Sie die Vernichtung von Lebensmitteln. Begründen Sie Ihr Ergebnis.

4. Eine Begründung könnte lauten: „Ich bin nur für mich selbst verantwortlich. Damit ich frische Lebensmittel kaufen kann, ist die Vernichtung alter Ware notwendig." – Setzen Sie sich mit dieser Begründung auseinander.

5. Machen Sie Vorschläge, wie der Egoismus überwunden werden könnte.

Ethik der Hingebung – Utilitarismus

Was lehrt die Geschichte der Ethik?
Ganz allgemein ergibt sich aus ihr, dass das ethische Suchen auf die Entdeckung des allgemeinen Grundprinzips des Sittlichen auszugehen habe.

Das Grundprinzip des Sittlichen muss sich als denknotwendig ergeben und den Menschen in unaufhörliche, lebendige und sachliche Auseinandersetzung mit der Wirklichkeit bringen.

Die bisher aufgestellten Grundprinzipien des Sittlichen sind absolut unbefriedigend. Dies wird darin offenbar, dass sie sich nicht zu Ende denken lassen, ohne zu Paradoxien zu führen oder an ethischem Gehalt zu verlieren.

Das antike Denken will das Ethische als das vernunftgemäß Lustbringende begreifen. Es gelingt ihm aber nicht, von diesem Ausgangspunkt aus zur Ethik der tätigen Hingebung zu gelangen. Im Egoistisch-Utilitaristischen eingeschlossen, endet es in ethisch gefärbter Resignation.

Das ethische Denken der Neuzeit ist von vornherein sozialutilitaristisch. Es ist ihm selbstverständlich, dass der Einzelne sich den anderen Einzelnen und der Gesellschaft in jeder Hinsicht hingeben soll. Wo das neuzeitliche Denken diese ihm selbstverständlich erscheinende Ethik der Hingebung aber wirklich begründen und zu Ende denken will, wird es zu den merkwürdigsten, nach den verschiedensten Seiten auseinanderstrebenden Konsequenzen gedrängt. Bald erklärt es Hingebung als verfeinerten Egoismus; bald als etwas, das die Gesellschaft dem Einzelnen mit Gewalt auferlegt; bald als etwas, das diese ihm anerzieht; bald, wie bei Bentham, als etwas, das er auf Grund flehentlicher Vorstellungen der Gesellschaft in seine Überzeugung aufnimmt; bald als einen Instinkt, dem er gehorcht. Die erste Annahme ist nicht durchzuführen; die zweite, dritte und vierte sind unbefriedigend, weil sie Ethik von außen in den Menschen gelangen lassen; die letzte führt in eine Sackgasse. Ist Hingebung nämlich ein Instinkt, so muss ja begreiflich gemacht werden, wieso das Denken auf ihn einwirken und ihn auf die Höhe überlegter, umfassender, freiwilliger Tätigkeit erheben kann, auf der er erst Ethik wird. Dieses sein eigentliches Problem erkennt der Utilitarismus nicht, geschweige denn, dass er es löst. Er hat es immer zu eilig, zu praktischen Resultaten zu kommen. Zuletzt verschreibt er sich der Biologie und der Sozialwissenschaft, die ihn dazu bringen, sich als wundervoll entwickelte und noch weiter entwickelbare Herdentiergesinnung aufzufassen. Damit stellt er sich endgültig weit unter dem Niveau wirklicher Ethik ein.

Obwohl sie von dem Elementarsten und Wesentlichsten der Ethik ausgeht, gelingt es der Ethik der Hingebung also merkwürdigerweise nicht, sich in einer das Denken befriedigenden Weise zu gestalten. Es ist, als hätte sie das wahre Grundprinzip des Ethischen in Reichnähe, griffe aber immer daneben.

Schweitzer, Albert: Kultur und Ethik. München 1990. S. 306f.

a Informieren Sie sich über den „Sozialutilitarismus“. (Vgl. Abschnitt „Utilitarismus“.)

b Fassen Sie den Text zusammen.

c Erklären Sie die Anforderungen, die man an das Grundprinzip des Sittlichen stellen muss.

d Erläutern Sie, inwiefern das antike Denken für die heutige Ethik nicht mehr in Frage kommen kann.

e Entnehmen Sie dem Text die Vorteile und Grenzen der Ethik der Hingebung.

f Bewerten Sie Schweitzers Kritik an der Ethik der Hingebung.

1. Beschreiben Sie das Foto.

2. Recherchieren Sie im Internet über Tierversuche mit Kaninchen. Besuchen Sie beispielsweise die Seite *http://www.aerzte-gegen-tierversuche.de*. Informieren Sie sich über den sogenannten „Draize-Test“. Bewerten Sie ihn und begründen Sie Ihr Ergebnis.

3. Sammeln Sie Pro- und Contra-Argumente zum Problemfeld „Tierversuch“.

4. Ein utilitaristischer Imperativ lautet: „Handle so, dass die Folgen deiner Handlung für das Wohlergehen aller betroffenen Menschen optimal sind.“ Bewerten Sie die gefundenen Argumente mit Hilfe dieses Imperativs.

5. Setzen Sie sich kritisch mit Ihrer Bewertung und deren Begründung auseinander.

Ethik der Selbstvervollkommnung – Am Beispiel der Ethik Kants

Neben diesen [...] Versuchen [...] geht ein dritter einher. Er will Ethik als Streben nach Selbstvervollkommnung erklären. Dieses Unternehmen hat etwas Abstraktes und Gewagtes an sich. Es verschmäht es, von einem allgemein anerkannten Inhalt des Ethischen auszugehen, wie es der Utilitarismus tut, und stellt dem Denken im Gegenteil die Aufgabe, den gesamten Inhalt der Ethik aus dem Streben nach Selbstvervollkommnung abzuleiten.

Plato, der erste Vertreter der Selbstvervollkommnungsethik im Abendlande, und Schopenhauer wollen die Aufgabe lösen, indem sie, wie die Inder, Welt- und Lebensverneinung zum Grundprinzip des Ethischen erheben. Dies geht aber nicht an. Welt- und Lebensverneinung, konsequent durchgedacht und durchgeführt, ergibt nicht Ethik, sondern setzt Ethik außer Kraft.

Kant, der moderne Erneuerer der Ethik der Selbstvervollkommnung, stellt den Begriff der absoluten Pflicht auf, ohne ihm einen Inhalt zu geben. Damit gesteht er sein Unvermögen ein, den Inhalt der Ethik aus dem Streben nach Selbstvervollkommnung abzuleiten.

Will die Ethik der Selbstvervollkommnung wirklich zu einem Inhalte kommen, so muss sie Ethik entweder in Welt- und Lebensverneinung oder in höherer Welt- und Lebensbejahung bestehen lassen. Das erstere kommt nicht in Betracht; bleibt also nur das andere.

Spinoza fasst die höhere Welt- und Lebensbejahung als denkendes Aufgehen im Universum auf. Damit gelangt er aber nicht zu wirklicher Ethik, sondern nur zu einer ethisch gefärbten Resignation. Schleiermacher wendet viele Kunst auf, dieser ethischen Färbung einen lebhafteren Ton zu verleihen. Nietzsche meidet die Wege der Resignation, kommt aber damit in eine Welt- und Lebensbejahung, die nur noch soweit ethisch ist, als sie sich als ein Streben nach Selbstvervollkommnung empfindet.

Der einzige, dem es einigermaßen gelingt, der Selbstvervollkommnung in Welt- und Lebensbejahung einen ethischen Inhalt zu geben, ist J. G. Fichte. Das Resultat ist aber wertlos, weil es eine in unzulässiger Spekulation begründete optimistisch-ethische Anschauung von dem Wesen des Universums und der Stellung des Menschen in demselben zur Voraussetzung hat.

Die Ethik der Selbstvervollkommnung ist also nicht imstande, das Grundprinzip des Sittlichen so aufzustellen, dass es einen ethisch befriedigenden Inhalt hat; die Ethik der Hingebung hinwiederum vermag es nicht, von dem von ihr vorausgesetzten Inhalt der Ethik aus zu einem im Denken begründeten Grundprinzip des Ethischen zu gelangen.

Der antike Versuch, Ethik als das vernunftgemäß Lustbringende zu begreifen, kommt für uns nicht mehr in Betracht. Zu sehr ist offenbar, dass er dem Rätsel der Hingebung nicht genug Rechnung trägt [...].

Schweitzer, Albert: Kultur und Ethik, S. 307f.

a Informieren Sie sich über „Selbstvervollkommnung“ als Anliegen der Ethik.

b Exzerpieren Sie den Text.

c Erklären Sie, weshalb Welt- und Lebensverneinung kein Grundprinzip der Ethik sein können.

d Entnehmen Sie dem Text die Vorteile und Grenzen der Ethik der Selbstvervollkommnung.

e Stellen Sie insbesondere Schweitzers Kritik an Kant dar.

f Bewerten Sie diese Kant-Kritik. (Vgl. auch den Abschnitt „Deontologische Ethik“!)

1. Beschreiben Sie das Gemälde.

2. Das Gemälde wurde von Raffael gemalt und trägt den Titel „Die Schule von Athen“. Informieren Sie sich über die so genannten „attischen“ Philosophen, insbesondere über Platon und Aristoteles. Die beiden Philosophen finden Sie in der Mitte des Bildes. Überlegen Sie, welche Person Platon und welche Aristoteles darstellen soll.

3. Der französische Philosoph René Descartes kam durch systematisches Nachdenken zu dem Ergebnis „Ich denke, also bin ich!“ Erklären Sie diesen Satz und geben Sie seine Konsequenzen für die Ethik an.

4. Immanuel Kant steht in der Tradition der Philosophie von Descartes. Als Konsequenz dieser Philosophie formulierte er das Prinzip der Ethik als kategorischen Imperativ: „Handle nur nach derjenigen Maxime, durch die du zugleich wollen kannst, dass sie ein allgemeines Gesetz werde.“ (Vgl. den Abschnitt „Deontologische Ethik“!)
   Erläutern Sie Kants Prinzip und wenden Sie es auf ein Alltagsbeispiel an.

5. Sind Sie mit dieser Anwendung zufrieden? – Bewerten Sie das ethische Prinzip Kants im Hinblick auf seine Alltagstauglichkeit.

Die Bedeutung der Mystik für die Ethik

Genügend über die in dem bisherigen Suchen nach Ethik zutage getretenen Fragen und Ergebnisse orientiert, können die Ethik der Hingebung und die Ethik der Selbstvervollkommnung nun versuchen, sich ineinander zu denken, um miteinander das wahre Grundprinzip des Sittlichen aufzustellen. Warum gelingt es ihnen nicht, sich ineinander zu denken?

Auf Seiten der Ethik der Hingebung muss der Fehler irgendwie daran liegen, dass sie zu eng ist. Prinzipiell beschäftigt sich der Sozialutilitarismus nur mit der Hingabe des Menschen an den Menschen und die menschliche Gesellschaft. Die Ethik der Selbstvervollkommnung hingegen ist etwas Universelles. Sie hat es mit dem Verhalten des Menschen zur Welt zu tun. Will die Ethik der Hingebung also auf die Ethik der Selbstvervollkommnung eingehen können, so muss sie wie diese universell werden und die Hingebung nicht nur auf Mensch und Gesellschaft, sondern irgendwie auf das in der Welt zutage tretende Leben überhaupt gerichtet sein lassen. [...]

Also wage sie den Gedanken zu denken, dass die Hingebung nicht nur auf Menschen, sondern auch auf die Kreatur, ja überhaupt auf alles Leben, das in der Welt ist und in den Bereich des Menschen tritt, zu gehen habe. Sie erhebe sich zur Vorstellung, dass das Verhalten des Menschen zu den Menschen nur ein Ausdruck des Verhältnisses ist, in dem er zum Sein und zur Welt überhaupt steht. In dieser Art kosmisch geworden, kann die Ethik der Hingebung hoffen, der Ethik der Selbstvervollkommnung, die von Haus aus kosmisch ist, zu begegnen und sich mit ihr zu verbinden. [...]

Woran aber liegt es, dass die Ethik der Selbstvervollkommnung trotz aller gemachten Anstrengungen nicht aus dem Kreise des Passiven herauskommt? Daran, dass sie die geistige, innerliche Hingebung an das Sein auf einen abstrakten Inbegriff des Seins statt auf das wirkliche Sein gerichtet sein lässt. Damit geht sie in fehlerhafter Art auf Naturphilosophie ein. [...]

Die Ethik der Selbstvervollkommnung gehört mit der Mystik innig zusammen. In dem Schicksal der Mystik entscheidet sich das ihre. Die Ethik der Selbstvervollkommnung denken, heißt nichts anderes als Ethik aus Mystik zu begründen suchen. Ihrerseits ist Mystik wertvolle Welt- und Lebensanschauung nur in dem Maße, als sie ethisch ist.

Ethisch zu sein will ihr aber nicht gelingen. Das Erleben des Einswerdens mit dem Absoluten, des Seins im Weltgeiste, des Aufgehens in Gott oder wie man es sonst noch bezeichnen mag, ist von sich aus nicht ethisch, sondern geistig. Dieses tiefen Unterschiedes ist sich das indische Denken bewusst geworden.

Schweitzer, Albert: Kultur und Ethik, S. 316ff.

a Fassen Sie den Text zusammen.

b Erläutern Sie, warum es der Ethik der Hingebung und der Ethik der Selbstvervollkommnung nicht gelingt, sich ineinander zu denken.

c Erläutern Sie den Mystik-Begriff Albert Schweitzers.

d Erklären Sie, inwiefern die Ethik der Selbstvervollkommnung und die Mystik eng zusammen gehören.

e Bewerten Sie Schweitzers Kritik an der europäischen Mystik.

1. Beschreiben Sie das Bild.

2. Informieren Sie sich über Johannes vom Kreuz und die christliche Mystik.

3. Diskutieren Sie, ob die Mystik des Johannes vom Kreuz Weltverneinung oder Weltbejahung war.

4. Bewerten Sie die christliche Mystik im Hinblick auf ihre Bedeutung für die Begründung von Ethik.

5. Formulieren Sie Vorschläge für eine mystische Haltung, die zur Praxis verpflichtet.

Die Ethik der Ehrfurcht vor dem Leben

Am Abend des dritten Tages, als wir uns beim Sonnenuntergang in der Nähe des Dorfes Igendja befanden, mussten wir an einer Insel in dem über einen Kilometer breiten Fluss entlang fahren. Auf einer Sandbank, zur linken, wanderten vier Nilpferde mit ihren Jungen in derselben Richtung wie wir. Da kam ich, in meiner großen Müdigkeit und Verzagtheit plötzlich auf das Wort „Ehrfurcht vor dem Leben“, das ich, so viel ich weiß, nie gehört und nie gelesen hatte. Alsbald begriff ich, dass es die Lösung des Problems, mit dem ich mich abquälte, in sich trug. Es ging mir auf, dass die Ethik, die nur mit unserem Verhältnis zu den andern Menschen zu tun hat, unvollständig ist und darum nicht die völlige Energie besitzen kann.

Solches vermag nur die Ethik der Ehrfurcht vor dem Leben. Durch sie kommen wir dazu, nicht nur mit Menschen, sondern mit aller in unserm Bereich befindlichen Kreatur in Beziehung zu stehen und mit ihrem Schicksal beschäftigt zu sein, um zu vermeiden, sie zu schädigen, und entschlossen zu sein, ihnen in ihrer Not beizustehen, soweit wir es vermögen. [...]

Durch die Ethik der Ehrfurcht vor dem Leben gelangen wir in ein geistiges Verhältnis zum Universum. Die Verinnerlichung, die wir durch sie erleben, verleiht uns den Willen und die Fähigkeit, eine geistige, ethische Kultur zu schaffen, durch die wir in einer höheren Weise als der bisherigen in der Welt daheim sind und in ihr wirken. Durch die Ethik der Ehrfurcht vor dem Leben werden wir andere Menschen.

Ich konnte es nicht fassen, dass mir der Weg zur tieferen und stärkeren Ethik, den ich vergebens gesucht hatte, wie im Traum offenbar geworden war: [...] Es gibt keinen Inbegriff des Seins, sondern nur unendliches Sein in unendlichen Erscheinungen. Nur durch die Erscheinungen des Seins und nur durch die, zu denen ich in Beziehung trete, verkehrt mein Sein mit dem unendlichen Sein. Hingebung meines Seins an das unendliche Sein ist Hingebung meines Seins an alle Erscheinungen des Seins, die meiner Hingabe bedürfen und denen ich mich hingeben kann. [...]

In der Hingebung an das Absolute entsteht keine andere als nur tote Geistigkeit. Sie ist rein intellektueller Akt. Motive des Wirkens sind in ihm nicht gegeben. Selbst die Ethik der Resignation vermag auf dem Boden eines solchen Intellektualismus nur kümmerlich ihr Dasein zu fristen. In der Mystik der Wirklichkeit aber ist die Hingebung nicht mehr ein rein intellektueller Akt, sondern einer, an dem alles Lebendige des Menschen beteiligt ist. Es waltet in ihr also eine Geistigkeit, die den Drang zur Tat elementar in sich trägt. Die grausige Wahrheit, dass Geistigkeit und Ethik zweierlei seien, gilt hier also nicht mehr. Hier sind beide ein und dasselbe.

Schweitzer, Albert: Die Ehrfurcht vor dem Leben. Grundtexte aus fünf Jahrzehnten, 8. Aufl., München 2003, S. 20f./ Schweitzer, Albert: Kultur und Ethik, S. 326ff.

a Exzerpieren Sie den Text.

b Geben Sie das Erlebnis wieder, durch das Schweitzer den Gedanken der „Ehrfurcht vor dem Leben“ fand.

c Informieren Sie sich über den griechischen Begriff „Heureka“! – Stellen Sie ein solches Heureka-Erlebnis dar.

d Geben Sie die Vorteile der Ethik der Ehrfurcht vor dem Leben wieder.

e Stellen Sie Schweitzers Ethik der Ehrfurcht vor dem Leben in einem Imperativ dar.

f Bewerten Sie seine Ethik im Hinblick auf ihre Leistungsfähigkeit für eine Tierethik.

Reflexion der Ethik der Ehrfurcht vor dem Leben

1.

a Exzerpieren Sie den einführenden Text „Schweitzers Ethik der Ehrfurcht vor dem Leben“.

b Erklären Sie, was es Schweitzers Ethik schwer machte, angemessen wahrgenommen zu werden.

c Erklären Sie den Unterschied zwischen Ethik und Naturphilosophie.

d Erläutern Sie, wie der Egoismus der Natur überwunden werden kann, wie also der Mensch zur Ethik kommt.

e Diskutieren Sie in Ihrer Lerngruppe die Missverständnisse, denen sich Schweitzers Ethik ausgesetzt sieht.

2. Als naturalistischen Fehlschluss bezeichnet man den unzulässigen logischen Schluss vom Sein auf das Sollen. Albert Schweitzer wird manchmal ein solcher Fehlschluss unterstellt. Setzen Sie sich mit dieser Einschätzung auseinander.

3. Wahrscheinlich verfasste Albert Schweitzer das bekannteste Plädoyer für eine alles Lebendige umgreifende Ethik. Sein Satz von der „Ehrfurcht vor dem Leben“ wird oft zitiert; seine Argumente für eine solche Position sind weniger bekannt. [...] Das Problem bei der Verteidigung seiner moralischen Auffassung besteht darin, dass sie Sprache metaphorisch gebraucht und in der Folge so argumentiert, als ob das Gesagte buchstäblich wahr wäre. Wir sprechen wohl oft davon, dass Pflanzen Wasser oder Licht zum Überleben „suchen“, und diese Denkgewohnheit bezüglich Pflanzen macht die Rede von ihrem „Lebenswillen“ und ihrem „Verfolgen“ eigener Zwecke leichter annehmbar. Aber beim Nachdenken über die Tatsache der Abwesenheit von Bewusstsein und intentionalem Verhalten bei Pflanzen wird die grundlegende Metaphorik dieser Sprache deutlich; mit gleichem Recht ließe sich behaupten, ein Fluss verfolge seinen eigenen Zweck und strebe dem Meer zu, und es sei der „Zweck“ einer ferngesteuerten Rakete, sich selbst zusammen mit ihrem Ziel zu sprengen. Schweitzers Versuch, uns zu einer alles Lebendige achtenden Ethik zu bewegen, führt insofern in die Irre, als er sich auf „Sehnsucht“, „Gehobenheit“, „Lust“ und „Angst“ beruft. Pflanzen haben keine solchen Erlebnisse.

Singer, Peter: Praktische Ethik, Stuttgart 1996, S. 352ff.

Geben Sie Singers Text in eigenen Worten wieder und bewerten Sie ihn.

4. Gott ist die Kraft, die alles erhält. Warum ist der Gott, der sich in der Natur offenbart, die Verneinung von allem, was wir als sittlich empfinden, nämlich zugleich sinnvoll Leben aufbauende und sinnlos Leben zerstörende Kraft? Wie bringen wir Gott, die Naturkraft, in eins mit Gott, dem sittlichen Willen, dem Gott der Liebe, wie wir ihn uns vorstellen müssen, wenn wir uns zu höherem Wissen vom Leben, zur Ehrfurcht vor dem Leben, zum Miterleben und Mitleiden erhoben haben?

Schweitzer, Albert: Die Ehrfurcht vor dem Leben. Grundtexte aus fünf Jahrzehnten, 8. Aufl., München 2003, S. 34.

a Entnehmen Sie dem Text den Gottesbegriff Schweitzers und setzen Sie sich kritisch mit diesem Gottesbegriff auseinander.

5. Forscher haben nach eigenen Angaben erstmals nachgewiesen, dass Schadinsekten in freier Natur gegen das Bt-Gift in gentechnisch veränderten Baumwollpflanzen resistent geworden sind. Dies geht aus einer Publikation im Journal „Nature Biotechnology" hervor. Die Wissenschaftler um Bruce Tabashnik von der Universität von Arizona in Tucson (USA) präsentieren dort ihre Arbeit (Bd. 26, Nr. 2, S. 199). Die Gruppe hatte Baumwollpflanzen in den USA untersucht, die ein zusätzliches Gen aus dem Bodenbakterium Bacillus thuringiensis tragen (Bt-Baumwolle). Aus dieser Erbanlage entsteht ein Protein (Cry1Ac), das Zellen im Darm der Schädlinge zerstört, in diesem Falle beim Baumwollkapselbohrer (Helicoverpa zea).

In den Tests untersuchte Tabashnik, welche Bt-Konzentration nötig war, um die Hälfte der Insekten zu töten. Dabei zeigte sich, dass einige in den Jahren 2003 und 2004 in den US-Bundesstaaten Arkansas und Mississippi gesammelte Baumwollkapselbohrer dafür viel mehr Bt-Gift fressen mussten als jene Insekten, die noch nie damit in Berührung gekommen waren. Sobald zehnmal mehr Gift nötig war, sprechen die Forscher von einer Resistenz.

http://rhein-zeitung.de/on/08/02/07/news/science/t/rzo399823.html?markup=Monsanto – Zugriff: 26.04.2008.

a Geben Sie den Text in eigenen Worten wieder.
b Informieren Sie sich über den Anbau von genmanipulierten Pflanzen.
c Bewerten Sie diesen Anbau (auch mit Hilfe des Textes).
d Nehmen Sie Stellung mit Hilfe der Ethik Albert Schweitzers.

6. Für das Leben eines verunglückten Vogels ließen zwei Schülerinnen des Koblenzer Hilda-Gymnasiums kürzlich ihren Deutschunterricht ausfallen. Auf dem Schulweg entdeckten die beiden zwölfjährigen Mädchen eine schwer verletzte Dohle am Straßenrand. „Sie rührte sich nicht mehr. Ihr Flügel hing einfach so herunter", erinnert sich die Schülerin Melanie aus Koblenz. Sofort verständigten die beiden Hilfe. Und siehe da, die örtliche Feuerwehr kümmerte sich um das verunglückte Tier, das wahrscheinlich von einem Pkw angefahren worden war. Der Vogel hatte sich die Handschwinge gebrochen. In der Wildvogel-Pflegestation in Kirchwald wurde die Dohle untergebracht und für einen Monat versorgt. In einer Trainingsvoliere lernte sie wieder fliegen, bevor sie vor wenigen Tagen in der Nähe von Weibern wieder freigelassen wurde. Für die beiden Retter gab es im Übrigen keinen Ärger mit der Deutsch-Lehrerin. „Sie hatte Verständnis. Ich würde es jederzeit wieder so machen", sagt die Schülerin Melanie. Und: „Ein Tierleben ist doch viel wichtiger als Schule."

„Schülerinnen retteten Dohle", in: Rhein-Zeitung vom 09.05.2007.

Diskutieren Sie in Ihrer Lerngruppe diese Meldung.

7. Umweltfragen waren schon immer Fragen, die über nationalstaatliche Grenzen hinausreichten. Die globalisierte Produktionsweise hat enorme Auswirkungen auf die Umwelt. Die Zunahme des Transports und der Zuwachs im Luftfrachtverkehr sind seit den 90er Jahren erheblich. Umweltauflagen im Norden veranlassen Unternehmen dazu umweltschädigende Produktionsprozesse in den Süden auszulagern, wo diese Auflagen nicht gelten. Die ökologische Gesamtwirkung dessen bleiben nicht aus. Alarmierend sind die Auswirkungen des steigenden Energieverbrauchs auf das Weltklima. Durch den unbegrenzten Ressourcenverbrauch ist die biologische Vielfalt bedroht. Für das Artensterben sind vor allem die Abholzung, der Verkehrs- und Siedlungsbau, die Intensivlandwirtschaft, die Degradation von Böden sowie Gewässer- und Luftverschmutzung verantwortlich.

Arbeitsgemeinschaft der Evangelischen Jugend in der Bundesrepublik Deutschland (aej), Beschluss 3/2004, S. 5.

a Fassen Sie den Text zusammen.
b Bewerten Sie den Text mit Hilfe der Ethik Albert Schweitzers. Gehen Sie dabei folgendermaßen vor:
1. Recherchieren Sie den Zusammenhang zwischen der Globalisierung und der Entwicklung des Weltklimas. Informieren Sie sich auch im Abschnitt „Wirtschaftsethik". Stellen Sie Ihre Informationen dar.
2. Diskutieren Sie aufgrund Ihrer Recherche den Text der Evangelischen Jugend und bewerten Sie ihn durch Anwendung der Ethik Schweitzers.

5. Die existenzialistische Ethik: Sartre

Der sokratische Satz *Ich weiß, dass ich nichts weiß*, der die grundsätzliche Unwissenheit des Menschen herausstellen soll, ist kein Bekenntnis von Bescheidenheit, sondern eine grundsätzliche Aussage über die Möglichkeit und die Grenzen des Wissens. Gerade im Zeitalter zunehmenden Wissens – insbesondere in den Naturwissenschaften – und der größeren Verfügung über Wissen – z.B. durch das Internet – stellt die sokratische Erkenntnis eine tiefe Weisheit dar. Mehr denn je erfahren wir heute, wie jede Lösung und Beantwortung einer Frage unzählig viele neue Fragen aufwirft, und auch das scheinbare Allwissen des Internets wird immer unüberschaubarer, je größer die Masse des verfügbaren Wissen wird. Je mehr wir wissen, um so mehr müssen wir erkennen, dass wir nichts wissen.

Wissen hat zunächst aber einen praktischen Wert. Es ist in vielen Situationen gut, über Wissen zu verfügen. Zur Ausübung eines Berufes gehört ein Grundbestand an Wissen; in Prüfungen und auch zur Unterhaltung wird Wissen abgefragt. Die Wissbegierde gehört grundsätzlich zum Menschen. Wissen ist erwünscht und nützlich.

Es gibt aber viele Situationen, in denen ein Mensch nicht „Bescheid“ wissen möchte, allem voran in Bezug auf den Zeitpunkt seines Todes oder des Todes von nahestehenden Menschen. Wissen ist vielfach belastend, gerade in existenziellen Angelegenheiten. Hier gilt der Satz: *Was ich nicht weiß, macht mich nicht heiß*. Hier ist Wissen unerwünscht und unnütz.

Das Wissen, zu existieren und zu sein, ist grundsätzlich belastend. Das eigentliche Problem mit diesem Wissen ist, dass ich weiß: *Ich weiß, dass ich bin. Ich bin Wissender um mein Sein.* Dieses Wissen um das Sein ist das existenzielle Problem des Menschen. Er weiß mehr, als ihm lieb ist. In der jüdischen und christlichen Theologie beginnt damit die Geschichte des Menschen „jenseits von Eden“, also nach der Vertreibung aus dem Paradies. Philosophisch gesehen bedeutet es das Ende der Unschuld und den Beginn des Gewissens. Das Gewissen ist die Instanz einer kritischen Selbstbeobachtung und Reflexion. Es ist nur möglich, weil ich weiß, dass ich bin.

Für Sartre ist das Gewissen immer ein schlechtes Gewissen, eine *mauvaise foi*, wie er in seinem Hauptwerk *Das Sein und das Nichts* herausstellt. Das schlechte Gewissen, die Unaufrichtigkeit schleichen sich von dem Seinswissen, dass ich bin und dieses weiß, in die konkreten Situationen des Alltag hinein. Es ist schuld an unaufrichtigem Verhalten im Alltag, sowohl sich selbst wie anderen gegenüber. Das Sein, das ich bin, kann nicht begründet werden, weil wir des Seins nicht mächtig sind. Trotz dieser Ohnmacht sind wir im Besitz des Seins; insofern wir uns wissen, sind wir. In diesem Wissen des Seins liegt das existenzielle Problem des Menschen. Es gibt ein Zuviel an Wissen. Ich bin dieses Wissen, ohne dass ich darüber Macht habe.

Daher bleibt das Wissen um sich selbst vom Seinsmangel bestimmt. Aus diesem Mangel heraus entwickelt sich eine Begierde, die Seinsbegierde. Die Seinsbegierde ist die Begierde, mich selbst in einem Bild von mir zu spiegeln. Sie bestimmt für Sartre das menschliche Begehren – z.B. Gegenstände zu besitzen, Erkenntnisse zu haben, Menschen zu beherrschen – insgesamt mit. Der Besitz hat deshalb die Funktion der Assimilation, wie Sartre es nennt. Er versteht darunter eine vollständige Einverleibung des mein Sein spiegelnden Besitzes, die einer Verschmelzung gleichkommt. Sie ist aber bei Gegenständen nicht möglich, hier kann sich das Ich mit dem, was es begehrt, nicht vereinen und verschmelzen. Für Sartre ist der Besitz eines Gegenstandes deshalb unverdaulich wie ein Kiesel im Magen, sein Sein geht nicht in mich über. Das Objekt der Begierde ist ein konkretes Objekt, das aber seine Zwecke verfehlt, zum eigenen inneren Besitz zu werden. So ist der Besitz immer eine misslingende Assimilation.

Aus diesem Grund wird die Seinsbegierde, die sich durch konkreten Besitz und Besitztümer zu befriedigen versucht, zur Besessenheit. In dieser Besessenheit werde ich von diesem Besitz – den ich nicht habe und weil ich ihn nicht habe – besessen. Besessenheit ist die Folge der misslingenden Verwirklichung der Begierde nach Besitz.

Der Besitz zeigt also den Versuch, mein eigenes schwebendes Seinswissen zu stabilisieren. Indem das konkrete Objekt der Begierde diesen Anspruch nicht erfüllen kann, wird es für mich zerstörerisch: Es zerstört mich, weil ich mich an ihm festzuhalten versuche und in diesem Festhalten nicht das wiederfinde, was ich eigentlich suche – meinen Grund.

Hier ist auch die Antwort auf die Frage zu finden, warum der Mensch ein ungeheuer großes Vernichtungspotenzial hat. Der Mensch zerstört, weil er vom Besitz nicht das erhält, was er von ihm erwartet. Die Zerstörung des Besitzes ist die Zerstörung und Befreiung aus der Besessenheit. Zerstörung und Vernichtung sind somit nur Abwandlungen des Besitzen-Wollens.

Die eigentliche Befreiung liegt jedoch nicht in der Befreiung von der Besessenheit, sondern in der Schöpfung, in der ich zum Schöpfer eines Gegenstandes werde. Als bloßer Besitzer eines Gegenstandes werde ich vom Gegenstand beherrscht, in der Schöpfung beherrsche ich ihn. Das schöpferische Handeln ist deshalb für Sartre das einzige Handeln, in dem der Mensch seine grundsätzliche Begierde, die Seinsbegierde, befriedigen kann.

Der Gedanke der Befriedigung durch schöpferisches Handeln ist auch Grundlage seines Vortrags „Der Existenzialismus ist ein Humanismus" von 1945. In diesem Vortrag antwortete Sartre auf Einwände gegen den Existenzialismus verschiedener gesellschaftlicher Gruppen und trug dabei seine Position pointiert, aber etwas vereinfacht vor. Danach zeichnen sich die Existenzialisten dadurch aus, dass sie von dem Satz ausgehen, „Die Existenz geht der Essenz voraus". Diese Annahme bedeutet, dass Gott nicht existiert und dass der Mensch in Freiheit sein eigener Schöpfer ist. Die Freiheit muss als absolut gedacht werden, d.h. sie muss sich auch auf die Werte beziehen: „Was wir wählen, ist immer das Gute und nichts kann für uns gut sein, ohne es für alle zu sein." Danach ergibt sich aus der Freiheit eine totale Verantwortung und eine tiefe Verlassenheit. Der Mensch ist verlassen von der allgemeinen Moral und von jedem Zeichen in der Welt. Im Denken entdeckt er jedoch den Anderen: Ich erschaffe das Allgemeine, indem ich „den Entwurf eines jeden anderen Menschen verstehe, aus welcher Zeit er auch stamme."

Wir fassen zusammen:
Aus der Argumentation Sartres ergeben sich damit die folgenden Ausschnitte:

- Gott als Schöpfer: Die Essenz geht der Existenz voraus
- Der Mensch als Schöpfer: Die Existenz geht der Essenz voraus
- Verantwortung
- Verlassenheit
- Die Entdeckung des Anderen im Cogito

1. Beschreiben Sie das Gemälde. Stellen Sie Vermutungen darüber an, wie der Junge beim Schnitzen vorgegangen ist.

2. „Jede Kunst und jede Lehre, desgleichen jede Handlung und jeder Entschluss, scheint ein Gut zu erstreben, weshalb man das Gute treffend als dasjenige bezeichnet hat, wonach alles strebt. Doch zeigt sich ein Unterschied der Ziele. Die einen sind Tätigkeiten, die anderen noch gewisse Werke oder Dinge außer ihnen. Wo bestimmte Ziele außer den Handlungen bestehen, da sind die Dinge ihrer Natur nach besser als die Tätigkeiten."
Aristoteles: Nikomachische Ethik, 4. Aufl., Hamburg 1985, S. 1.
Geben Sie das Aristoteles-Zitat in eigenen Worten wieder. Ordnen Sie oben stehendes Bild und Ihre Vermutungen über die Vorgehensweise des Jungen in den begrifflichen Zusammenhang des Aristoteles ein.

3. Informieren Sie sich über das Phänomen der Wahrnehmung. Erklären Sie, inwiefern Aristoteles nach heutigem Wissen auch über Wahrnehmung spricht.

4. Erläutern Sie, inwiefern hier ein technisches Bild der Welt vorliegt.

5. Ein Mitschüler fragt: „Wenn Gott den Menschen erschaffen hat und dabei einem bestimmten Bauplan folgte, dann hat er damit sein Leben festgelegt: Wie kann er dann noch frei sein?" – Was antworten Sie ihm?

Gott als Schöpfer: Die Essenz geht der Existenz voraus

Gemeinsam ist den Existenzialisten einfach die Tatsache, dass ihrer Ansicht nach die Existenz dem Wesen vorausgeht oder, wenn Sie so wollen, dass man von der Subjektivität ausgehen muss. Was ist eigentlich darunter zu verstehen? Wenn man einen produzierten Gegenstand betrachtet, zum Beispiel ein Buch oder einen Brieföffner, so wurde dieser Gegenstand von einem Handwerker hergestellt, der sich von einem Begriff hat anregen lassen; er hat sich auf den Begriff Brieföffner bezogen und auch auf ein bereits bestehendes Herstellungsverfahren, das Teil des Begriffs ist – im Grunde ein Rezept. So ist der Brieföffner zugleich ein Gegenstand, der auf eine bestimmte Weise hergestellt wird und der andererseits einen bestimmten Nutzen hat; man kann sich keinen Menschen vorstellen, der einen Brieföffner herstellte, ohne zu wissen, wozu der Gegenstand dienen wird. Wir sagen also, dass beim Brieföffner die Essenz, das Wesen – das heißt die Gesamtheit der Rezepte und der Eigenschaften, die es gestatten, ihn zu produzieren und zu definieren – der Existenz vorausgeht; in dieser Weise ist die Gegenwart dieses Brieföffners oder jenes Buches hier vor mir determiniert. Wir haben es hier mit einer technischen Betrachtung der Welt zu tun, bei der die Produktion der Existenz vorausgeht.

Wenn wir einen Schöpfer-Gott annehmen, ist dieser Gott meistens einem höheren Handwerker vergleichbar; und welche Doktrin wir auch betrachten, ob eine wie die von Descartes oder die von Leibniz, wir nehmen immer an, dass der Wille mehr oder weniger dem Verstand folgt, oder ihn wenigstens begleitet, und dass Gott, wenn er schöpft, genau weiß, was er schöpft. So ist der Begriff des Menschen im Geiste Gottes dem Begriff des Brieföffners im Geiste des Produzenten vergleichbar; und Gott schafft den Menschen entsprechend bestimmter Verfahren und gemäß einem Begriff, genauso wie der Handwerker einen Brieföffner gemäß einer Definition und einem Verfahren herstellt. So verwirklicht der individuelle Mensch einen bestimmten Begriff, der im göttlichen Verstand enthalten ist. Im 18. Jahrhundert wird innerhalb des Atheismus der Philosophen die Vorstellung Gottes beseitigt, nicht jedoch der Gedanke, dass das Wesen der Existenz vorausgeht. Diesen Gedanken finden wir ziemlich überall wieder: wir finden ihn bei Diderot, bei Voltaire und sogar bei Kant. Der Mensch ist Besitzer einer menschlichen Natur; diese menschliche Natur, die den Begriff vom Menschen ausmacht, findet sich bei allen Menschen wieder. Das bedeutet, jeder Mensch ist ein besonderes Beispiel eines allgemeinen Begriffs: der Mensch. Bei Kant ergibt sich aus dieser Allgemeinheit, dass Urwaldmensch, Naturmensch wie Bourgeois derselben Begriffsbestimmung unterworfen sind und die gleichen Grundeigenschaften besitzen. So geht auch hier das menschliche Wesen jener historischen Existenz voraus, der wir in der Natur begegnen.

Sartre, Jean-Paul: Der Existentialismus ist ein Humanismus und andere philosophische Essays, 3. Aufl., Reinbek 2005, S. 148f.

a Exzerpieren Sie den Text.

b Erklären Sie, was der Satz „Die Essenz geht der Existenz voraus“ bedeutet.

c Geben Sie das Brieföffner-Beispiel in eigenen Worten wieder und erklären Sie, inwiefern das Beispiel eine technische Betrachtung der Welt darstellt.

d Stellen Sie die Analogie zwischen der Herstellung des Brieföffners und der Erschaffung des Menschen dar.

e Erläutern Sie, inwiefern der Satz „Die Essenz geht der Existenz voraus“ auch auf die Philosophie noch zutrifft, die „die Vorstellung Gottes beseitigte“.

f Bewerten Sie Sartres Versuch, das Wirken Gottes mit der Tätigkeit eines höheren Handwerkers zu vergleichen.

1. Beschreiben Sie das Bild.

2. Informieren Sie sich über die Arbeit eines Bildhauers. Stellen Sie dar, wie er bei seiner Arbeit vorgeht.

3. Im Brockhaus-Lexikon von 1984 findet sich die folgende Erklärung von „Bildung“: „Vorgang und Ergebnis einer geistigen Formung des Menschen, in der er als instinktmäßig nicht festgelegtes Wesen in Auseinandersetzung mit der Welt, besonders mit den Gehalten der Kultur, zur vollen Verwirklichung seines Menschseins, zur ‚Humanität‘ gelangt.“ Diskutieren Sie diesen Bildungsbegriff.

4. Sehen Sie einen Zusammenhang zwischen der Arbeit des Bildhauers und dem Bildungsprozess bei menschlichen Individuen?

5. Diskutieren Sie, ob *Bildung* eher ein aktiver oder nur ein passiver Vorgang ist.

Der Mensch als Schöpfer: Die Existenz geht der Essenz voraus

Der atheistische Existenzialismus, den ich vertrete, ist kohärenter. Er erklärt: wenn Gott nicht existiert, so gibt es zumindest ein Wesen, bei dem die Existenz der Essenz vorausgeht, ein Wesen, das existiert, bevor es durch irgendeinen Begriff definiert werden kann, und dieses Wesen ist der Mensch oder, wie Heidegger sagt, das Dasein. Was bedeutet hier, dass die Existenz der Essenz vorausgeht? Es bedeutet, dass der Mensch erst existiert, auf sich trifft, in die Welt eintritt, und sich erst dann definiert. Der Mensch, wie ihn der Existenzialist versteht, ist nicht definierbar, weil er zunächst nichts ist. Er wird erst dann, und er wird so sein, wie er sich geschaffen haben wird. Folglich gibt es keine menschliche Natur, da es keinen Gott gibt, sie zu ersinnen. Der Mensch, er ist lediglich, allerdings nicht lediglich wie er sich auffasst, sondern wie er sich will, und wie er sich nach der Existenz auffasst, nach diesem Elan zur Existenz hin; der Mensch ist nichts anderes als das, wozu er sich macht. Das ist das erste Prinzip des Existenzialismus. Das ist es auch, was man Subjektivität nennt und uns unter eben diesem Namen vorwirft. Aber was wollen wir damit anderes sagen, als dass der Mensch eine größere Würde hat als der Stein oder der Tisch? Wir wollen sagen, dass der Mensch erst existiert, das heißt, dass der Mensch erst das ist, was sich in eine Zukunft wirft und was sich bewusst ist, sich in die Zukunft zu entwerfen. Der Mensch ist zunächst ein sich subjektiv erlebender Entwurf, anstatt Schaum, Fäulnis oder ein Blumenkohl zu sein; nichts existiert vor diesem Entwurf; nichts ist am intelligiblen Himmel, und der Mensch wird zuerst das sein, was er zu sein entworfen haben wird. Nicht, was er sein will. Denn was wir gewöhnlich unter wollen verstehen ist eine bewusste Entscheidung, die bei den meisten von uns erst später gefällt wird, von demjenigen, zu dem sie sich selbst gemacht haben. Ich kann Mitglied einer Partei werden, ein Buch schreiben, heiraten wollen, das alles ist nur Ausdruck einer ursprünglicheren, spontaneren Wahl als einer, die man willentlich nennt.

Sartre, Jean-Paul: Der Existentialismus ist ein Humanismus und andere philosophische Essays, 3. Aufl., Reinbek 2005, S. 149f.

a Fassen Sie den Text zusammen.

b Entnehmen Sie dem Text die Bedeutung des Satzes „Die Existenz geht der Essenz voraus“.

c Erläutern Sie, inwiefern der Existenzialismus „kohärenter“ ist als der „Atheismus der Philosophen.“

d Entnehmen Sie dem Text das „erste Prinzip des Existenzialismus“ und erklären Sie in diesem Zusammenhang auch den Begriff der Subjektivität.

e Erläutern Sie, inwiefern der Entwurf dem Wollen vorausgeht.

f Erklären Sie den Titel des Textes „Der Mensch als Schöpfer: Die Existenz geht der Essenz voraus“.

g Diskutieren Sie die Frage, weshalb Sartre den Atheismus als Postulat benötigt.

1. Beschreiben Sie das Gemälde.

2. Das Bild stellt Kaiserin Elisabeth von Österreich-Ungarn dar. Elisabeth wurde durch die Sissi-Filme einem breiten Publikum bekannt, die in den 50er Jahren mit Romy Schneider und Karlheinz Böhm gedreht wurden. Informieren Sie sich über diese Filme. – Kaiserin Elisabeth galt als eine der schönsten Frauen ihrer Zeit. Sie soll einen regelrechten Schönheitskult gepflegt haben. Informieren Sie sich über ihr Leben.

3. Informieren Sie sich über Essstörungen und stellen Sie Ihre Informationen dar. – Nehmen Sie aufgrund Ihrer Recherchen Stellung zu den Gerüchten über eine Essstörung (Magersucht – Anorexia nervosa) bei Elisabeth.

4. Entnehmen Sie der Literatur Informationen über das Selbstbild einer essgestörten Person und diskutieren Sie diese Informationen.

5. Diskutieren Sie auch die Frage, ob es sinnvoll ist, in diesem Zusammenhang von Verantwortung zu sprechen.

Verantwortung

Wenn jedoch die Existenz wirklich dem Wesen vorausgeht, ist der Mensch für das, was er ist, verantwortlich. So besteht die erste Absicht des Existenzialismus darin, jeden Menschen in den Besitz seiner selbst zu bringen und ihm die totale Verantwortung für seine Existenz aufzubürden. Und wenn wir sagen, der Mensch ist für sich selbst verantwortlich, wollen wir nicht sagen, er sei verantwortlich für seine strikte Individualität, sondern für alle Menschen. Das Wort Subjektivismus hat zwei Bedeutungen, und unsere Gegner treiben mit diesen zwei Bedeutungen ihr Spiel. Subjektivismus bedeutet einerseits die Wahl des individuellen Subjekts durch sich selbst und andererseits die Unmöglichkeit für den Menschen, die menschliche Subjektivität zu überschreiten. Der zweite Sinn ist der tiefe Sinn des Existenzialismus. Wenn wir sagen, der Mensch wählt sich, verstehen wir darunter, jeder von uns wählt sich, doch damit wollen wir auch sagen, sich wählend wählt er alle Menschen. In der Tat gibt es für uns keine Handlung, die, den Menschen schaffend, der wir sein wollen, nicht auch zugleich ein Bild des Menschen hervorbringt, wie er unserer Ansicht nach sein soll. Wählen, dies oder das zu sein, heißt gleichzeitig, den Wert dessen, was wir wählen, zu bejahen, denn wir können niemals das Schlechte wählen; was wir wählen, ist immer das Gute, und nichts kann gut für uns sein, ohne es für alle zu sein. Wenn andererseits die Existenz dem Wesen vorausgeht und wir zugleich existieren und das Bild von uns gestalten wollen, so gilt dieses Bild für alle und für unsere gesamte Epoche. So ist unsere Verantwortung viel größer, als wir vermuten können, denn sie betrifft die gesamte Menschheit. [...] Wenn ich – beispielsweise – mich verheiraten und Kinder haben will, ziehe ich dadurch, selbst wenn diese Heirat einzig von meiner Situation oder meiner Leidenschaft oder meinem Begehren abhängt, nicht nur mich selbst, sondern die gesamte Menschheit auf den Weg zur Monogamie. So bin ich für mich selbst und für alle verantwortlich, und ich schaffe ein bestimmtes Bild vom Menschen, den ich wähle; mich wählend wähle ich den Menschen.

Das erlaubt uns zu verstehen, was ein wenig hochtrabende Worte wie Angst, Verlassenheit, Verzweiflung bedeuten. Sie werden sehen, es ist außerordentlich einfach. Zunächst, was versteht man unter Angst? Der Existenzialist erklärt gern: der Mensch ist Angst. Das bedeutet Folgendes: der Mensch, der sich engagiert und sich bewusst wird, dass er nicht nur jener ist, der zu sein er wählt, sondern auch ein Gesetzgeber, der mit sich die gesamte Menschheit wählt, dieser Mensch kann dem Gefühl seiner totalen und tiefen Verantwortung nicht entrinnen. [...] Doch in Wahrheit muss man sich immer fragen: was geschähe, wenn alle so handelten? Und man entzieht sich diesem beunruhigenden Gedanken nur durch eine Art Selbsttäuschung.

Sartre, Jean-Paul: Der Existentialismus ist ein Humanismus und andere philosophische Essays, 3. Aufl., Reinbek 2005, S. 150ff.

a Exzerpieren Sie den Text.

b Entnehmen Sie dem Text den Verantwortungsbegriff Sartres. Stellen Sie dar, inwiefern der Mensch verantwortlich ist und wie weit seine Verantwortung reicht.

c Entnehmen Sie dem Text die existenzialistische Bedeutung des Begriffs „Subjektivismus“.

d Erklären Sie den Satz „was wir wählen, ist immer das Gute, und nichts kann gut für uns sein, ohne es für alle zu sein“.

e Erklären Sie auch den Satz „der Mensch ist Angst“.

f Bewerten Sie die folgende Kritik an Sartres Text: „Wenn der Mensch für alle Menschen verantwortlich sein soll, dann kann er nicht mehr ethisch differenzieren und fühlt sich für gar nichts mehr verantwortlich.“

1. Beschreiben Sie das Foto.

2. Stellen Sie sich vor, Sie sind allein in einer Landschaft unterwegs, wie sie das Foto zeigt: Beschreiben Sie Ihre Empfindungen.

3. Friedrich Nietzsche beklagt in seinem Gedicht „Vereinsamt“ den Verlust von Heimat. Lesen Sie das Gedicht und informieren Sie sich über den Begriff „Heimat“.

4. Untersuchen Sie, was „Heimat“ für Nietzsche in diesem Gedicht bedeutet. Vergleichen Sie Nietzsches Position mit obenstehendem Foto: Können Sie ihn verstehen?

Verlassenheit

Um Ihnen ein Beispiel zu geben, das die Verlassenheit besser zu verstehen erlaubt, möchte ich Ihnen den Fall eines meiner Schüler schildern, der mich unter den folgenden Umständen aufsuchte: Sein Vater war mit seiner Mutter zerstritten – und neigte übrigens zur Kollaboration –, sein älterer Bruder war in der deutschen Offensive von 1940 getötet worden, und dieser junge Mann wollte ihn, aus etwas primitiven, jedoch großzügigen Gefühlen heraus rächen. Die Mutter lebte mit ihm allein, voller Gram über den halben Verrat seines Vaters und den Tod ihres älteren Sohnes, und fand nur in ihm Trost. Dieser junge Mann stand damals vor der Wahl, nach England zu gehen und sich in den Freien Französischen Streitkräften zu engagieren – das heißt, seine Mutter zu verlassen – oder bei seiner Mutter zu bleiben und ihr leben zu helfen. Er war sich dessen wohl bewusst, dass diese Frau nur durch ihn lebte und dass sein Verschwinden – vielleicht gar sein Tod – sie in Verzweiflung stürzen würde. Er war sich auch bewusst, dass im Grunde, konkret, jede mit Blick auf seine Mutter erfolgende Handlung ihre Entsprechung fände insofern, als sie ihr zu leben hülfe, während jede auf seinen Weggang und den Kampf zielende Handlung zweideutig war und im Sande verlaufen, unnütz sein konnte: zum Beispiel konnte er nach England aufbrechen und dabei auf dem Weg über Spanien endlos in einem spanischen Lager stecken bleiben; er konnte in England oder in Algier ankommen und in einem Büro zu Schreibarbeiten verpflichtet werden. Er fand sich also zwei sehr verschiedenen Typen von Handlungen gegenüber: einer konkreten, unmittelbaren, die allerdings nur einem Individuum galt; oder einer anderen, die sich auf eine unendlich größere Gesamtheit, eine nationale Kollektivität richtete, die aber eben dadurch zweideutig war und auf ihrem Weg unterbrochen werden konnte. Zugleich schwankte er zwischen zwei Typen von Moral. Einerseits eine Moral der Sympathie, der individuellen Hingabe; andererseits eine weiter gespannte Moral, jedoch von fragwürdigerer Wirksamkeit. Er musste zwischen beiden wählen. Wer konnte ihm bei der Wahl helfen? [...]

Wenigstens, werden Sie sagen, hat der junge Mann einen Lehrer aufgesucht, um Rat zu holen. Wenn Sie aber zum Beispiel bei einem Priester Rat suchen, haben Sie diesen Priester gewählt und wussten im Grunde schon mehr oder weniger, wozu er Ihnen raten würde. Anders gesagt, den Ratgeber wählen heißt wiederum, sich selbst engagieren. [...] Und mich aufsuchend, wusste er, was ich ihm antworten würde, und ich hatte nur eine Antwort für ihn: Sie sind frei, wählen Sie, das heißt, erfinden Sie. Keinerlei allgemeine Moral kann Ihnen einen Hinweis geben, was zu tun ist; es gibt keine Zeichen in der Welt. Katholiken werden antworten: aber es gibt doch Zeichen. Räumen wir es ein; in jedem Fall bin ich es, der über ihren Sinn entscheidet.

Sartre, Jean-Paul: Der Existentialismus ist ein Humanismus und andere philosophische Essays, 3. Aufl., Reinbek 2005, S. 156ff.

a Fassen Sie den Text zusammen.

b Geben Sie die im Text erzählte Geschichte in eigenen Worten wieder.

c Erläutern Sie, was diesen Fall beispielhaft macht.

d Entnehmen Sie dem Text, inwiefern der Mensch verlassen ist.

e Erläutern Sie, weshalb selbst ein Ratgeber den grundsätzlichen Charakter der Verlassenheit nicht beseitigt.

1. Beschreiben Sie das Foto. – Stellen Sie Vermutungen an zum Selbstbild der im Mittelpunkt stehenden Person.

2. „Der Schriftsteller hat gewählt, die Welt zu enthüllen, insbesondere den Menschen den anderen Menschen, damit sie angesichts des so entblößten Objekts ihre ganze Verantwortung auf sich nehmen."
   Sartre, Jean-Paul: Was ist Literatur? Ein Essay, übersetzt von Hans Georg Brenner, Reinbek 1958, S. 18.
   Entnehmen Sie dem Zitat die Aufgabe des Schriftstellers und stellen Sie diese Aufgabe in eigenen Worten dar.

3. „Unter der Voraussetzung, dass die realen Gehirne, welche die Wirklichkeit hervorbringen, *individuelle* Gehirne sind, bringen sie auch individuelle Wirklichkeiten hervor."
   Roth, Gerhard: Das Gehirn und seine Wirklichkeit. Kognitive Neurobiologie und ihre philosophischen Konsequenzen, 2. Aufl., Frankfurt am Main 1995, S. 297.
   Stellen Sie die Position Roths in eigenen Worten dar.

4. Bewerten Sie Sartres Auffassung von der Aufgabe des Schriftstellers. Beziehen Sie auch die Position Roths in Ihre Bewertung ein.

5. Wir wollen annehmen, dass Sartres Auffassung von der Aufgabe des Schriftstellers richtig ist. Diskutieren Sie die Frage, welche Möglichkeiten der Schriftsteller hat, dem Leser *die Welt* zu enthüllen: Auf welche gemeinsame Grundlage mit dem Leser kann er sich dabei beziehen?

Die Entdeckung des Anderen im Cogito

Es kann als Ausgangspunkt keine andere Wahrheit geben als diese: *ich denke, also bin ich,* das ist die absolute Wahrheit des sich selbst erreichenden Bewusstseins. Jede Theorie, die den Menschen außerhalb dieses Moments nimmt, wo er sich selbst erreicht, ist erstens eine Theorie, die die Wahrheit ausstreicht, denn außerhalb dieses cartesianischen *cogito* sind alle Objekte nur wahrscheinlich, und eine Lehre der Wahrscheinlichkeiten, die nicht an einer Wahrheit festgemacht ist, stürzt ins Nichts ab; um das Wahrscheinliche zu definieren, muss man im Besitz des Wahren sein. Damit es also irgendeine Wahrheit gibt, braucht es eine absolute Wahrheit; und diese ist einfach, leicht zugänglich, sie ist für jeden erreichbar; sie besteht darin, sich selbst zu begreifen ohne Vermittlung.

Zweitens ist diese Theorie die einzige, die dem Menschen Würde verleiht, die einzige, die ihn nicht zum Objekt macht. Jeder Materialismus hat zur Folge, dass die Menschen, die eigene Person eingeschlossen, als Objekte behandelt werden, das heißt als eine Gesamtheit determinierter Reaktionen, die durch nichts unterschieden ist von einer Gesamtheit von Eigenschaften und Erscheinungen, die einen Tisch oder einen Stuhl oder einen Stein konstituieren. Wir aber wollen das Reich des Menschen als eine Gesamtheit von Werten konstituieren, die sich vom Reich des Materiellen unterscheiden. Die Subjektivität, die wir so als Wahrheit ausmachen, ist jedoch keine streng individuelle, denn wir haben nachgewiesen, dass man im *cogito* nicht nur sich selbst, sondern auch die anderen entdeckt.

Durch das *ich denke* erreichen wir, im Gegensatz zur Philosophie Descartes', im Gegensatz zur Philosophie Kants, uns selbst im Angesicht des anderen, und der andere ist für uns ebenso gewiss wie wir selbst. So entdeckt der Mensch, der sich selbst durch das *cogito* unmittelbar erreicht, auch alle anderen, und er entdeckt sie als die Bedingung seiner Existenz. Er wird sich dessen bewusst, dass er nichts sein kann (in dem Sinn, wie man sagt, man sei geistreich oder man sei böse oder man sei eifersüchtig), wenn nicht die anderen ihn als solchen anerkennen. Um zu irgendeiner Wahrheit über mich zu gelangen, muss ich durch den anderen gehen. Der andere ist für meine Existenz unentbehrlich, wie übrigens auch für die Kenntnis, die ich von mir selbst habe. [...] Folglich kann jeder Entwurf verstanden werden, das heißt, der Europäer des Jahres 1945 kann sich von einer Situation ausgehend, die er begreift, in gleicher Weise zu ihren Grenzen hin entwerfen, und er kann in sich den Entwurf des Chinesen, des Indianers oder des Afrikaners nachvollziehen. [...] Ich erschaffe das Allgemeine, indem ich mich wähle; ich erschaffe es, indem ich den Entwurf eines jeden anderen Menschen verstehe, aus welcher Zeit er auch stamme.

Sartre, Jean-Paul: Der Existentialismus ist ein Humanismus und andere philosophische Essays, 3. Aufl., Reinbek 2005, S. 165ff.

a Exzerpieren Sie den Text.

b Entnehmen Sie dem Text den Ausgangspunkt des Denkens.

c Erklären Sie, was diesen Ausgangspunkt so wichtig macht.

d Erläutern Sie, inwiefern Descartes Cogito dem Menschen Würde verleiht.

e Erläutern Sie Sartres Kritik an Descartes und Kant: Inwiefern waren sie inkonsequent?

f Entnehmen Sie dem Text, weshalb es möglich ist, den Entwurf eines anderen Menschen zu verstehen.

g Wie wir sahen, lässt sich ein zentraler Gedanke Sartres mit der Formel ausdrücken, dass die Existenz der Essenz vorausgehe. Setzen Sie sich in diesem Zusammenhang kritisch mit dem Gebrauch des Begriffs „absolute Wahrheit“ auseinander.

Reflexion der existenzialistischen Ethik Sartres

1.
a Fassen Sie den einführenden Text „Die existenzialistische Ethik: Sartre" zusammen.
b Entnehmen Sie dem Text, inwiefern die Feststellung des Sokrates „Ich weiß, dass ich nichts weiß" heute von Bedeutung ist.
c Entnehmen Sie dem Text die Bedeutung der Begriffe „praktisches Wissen" und „existenzielles Wissen" und erklären Sie den Unterschied.
d Erläutern Sie das Problem des Seinswissens.
e Erläutern Sie den Begriff der Seinsbegierde und erklären Sie, wie aus Seinswissen Seinsbegierde und Besessenheit werden kann.
f Erläutern Sie in diesem Zusammenhang auch den Gedanken der „Schöpfung".
g Erklären Sie, inwiefern sich der Gedanke der Befriedigung durch schöpferisches Handeln in Sartres Vortrag „Der Existenzialismus ist ein Humanismus" wiederfindet.

2. Auch Sartre steht gegen die alte Wesensmetaphysik. Wesenheiten bedeuteten für den Menschen, sobald man sie auf ihn selbst bezieht, eine unzulässige Normierung. Nur Dinge stellt man nach bestimmten Schemata her. Dem Menschen aber gehe kein Schema, keine Wesenheit als Lebensziel oder Pflicht oder Wert voraus. Zunächst komme seine Existenz, dann erst schafft er selbst seine Wesenheit; denn der Mensch soll frei sein. – Bei Sartre wird aber nun diese Freiheit so absolut genommen, dass der Mensch schlechthin gar nichts mehr hat, was ihm vorgegeben wäre und woran er sich ausrichten könnte, weder Wahrheiten noch Werte, weder Welt noch Gott. Umgeben vom Nichts, findet der Mensch sich total einsam und verlassen, und seine Freiheit wird ihm nicht mehr zum Geschenk, sondern zur Verdammnis. Sartre spricht trotzdem von Humanismus, weil es für ihn eben nur noch den Menschen gibt, aber in Wirklichkeit handelt es sich um jenen Nihilismus, der alles nur verneinen, aber nichts aufbauen kann.

Hirschberger, Johannes: Kleine Philosophiegeschichte, Freiburg 1961, S. 205f.

a Fassen Sie den Text zusammen.
b Bewerten Sie die Darstellung Hirschbergers: Stimmen Sie seiner Einschätzung zu?

3. Arthur Schopenhauer schilderte einmal die folgende Situation:

„Es ist sechs Uhr abends, die Tagesarbeit ist beendigt. Ich kann jetzt einen Spaziergang machen, oder ich kann in den Klub gehen, ich kann auch auf den Turm steigen, die Sonne untergehen zu sehn; ich kann auch ins Theater gehen, ich kann auch diesen oder aber jenen Freund besuchen, ja ich kann auch zum Tor hinauslaufen in die weite Welt und nie wiederkommen. Das alles steht allein bei mir, ich habe völlige Freiheit dazu; tue jedoch davon nichts, sondern gehe ebenso freiwillig nach Hause, zu meiner Frau."

Schopenhauer, Arthur: Welt und Mensch. Eine Auswahl aus dem Gesamtwerk von Arthur Hübscher, Stuttgart 1988, S. 132.

a Untersuchen Sie die von Schopenhauer geschilderte Situation im Hinblick auf Freiheit: Ist die Person in der Episode frei oder unfrei?
b Untersuchen Sie diese Situation im Hinblick auf Freiheit und Verantwortung durch Anwendung der Theorie Sartres.
c Bewerten Sie Ihr Ergebnis.
d Vergleichen Sie die Freiheitsbegriffe von Kant.

4. Zunächst gilt das, was Sartre und Camus gemeinsam haben: der Atheismus, die reine Immanenzhaltung.

Aber ist der Atheismus von Camus gleich dem Sartres? Sartre wirft ihm in seinem Abschiedsbrief vor, dass er Gott doch nötig habe, um ihm die Schuld für das Absurde und für das ungerechte Leiden der unschuldigen Menschheit aufzubürden. Gott beschäftige Camus unendlich viel mehr als die Menschen. Wir werden zu prüfen haben, wieweit Sartre selbst von einem Vorwurf der Inkonsequenz in diesem Punkte freizusprechen ist. Lebt nicht auch er von der Säkularisierung und Umkehrung der christlichen Begriffe? Zum Weiteren ist ihnen äußerlich gemeinsam die humanistische Ethik, wie etwa in der ‚Pest' von Camus. Auch hier wird Camus in der Auseinandersetzung mit Sartre vorgeworfen, woher er die humanistischen Werte nähme, wenn er doch alle Ethik ablehne, namentlich eine in der Transzendenz begründete Wertetafel?

Auch diese Frage muss man an Sartre selbst richten, da er mit dem Freunde deshalb ins Gericht geht. Macht er sich nicht selbst der von ihm so hart gerügten ‚mauvaise foi' schuldig, da er doch verkündigt: ‚L'Existenzialisme est un humanisme'. Also auch ein Essentialbegriff statt existenzieller Offenheit.

Richter, Liselotte: Camus und die Philosophen in ihrer Aussage über das Absurde, in: Camus Albert: Der Mythos von Sisyphos. Ein Versuch über das Absurde, Reinbek 1959, S. 136.

a Entnehmen Sie dem Text den Vergleich Sarte-Camus.
b Bewerten Sie die Kritik von Liselotte Richter an Sartre.
c Recherchieren Sie die Position von Camus und versuchen Sie aufgrund Ihrer Recherche den Vergleich Sartre-Camus zu bewerten.
Hinweis: Für ausführliche Informationen zu Camus wird die Lektüre von zwei Werken Camus ausdrücklich empfohlen: „Der Mythos von Sisyphos. Ein Versuch über das Absurde" sowie „Die Pest".

6. Die Überwindung der Egologie in der Ethik: Emmanuel Lévinas

Arthur Rimbaud (1854 – 1891)

„Ich ist ein Anderer“ ist eine Formulierung, die der französische Dichter Arthur Rimbaud (1854 – 1891) in seinen „Zwei Briefen zur Poesie“ gebraucht hat. Er bezieht sie auf sein Dichterdasein, auf seine poetische Arbeit. Der Poet ist ein Medium, in dem sich andere aufstellen, darstellen und zu Wort kommen.
Aus dieser Erfahrung heraus hat Rimbaud geschrieben. Es ist die Erfahrung der Fremdheit des eigenen Ich. Sie ist eine schmerzliche, wie eine andere Stelle aus den Briefen verdeutlicht: „Die Leiden sind ungeheuerlich, aber man muss stark sein, wenn man als Poet geboren ist“.

Emmanuel Lévinas (1905–1995)

Wie kann aber der Bezug zu sich selbst eine Fremderfahrung sein, die *ungeheures Leiden* hervorruft? Ist es nur eine Erfahrung des Poeten? Dieser Frage geht Emmanuel Lévinas nach.

Für Lévinas ist das eigene Selbst keine festgefügte und gesicherte Identität. Woran liegt das? Es liegt am Anderen. Lévinas stellt fest, dass der Andere nicht nur tief *mit* dem Ich, sondern auch *in* dem Ich verwurzelt ist: Ich erkenne mich als einen Anderen. Das Selbst ist damit ein Sich-Erscheinen als Fremdes, als Unbekanntes und Ungeheuerliches. Wie geht es damit um? Zwei Strategien werden häufig angewandt: Bei der einen Strategie wird das Ich versuchen, seine ungesicherte Lage zu stabilisieren. Die andere Strategie dient der Abwehr der in das Selbst eindringenden Kräfte des Anderen.

Die erste Strategie ist eine theoretische, sie ist der Grund für die Ideologie des so genannten Logozentrismus, einer geistigen Haltung, die auf Identität des Selbst setzt. Die andere Strategie ist eine Praktische. Sie kann nur egozentrisch vorgehen und kämpft von innen heraus gegen alles Fremde an. Sie ist der Grund für das zerstörerische Handeln des Menschen. Beides sind verhängnisvolle Strategien, die einerseits zu Isolation, Verlust des Selbstgefühls und des Gefühls für den Anderen, der Fähigkeit zu Zärtlichkeit und Liebe führen, andererseits diesen Verlust gewaltsam zu kompensieren suchen und dabei das Selbst und den Anderen zerstören.

Die Lösung eines richtigen, guten und auch Glück bringenden Handelns liegt in der Annahme, der Akzeptanz dieses Fremden, des Anderen im Selbst, in mir. Dies ist allein dadurch möglich, dass ich den Anderen mir gegenüber akzeptiere. Das geschieht in einer Annahme und Empfänglichkeit, die Lévinas unter dem Stichwort der Gastlichkeit des Selbst begriffen hat. Der Andere offenbart sich in seinem Gesicht, in seinem Antlitz.

Der ethische Grundsatz ist für Lévinas in dem Gebot ausgesprochen „Du wirst nicht töten!“ Dies ist auch die Formulierung des 5. Gebotes in der französischen Übersetzung des Dekalogs. Hier ist – im Unterschied zur deutschen Übersetzung – kein Soll formuliert. Für Lévinas ist das auch nicht notwendig, denn die Verbindlichkeit braucht kein Soll, sie geht vom Antlitz oder Gesicht aus. Das Antlitz bildet den ethischen Widerstand gegen alle Formen der Vereinnahmung. Aber Tatsache ist, dass getötet wird. Wie – wenn überhaupt – kann diese Macht des Töten-Könnens gebrochen werden?

Morden ist nur möglich, wenn der ethische Widerstand überwunden wird, der durch das Gesicht und die damit gegebene Blöße und Verletzlichkeit des Anderen ausgelöst wird. Jeder Mord ist damit die Überwindung einer im Menschen angelegten Tötungshemmung, die in Anbetracht der Blöße des Anderen und seines Gesichts auftritt.

Der Andere ist als Angesicht eine Hemmung, aber auch eine Herausforderung, ja eine Bedrohung, weil das Angesicht des Anderen das Andere in mir weckt. Die Hemmung und Bedrohung kommen also aus dem eigenen Inneren.

Betrachten wir diesen Widerstand genauer: Der ethische Widerstand liegt in der Tiefe des Selbst. Wir haben gesehen: Ich stoße hier auf mich als ein Anderer. Die absolute Passivität dieser Selbstfindung als einen Anderen führt dazu, dass sich das *Sich* als Akkusativ, als Ankläger versteht: Ich erkenne mich, ich verhalte mich, ich verliere mich. Das Mich ist als Akkusativ nicht nur formaler grammatischer Bezug, sondern Anklage (*accusare – anklagen*). Das Sich klagt sich an, indem es auf sich reflektiert. Für diesen Zustand hat Lévinas den Begriff Geisel gefunden. Das Sich ist Geisel des Anderen: Es ist in dieser Ausgesetztheit, in der es sich befindet, dadurch, dass es sich weiß. Das Sich weiß sich als angeklagt und hat sich dadurch bereits in die Geiselschaft des Anderen begeben. In der Geiselschaft leistet das Subjekt Sühne für den Anderen. Die Sühne ist also keine Entscheidung, zu der ich mich bereit erkläre, die ich getroffen habe und der ich mich unterwerfe. Das Ich als Subjekt sühnt, sofern es handelt. Handeln ist Sühne, Sühne ist Handeln.

In seinen zwei Hauptwerken hat Lévinas die Herausforderung durch den Anderen unterschiedlich zum Thema gemacht.

In *Totalität und Unendlichkeit*, der frühen und nach eigenen Aussagen vorkritischen Philosophie spricht Lévinas noch von der Gastlichkeit und von dem Empfangen des Anderen. Hier ist noch Verfügung, Können, erkennbar, denn ich kann mich dem Anderen auch verschließen. In seiner kritischen Philosophie *Jenseits des Seins* haben wir den Anderen immer schon empfangen: Wir können uns nicht mehr vor dem Anderen verschließen, weil wir ihn in uns und in unserem Sich erkennen.

Indem ich den Anderen in mir selbst erkenne, wird der ethische Widerstand begründet, der das Können – vor allem das Töten-Können bricht. Eine Ethik, die das Können zu ihrem Grundprinzip hat, kann nicht verdeutlichen und begreifen, wie das Töten-Können gebrochen werden kann. Lévinas zeigt diese Macht auf, die aus einer anderen Welt kommt, die sich aber von Angesicht zu Angesicht offenbart. Es ist die Brüderlichkeit.

Die Brüderlichkeit ist das ethische Prinzip schlechthin. Sie ist das Muss im Handeln, der ich nicht entfliehen kann, da ich mir selbst nicht entkommen kann. Nur innerhalb von diesem Muss kann ich freies Handeln entwickeln. Ohne Brüderlichkeit kann es keine Freiheit geben. Die Freiheit ist also nicht aus dem Selbst heraus zu entwickeln, sondern aus dem Umgang mit dem Anderen. Die Freiheit geht somit aus der Brüderlichkeit hervor.

Wir haben gesehen, dass das Ich sich existenziell in einer ungesicherten Lage befindet, die es zu stabilisieren versucht. Eine Strategie zur Stabilisierung des Ich wurde beispielsweise von der Existenzphilosophie Sartres vertreten. Sartres Philosophie ist aber der Tradition der europäischen Philosophie verpflichtet, die sich auf das „Ich denke“ bezieht, also „ontologisch“ ist. Ein anderer und weiterführender Weg ergibt sich aus der Philosophie Lévinas, die von der Brüderlichkeit der Selbsterfahrung ausgeht. Indem ich mich erkenne, erkenne und erfahre ich den Anderen in seiner engen Verbundenheit zu mir selbst.

Dass der Mensch ein moralisches Wesen ist, frei und selbstbestimmt – an dieser betagten Maxime haben Neurologen und Hirnforscher bereits gekratzt. Ihre Gegenthese: Menschliches Handeln ist festgezurrt, determiniert durch Gene und Gehirn.

Daraus ergibt sich eine irritierende Frage: Kann der Mensch, als ausführendes Organ seines inneren Chefs, eigentlich noch schuldfähig sein, schuldig werden? Der Glaube ans Determinierte macht zumindest frei, untergräbt die Moral, verleitet zur Unwahrhaftigkeit – das fanden jetzt Psychologen und Marketingexperten der nordamerikanischen Universitäten in Minnesota und British-Columbia heraus. Mehr als 150 Probanden wurden einem einfach gehaltenen Mathetest unterzogen, einem Test, der außerdem zum Schummeln fast einlud und richtige Antworten mit je einem Dollar belohnte. Einige Versuchteilnehmer bekamen zuvor einen „Info-Text“, darin wurde der freie Wille als Illusion enttarnt.

Ergebnis: Die solcherart informierten Probanden fühlten sich zum Schummeln viel mehr aufgelegt als die Vergleichsgruppe, der Unterschied lag bei deutlichen 27 Prozent. „Um Versuchungen zu widerstehen“, so Kathleen D. Vohs, eine der Autorinnen der Studie, „muss man daran glauben, dass man frei ist.“

DER SPIEGEL, NR. 13, 2008, S. 57.

1. Fassen Sie den Text zusammen. – Stimmen Sie der These zu, dass die menschliche Freiheit eine „betagte Maxime“ ist.

2. Diskutieren Sie den Text im Hinblick auf die Willensfreiheit: Was ergibt sich Ihrer Meinung nach aus diesem Experiment für die Frage nach der Freiheit?

3. Informieren Sie sich über die sogenannten „Libet-Experimente“. Der Frankfurter Hirnforscher Wolf Singer zieht daraus den Schluss „Freiheit ist eine Illusion“. Bewerten Sie Singers Schlussfolgerung.

4. Nach Auffassung der Philosophie lassen sich die Phänomene „Freiheit“ und „Verantwortung“ nur im Kontext komplexer, nicht vollständig überschaubarer Handlungszusammenhänge verstehen, nicht aber ausschließlich als Naturvorgang, d.h. vereinfacht als Problem „feuernder Neuronen“. – Bewerten Sie diese Auffassung.

5. Nach Jean-Paul Sartre ist der Mensch absolut frei und absolut verantwortlich. Diskutieren Sie diese Position.

Die Auseinandersetzung mit der Existenzphilosophie Sartres

Der existenzphilosophische Sartre-Humanismus beruht auf folgenden Annahmen:

1. Jeder Mensch ist als Einzelwesen frei.
2. Die Freiheit vollzieht sich als Verantwortung; Verantwortung ist individualisierte Freiheit.
3. Verantwortung ersetzt den Begriff der Verpflichtung. Verpflichtung war bisher diejenige Entfremdung, mit der die Menschen ihre Freiheit durch Annahme objektiver Werte noch verdeckten.
4. Verantwortung findet nicht nur innerhalb einer vorhandenen Welt statt, sondern der Mensch „ist für die Welt und für sich selbst verantwortlich". Aber: „Ich bin tatsächlich für alles verantwortlich, außer für meine Verantwortlichkeit selbst, denn ich bin nicht die Grundlage meines Seins. Alles geschieht daher, wie wenn ich gezwungen wäre, verantwortlich zu sein."

Lévinas hat nicht allein zu Sartre selbst ein positives persönliches Verhältnis gehabt („eine sehr große Bewunderung", „Anerkennung"). Er ist auch bemüht, den Sartre-Humanismus weiterzudenken. Dabei bieten sich für Lévinas zwei Anknüpfungsstellen:

Zum einen überschreitet Sartre alle bisherige Ethik und Moral, indem er an die Stelle ursprünglicher Verpflichtung, wie sie vor allem von Kant zugrunde gelegt worden war, die Verantwortung setzt. Zwar hat Sartre auch einmal davon gesprochen, dass „ich verpflichtet bin, zugleich mit meiner Freiheit die Freiheit der anderen zu wollen", aber, wie er in einem seiner letzten Interviews unter positiver Anspielung auf Lévinas bedauerte, hat er es versäumt, der Verpflichtung einen Platz zuzuweisen. Die Aufgabe, die sich Lévinas in dieser Hinsicht stellt, lautet: Wie ist es möglich, *Verantwortung wieder auf Verpflichtung* zu gründen, statt Verpflichtung als eine bloße Möglichkeit innerhalb der Verantwortung zu denken?

Zum anderen geht Sartre davon aus, dass wir Menschen *faktisch* frei und verantwortlich sind. Dafür prägte er das schon erwähnte Bild, dass wir zur Freiheit „gezwungen" oder „verurteilt" sind. An dieser Stelle wird Lévinas ein zweites Mal hellhörig. Greift eine Philosophie nicht zu kurz, die mit der Verantwortung bzw. der individualisierten Freiheit als Faktum einsetzt und zugibt, dass hier ein „Zwang", eine „Verurteilung" vorliegt? Diese Frage gilt, wie Lévinas weiß, auch Heidegger, auf dem Sartre fußt. Heidegger hatte 1929 im „Wesen des Grundes" geschrieben: „Das Dasein [d.h. der Mensch] ist [...] als *freies* Seinkönnen unter das Seiende *geworfen.*" Die Aufgabe, die sich Lévinas in dieser Hinsicht stellt, lautet: Gibt es eine *Bedingung der Möglichkeit* dafür, Verantwortung als Faktum zu denken, und worin besteht diese Möglichkeitsbedingung?

Taureck, Bernhard H.F: Emmanuel Lévinas zur Einführung, Hamburg 1997, S. 30f.

a Fassen Sie den Text zusammen.

b Entnehmen Sie dem Text die Annahmen, auf denen der „existenzphilosophische Sartre-Humanismus" beruht.

c Diskutieren Sie den Umgang Sartres mit der Verpflichtung und kommentieren Sie diesen Umgang.

d Diskutieren Sie Sartres Sprachbild „Der Mensch ist zur Freiheit verurteilt" und nehmen Sie Stellung zu diesem Bild.

e Entnehmen Sie dem Text, wie Lévinas den Sartre-Humanismus weiter entwickeln will: Welche Aufgaben stellen sich ihm in diesem Zusammenhang?

1. Beschreiben Sie das Bild.

2. Das Bild stellt den Holzschnitt von Albrecht Dürer mit dem Titel „Der Zeichner des liegenden Weibes“ dar. Betrachten Sie das Bild erneut, diesmal jedoch unter der Perspektive seines Titels.

3. Informieren Sie sich über die „Methode der perspektivischen Darstellung“. Erläutern Sie, inwiefern hier diese Methode illustriert wird.

4. Der Holzschnitt wird auch als Allegorie für die analytische Vorgehensweise der Naturwissenschaften interpretiert. Diskutieren Sie diese Interpretation.

5. „Der Blick des Zeichners macht das Modell zum Objekt.“ Nehmen Sie Stellung zu dieser Behauptung.

Die Kritik an der Egologie

Lévinas' Philosophieren durchlief mehrere Stadien der Entwicklung. Gleichwohl steht als ihr Thema fest, eine philosophisch fundierte Alternative zur bisherigen okzidentalen Philosophie zu bieten. Unterscheidet man drei Phasen der Entwicklung bei Lévinas, nämlich 1. eine Kritik der Ontologie, 2. Metaphysik statt Fundamentalontologie und 3. Ethik als Erste Philosophie, so bleibt diesen Phasen letztlich das Thema gemeinsam. Wir haben es als „extremen Humanismus" bestimmt.

Lévinas bezeichnet seine Biographie als „beherrscht von der Vorahnung und der Erinnerung des Nazi-Schreckens", der ihn und seine Frau, nicht aber seine Familie verschonte. Lévinas hat in deutscher Kriegsgefangenschaft den Schwur abgelegt, nie wieder nach Deutschland zurückzukehren. Dass man dies – so Lévinas gesprächsweise – in Deutschland *verstehe,* freue ihn mehr als alle Ehrungen, mit denen man ihn dort auszeichne.

Alles, was Lévinas zumindest seit seinem ersten Hauptwerk „Totalität und Unendlichkeit" (1961) äußert, lässt sich als Versuch der Beschreibung und Begründung von „extremem Humanismus" deuten. Was wechselt, sind die Begriffe und Bezeichnungen für die Alternative zwischen griechisch-okzidentalem Humanismus (einschließlich Heidegger und Sartre) und der jüdischen Tradition von „Humanismus".

Die sokratische Tradition ist stolz auf eine Entdeckung, nämlich auf die Entdeckung des menschlichen Selbst. Sie wurde von Hegel gar als ein erster bestimmender Wendepunkt der Weltgeschichte rekonstruiert, d.h. als ein Fortschritt im Bewusstsein der Freiheit. Demgegenüber spricht Lévinas eine Reihe wesentlicher Züge der griechisch-okzidentalen Philosophie an, die in seiner Sicht nicht nur eine Verdrängung des extremen jüdischen Humanismus auf eine bloß theoretische Ebene bewirkte, sondern die am Ende die Grundlage für das konkrete Elend der europäischen Welt unserer Tage bildet: Die Grundlage einer ursprünglichen Gewalttätigkeit des Menschen gegen den Menschen. Das mit Sokrates beginnende Denken ist allerdings nicht in dem Sinn gewaltsam, dass es eine moralische Norm der Gewalttätigkeit aufstellte. In normativer Hinsicht bietet der Platon-Sokrates eher das Ungekehrte: Es sei besser, Unrecht zu leiden, als Unrecht zu tun.

Die Gewalttätigkeit des Sokratismus liegt laut Lévinas in der Entscheidung für eine theoretisch-erkenntnisförmige Welterschließung: „Erkennen läuft darauf hinaus, das Sein seiner Andersheit zu entkleiden. Die Beziehung zum anderen erfüllt sich darin allein durch einen dritten Terminus, den ich in mir finde. Das Ideal der sokratischen Weisheit beruht folglich auf der wesentlichen Genügsamkeit Desselben".

Taureck, Bernhard H.F: Emmanuel Lévinas zur Einführung, 4. Aufl., Hamburg 2006, S. 41f.

a Exzerpieren Sie den Text.

b Entnehmen Sie dem Text die Bedeutung des Begriffs „extremer Humanismus". Informieren Sie sich darüber ggf. zusätzlich in anderen Texten dieses Kapitels – z. B. im einleitenden Text (S. 122f.) oder im Text „Entgrenzte Verantwortung" (S. 133).

c Stellen Sie die Bilanz der sokratischen Tradition dar.

d Erklären Sie den Unterschied zwischen dem extremen Humanismus von Lévinas und der „griechisch-okzidentalen" Tradition.

e Erklären Sie kurz (d. h. möglichst in einem Satz), worin die Gewalttätigkeit des Sokratismus liegt und bewerten Sie diese Charakterisierung.

1. Beschreiben Sie das Gemälde und äußern Sie sich zu seiner Wirkung.

2. Reflektieren Sie Ihre Eindrücke mit Hilfe folgender Fragen: Was „sagt“ das Gesicht? Was „macht“ es mit Ihnen?

3. Erklären Sie mit Hilfe Ihrer Reflexion Rimbauds Satz „Ich ist ein Anderer“.

4. In diesem Zusammenhang wird auch vom ethischen Widerstand des Gesichts gegen alle Formen der Vereinnahmung gesprochen und davon, dass dieser Widerstand zum Gebot „Du wirst nicht töten!“ werde. Erläutern Sie diesen Zusammenhang.

5. Im Hinblick auf das Erkennen wird häufig von einer Subjekt-Objekt-Spaltung gesprochen. *Subjekt* ist der erkennende Teil in diesem Verhältnis, *Objekt* das Erkannte. Beziehen Sie diese Subjekt-Objekt-Spaltung auf die Auseinandersetzung mit dem Gesicht.

Die Dimensionen der sinnlichen Erscheinung des Anderen

Das Antlitz entzieht sich dem Besitz, meinen Vermögen. In seiner Epiphanie, im Ausdruck, wandelt sich das Sinnliche, das eben noch fassbar war, in vollständigen Widerstand gegen den Zugriff. [...]

Das Antlitz, eben noch Ding unter Dingen, durchstößt die Form, von der es gleichwohl eingegrenzt wird. Das bedeutet konkret: Das Antlitz spricht mit mir und fordert mich dadurch zu einer Beziehung auf, die kein gemeinsames Maß hat mit einem Vermögen, das ausgeübt wird, sei dieses Vermögen nun Genuss oder Erkenntnis.

Und doch öffnet sich diese neue Dimension in der sinnlichen Erscheinung des Antlitzes. [...]

Die Tiefe, die sich in dieser Sinnlichkeit öffnet, verändert das eigentliche Wesen des Könnens; es kann von nun an nicht mehr erfassen, aber es kann töten. [...]

Töten wollen kann ich nur ein absolut unabhängiges Seiendes, dasjenige, das unendlich meine Vermögen überschreitet und das sich dadurch ihnen nicht entgegensetzt, sondern das eigentliche Können des Vermögens paralysiert. Der Andere ist das einzige Seiende, das ich kann töten wollen. [...]

Überflüssig, auf die Banalität hinzuweisen, dass sich beim Mord der Widerstand des Hindernisses als gleichsam null erweist. [...]

Der Andere, der mir souverän *Nein* sagen kann, setzt sich der Spitze des Schwertes oder der Revolverkugel aus, und die ganze unerschütterliche Härte seines ‚Für-sich' mit diesem kompromisslosen *Nein*, das er entgegensetzt, erlischt, wenn das Schwert oder die Kugel die Herzkammern oder den Herzvorhof getroffen hat. Im Zusammenhang der Welt ist er quasi nichts. Aber er kann sich mir kämpfend entgegenstellen; d.h. er kann der Kraft, die ihn trifft, nicht eine Widerstandskraft entgegensetzen, sondern gerade die *Unvorhersehbarkeit* seiner Reaktion. Auf diese Weise setzt er mir nicht eine größere Kraft entgegen, sondern [...] gerade die Unendlichkeit seiner Transzendenz. Diese Unendlichkeit, die stärker ist als der Mord, widersteht uns schon in seinem Antlitz, ist sein Antlitz, ist der ursprüngliche *Ausdruck*, ist das erste Wort: „Du wirst keinen Mord begehen." [...] Der Widerstand, hart und unüberwindbar, leuchtet im Antlitz des Anderen, in der vollständigen Blöße seiner Augen ohne Verteidigung, in der Blöße der absoluten Offenheit des Transzendenten. Hier liegt nicht eine Beziehung mit einem sehr großen Widerstand vor, sondern mit etwas absolut *Anderem*: der Widerstand dessen, was keinen Widerstand leistet – der ethische Widerstand. [...]

In dem ethischen Widerstand präsentiert sich das Unendliche als Antlitz; der ethische Widerstand lähmt meine Vermögen und erhebt sich in seiner Nacktheit und seiner Not hart und absolut vom Grunde der wehrlosen Augen.

Lévinas, Emmanuel: Totalität und Unendlichkeit, Freiburg/München 1987, S. 283ff.

a Fassen Sie den Text zusammen.

b Erläutern Sie, inwiefern sich das Antlitz dem erkennenden Zugriff verweigert.

c Erklären Sie, was sich aus dem „souveränen" Nein-Sagen des Anderen ergeben kann.

d Erläutern Sie, wie der Andere mir Widerstand leistet.

e Erklären Sie in diesem Zusammenhang die Bedeutung von „Unendlichkeit seiner Transzendenz".

f Erläutern Sie in einem Essay den Satz: „Der ethische Widerstand lähmt meine Vermögen und erhebt sich in seiner Nacktheit und seiner Not hart und absolut vom Grunde der wehrlosen Augen."

1. Beschreiben Sie das Bild.

2. Informieren Sie sich über die christliche Ikonographie. Einigen Sie sich auf einen Titel für das Bild.

3. Informieren Sie sich über den Bedeutung von Jesus als Messias für das Christentum und erläutern Sie diese Bedeutung.

4. Informieren Sie sich über den Messiasgedanken im Judentum und erläutern Sie dessen Bedeutung für die jüdische Religion.

5. Nehmen Sie Stellung zum jüdischen Messianismus. – Ist dieser Messias-Gedanke (also die Erwartung eines Heilbringers) auch für die säkulare Ethik von Bedeutung?

Die Überschreitung der Egologie

Welche Verfahren wendet Lévinas bei seiner Radikalisierung von Anti-Humanismus und Humanismus an? Lévinas, so kann zusammengefasst werden, radikalisiert den modernen Anti-Humanismus dadurch, dass er dem Menschen zuspricht, was der Humanismus gern verdrängt: eine Fremdheit auf dieser Erde, ein Dasein in der Wüste, einen Aufenthalt, der niemals das Exil aufhebt.

Lévinas radikalisiert aber auch den engagierten Humanismus Sartres: Während Sartre bei dem Faktum eines Verurteiltseins zur Verantwortung stehen bleibt, überschreitet Lévinas diesen Humanismus in Richtung auf eine Verpflichtung zur Verantwortung und auf eine Fundierung menschlicher Aktivität in einer nicht mehr als Rezeptivität gedachten Passivität. Beide Radikalisierungen haben dasselbe Resultat: Der Mensch erscheint nicht mehr als ein Ego, das die Welt primär auf sich zentriert.

Lévinas' Verfahren bei dieser Radikalisierung ist unschwer zu erkennen: Texte des Alten Testaments werden im Licht eines „extremen Humanismus" wahrgenommen (Ausgesetztsein des Menschen), wobei der extreme Humanismus wiederum im Horizont der Aussagen des Alten Testaments steht. Dieses Verfahren bedient sich also zwangsläufig einer zirkulären Hermeneutik. Diese zirkuläre Hermeneutik ist zu einem Teil auch in der Radikalisierung des Sartre-Humanismus am Werk: Berufung auf den Gott der „Bibel" zur Sicherung der präexistenzphilosophischen Bezüge einerseits – Berufung auf präexistenzphilosophische Bezüge zur Sicherung des Gottes der Bibel andererseits.

Fügen wir hinzu, dass Lévinas‘ Rückgang hinter den existenzphilosophischen Humanismus Sartres noch weitaus mehr jüdische Tradition zur Geltung bringt als nur die Andeutung eines Gottes der Bibel. Catherine Chalier hat darauf hingewiesen, dass bereits das hebräische Wort für Verantwortung (achariout) den anderen (acher) einschließt. Lévinas denkt also in Beziehung zu einer andersartigen Semantik von „Verantwortung" als im Sinne des Deutschen oder Lateinischen (Französischen). Die primäre Hinwendung zum anderen Menschen, die Verpflichtung, für sie zu sein, wird von Lévinas an den jüdischen Messianismus rückgebunden. Die bezeichnete innerweltliche Semantik des jüdischen Messianismus wird von Lévinas zur Formulierung eines moralischen Imperativs genutzt: Jeder soll handeln, als wäre er „der" Messias. Die Menschheit soll aus einer Pluralität von Messias-Personen bestehen, deren Verantwortung für andere immer schon auf Verpflichtung gegründet ist. [...]

Ethik ist, das jedenfalls folgt aus Lévinas, die Lehre von der Begegnung mit dem anderen Menschen im Hinblick auf Gerechtigkeit.

Taureck, Bernhard H.F: Emmanuel Lévinas zur Einführung, 4. Aufl., Hamburg 2006, 34ff.

a Fassen Sie den Text „Die Überschreitung der Egologie" zusammen.

b Entnehmen Sie dem Text, inwiefern Lévinas den „modernen Anti-Humanismus" radikalisiert.

c Entnehmen Sie dem Text auch, inwiefern er den „engagierten Humanismus Sartres" radikalisiert.

d Informieren Sie sich über den Begriff „Rezeptivität".

e Erläutern Sie die Methode der „zirkulären Hermeneutik" bei Lévinas und Sartre.

f Erklären Sie, wie Lévinas Verantwortung denkt und geben Sie den Zusammenhang mit dem „jüdischen Messianismus" wieder.

g Geben Sie den moralischen Imperativ von Emmanuel Lévinas wieder und bewerten Sie ihn.

1. Beschreiben Sie das Foto.

2. Informieren Sie sich über das Gladbecker Geiseldrama, das Deutschland zwischen dem 16. und dem 18. August 1988 in Atem hielt. Diskutieren Sie die Rolle der Medien.

3. „Wer einen Menschen entführt oder sich eines Menschen bemächtigt, um ihn oder einen Dritten durch die Drohung mit dem Tod oder einer schweren Körperverletzung des Opfers oder mit dessen Freiheitsentziehung von über einer Woche Dauer zu einer Handlung, Duldung oder Unterlassung zu nötigen, oder wer die von ihm durch eine solche Handlung geschaffene Lage eines Menschen zu einer solchen Nötigung ausnutzt, wird mit Freiheitsstrafe nicht unter fünf Jahren bestraft." (§ 239b StGB) Diskutieren Sie, ob das Strafmaß für Geiselnahme angemessen ist.

4. Versetzen Sie sich in die Situation der 18jährigen Geisel Silke Bishop und stellen Sie Ihre Empfindungen dar.

5. Wir, also die Autoren, haben lange darüber diskutiert, ob dieses Bild hier abgedruckt werden sollte. Letztlich haben wir uns dafür entschieden, weil diese befremdende Situation unser grundsätzliches Verhältnis zum Anderen veranschaulichen könnte. Diskutieren Sie, inwiefern auch wir „Geisel" sind.

Entgrenzte Verantwortung

Das Subjekt ist Geisel.

Insofern sie von Verantwortungen besessen ist, die nicht auf Entscheidungen eines „frei nachsinnenden“ Subjektes zurückgehen, als folglich schuldlos angeklagte, ist die Subjektivität im Sich ein Auf-sich-Zurückgeworfenwerden, was konkret meint: Angeklagt dessen, was die Anderen tun oder erleiden, oder verantwortlich für das, was die Anderen tun oder erleiden. Die Einzigkeit des Sich besteht genau darin: die Schuld der Anderen zu tragen. In der Verantwortung für die Anderen ist die Subjektivität nichts anderes als diese grenzenlose Passivität eines Anklagefalls [accusatif], der nicht die Folge einer vom Nominativ her abgeleiteten Deklinationsform ist. Anklage, die sich auf die Passivität des Sich nur zurückführen lässt als Verfolgung, Verfolgung aber, die ihrerseits umschlägt in Sühne. Ohne die Verfolgung erhebt das Ich erneut sein Haupt und verdeckt das Sich. Alles steht von vornherein im Akkusativ – Ausnahmebedingung oder Un-bedingung des Sich, Bedeutung des Pronomens *sich*, zu dem selbst unsere lateinischen Grammatiken keinen Nominativ „kennen“. [...]

Die Unabweisbarkeit des Ich ist die Unverzeihlichkeit der Anklage, von der sich zu distanzieren nicht mehr möglich ist – der sich zu entziehen nicht erlaubt ist. Die Unmöglichkeit, sich zu distanzieren und sich dem *Guten* zu entziehen ist eine entschlossenere und weiter reichende Entschlossenheit als die des Wollens, die demgegenüber noch Ausflucht ist.

Als Unabweisbarkeit, die den Anachronismus einer Schuld anzeigt, welche der Anleihe vorausgeht, einer Verausgabung, die die Ressourcen übersteigt wie bei einer Anstrengung, wäre die besagte Entschlossenheit Forderung sich selbst gegenüber, ohne dass die Reflexion über sich ein Maß für deren Möglichkeiten abgäbe – wie es beim Für-sich der Fall ist [...]. Extreme Anklage, die für das Sich die Möglichkeit der Ablehnung ausschließt – die darin bestanden hätte, die Möglichkeiten an sich zum Maß zu nehmen und so sich dieser oder jener Tat zu bezichtigen, und wäre es selbst „begangen“ infolge der Erbsünde; Anklage, die auf dem Sich lastet, insofern es Sich ist: Forderung, die auf das Sich keine Rücksicht nimmt, ja die es nicht achtet. Unendliche Passion der Verantwortung, die in ihrem Auf-sich-Zurückkommen an der eigenen Identität nicht haltmacht, die weiter reicht – vor das Sein und das Mögliche zurück oder über sie hinaus –, die das In-sich und An-sich-Sein ins Defizit treibt, in die Lage versetzt, als negative Größe behandelt zu werden.

Doch wie wird die Passivität des Sich zu einem „Auf-sich-Nehmen“? [...] Wir haben auf diese Frage schon im voraus eine Antwort gegeben durch den Begriff der *Stellvertretung*.

Lévinas Emmanuel: Jenseits des Seins oder anders als Sein geschieht, 2. Aufl., Freiburg/München 1998, S. 248ff.

a Exzerpieren Sie den Text.

b Entnehmen Sie dem Text, worin die „Einzigkeit des Sich“ besteht.

c Informieren Sie sich über die Bedeutung des französischen Wortes „accusatif“.

d Erläutern Sie den Zusammenhang von „Schuld“, „Verantwortung“, „Anklage“, „Verfolgung“ und „Sühne“ bei Lévinas.

e Erklären Sie, inwiefern es nicht möglich ist, sich von der Anklage zu distanzieren.

f Entnehmen Sie dem Text, inwiefern diese Anklage „extrem“ ist.

g Erklären Sie den Titel des Textes „Entgrenzte Verantwortung“.

h Nehmen Sie Stellung zu folgender Erläuterung von „Stellvertretung“: „*Stellvertretung* ist ‚Sein-für-den-Anderen‘ und beruht auf der Preisgabe einer Identität, die um sich selber kreist.“

Reflexion der Ethik von Emmanuel Lévinas

1.
- a Informieren Sie sich über den Humanismus-Begriff der philosophischen Tradition.
- b Exzerpieren Sie den einführenden Text „Die Überwindung der Egologie in der Ethik".
- c Entnehmen Sie dem Text, inwiefern das Selbst „keine festgefügte und gesicherte Identität" ist.
- d Erklären Sie die beiden Strategien des Umgangs mit der Erkenntnis, dass sich das Ich als einen Anderen wahrnimmt und erläutern Sie, weshalb diese Strategien defizitär sind.
- e Erläutern Sie auch den richtigen Umgang mit dieser Erkenntnis.
- f Erklären Sie den „ethischen Widerstand" und erläutern Sie, wie er durch Mord überwunden wird.
- g Nehmen Sie Stellung zu folgender Erläuterung von „Brüderlichkeit": „Ich bin ein Fremdling, weil ich nicht der Eigentümer der Erde bin. Dieses Fremdling-Sein ist Nähe zum Anderen, weil auch der Andere Fremdling ist. Die Nähe zum Anderen ist also der Grund der Brüderlichkeit".
- h Erklären Sie die ethische Bedeutung der Brüderlichkeit.

2. Von frankophonen Kritikern Lévinas' wird bemerkt: „In der Unternehmung von Lévinas ist der Primat der Ethik des Anderen vor der theoretischen Ontologie desselben vollständig an ein religiöses Axiom gebunden, und man würde die innere Bewegung dieses Denkens und seine subjektive Strenge beleidigen, glaubte man trennen zu können, was sie vereinigt. Es gibt in Wirklichkeit keine Philosophie von Lévinas. Dabei geht es nicht einmal mehr um die Philosophie als ‚Magd' der Theologie: Es liegt eine von der Theologie *annullierte* Philosophie vor [...] Was uns das Lévinas-Unternehmen mit einer einzigartigen Besessenheit in Erinnerung ruft, besteht darin, dass die Bildung von Ethik als Prinzip des Denkens und Handelns wesentlich religiös ist. Wir können daher sagen, dass Lévinas der kohärente und einfallsreiche Denker einer Gegebenheit ist, was keine akademische Verschleierungs- oder Abstraktionsübung in Vergessenheit geraten lassen kann: [...] die Ethik ist eine Kategorie des frommen Diskurses."

   Taureck, Bernhard H. F.: Emmanuel Lévinas zur Einführung, 4. Aufl., Hamburg 2006, S. 116ff.

- a Stellen Sie diese Position dar.
- b Bewerten Sie die Position, indem Sie die Texte von bzw. über Lévinas noch einmal durchgehen und sich beispielsweise mit den folgenden Fragen auseinandersetzen:
  - Von wo geht die Verbindlichkeit eigentlich aus?
  - Was bedeutet die „innerweltliche Semantik" des jüdischen Messianismus?

3. Richard Rorty bemerkt: „Ich bin nicht in der Lage, Lévinas' Pathos des Grenzenlosen mit Ethik oder Politik zu verbinden. Ich verstehe Ethik und Politik – reale Politik im Gegensatz zu kultureller Politik – als einen Bereich, wo miteinander konfligierende Interessen einen Ausgleich finden, und als etwas, was in banalen, vertrauten Begriffen beraten werden muss [...]. Lévinas' Pathos des Grenzenlosen passt zu radikaler, revolutionärer Politik, nicht aber zu einer Politik der Reformen und der Demokratie."

   Taureck, Bernhard H. F.: Emmanuel Lévinas zur Einführung, 2. Aufl., Hamburg 1997, S. 111.

- a Stellen Sie die Position von Richard Rorty dar.
- b Bewerten Sie diese Position, indem Sie die Texte noch einmal durchgehen und sich beispielsweise mit den folgenden Fragen auseinandersetzen:
  - Könnte man nicht auch durch Anwendung des Prinzips der Brüderlichkeit widerstreitende gesellschaftliche Interessen ausgleichen?
  - Welche Bedeutung könnte der „moralische Imperativ" für den Interessenausgleich haben?

4. Wir haben gesehen, dass sich Lévinas mit der Existenzphilosophie Sartres auseinandergesetzt hat und dass er versuchte, den Humanismus Sartres weiterzudenken.

a Diskutieren Sie, ob ihm diese Weiterführung gelungen ist, ob Sie also seine Ethik argumentativ überzeugt hat.

b Führen Sie ein Sokratisches Gespräch zur Frage „Ist die Brüderlichkeit ein geeignetes ethisches Prinzip?".

5. Die Folge dieses in der Natur allgemein gültigen Triebes zur Rassenreinheit ist nicht nur die scharfe Abgrenzung der einzelnen Rassen nach außen, sondern auch ihre gleichmäßige Wesensart in sich selber. Der Fuchs ist immer ein Fuchs, die Gans eine Gans, der Tiger ein Tiger usw., und der Unterschied kann höchstens im verschiedenen Maße der Kraft, der Stärke, der Klugheit, Gewandtheit, Ausdauer usw. der einzelnen Exemplare liegen. Es wird aber nie ein Fuchs zu finden sein, der seiner inneren Gesinnung nach etwa humane Anwandlungen Gänsen gegenüber haben könnte, wie es ebenso auch keine Katze gibt mit freundlicher Zuneigung zu Mäusen.

Daher entsteht auch hier der Kampf untereinander weniger infolge innerer Abneigung etwa als vielmehr aus Hunger und Liebe. In beiden Fällen sieht die Natur ruhig, ja befriedigt zu. Der Kampf um das tägliche Brot lässt alles Schwache und Kränkliche, weniger Entschlossene unterliegen, während der Kampf der Männchen um das Weibchen nur dem Gesündesten das Zeugungsrecht oder doch die Möglichkeit hierzu gewährt. Immer aber ist der Kampf ein Mittel zur Förderung der Gesundheit und Widerstandskraft der Art und mithin eine Ursache zur Höherentwicklung derselben.

Zentner, Christian: Adolf Hitlers Mein Kampf. Eine kommentierte Auswahl. München 1974, S. 142f.

a Geben Sie den Text wieder und identifizieren Sie seine zentralen Aussagen.

b Formulieren Sie auf der Grundlage dieser Aussagen Regeln für den Aufbau und das Funktionieren eines Staates.

c Bewerten Sie diesen Staat, indem Sie die Theorie von Lévinas anwenden.

7. Die Grundlegung der Rechtsgemeinschaft: Radbruch

Die *Gerechtigkeit* ist eine Idee oder ein Ideal, das auch und gerade schon bei Kindern die stärksten Emotionen hervorrufen kann und sehr ausgeprägt ist. Die Emotionen treten natürlich zumeist im Fall der eigenen Benachteiligung auf. Das Gerechtigkeitsgefühl wird aber auch dann geweckt, wenn anderen Unrecht geschieht oder sie benachteiligt werden. Es ist damit insgesamt eines der stärksten Gefühle, obwohl es nur von einer Idee herrührt.

Aus der Idealität der Gerechtigkeitsidee ergeben sich die Probleme der Realisierung und Umsetzung der Gerechtigkeit in Recht. Gerechtigkeit wird erst mit einer Rechtordnung, die positives Recht setzt, verwirklicht. Dazu gehört aber mehr als die bloße Idee und das aus der Idee hervorgehende Rechtsgefühl.

Die Komplexität des Rechts hat der Jurist, Staatsminister und Rechtphilosoph Gustav Radbruch (1878–1949) in seiner Rechtsphilosophie von 1932 in bisher nicht wieder erreichter Klarheit herausgestellt. Die Idee der Gerechtigkeit ist notwendig, aber nicht hinreichend. Neben der Gerechtigkeit tragen noch der Rechtszweck und die Rechtssicherheit zur Realisierung der Idee bei.

Die Gerechtigkeit verfolgt immer einen Zweck. Dabei dient sie dem Einzelnen, der Gesellschaft oder der Kultur im Allgemeinen. Das Recht kann sich nur auf diese drei Zwecke beziehen, es kann nur dem Einzelnen, der Gemeinschaft oder einer davon unterschiedenen Sache dienen. Ein System wird ungerecht, wenn es diese Zwecke nicht in einer ausgewogenen und vor allem gleichberechtigten Form im Recht zulässt.

Die Ausschließlichkeit dieser drei Rechtszwecke ergibt sich für Radbruch aus den Werten, die das Recht zu bewahren und zu schützen hat, dem Individualwert, dem Kollektivwert und dem Werkwert.

Das Individuum fordert als Rechtszweck den Schutz der Persönlichkeit. Die Gemeinschaft fordert den Schutz überindividueller sozialer Verbindlichkeiten, auch über die Generationen hinweg. Die Kulturgüter fordern den Schutz von Sachen und Besitz.

Diese Werte haben ideell nahezu gleiche Ansprüche, weshalb im wirklichen Leben Entscheidungen getroffen werden müssen. Solche Entscheidungen sind aber immer problematisch. Die Höherstellung von Sachwerten gegenüber Werten der Person oder der Gemeinschaft ist selbst dort fraglich, wo es z. B. um einmalige Kunstwerke geht, deren Vernichtung ein unwiederbringlicher Verlust wäre. Auch bei der Abwägung anderer Sachwerte wie Natur und Umwelt gegenüber Personen und Gemeinschaften kann es zu keiner eindeutigen oder unkomplizierten Lösung kommen.

Dieser Konflikt ist ein Konflikt unterschiedlicher Werte. Die Stellungnahmen dazu führen zur Parteilichkeit der Rechtszwecke. Hier ist auch die Wurzel für die politischen Parteien zu sehen. Die Zwecke können sich widersprechen, indem der Schutz der Gemeinschaft unter Umständen auf Kosten der Persönlichkeit geht und umgekehrt. Es kann auch der Fall eintreten, dass persönliche und kollektive Interessen zurückstehen müssen gegenüber dem Schutz von Sachen und Sachwerten. Diese Probleme sind nicht grundsätzlich zu lösen, sondern nur in der konkreten politischen Auseinandersetzung mit dem Einzelfall.

Die Gerechtigkeit im Ausgleich zwischen den Rechtszwecken kann für Radbruch nur in einer Gemeinschaft und einem Staat verwirklicht werden, in dem alle drei Rechtszwecke vertreten sind. Hier liegt der Anspruch eines demokratischen Mehrheitssystems. Die politischen Parteien haben dabei die Aufgabe, die Rechtszwecke zu vertreten und im politischen Alltag sich für den jeweiligen, den Rechtszwecken zugeordneten Wert einzusetzen. Ein Staat, der nur einen der drei Rechtszwecke verfolgt, führt zum Totalitarismus. Sein Unrecht liegt schon darin, Gerechtigkeit einem einzigen Rechtszweck zu unterstellen.

Radbruch zeigt damit die prinzipielle Vertretung der Rechtszwecke durch politische Institute und Organe. Durch die Beschränkung der möglichen Rechtszwecke auf drei allein mögliche Rechtszwecke, die ihre Ausschließlichkeit aus der geistigen Verfassung des menschlichen Lebens und seines In-der-Welt-Seins beziehen, führt dieser Standpunkt auch nicht in die Beliebigkeit eines Pluralismus hinein. Die Begrenzung auf drei Zwecke leitet sich aus den möglichen Relationen des Menschen ab. Als Individuum ist der Mensch auf die Gemeinschaft bezogen, die Gemeinschaft ist nur als Gemeinschaft von Individuen denkbar, die wiederum diese Gemeinschaft nur leben können, indem sie sich über die Kulturwerte verständigen und austauschen.

Für die Verwirklichung von Gerechtigkeit spielt es keine Rolle, ob der einzelne Rechtszweck moralisch gut und wünschenswert ist. Nicht die Art des Rechtszweckes und sein Inhalt, sondern die Ausgewogenheit der drei grundsätzlichen Rechtzwecke ist Voraussetzung für die Realisierung von Gerechtigkeit in einer Gesellschaft.

Radbruch hat sich vor allem mit dem Widerspruch zwischen dem Individualwert und dem Kollektivwert als Widerspruch zwischen der Freiheit des Individuums und den Ansprüchen der Gesellschaft beschäftigt. Der Liberalismus hat die Individualwerte höher gestellt, was zu sozialen Ungleichheiten und damit zu Ungerechtigkeit führt, wenn die sozialen Voraussetzungen nicht einbezogen werden. Der Sozialismus hat die Kollektivwerte höher gestellt, was zur Unterdrückung des Individuums führt, wenn es in seinen freiheitlichen Ansprüchen nicht respektiert wird.

Die *Kulturwerte* waren in Radbruchs Zeit politisch noch nicht so bestimmend, wenngleich sie im Spiel der Zwecke eine gleichrangige Stellung haben. Hier könnte man aus heutiger Sicht die rechtliche Bedeutung von Natur und Umwelt und der damit befassten grünen Politik ansetzen.

Die Rechtszwecke allein sind nicht ausreichend für die Legalisierung des Rechts. Die Rechtsgültigkeit einer Norm ist erst dann garantiert, wenn neben der Legitimität auch die Legalität garantiert ist. Die Legalität ist aber für Radbruch kein Rechtszweck, sie ist auf die *Rechtssicherheit* zurückzuführen. Gerechtigkeit darf nicht nur ideell sein, sie muss auch realisiert und garantiert werden. Mit der Rechtssicherheit wird dem Recht Garantie und Geltung verschafft. Gerechtigkeit kann unter Umständen nicht festgestellt werden, doch auch dann muss Recht gesprochen und durchgesetzt werden: „Wenn nicht fest-*gestellt* werden kann, was gerecht ist, so muss fest-*gesetzt* werden, was rechtens sein soll und zwar von einer Stelle, die, das, was sie *fest*setzt, auch *durch*zusetzen in der Lage ist.“ Radbruchs Bekenntnis zur Rechtssicherheit lässt erkennen, dass Unrecht besser ist als gar kein Recht. Er stellt diese rechtspositivistische Notwendigkeit immer wieder in die Auseinandersetzung mit den anderen Teilen der Rechtsidee, dem Zweck des Rechts und der Gerechtigkeit selbst. Zur Wahrung der Rechtssicherheit kann unter bestimmten Umständen die Geltung ungerechten und unzweckmäßigen Rechts gerechtfertigt werden. Das bedeutet aber nicht den unbedingten Vorrang der Rechtssicherheit vor den Forderungen der Gerechtigkeit und der Zweckmäßigkeit. Nur in der Verbindung und Ausgewogenheit von Gerechtigkeit, Zweckmäßigkeit und Rechtssicherheit kann das Ideal der Gerechtigkeit realisiert werden.

In Konfliktfällen entscheidet das Gewissen. Hier kommt dann auch die berühmt gewordene Radbruch’sche Formel zur Anwendung, die auf diesen Konflikt zwischen Gerechtigkeit und Rechtsicherheit eingeht. Sie lässt ungerechtes Recht zu, allerdings nur bis zu einer Grenze, über die hinaus das Gewissen des Einzelnen diese Ungerechtigkeit nicht mehr erträglich findet oder nicht mehr ertragen kann. Letzte Instanz des Rechts in äußersten Grenzfällen bleibt damit immer das Gewissen des Einzelnen und sein Ideal der Gerechtigkeit.

Fassen wir zusammen:
Der Mensch besitzt ein Gefühl für Gerechtigkeit. Problematisch wird es, wenn ein Konflikt zwischen diesem Rechtsgefühl und der Rechtssicherheit entsteht und der Mensch den Eindruck hat, dass seinem Rechtsempfinden in einer Situation nicht entsprochen wird. Exemplarisch wird das am Beispiel des Michael Kohlhaas gezeigt. Daraus ergibt sich die Frage nach der Sicherstellung von Recht: Welche Mindeststandards muss eine Gesellschaft erfüllen, damit Rechtssicherheit garantiert werden kann? Thomas Hobbes (u. a.) antwortet darauf mit dem Konzept der bürgerlichen Gesellschaft. Im Zusammenhang mit den Verbrechen der Nazis und deren juristischer Aufarbeitung wurde klar, dass alleiniger Rechtspositivismus auch gefährlich ist, weil er den Richtern die persönliche Verantwortung für ihr Urteil abnimmt. Es ist Gustav Radbruchs Verdienst, zur Klärung des Verhältnisses von Gerechtigkeit und Rechtssicherheit einen wichtigen Beitrag geliefert zu haben.

1. Beschreiben Sie das Bild.

2. Informieren Sie sich über die Bäckertaufe und die Begründung für die damals übliche Strafe.

3. „Lamech sagte zu seinen Frauen: ‚Ada und Zilla, hört meine Rede, ihr Frauen Lamechs, horcht auf meinen Spruch! Einen Mann erschlug ich für meine Wunde, einen Jüngling für meine Strieme. Wird Kain siebenmal gerächt, dann Lamech siebenundsiebzigmal.'" (Gen. 4,23-24)
Erklären Sie das von Lamech vertretene Rechtsprinzip: Geht es ihm um Vergeltung, Prävention oder Resozialisierung? Diskutieren Sie die Frage, ob sich mit Lamechs Prinzip die Bäckertaufe begründen lässt.

4. „Bruch um Bruch, Aug um Auge, Zahn um Zahn! Derselbe Leibschaden, den er einem anderen zugefügt hat, soll ihm zugefügt werden." (Lev. 24,20)

5. Diese Bibelstelle wird auch als Talionsformel bezeichnet. Erklären Sie diese Formel und erläutern Sie, inwiefern sie einen Fortschritt gegenüber dem von Lamech vertretenen Prinzip darstellt.

6. Jeder Mensch besitzt ein Gefühl für Gerechtigkeit. Nehmen wir einmal an, dieses Gefühl würde durch fehlende Rechtssicherheit verletzt. Diskutieren Sie die Frage, ob Sie sich dann eher an Lamech orientieren würden oder an der Talionsformel. Was spräche dafür, auf Selbstjustiz ganz zu verzichten?

Ein Konflikt zwischen Rechtsgefühl und Rechtssicherheit

Er kehrte, unter einem fremden Namen, in ein Wirtshaus ein, wo er, sobald die Nacht angebrochen war, in seinem Mantel, und mit einem Paar Pistolen versehen, die er in der Tronkenburg erbeutet hatte, zu Luthern ins Zimmer trat. Luther, der unter Schriften und Büchern an seinem Pulte saß, und den fremden, besonderen Mann die Türe öffnen und hinter sich verriegeln sah, fragte ihn: wer er sei? und was er wolle? und der Mann, der seinen Hut ehrerbietig in der Hand hielt, hatte nicht so bald mit dem schüchternen Vorgefühl des Schreckens, den er verursachen würde, erwidert: dass er Michael Kohlhaas, der Rosshändler sei; als Luther schon: „Weiche fern hinweg!" ausrief, und indem er, vom Pult erstehend, nach einer Klingel eilte, hinzusetzte: „Dein Odem ist Pest und deine Nähe Verderben!" Kohlhaas, indem er, ohne sich vom Platz zu regen, sein Pistol zog, sagte: „Hochwürdiger Herr, dies Pistol, wenn Ihr die Klingel rührt, streckt mich leblos zu Euren Füßen nieder! Setzt Euch und hört mich an; unter den Engeln, deren Psalmen Ihr aufschreibt, seid Ihr nicht sicherer, als bei mir." Luther, indem er sich niedersetzte, fragte: „Was willst du?" Kohlhaas erwiderte: „Eure Meinung von mir, dass ich ein ungerechter Mann sei, widerlegen! Ihr habt mir in Eurem Plakat gesagt, dass meine Obrigkeit von meiner Sache nichts weiß: wohlan, verschafft mir freies Geleit, so gehe ich nach Dresden, und lege sie ihr vor." „Heilloser und entsetzlicher Mann!" rief Luther, durch diese Worte verwirrt zugleich und beruhigt: „Wer gab dir das Recht, den Junker von Tronka, in Verfolg eigenmächtiger Rechtsschlüsse, zu überfallen, und da du ihn auf seiner Burg nicht fandst, mit Feuer und Schwert die ganze Gemeinschaft heimzusuchen, die ihn beschirmt?" Kohlhaas erwiderte: „Hochwürdiger Herr, niemand, fortan! Eine Nachricht, die ich aus Dresden erhielt, hat mich getäuscht, mich verführt! Der Krieg, den ich mit der Gemeinheit der Menschen führe, ist eine Missetat, sobald ich aus ihr nicht, wie Ihr mir die Versicherung gegeben habt, verstoßen war!" „Verstoßen!" rief Luther, indem er ihn ansah. „Welch eine Raserei der Gedanken ergriff dich? Wer hätte dich aus der Gemeinschaft des Staates, in welchem du lebtest, verstoßen? Ja, wo ist, solange Staaten bestehen, ein Fall, dass jemand, wer es auch sei, daraus verstoßen worden wäre?" – „Verstoßen", antwortete Kohlhaas, indem er die Hand zusammendrückte, „nenne ich den, dem der Schutz der Gesetze versagt ist! Denn dieses Schutzes, zum Gedeihen meines friedlichen Gewerbes, bedarf ich; ja, er ist es, dessenhalb ich mich, mit dem Kreis dessen, was ich erworben, in diese Gemeinschaft flüchte; und wer mir ihn versagt, der stößt mich zu den Wilden der Einöde hinaus; er gibt mir, wie wollt Ihr das leugnen, die Keule, die mich selbst schützt, in die Hand." – „Wer hat dir den Schutz der Gesetze versagt?" rief Luther. „Schrieb ich dir nicht, dass die Klage, die du eingereicht, dem Landesherrn, dem du sie eingereicht, fremd ist? [...]

Kleist, Heinrich von: Michael Kohlhaas, in: Sämtliche Werke und Briefe, Band 2, 7. Aufl., München 1984, S. 44ff.

a Geben Sie die im Text erzählte Geschichte in eigenen Worten wieder.

b Informieren Sie sich über die Geschichte des Michael Kohlhaas.

c Stellen Sie die im Text dargestellte Szene zwischen Martin Luther und Michael Kohlhaas mit den Mitteln des Szenischen Spiels nach.

d Setzen Sie sich mit der Überschrift des Textes auseinander: Ist sie gut gewählt? – Verständigen Sie sich gegebenenfalls in Ihrer Lerngruppe auf eine bessere.

1. Beschreiben Sie das Bild! Halten Sie Ihre Eindrücke fest und besprechen Sie sie mit einer Mitschülerin bzw. einem Mitschüler.

2. Informieren Sie sich im Buch Genesis über den Sündenfall und vergleichen Sie Ihre Eindrücke aus der Bibellektüre mit dem Bild.

3. In einem Kompendium der Psychologie kann man lesen: „Die Vertreibung aus dem Paradies ist, menschheitsgeschichtlich gesehen, eine Metapher für den Austritt des Menschen aus dem Reich der instinktgesteuerten Tierwelt [...]". Diskutieren Sie diese Interpretation.

4. Nehmen wir einmal an, der Mensch war vor dem Sündenfall absolut gut bzw. vollkommen instinktgesteuert. Stellen Sie die Konsequenzen dar, die sich durch den Wegfall dieser Festlegungen für das menschliche Miteinander ergeben.

5. Die religiösen Fundamentalisten wollen ein politisches System der Gottesherrschaft errichten (vgl. den Abschnitt „Interreligiöser Dialog"). Diskutieren Sie diese Problematik.

Die bürgerliche Gesellschaft als Garant der Rechtssetzung

Nimmt man nun zu der natürlichen Neigung der Menschen, sich gegenseitig Schaden zuzufügen, einer Neigung, die aus ihren Leidenschaften, hauptsächlich aber aus ihrer eitlen Selbstüberschätzung hervorgeht, dies Recht aller auf alles hinzu, nach welchem der eine mit Recht angreift und der andere mit Recht Widerstand leistet und aus welchem stetes Misstrauen und Verdacht nach allen Seiten hin hervorgeht, und erwägt man, wie schwer es ist, gegen Feinde, selbst von geringer Zahl und Macht, die mit der Absicht, uns zu unterdrücken und zu vernichten, uns angreifen, sich zu schützen: so kann man nicht leugnen, dass der natürliche Zustand der Menschen, bevor sie zur Gesellschaft zusammentraten, der *Krieg* gewesen ist, und zwar nicht der Krieg schlechthin, sondern der Krieg aller gegen alle. Denn was ist der Krieg anderes als jene Zeit, wo der Wille, mit Gewalt seinen Streit auszufechten, durch Worte oder Taten deutlich erklärt wird? Die übrige Zeit nennt man *Frieden*.

Wie schädlich aber ein ewiger Krieg für die Erhaltung des menschlichen Geschlechts oder des einzelnen Menschen ist, kann man leicht ermessen. Nun ist aber dieser Krieg seiner eigenen Natur nach ewig, da er bei der Gleichheit der Streitenden durch keinen Sieg beendet werden kann. Denn selbst der Sieger bleibt weiter bedroht, so dass es fast ein Wunder scheint, wenn in diesem Zustand jemand, und sei er auch noch so stark, eines natürlichen Todes im Alter stirbt. [...]

Wenn sonach die Übereinstimmung des Willens vieler zu demselben Zwecke nicht genügt, um den Frieden zu erhalten und eine dauernde Verteidigung zu ermöglichen, so muss in Bezug auf die zum Frieden und zur Selbstverteidigung notwendigen Mittel *ein* Wille in allen bestehen. Dies ist aber nur möglich, wenn die einzelnen ihren Willen dem Willen eines einzelnen, d.h. *eines* Menschen oder einer Versammlung so unterwerfen, dass dieser Wille für den Willen aller einzelnen gilt, soweit er etwas über das zum gemeinsamen Frieden Notwendige bestimmt. Eine Versammlung aber nenne ich einen Zusammentritt mehrerer Menschen, welche über das, was zu dem gemeinen Besten aller zu tun oder zu unterlassen ist, beratschlagen.

Diese Unterwerfung des Willens aller unter den Willen *eines* Menschen oder *einer* Versammlung erfolgt dann, wenn jeder sich jedem der übrigen durch Vertrag verpflichtet, dem Willen dieses *einen,* dem er sich unterworfen hat, sei es ein Mensch oder eine Versammlung, keinen Widerstand zu leisten; d.h., er verweigert jenem nicht den Gebrauch seiner Mittel und Kräfte gegen irgendwelche andere (da angenommen wird, dass er sich das Recht der Selbstverteidigung gegen Gewalt vorbehält). Dies nennt man Union oder *Vereinigung*. [...]

Die so gebildete Vereinigung ist der Staat oder die bürgerliche Gesellschaft oder auch die bürgerliche Person.

Hobbes, Thomas: Vom Menschen, Vom Bürger. Elemente der Philosophie II/III, Hamburg 1994, S. 83f., 128.

a Exzerpieren Sie den Text.

b Entnehmen Sie dem Text die Bedeutung des Zustandes „Krieg aller gegen alle" und erklären Sie, wodurch dieser Krieg entsteht.

c Erläutern Sie, was diesen Krieg ewig macht.

d Erläutern Sie auch, welche Möglichkeit es gibt, diesen Zustand zu beenden.

e Entnehmen Sie dem Text die Bedeutung des Ausdrucks „bürgerliche Gesellschaft" und erläutern Sie, weshalb Hobbes in diesem Zusammenhang auch von einer „bürgerlichen Person" spricht.

f Erläutern Sie den Zusammenhang zwischen der bürgerlichen Gesellschaft und dem Problem der Rechtsetzung.

g Setzen Sie sich kritisch mit dem Konzept von Hobbes auseinander.

1. Beschreiben Sie das Gemälde.

2. Informieren Sie sich über Ludwig XIV von Frankreich und über seine Feststellung „Der Staat bin ich“.

3. Diskutieren Sie die Vorteile und Nachteile einer absolutistischen Gesellschaftsordnung für den Bürger.

4. Wiederholen Sie die Geschichte des Michael Kohlhass. Formulieren Sie als Lehre aus diesem Fall eine Mindestanforderung an die Rechtsordnung in einem absolutistischen Staat.

5. Formulieren Sie Regeln für Richter, die es ihnen ermöglichen, in einer absolutistischen Rechtsordnung zu urteilen.

Der Rechtspositivismus als eine Theorie des Rechts

Freilich: „Jedem *Juristen* soll jede vorhandene gesetzliche Verfassung und, wenn diese höheren Orts abgeändert wird, die nun folgende immer die beste sein“ (Kant). Der *Richter,* der Auslegung und dem Dienste der positiven Rechtsordnung untertan, hat keine andere als die juristische Geltungslehre zu kennen, die den Geltungssinn, den Geltungsanspruch des Gesetzes der wirklichen Geltung gleich achtet. Für den Richter ist es Berufspflicht, den Geltungswillen des Gesetzes zur Geltung zu bringen, das eigene Rechtsgefühl dem autoritativen Rechtsbefehl zu opfern, nur zu fragen, was Rechtens ist, und niemals, ob es auch gerecht sei. Man möchte freilich fragen, ob diese Richterpflicht selbst, dieses sacrificium intellectus, diese Blankohingabe der eigenen Persönlichkeit an eine Rechtsordnung, deren künftige Wandlungen man nicht einmal ahnen kann, sittlich möglich sei. Aber wie ungerecht immer das Recht seinem Inhalt nach sich gestalten möge – es hat sich gezeigt, dass es *einen* Zweck stets, schon durch sein Dasein, erfüllt, den der Rechtssicherheit. Der Richter, indem er sich dem Gesetze ohne Rücksicht auf seine Gerechtigkeit dienstbar macht, wird also trotzdem nicht bloß zufälligen Zwecken der Willkür dienstbar. Auch wenn er, weil das Gesetz es so will, aufhört, Diener der Gerechtigkeit zu sein, bleibt er noch immer Diener der Rechtssicherheit. Wir verachten den Pfarrer, der gegen seine Überzeugung predigt, aber wir verehren den Richter, der sich durch sein widerstrebendes Rechtsgefühl in seiner Gesetzestreue nicht beirren lässt; denn das Dogma hat nur als Ausdruck des Glaubens, das Gesetz aber nicht nur als Niederschlag der Gerechtigkeit seinen Wert, sondern auch als Bürgschaft der Rechtssicherheit, und vornehmlich als solches ist es in die Hand des Richters gegeben. Ein gerechter Mann gilt mehr als ein nur rechtlicher, nur gesetzestreuer Mann, von „rechtlichen“ Richtern aber pflegen wir nicht zu reden sondern nur von „gerechten Richtern“, denn ein rechtlicher Richter ist eben dadurch und nur dadurch auch schon ein gerechter Richter.

Aber dem Richter, der im Gewissen gebunden ist, alles gesetzte Recht als geltend zu betrachten, kann ein Angeklagter gegenüberstehen, den sein Gewissen bindet, ungerechtes oder unzweckmäßiges Recht als ungültig zu betrachten, obgleich es gesetzt ist.“ Das Recht kann ihm gegenüber seine Macht bewähren, aber seine Geltung niemals beweisen. Dieser Fall des „Überzeugungsverbrechers“ erweist sich gerade dadurch, dass es für ihn keine Lösung gibt, als ein wahrhaft tragischer Fall. Pflicht forderte vom Täter das Verbrechen, Pflicht fordert vom Richter die Bestrafung und vielleicht fordert sogar Pflicht, die für das aus Pflicht begangene Verbrechen verwirkte Bestrafung auf sich zu nehmen – um der Unverbrüchlichkeit des Rechtes, um der Rechtssicherheit willen.

Radbruch, Gustav: Rechtsphilosophie, 2. Aufl., Heidelberg 2003, S. 84f.

a Fassen Sie den Text zusammen.

b Entnehmen Sie dem Text die „Berufspflicht“ des Richters.

c Erklären Sie diese Berufspflicht mit Hilfe der Ausdrücke „Diener der Gerechtigkeit“ und „Diener der Rechtssicherheit“ und weisen Sie in diesem Zusammenhang auch auf den Unterschied zwischen einem Richter und einem Pfarrer hin.

d Erläutern Sie auch die Problematik des „Überzeugungsverbrechers“.

e Setzen Sie sich kritisch mit dem Rechtspositivismus auseinander.

1. Beschreiben Sie das Foto.

2. Informieren Sie sich über den Volksgerichtshof.

3. Roland Freisler hat „Recht" einmal so definiert: „Recht ist, was dem deutschen Volke frommt [...]. Das gesunde Empfinden des Volkes für Recht und Unrecht bestimmt Inhalt und Anwendung des Strafrechts".
http://www.rewi.hu-berlin.de/online/hfr/9-1996/Drucktext.html – Zugriff: 03.11.2005.
Diskutieren Sie seine Feststellung. – Sehen Sie in dieser Feststellung ein Problem?

4. Der ehemalige baden-württembergische Ministerpräsident Hans Filbinger antwortete auf Vorwürfe wegen seiner Tätigkeit als Marinerichter in der Nazi-Zeit so: „Was damals Recht war, kann heute kein Unrecht sein!" – Würden Sie Filbinger als Rechtspositivisten bezeichnen? Wiederholen Sie gegebenenfalls die Erklärung des Begriffs „Rechtspositivismus" durch erneute Lektüre des Textes „Der Rechtspositivismus als eine Theorie des Rechts".
Bewerten Sie Filbingers Feststellung.

5. Diskutieren Sie die Frage, ob es für eine Gesellschaft günstig ist, wenn ihre Richter Rechtspositivisten sind.

Gerechtigkeit und Rechtssicherheit: Eine neue Theorie des Rechts

Der Positivismus hat in der Tat mit seiner Überzeugung „Gesetz, ist Gesetz“ den deutschen Juristenstand wehrlos gemacht gegen Gesetze willkürlichen und verbrecherischen Inhalts. Dabei ist der Positivismus gar nicht in der Lage, aus eigener Kraft die Geltung von Gesetzen zu begründen. Er glaubt, die Geltung eines Gesetzes schon damit erwiesen zu haben, dass es die Macht besessen hat, sich durchzusetzen. Aber auf Macht lässt sich vielleicht ein Müssen, aber niemals ein Sollen und Gelten gründen. Dieses lässt sich vielmehr nur gründen auf einen Wert, der dem Gesetz innewohnt. Freilich: *einen* Wert führt schon jedes positive Gesetz ohne Rücksicht auf seinen Inhalt mit sich: es ist immer noch besser als kein Gesetz, weil es zum mindesten Rechtssicherheit schafft. Aber Rechtssicherheit ist nicht der einzige und nicht der entscheidende Wert, den das Recht zu verwirklichen hat. Neben die Rechtssicherheit treten vielmehr zwei andere Werte: Zweckmäßigkeit und Gerechtigkeit. In der Rangordnung dieser Werte haben wir die Zweckmäßigkeit des Rechts für das Gemeinwohl an die letzte Stelle zu setzen. Keineswegs ist Recht alles das, „was dem Volke nützt“, sondern dem Volke nützt letzten Endes nur, was Recht ist, was Rechtssicherheit schafft und Gerechtigkeit erstrebt. Die Rechtssicherheit, die jedem positiven Gesetz schon wegen seiner Positivität eignet, nimmt eine merkwürdige Mittelstellung zwischen Zweckmäßigkeit und Gerechtigkeit ein: sie ist einerseits vom Gemeinwohl gefordert, andererseits aber auch von der Gerechtigkeit. [...] Der Konflikt zwischen der Gerechtigkeit und der Rechtssicherheit dürfte darin zu lösen sein, dass das positive, durch Satzung und Macht gesicherte Recht auch dann den Vorrang hat, wenn es inhaltlich ungerecht und unzweckmäßig ist, es sei denn, dass der Widerspruch des positiven Gesetzes zur Gerechtigkeit ein so unerträgliches Maß erreicht, dass das Gesetz als „unrichtiges Recht“ der Gerechtigkeit zu weichen hat. Es ist unmöglich, eine schärfere Linie zu ziehen zwischen den Fällen des gesetzlichen Unrechts und den trotz unrichtigen Inhalts dennoch geltenden Gesetzen; eine andere Grenzziehung aber kann mit aller Schärfe vorgenommen werden: wo Gerechtigkeit nicht einmal erstrebt wird, wo die Gleichheit, die den Kern der Gerechtigkeit ausmacht, bei der Setzung positiven Rechts bewusst verleugnet wurde, da ist das Gesetz nicht etwa nur „unrichtiges Recht“, vielmehr entbehrt es überhaupt der Rechtsnatur. Denn man kann Recht, auch positives Recht, gar nicht anders definieren denn als eine Ordnung und Satzung, die ihrem Sinn nach bestimmt ist, der Gerechtigkeit zu dienen.

Radbruch, Gustav: Rechtsphilosophie, 2. Aufl., Heidelberg 2003, S. 215f.

a Exzerpieren Sie den Text.

b Entnehmen Sie dem Text die Bewertung des Positivismus.

c Erläutern Sie Radbruchs Kritik.

d Entnehmen Sie dem Text die Werte, die das Recht zu verwirklichen hat und erläutern Sie die Rangordnung dieser Werte.

e Erklären Sie, wie der Konflikt zwischen der Gerechtigkeit im Allgemeinen zu lösen ist.

f Geben Sie Radbruchs „Grenzziehung“ zwischen Recht und Unrecht wieder, die als „Radbruch'sche Formel“ bekannt wurde.

g Bewerten Sie Filbingers Erklärung zum Recht in der Nazi-Zeit noch einmal und zwar jetzt durch Anwendung der Radbruchschen Formel.

1. Beschreiben Sie das Bild. Informieren Sie sich im Buch der Könige der Bibel über das Urteil Salomons: Welche Eigenschaften werden Salomon zugeschrieben?

2. Informieren Sie sich über die Bedeutung der Redensart „Salomonisches Urteil".

3. Diskutieren Sie die Frage, über welche Eigenschaften ein Richter verfügen sollte, damit sich die Redensart „Vor Gericht und auf hoher See ist man in Gottes Hand" nicht bestätigt. – Überprüfen Sie, inwieweit Ihr Bild von einem Richter dem Ideal des „gerechten" Richters entspricht.

4. Informieren Sie sich über den Begriff der Gerechtigkeit, z. B. im „Lexikon der Ethik".

5. Formulieren Sie Regeln für einen Richter, der der Gerechtigkeit dienen will.

Gerechtigkeit in der konkreten Rechtsprechung

Die europäischen Richter bestätigten die deutschen Strafurteile gegen Krenz und einige andere Kläger [...]. Was bedeutet dies?

Erstens: In der Tat Siegerjustiz aber eben ein Sieg der Gerechtigkeit, nicht des politischen Siegers. Dass Krenz verurteilt wurde, hat nichts mit der Willkür des einen deutschen Staats über den anderen deutschen Staat zu tun, sondern entspricht dem gemein-europäischen Rechtsdenken.

Zweitens: Weshalb soll es Egon Krenz besser ergehen als General Pinochet? Mit anderen Worten: Weshalb soll die Entwicklung des internationalen Rechtsdenkens, das Diktatoren immer deutlicher den friedlichen Ruhestand nach dem Unterdrücken ihrer Landsleute verweigert, nun ausgerechnet vor Deutschland halt machen?

Aber, wo bleibt nun, drittens, das Verbot rückwirkenden Strafens: nulla poena sine lege? Wenn man die Dinge genau betrachtet, sind da die europäischen Richter sogar mutiger gewesen als die deutschen. Die deutsche Strafjustiz hat sich, was die Mauermorde betrifft, vor allem auf den Gedanken gestützt, die Grenzsicherungs-Morde seien Exzesstaten gewesen und erst der Exzess habe einen Verstoß gegen das Recht dargestellt. Das europäische Gericht sagt nun: Sie waren in der Wurzel und prinzipiell Unrecht weil selbst das DDR-eigene Recht im Lichte der Konventionen ausgelegt, die von der DDR unterschrieben worden waren, das Grenzregime (inklusive Schießbefehl) als Unrecht desavouiert hatte. In diesem Gedanken deutet sich an und weitet sich aus ein überaus interessanter Gedanke: Ungeachtet aller nationaler Souveränitäten wächst die internationale Menschenrechtsgemeinschaft als Auslegungsinstanz auch der nationalen Rechtssetzungen heran.

Lassen wir also Egon Krenz ruhig weiter von „Siegerjustiz" reden. Kein Angeklagter ist dazu verpflichtet, seine Niederlage einzugestehen. Aber wir dürfen aus seinen Worten (inzwischen: ruhig) ahnen, was es bedeutet haben würde, wenn Egon Krenz gesiegt hätte vor der deutschen politischen Wende und nach dem deutschen Strafprozess.

Im übrigen ein Wort zur Erinnerung an Günter Schabowski: Der hatte im Strafprozess seine Schuld anerkannt und das Urteil akzeptiert. Er ist inzwischen begnadigt worden. Kein fauler Deal war das, sondern – und dieses Mal auf allen Seiten – ein Sieg der Justiz. Und ohne dass man Berufung einlegen müsste.

Leicht, Robert: Enteignet die Rache ..., in: Die Zeit, Nr. 13, 2001. http://www.zeit.de/2001/13/200113_robertleicht_0323.xml – Zugriff: 21.04.2008.

a Fassen Sie den Text zusammen.

b Informieren Sie sich über Egon Krenz und die DDR.

c Entnehmen Sie dem Text, für welche Taten und von welchen Instanzen Krenz verurteilt wurde.

d Erklären Sie, weshalb er diese Urteile als „Siegerjustiz" bezeichnete.

e Erläutern Sie die Urteilsbegründung des Europäischen Gerichtshofs und erklären Sie, weshalb das Urteil gegen Krenz keine rückwirkende Bestrafung war.

f Bewerten Sie das Urteil gegen Krenz, indem Sie sich auf die Radbruch'sche Formel beziehen.

g Informieren Sie sich über internationale Gerichte, beispielsweise über den Europäischen Gerichtshof in Luxemburg, den Internationalen Gerichtshof Den Haag oder das UN-Kriegsverbrechertribunal in Den Haag.

h Entnehmen Sie dem Text, inwiefern der Fall Krenz zur Entwicklung des internationalen Rechtsdenkens beigetragen hat.

Reflexion der Rechtsphilosophie Gustav Radbruchs

1.

- a Fassen Sie den einleitenden Text „Die Grundlegung der Rechtsgemeinschaft: Radbruch" zusammen.
- b Entnehmen Sie dem Text, welchen Zwecken die Gerechtigkeit dienen kann und erläutern Sie, wann ein System ungerecht ist.
- c Geben Sie die Werte an, die das Recht zu wahren und zu schützen hat und erklären Sie, inwiefern hier auch die Wurzeln für die politischen Parteien liegen.
- d Informieren Sie sich über die Bedeutung der Begriffe „Legitimität" und „Legalität".
- e Stellen Sie den Zusammenhang dar zwischen den Rechtszwecken und dem Problem der Legalisierung des Rechts.
- f Erläutern Sie, wie nach Radbruch das Ideal der Gerechtigkeit realisiert werden kann.

2.

http://history.sandiego.edu/cdr2/WW2Pics4/91078.gif – Zugriff: 02.11.2005

- a Beschreiben Sie das Bild. – Finden Sie eine Bildüberschrift.
- b Informieren Sie sich über den ersten Nürnberger Prozess, der vom 20. November 1945 bis zum 1. Oktober 1946 stattfand.
- c Wählen Sie ein Urteil des Internationalen Militärgerichtshofes aus. (Beispielsweise über die Adresse *http://www.bz.nuernberg.de/bzshop/publikationen/nproz/nproz.html#prozess – Zugriff: 04.11.2005.)* – Überprüfen Sie dieses Urteil durch Anwendung der Theorie Gustav Radbruchs.

3. Kurz vor Kriegsende 1945 fand in dem ostwürttembergischen Dorf Brettheim – zwischen Rothenburg ob der Tauber und Crailsheim gelegen – ein Verbrechen statt, das ein bezeichnendes Licht auf den Charakter der Endphase des Weltkrieges wirft. Damals richtete sich der Terror der SS und der Wehrmacht gegen die kriegsmüden Teile der Bevölkerung des eigenen Landes, der Devise folgend: ‚Wer zurückweicht, wird erschossen.'

Vier durch die Endsieg- und Durchhaltepropaganda aufgehetzte Jugendliche, Angehörige der Hitler-Jugend, wollten die anrückenden US-amerikanischen Truppen mit Panzerfäusten bekämpfen. Der Brettheimer Bauer Hanselmann – ein Mann mit gesundem Menschenverstand – befürchtete, dass die Amerikaner das ganze Dorf unter Beschuss nehmen würden, wenn ihnen Abwehrfeuer entgegenschlüge. Er nahm den uniformierten Jugendlichen daher die Panzerfäuste ab und warf sie kurzerhand in einen Teich.

Daraufhin trat in Brettheim ein SS-Sturmbannführer [Major] namens Gottschalk in Aktion. Er stellte ein Standgericht zusammen, das den Bauer Hanselmann wegen Wehrkraftzersetzung zum Tode verurteilte. Gottschalk wünschte, aus welchem Grunde auch immer, dass der NSDAP-Ortsgruppenleiter sowie der Bürgermeister des Ortes das Todesurteil gegen den Bauer Hanselmann mit unterschreiben sollten. Diese weigerten sich jedoch. Daraufhin stellte Gottschalk ein neues Standgericht zusammen. Es verurteilte nun nicht nur den Bauern Hanselmann erneut zum Tode, sondern auch den Ortsgruppenleiter und den Bürgermeister. Alle drei wurden dann am Ortsrand von Brettheim, in der Nähe des Friedhofs, an Lindenbäumen erhängt. Die Hitler-Jungen und andere Einwohner des Ortes waren als Zuschauer anwesend. Man schrieb den 15. April 1945. Vier Wochen später war der Krieg zu Ende.

In den 50er Jahren wurde der Fall Brettheim neu aufgerollt mit dem Ziel, das Standgerichtsurteil von 1945 für Unrecht zu erklären und die Mörder zu bestrafen.

http://www.vvn-bda.de/freiburg/wette.pdf – Zugriff: 03.11.2005.

- a Stellen Sie den Fall in eigenen Worten dar.
- b Beurteilen Sie den Fall Brettheim durch Anwendung der Theorie Radbruchs.
- c Informieren Sie sich über das Urteil des Ansbacher Schwurgerichts von 1960.

8. Reflexion der Allgemeinen Ethik

1.

a Exzerpieren Sie den einführenden Text „Die allgemeine Ethik als Grundlage des Ethikunterrichts“ (S. 64).

b Erklären Sie die Begriffe „Ethik“ und „Handlung“ und erläutern Sie den Zusammenhang, in dem diese Begriffe stehen.

c Informieren Sie sich über den philosophischen Begriff der „praktischen Vernunft“.

d Erklären Sie das System der Ethik und erläutern Sie den Zusammenhang mit der Ethik Kants.

e Informieren Sie sich über den Begriff der Würde und erläutern Sie seine Bedeutung für das System der Ethik.

f Geben Sie jeweils das ethische Prinzip der im Abschnitt „Allgemeine Ethik“ vorgestellten Theorien wieder.

g Erläutern Sie in einem Essay die Aufgaben der Allgemeinen Ethik.

2. Nach Otfried Höffe beziehen sich die Unsicherheiten und Uneinigkeiten der Menschen in der Frage des Handelns entweder auf
   - die Anwendung einer Maxime,
   - die moralische Qualität einer Maxime,
   - das Prinzip, das die moralische Qualität gewährleistet,
   - sowie auf die Grundfrage, warum man überhaupt nach der Maxime bzw. dem moralischen Prinzip fragen soll und sich nicht auf dem Standpunkt des Selbstinteresses stellen kann.

   Vgl. Höffe, Otfried: Begründung, in: Höffe, Otfried (Hg.): Lexikon der Ethik, 4. Aufl., München 1992, S. 20.

   Diskutieren Sie den Beitrag des Ethikunterrichts für den Umgang mit diesen Unsicherheiten und Uneinigkeiten.

3. Durch die Begründung wird weder der sittliche Standpunkt noch ein konkretes sittliches Urteil aus dem Nichts hervorgebracht. Eine gelebte Moral, ein schon vorhandenes sittliches Bewusstsein werden vielmehr über sich selbst aufgeklärt, eventuell auch kritisiert. Durch die Erkenntnis des Prinzips sieht man, dass sittliche Gebote nicht eine Sache willkürlicher Dezision oder persönlichen Gefühls, nicht eine Frage der Herkunft, des Taktes oder der eingespielten Konvention und letztlich auch nicht bloß Gebote einer religiösen Instanz sind. Der Mensch wird sich vielmehr seiner Autonomie bewusst. Zugleich gewinnt er das Kriterium, nach dem sich die Autonomie seines Handelns prüfen lässt.

   Höffe, Otfried: Begründung, in: Höffe, Otfried (Hg.): Lexikon der Ethik, 4. Aufl., München 1992, S. 21.

   Setzen Sie sich mit diesem Text auseinander. Gehen Sie dabei beispielsweise so vor:

   a Erläutern Sie am Text die Bedeutung der Begründung.

   b Erklären Sie am Text den Begriff „Autonomie“. – Vergleichen Sie diesen Begriff mit der Autonomie bei Kant (ggf. unter Berücksichtigung des Textes auf S. 71).

   c Ordnen Sie den Text von Höffe in das Theoriespektrum der Allgemeinen Ethik ein.

4. Jedes Urteil über ein in seiner konkreten Individualität Gemeintes, wie es die uns begegnenden Situationen des Handelns von uns verlangen, ist streng genommen ein Urteil über einen Sonderfall. Das besagt nichts anderes, als dass die Beurteilung des Falles den Maßstab des Allgemeinen, nach dem sie geschieht, nicht einfach anwendet, sondern selbst mitbestimmt, ergänzt und berichtigt. Daraus folgt letzten Endes, dass alle sittlichen Entscheidungen Geschmack verlangen – nicht als ob diese individualste Auswägung der Entscheidung das allein Bestimmende an ihnen ist, aber sie ist ein unentbehrliches Moment. Es ist wirklich eine Leistung undemonstrierbaren Taktes, das Richtige zu treffen und der Anwendung des Allgemeinen, des Sittengesetzes eine Disziplinierung zu geben, wie sie die Vernunft selber nicht leisten kann. So ist Geschmack zwar gewiss nicht die Grundlage, wohl aber die höchste Vollendung des sittlichen Urteils. Wem das Unrechte gegen den Geschmack geht, dessen Sicherheit im Annehmen des Guten und Verwerfen des Schlechten ist die höchste – so hoch, wie die Sicherheit des vitalsten unserer Sinne, der Nahrung wählt oder abweist.

   Gadamer, Hans-Georg: Wahrheit und Methode. Grundzüge einer philosophischen Hermeneutik, 6. Aufl., Tübingen 1990, S. 45.

Setzen Sie sich mit dem Text auseinander. Gehen Sie dabei beispielsweise so vor:

- a Geben Sie den Text in eigenen Worten wieder.
- b Stellen Sie den Zusammenhang zwischen diesem Text und der Allgemeinen Ethik dar, also beispielsweise die Bedeutung des Textes für die Erläuterung des Vermögens, ein moralisches Urteil zu fällen.
- c Vergleichen Sie die Texte von Gadamer und Höffe.
- d Erläutern Sie, wie ein Geschmacksurteil überprüft bzw. wie es begründet werden könnte.
- e Bewerten Sie den Text von Gadamer.

5. Ein bekannter Aphorismus von Novalis lautet: „Das Leben soll kein uns gegebener, sondern ein von uns gemachter Roman sein".

   Die romantische Vorstellung vom Leben als einem Roman ist also nicht nur bildlich oder übertragen zu verstehen, sie vermag den Zusammenhang von Lebensgeschichte und fiktiver Geschichte herzustellen.

   Lebensgeschichten und fiktive Geschichten unterscheiden sich allein darin, dass wir als Autoren in der Lebensgeschichte einen anderen Platz einnehmen als in einer frei erfundenen Geschichte. Letztere ist in ihrer Gestaltung nicht beschränkt, während die Lebensgeschichte an enge Vorgaben gebunden ist. Die Frage, *wie* das Leben ‚ein von uns selbst gemachter Roman' werden kann, lässt sich also nicht mit der bloßen Behauptung begründen, *dass* wir dazu in der Lage sind. Sie muss im Hinblick auf ihr *Wie* analysiert und präzisiert werden:

   1. *Wie wird erkannt, dass wir in Geschichten leben,* dass unser Leben, unser Alltag und auch die Lebenswelt in Geschichten stattfindet, die maßgebliche Form der Erfahrung also die Geschichten sind?
   2. *Wie kann ich zeigen, in welcher Geschichte wir dann auch leben?*
      Denn es geht ja bei diesem das Leben bestimmenden Verstricktsein nicht nur um Geschichten überhaupt bzw. um Geschichtlichkeit, sondern das Leben ist immer durch *die konkrete Geschichte* bestimmt. Eine Geschichte gibt nicht nur durch den formalen Rahmen des In-Geschichten-Seins etwas vor, sondern durch die konkrete Geschichte, in der wir leben.

   Grätzel, Stephan: Raum – Zeit – Kausalität. Propädeutik der Praktischen Philosophie, London 2008, S. 146.

In dieser Aufgabe geht es um die Anwendung der Methode „Philosophieren mit narrativen Texten".

Vorgeschlagene Vorgehensweise:

- a Fassen Sie den Text von Stephan Grätzel zusammen.
- b Entnehmen Sie diesem Text die Begründung für die Methode des „Philosophierens mit narrativen Texten".
- c Verständigen Sie sich in Ihrer Lerngruppe auf die Lektüre eines Romans. Wichtig ist, dass der Roman *von allen* gelesen wird. Eventuell benötigt man deshalb ca. zwei Wochen Vorlauf für die Lektüre.
- d Erklären Sie, wie sich im ausgewählten Roman die Verstrickungen zeigen.
- e Diskutieren Sie die Frage, wie weit die Erhellungen von Verstrickungen im Roman für das konkrete Leben aufschlussreich werden können.
- f Erklären Sie, unabhängig vom gelesenen Roman, welche Rolle die Rechtfertigung im Leben eines Menschen spielt.
- g Erläutern Sie den Zusammenhang zwischen den Verstrickungen im Roman, dem sich daraus ergebenden eigenen Bedürfnis nach Rechtfertigung und den ihnen bekannten ethischen Theorien.

IV. Orientierung in den Bereichsethiken: Das Ich in problemhaltigen Lebenslagen

1. Bereichsethiken: Eine Einführung

„Bereichsethiken" werden auch „Angewandte Ethiken" genannt, wenn man den Anwendungsbezug betonen will. „Anwendung" im Bereich der Ethik bedeutet aber etwas anderes als beispielsweise in den Naturwissenschaften. Man erklärt naturwissenschaftliche Phänomene durch Anwendung naturwissenschaftlicher Theorien. In der Ethik gibt es jedoch keine Theorien und Methoden, die man auf bereichsethische Fragen mit dem Ziel anwenden könnte, ein Sollen allgemein zu begründen. Vielmehr meint „Anwendung" in der Ethik die Diskussion praktischer Fragen, die in den Wissenschaften oder in der Gesellschaft entstehen und die von der Gesellschaft in ihrer Gesamtheit beantwortet und verantwortet werden müssen. In unserem Kontext heißt „Anwendungsbezug" also nicht Anwendung einer fertigen, d.h. überprüfbaren und allgemein akzeptierten Theorie, sondern gesellschaftsweite Diskussion der vorliegenden praktischen Fragen.

Heute wird diese Diskussion häufig in so genannte „Ethikkommissionen" ausgelagert. Ihr Thema ist u.a. die Beurteilung von Forschungsvorhaben, die an Lebewesen durchgeführt werden. Die Ethikkommissionen erstellen ein schriftliches Votum für oder gegen das beantragte Vorhaben. Dieses Verfahren ist in Deutschland beispielsweise für jede Klinische Prüfung gesetzlich vorgeschrieben, die für die Zulassung eines Arzneimittels durchzuführen ist.

Ethikkommissionen treffen also weitreichende Entscheidungen und sollten deshalb bei ihrer Arbeit von einer aufmerksamen und kritischen Öffentlichkeit begleitet werden. Leider nimmt jedoch die Öffentlichkeit kaum Notiz von dieser Arbeit, auch weil es manchmal um ganz spezielle Fragen geht, die nur Spezialisten in ihrer Komplexität und Problematik überblicken können. Durch die Arbeit dieser Kommissionen entstehen jedoch Normen und deshalb sollte ihre Tätigkeit kontrolliert werden. Die Gesellschaft muss also mit Kompetenzen ausgestattet werden, die eine Kontrolle möglich machen.

Was kann der Ethikunterricht zu dieser Kontrolle beitragen?

Im Ethikunterricht versuchen wir, die oben genannte „gesellschaftsweite Diskussion" zu rekonstruieren. Genauer geht es uns um die Rekonstruktion des Dialogs zwischen der jeweils beteiligten Fachwissenschaft und der Ethik. Diesen Dialog werden wir symmetrisch anlegen, er wird „auf gleicher Augenhöhe" stattfinden. Keine Disziplin darf die andere dominieren. In logischer Hinsicht müssen wir uns an den Prinzipien der Verallgemeinerbarkeit und Konsistenz orientieren, aber auch die Möglichkeit von zwei Fehlschlüssen sehen und vermeiden, nämlich dem naturalistischen und dem normativistischen Fehlschluss.

Der von David Hume entdeckte naturalistische Fehlschluss besagt, dass aus dem Sein kein Sollen hergeleitet werden kann. Er würde sich ereignen, wenn vom Standpunkt der Wissenschaften gesagt würde: „Es darf gemacht werden, weil wir es können!"

Der von Otfried Höffe entdeckte normativistische Fehlschluss, besteht darin, allein aus normativen Überlegungen spezifische oder gar konkrete Verbindlichkeiten abzuleiten. Er würde sich ereignen, wenn vom Standpunkt der philosophischen Ethik aus gesagt würde: „Es darf gemacht werden, weil wir es erlauben."

In der Diskussion zu bereichsethischen Themen geht es also nicht um die Begründung eines Sollens; vielmehr wird gezeigt, wie sich ein Dürfen legitimieren ließe. Die zu diskutierende Frage ist: Was darf ich tun?

Das im Abschnitt „Allgemeine Ethik“ entwickelte Diagramm (S. 71) muss demnach in folgender Weise erweitert werden:

Bereichsethisches Fragen zielt auf Handlungsfähigkeit in den dringendsten praktischen Fragen der Gesellschaft. Es geht um ein Können im Spannungsfeld zwischen Müssen und Dürfen, das letztlich am Leitbegriff der Würde orientiert ist. Dabei orientiert die Würde manchmal direkt (wie in der Medizinischen Ethik), in jedem Fall sollte sie aber indirekt orientieren.

Bei der Orientierung in gesellschaftlichen Handlungsfeldern kommt es somit auf den Begriff der Würde an und unsere Aufgabe muss auch sein, diesen Begriff selbst zu problematisieren.

In den letzten Jahren haben sich die folgenden praktischen Fragestellungen entwickelt, die mittlerweile durch bereichsethische Disziplinen charakterisiert werden und die mit bestimmten Fachwissenschaften und ethischen Theorien bzw. ethischen Grundprinzipien in Zusammenhang stehen:

Gesellschaftliche Problemstellung	**Bereichsethische Disziplin**	**Fachwissenschaft(en)**	**Ethische Theorie bzw. ethisches Grundprinzip**
Wie kann ein gerechtes Zusammenleben gewährleistet werden?	Sozialethik	Soziologie Religionswissenschaft Psychologie	Schopenhauer: Mitleidsethik
Wie können die weltweit erzeugten Güter gerecht verteilt werden?	Wirtschaftsethik	Betriebswirtschaft Volkswirtschaft Politologie	Aristoteles: Gerechtigkeitslehre
Wie kann mit den Möglichkeiten der Gentechnik verantwortlich umgegangen werden?	Bioethik	Biologie	Apel: Diskursethik
Wie kann mit den Möglichkeiten der Medizin verantwortungsvoll umgegangen werden?	Medizinische Ethik	Medizin	Der Begriff der Menschenwürde

Um im Ethikunterricht die gesellschaftsweite Diskussion zu rekonstruieren, müssen wir uns mit folgenden Textsorten auseinandersetzen:

- allgemeine, hinführende Texte, die die Problemstellung erläutern;
- allgemein verständliche, eher populärwissenschaftliche Texte, die den fachlichen Zusammenhang klären;
- Texte ethisch-philosophischen Inhalts, aus denen sich im Hinblick auf die Fragestellung und im Zusammenspiel mit den anderen Textsorten ein Dialog ergeben könnte.

2. Sozialethik: Das gesellschaftliche Zusammenleben als Problem

Ende des 19. Jahrhunderts verfestigte sich, auch durch die Forschungen und Erkenntnisse von Charles Darwin, die *On the Origin of Species* ihren bahnbrechenden Ausdruck fanden, die Vorstellung vom *Survival of the fittest* als einer *sozialen* Kategorie. Wie der vollständige deutsche Titel von Darwins Buch in zeitgenössischer Schreibart (*Über die Entstehung der Arten im Thier- und Pflanzen-Reich durch natürliche Züchtung, oder Erhaltung der vervollkommneten Rassen im Kampfe um's Daseyn*) nahelegt, wird in der Folge im so genannten Evolutionismus und Sozialdarwinismus das Leben und Zusammenleben auch von menschlichen Lebewesen als ein Kampf der Rassen verstanden. Sehr schnell wurden dabei die biologischen Beobachtungen Darwins zu ethischen Lebenswerten umgemünzt. So werden in den Schriften des Engländers Herbert Spencer (1820–1903) und in Deutschland von Ernst Haeckel (1834–1919) biologische Erkenntnisse zum Leben und Überleben von Arten und Gattungen zu einer sozialethischen Grundregel für Einzelne und Gemeinschaften erhoben.

Damit war nicht nur ein neues, im Unterschied zum theologischen jetzt biologisches Naturrecht erfunden, das die Selektion zum Prinzip erhebt und damit erstmals einen naturalistischen Fehlschluss naturwissenschaftlich zu fundieren versucht. Es wurde auch die weitgehend durch die christliche Religion bestimmte Sozialethik, die nicht vom Kampf, sondern von Nächstenliebe bestimmt ist und den Kampf in jedweder Form – auch gegen das Böse ablehnt – nach Jahrhunderte langer Vorherrschaft abgelöst. Mit der Diskussion sozialdarwinistischer Lebensanschauungen in der Ethik ist auch ein weitreichender Einfluss auf die Politik zu verzeichnen. Imperialimus und Rassismus scheinen nun gleichsam von Natur aus gegeben zu sein. Die Unmenschlichkeit wird auf diese Weise zur legitimierten Größe im sozialen Miteinander. Durch diese Legitimierung werden auch ältere Menschenbilder, etwa Nietzsches Vorstellung vom Übermenschen, die keinen rassistischen Hintergedanken haben, in einem neuen Licht gesehen und zur Fundierung des Rassismus umgedeutet.

Nach dem Niedergang des Nationalsozialismus wurden die grauenvollen Folgen eines rassistischen Denkens in nie geahnter Weise deutlich. Damit geriet auch der Sozialdarwinismus in Misskredit.

Gegen Ende des 20. Jahrhunderts wurde die Biologie aufgrund des großen Fortschritts im Bereich der Mikrobiologie erneut zur kulturellen Leitwissenschaft. Diese Entwicklung hatte Auswirkungen auf die Sozialethik, weil man dazu überging, die Beobachtungen und Berechnungen von Tierpopulationen in Analogie zur menschlichen Kultur zu sehen.

So hat der amerikanische Ameisenforscher Edward O. Wilson seine soziobiologischen Beobachtungen zur Grundlage einer Einheitstheorie von Naturwissenschaften und Geisteswissenschaften gemacht, insbesondere in seinem 1998 erschienenen Werk *Consilience* (*Vereinigung*). Weitere populär gewordene Versuche der Biologisierung finden sich bei dem englischen Zoologen Richard Dawkins, der erstmals mit seinem 1976 erschienenen Buch: *The Selfish Gene* (*Das egoistische Gen*) populär wurde. Hier wiederholen sich die Biologisierungen der Kulturtheorie vom Ende des 19 Jahrhunderts, nun allerdings massiv unterstützt durch populärwissenschaftliche Verbreitungen in den Medien. Wilson und Dawkins argumentieren dabei vor allem gegen Religionen, insgesamt aber gegen die kulturelle Autonomie sozialen Verhaltens.

Diese Entwicklungen sind eine Herausforderung für die Sozialethik, weil ihr Gegenstand die *Eigen*gesetzlichkeit sozialen Verhaltens ist. Sie unterscheidet sich von der allgemeinen Ethik in der Spezialisierung ihrer Fragestellung auf den Bereich der Mitverantwortung für den Anderen überhaupt, insbesondere aber für den Anderen, soweit er nicht der gleichen Kultur, der gleichen Religion, der gleichen Hautfarbe, dem gleichen Geschlecht usw. angehört.

Die Sozialethik beschäftigt sich also mit der Verträglichkeit differenter Gruppen, ohne dabei auf die biologischen Unterschiede einzugehen. Dieses Ausklammern biologischer bzw. die Beschränkung auf kulturimmanente Merkmale dient nicht der Absicht, wichtige Informationen und Erkenntnisse der Naturwissenschaften über die menschliche Natur zu ignorieren.

Vielmehr wird dabei das Ziel verfolgt, wirksame Faktoren sozialen Verhaltens unabhängig von ihrer biologischen oder psychologischen Beschreibung zu bestimmen. Zu diesen wirksamen Faktoren gehört die Gerechtigkeit und ihre sowohl austeilende wie ausgleichende Intention im menschlichen Handeln, aber auch die Solidarität und Brüderlichkeit zwischen den Menschen unabhängig von Hautfarbe, Religion oder Nation. Um die übergreifenden Merkmale herauszustellen und zu kultivieren, hat die Sozialethik die Formen des Verstehens und Fremdverstehens systematisiert. So hat beispielsweise die christliche Sozialethik auch schon in der Vergangenheit nicht nur die Aufgabe erfüllt, das Gebot der christlichen Nächstenliebe – also der Feindesliebe – wissenschaftlich zu systematisieren, sondern das Anliegen verfolgt, die Verträglichkeit mit dem Fremden und zunächst Unverständlichem herbei zu führen. Das Fremdverstehen ist wichtig und notwendig für das Eigenverstehen. Die Frage der Ethik *Wie kann Leben gelingen?* ist in der Sozialethik auf die speziellere Frage zugeschnitten, wie das Ich seine Mitverantwortung für den Anderen erkennt und bewältigt.

Der theoretische Zugang zur Sozialethik findet sich in philosophischen Ansätzen, die den Dialog zugrunde legen und ein Alteritätsdenken entwickeln, das den Anderen immer schon in einem Füreinander integriert sieht. Die hier gefundene und herausgestellte Rezeption des Anderen wird auf die Rezeption fremder Systeme erweitert und auf konkrete Problemfelder geführt. Solche Problemfelder sind längst nicht mehr allein innergesellschaftliche soziale Fragen, also die Problematik der sozialen Gerechtigkeit und der Schwierigkeit der Integration auseinander driftender sozialer Schichten. Ein neues Problem stellt die Begegnung fremder Kulturen, vor allem fremder Religionen mit dem eigenen oder im eigenen Kulturkreis dar. Hierbei kommt es nicht nur zu lokalen Konflikten. Im Zuge der Globalisierung kann heutzutage eine lokale Nachricht in einem Land schwere Konflikte in anderen Teilen der Welt hervorbringen. Die heutige Sozialethik ist eine Makroethik mit einer globalen Perspektive. Durch die Medien wird eine Annäherung der Kulturen herbeigeführt, wie dies vorher in der Geschichte des Planeten noch nie der Fall war. Damit sind aber erhebliche Reibungen und Spannungen verbunden. Ein verträgliches Zusammenleben in der Zukunft wird nur möglich sein, wenn sich die Sozialethik mit den internationalen Anforderungen, die in Fragen globaler Gerechtigkeit und Frieden zwischen den Religionen und Kulturen gestellt werden, weiter entwickelt.

Wir haben festgestellt, dass der Sozialethik eine grundlegende Bedeutung in den Bereichsethiken zukommt: Fremdverstehen und Interreligiöser Dialog sind Indikatoren für das Funktionieren einer Gesellschaft und deshalb im Rahmen der Sozialethik zu behandeln. Die sozialethische Frage nach dem Anderen hat aber nicht nur diese lokale Dimension, sondern auch eine globale. Als Makroethik befasst sie sich mit wirtschafts-ethischen Fragen der Globalisierung (vgl. „Wirtschaftsethik“), aber auch mit den ethischen Fragen, wie sie sich im weltweiten Zusammenhang aus dem Fortschritt der Biowissenschaften ergeben (vgl. „Bioethik“ und „Medizinethik“).

2.1 Der interreligiöse Dialog

Für die Sozialethik stellt der Themenbereich „Religion" eine große Herausforderung dar. Die andere Religion birgt oft ein erhebliches Konfliktpotenzial im Hinblick auf die Gestaltung des gesellschaftlichen Zusammenlebens. Die entscheidende Frage ist, wie wir die andere Religion beurteilen: Sehen wir in ihr eine Bedrohung oder eine Bereicherung? Respektieren wir das Läuten der Glocken christlicher Kirchen und Kapellen? Wie stellen wir uns zu andersartigen religiösen Gebräuchen, wie beispielsweise dem rituellen Schlachten von Tieren? Wie halten wir es mit Moscheen in unseren Städten und Dörfern? Ein friedliches und respektvolles Miteinander kann auch zum Problem werden, wenn große Gruppen aufeinander treffen. In Deutschland leben über 50 Millionen Christen, über 3 Millionen Muslime, ca. 245000 Buddhisten und ca. 200 000 Juden, um nur die größten Religionsgemeinschaften zu nennen. Es stellt sich deshalb die Frage, wie das Zusammenleben der verschiedenen Religionen möglichst konfliktarm gestaltet werden kann.

Als ein Instrument der Konfliktvermeidung bzw. der Konfliktlösung wird häufig der Dialog genannt. Der Tübinger Theologe Hans Küng hat diese Möglichkeit einmal so begründet: „Kein Frieden unter den Nationen ohne Frieden unter den Religionen. Kein Frieden unter den Religionen ohne Dialog zwischen den Religionen. Kein Dialog zwischen den Religionen ohne gemeinsame ethische Maßstäbe."

Der Göttinger Politologe Bassam Tibi schreibt: „Der Bedarf an einer universell gültigen Ethik als Basis einer internationalen, d.h. kulturübergreifenden Moralität ist in unserem Zeitalter größer, als dies welthistorisch je der Fall gewesen ist. [...] Demokratie und individuelle Menschenrechte müssen im Zeitalter des Zusammenpralls der Zivilisationen der Inhalt dieses Konsens sein."

Ein Interreligiöser Dialog ist also notwendig und er ist auf der Basis der unantastbaren Menschenwürde und der Menschenrechte (also auf der Basis der durch das Grundgesetz garantierten gesellschaftlichen Ordnung) auch möglich. Als Themen für diesen Dialog wählen wir: Theologie, Fundamentalismus und Gender. Gesprächspartner sind die größten Religionsgemeinschaften in Deutschland, also Christentum, Islam, Buddhismus und Judentum.

Eine Schwierigkeit ergibt sich aus der Tatsache, dass Christentum, Islam und Judentum monotheistische Religionen sind, während der Buddhismus aus einer anderen Tradition kommt. Zu überlegen ist also, inwiefern der Buddhismus an diesem Dialog teilnehmen kann.

Im Hinblick auf den Buddhismus spricht der Indologe Erich Frauwallner von einem „Befreiungspragmatismus" und sein Kollege Hellmuth von Glasenapp von einer „a-theistischen Religion". Ein Gespräch könnte schwierig werden: Wenn man der Literatur folgt, dann setzt die Beschäftigung mit dem Buddhismus die Bereitschaft voraus, sich auf etwas ganz Anderes einzulassen. Unter diesem Gesichtspunkt fächert sich die Frage nach einer Teilnahme des Buddhismus am Dialog in drei weitere Fragen auf:

1. Worin besteht inhaltlich das ganz Andere des Buddhismus? Gibt es eine einheitliche buddhistische Lehre?
2. Wo sind die Grenzen eines (interreligiösen) Dialogs mit dieser östlichen „Religion"?
3. Welche Möglichkeiten und Chancen hat ein Dialog?

Die erste Frage wollen wir klären, indem wir versuchen, in die Lehre des Buddha einzuführen. Die zweite und dritte Frage werden wir am Problem der Menschenrechte und am Problem des Umgangs mit der Umwelt bzw. den Tieren diskutieren, weil die im Zusammenhang mit dem Judentum, dem Christentum und dem Islam diskutierten Problemfelder Theologie, Gender und Fundamentalismus eng mit dem Monotheismus dieser Religionen zusammenhängen. Einerseits gibt es Fragen, die für ein friedliches Zusammenleben der monotheistischen Religionen thematisiert und geklärt werden müssen, andererseits gibt es Aufgabenfelder, die einen globalen Problemgehalt haben und deshalb im weltweiten Kontext zu diskutieren sind.

Wie werden die Gesprächsthemen der monotheistischen Religionen begründet?
Das Wort „Theologie“ kommt aus dem Griechischen und bezeichnet in der griechischen und römischen Philosophie die Aufdeckung des Wahrheitsgehalts der religiösen Mythen, d.h. die kritische Mytheninterpretation. So verstandene Theologie ist also die philosophische Reflexion der metaphysischen Dimension des Menschen.

In den christlichen Sprachgebrauch wurde der Name erst im 4./5. Jahrhundert einbezogen, zunächst als Bezeichnung der Lehre von Gott. Erst ab etwa 1200 erhielt der Begriff seine heutige Bedeutung – als Oberbegriff für die wissenschaftliche Beschäftigung mit allen Gegenständen – dem Glaubensgehalt der christlichen Tradition.

Eine Systematisierung und Verwissenschaftlichung von Religion hat sich jedoch nur im Christentum herausgebildet. Deshalb fassen wir hier den Begriff „Theologie“ weiter und verstehen darunter ausschließlich die „Rede von Gott“. In diesem weit gefassten Sinne gibt es Theologie auch im Judentum und im Islam.

„Theologie“ ist für den interreligiösen Dialog der monotheistischen Religionen ein wichtiges Thema, weil das einer Religion zugrunde liegende Gottesbild auch Ausdruck ihres vorherrschenden Menschenbildes ist. Dieser Zusammenhang wurde einst von Ludwig Feuerbach formuliert und ist heute auch in der wissenschaftlichen Theologie weitgehend akzeptiert.

Wenn aber Theologie auch Anthropologie ist, dann spielt die Frage nach Gott eine grundlegende Rolle bei der Gestaltung des interreligiösen Dialogs: Ein gelingendes Gespräch setzt die Fähigkeit voraus, im anderen einen Partner zu sehen, d.h. in ihm den Mitmenschen wahrzunehmen. Es ist wichtig, die fremde Theologie ein Stück weit zu kennen, damit man antizipieren kann, was der andere von mir, aber auch, was er von sich selbst hält.

„Fundamentalismus“ bedeutet im allgemeinen Sprachgebrauch das Festhalten an unveränderlichen Grundlagen einer Tradition, die als absolut richtig vorausgesetzt werden. Dieses starre Festhalten an der Tradition ist verbunden mit einer völligen Ablehnung von Neuerungen sowie von Pluralismus und Toleranz. In diesem Sinne sind heute fundamentalistische Einflüsse in den Bereichen Politik, Gesellschaft und Religion festzustellen; der Begriff kommt ursprünglich jedoch aus dem religiösen Bereich. Im 19. Jahrhundert diente er als Selbstbezeichnung einer Bewegung, die sich in den USA als Zusammenschluss protestantisch-konservativer Gruppen formierte. Unter Berufung auf die absolute Irrtumslosigkeit der Heiligen Schrift und auf den Glauben an die wörtliche Eingebung der Bibeltexte durch den Heiligen Geist verstand sich diese Bewegung als offensive Gegenbewegung zum Liberalismus, der auch die christliche Welt ergriffen hatte.

Was hatten diese Gruppen am Liberalismus zu kritisieren? Der religiöse Liberalismus lehnte jeden Wahrheitsabsolutismus ab. Er trat ein für eine rationale Theologie. Entscheidungsinstanz in religiösen Dingen war nicht mehr die kirchliche Autorität, sondern die eigene Einsicht in die Lebensdienlichkeit religiöser Sinngehalte und Orientierungen. Die Religion wurde zur Privatsache, zur Angelegenheit der Individuen, ihres Selbstverständnisses und ihrer persönlichen Entscheidung.

Die Beobachtung, dass religiöse Gruppen ihre heilige Schrift wörtlich nehmen, lässt sich jedoch nicht nur im Christentum machen, dieses Phänomen kommt in allen Schriftreligionen vor. Wir haben also auch danach zu fragen, was Fundamentalismus im Judentum und im Islam jeweils bedeutet und welche Auswirkungen er auf unser heutiges Leben hat.

Obwohl also Fundamentalismus in jeder Religion vorkommt, fällt doch auf, dass er in jüngster Zeit insbesondere mit dem Islam in Verbindung gebracht wird. Um die negativen Assoziationen im Hinblick auf den Islam zu vermeiden, wird deshalb hier zwischen Islamismus und Islam unterschieden. „Islamismus" bezieht sich dann auf den religiösen Fundamentalismus derjenigen, die sich selbst als Muslime bezeichnen und ein politisches System der Gottesherrschaft errichten wollen, in dem das göttliche Gesetz (die *Schari'a*) angewandt wird.

Beispielsweise ist es also für ein Gespräch mit muslimischen Partnern wichtig zu wissen, ob die Gesprächspartner davon ausgehen, dass der Islam nicht nur eine Religion ist, sondern auch eine politische Ordnung vorgibt, die sich über das Grundgesetz stellt bzw. eine höhere Rechtsordnung legitimiert. Falls eine solche Interpretation vorliegt, würden sich die Gesprächspartner darin als Fundamentalisten zeigen. Eine politische Ordnung, welche die Würde nur einer bestimmten Rasse, Klasse oder eben – wie der Islamismus – einer Religion zuspricht, ist mit den Grundrechten nicht vereinbar.

Der Begriff „Gender" kommt aus dem Englischen. Man verwendet ihn, um zwischen dem biologischen (Sex) und dem sozialen (Gender) Geschlecht zu unterscheiden. Diese Unterscheidung ist heute notwendig, weil man vor allem in sozialwissenschaftlichen Untersuchungen entdeckte, dass es den Blick schärft, wenn man differenziert zwischen dem, was in einer Kultur als typisch für ein bestimmtes Geschlecht angesehen wird (also z.B. Bekleidung oder Beruf) und seinen biologischen Merkmalen. Während das biologische Geschlecht naturgegeben ist, ist das soziale von der Kultur gemacht. Es entwickelt sich also aufgrund der kulturellen Machtverhältnisse.

Die Verwendung des Begriffs „Gender" in der Ethik ermöglicht es uns, die Rollen von Mann und Frau in den Religionen besser wahrzunehmen. Die zu thematisierende Frage ist, inwiefern die Rollen, die Mann und Frau durch die jeweilige Religion als gottgegeben zugeschrieben und damit als natürlich erklärt werden, aus dem kulturellen Kontext zu verstehen sind, in dem die Religion entstanden ist. Der Verweis auf den kulturellen Kontext der Entstehungszeit macht es eventuell leichter zwischen dem essenziellen Kern einer Religion und den Erfordernissen der modernen, pluralistischen Gesellschaft zu differenzieren, die auf Toleranz und Menschenwürde beruht.

Auch für den interreligiösen Dialog über Gender ist ein recht verstandener Toleranzbegriff notwendig. „Toleranz" bedeutet nicht das unkritische Gewährenlassen des Gesprächspartners, sondern das Interesse an ihm und seiner Sache. In diesem Sinne schließt Toleranz auch die Kritik ein, den Protest gegen und die Auseinandersetzung mit der fremden Lebensform nicht aus. Sie verlangt und ermöglicht also das Gespräch über das Thema „die Rollen von Mann und Frau im Judentum, Christentum und Islam". Der grundlegende Maßstab und Orientierungspunkt ist auch in diesem Gespräch die Menschenwürde. Demzufolge ist auch die Frage, ob die jeweiligen Rollen von Mann und Frau, die im Gespräch sichtbar werden, noch mit der Verfassung unseres Staates in Einklang stehen. Erkennbar wird dann auch, was theologisch zu ändern wäre, um das Verhältnis von Mann und Frau mit der Menschenwürde in Einklang zu bringen.

1. Beschreiben Sie das Foto. – Würden Sie den Ort gerne einmal besuchen?

2. Das Bild zeigt den „Zahntempel" von Kandy (Sri Lanka). Informieren Sie sich über diesen Ort und das Leben des einzigen Buddha in historischer Zeit (Siddharta Gautama).

3. Der Roman „Siddharta" von Hermann Hesse gilt als gute Einführung in das buddhistische Denken. Lesen Sie sich in den Roman ein und versuchen Sie die Frage zu klären, was das buddhistische Denken auszeichnet.

4. Der Philosoph Georg Wilhelm Friedrich Hegel charakterisiert den Buddha als „Gottmenschen". Versuchen Sie Hegels Interpretation durch eigene Recherche zu überprüfen.

5. Bewerten Sie Ihre Recherche: Sind Sie mit Ihrem Ergebnis zufrieden, d. h. ist es Ihnen plausibel gelungen, Hegels Behauptung zu bestätigen oder zu widerlegen?

Die buddhistische Lehre

Die Grundlagen, auf die sich alle buddhistischen Schulen, gleich welcher kulturellen oder historischen Tradition sie angehören, bis heute einigen können, lauten:

1. Alle Dinge/Lebewesen sind unbeständig.
2. Das Begehren nach Dingen/Lebewesen ist leidbehaftet.
3. Alle Dinge/Lebewesen sind „leer" und „ohne Selbst".
4. Nirvana ist Befreiung.

Eine Grundlage des Buddhismus lautet also, dass alle Phänomene „leer" und „ohne Selbst" sind. Der Buddhismus kennt keine konstante, sich in Raum und Zeit durchhaltende Identität. Es gibt keine Person, kein Ich, kein Selbst, keine Seele, keinen Gott, kein Ding in und außerhalb der Welt, das „aus sich selbst heraus" existiert. Damit ist es ohne Selbst, „leer vom Selbst" oder einfach „leer". Die buddhistische Tradition charakterisiert alles in der Welt als „zusammengesetzt" und speziell den Menschen als Ergebnis eines dynamischen Zusammenwirkens von fünf Daseinsfaktoren: Körper, Empfindungen, Wahrnehmungen, geistige und moralische Triebkräfte und Bewusstsein. Aus dem Zusammenspiel dieser Faktoren ergibt sich auch seine jeweilige Handlung. Da sich das Zusammenspiel der Faktoren laufend ändert, verändert sich auch der Mensch und mit ihm seine Handlungen. Auch die Dinge in der Welt sind zusammengesetzt und stehen in Abhängigkeit zueinander. Nichts ist beständig und existiert aus sich selbst heraus!

Dass die menschliche Person und jedes Ding der Welt von Buddhisten ohne Selbst, ohne Wesenskern wahrgenommen wird, hat Konsequenzen für die Erklärung des Todes. Formal ist der Tod die vollständige Auflösung des Zusammenspiels der Daseinsfaktoren, die natürlich wiederum auch ohne Wesenskern sind. Nach der sichtbaren Auflösung des Daseinsfaktors Körper konsolidieren sie sich neu und begründen so ein neues Zusammenspiel an Daseinsfaktoren, was wir dann erneut als „menschliche Person" bezeichnen. Der Antrieb für dieses Geschehen ist das Gesetz „von Ursache und Wirkung", auch Karma genannt. Nach diesem Gesetz setzt jede Handlung einen Prozess in Gang, der unbeeinflussbar eine Wirkung im nächsten Moment, in diesem und/oder im nächsten Leben zur Folge hat. Die Bemühung, das Gesetz des Karma zu verstehen und mit ethisch guten Handlungen für sich und andere nutzbar zu machen, ist das zentrale Anliegen des buddhistischen Strebens nach Befreiung.

Wie lässt sich diese Befreiung erreichen? Nach buddhistischer Auffassung benötigt man dafür Unterweisung. Unterweisen kann aber nur ein Buddha oder ein qualifizierter Lehrer. In historischer Zeit gab es den Buddha: Siddharta Gautama. Ein qualifizierter Lehrer ist heute beispielsweise der Dalai Lama.

Text: Michael Gerhard

a Informieren Sie sich über zwei gängige Schlagwörter im Zusammenhang mit dem Buddhismus: „Die vier edlen Wahrheiten" und „Der edle achtgliedrige Pfad".

b Fassen Sie den Text zusammen.

c Erläutern Sie den Unterschied zwischen dem östlichen und dem westlichen Denken an den Vorstellungen über die Seelenwanderung und am Phänomen des Leidens.

d Erläutern Sie das Konzept der „Buddhaschaft".

e Informieren Sie sich über den Hinayana- und den Mahayana-Buddhismus.

1. Beschreiben Sie das Foto.

2. Das Foto zeigt eine Aktion chinesischer Soldaten gegen Demonstranten in Lhasa im März 2008. Informieren Sie sich über die Geschichte Tibets.

3. Der Kritik an Chinas Verletzungen der Menschenrechte wird oft mit dem Hinweis auf asiatische Werte und den Konfuzianismus begegnet. Beruft sich China zu Recht auf diese philosophische Tradition? Sammeln Sie Material für die Beantwortung dieser Frage und diskutieren Sie Ihr Material in der Gruppe.

4. Während Befreiungs- und Autonomiebewegungen durch Anschläge auf sich aufmerksam machen, blieben die Tibeter friedlich. Der Dalai Lama predigt Bescheidenheit und der Befreiungskampf der Tibeter gilt als mustergültig. Währenddessen geht das Erbe der tibetanischen Kultur langsam aber sicher unter. – Diskutieren Sie dieses Problem des tibetischen Befreiungskampfes.

5. Bewerten Sie das Verhalten des Dalai Lama.

Menschenrechte und universelle Verantwortung

In letzter Zeit haben einige Regierungen in Asien damit argumentiert, dass die grundlegenden Menschenrechte, die in der Allgemeinen Erklärung der Menschenrechte festgelegt sind, solche sind, die vom Westen befürwortet werden und die daher wegen der unterschiedlichen Kultur und sozialen und wirtschaftlichen Entwicklung nicht auf Asien und andere Teile der Dritten Welt angewandt werden können. Ich teile diese Ansicht nicht und bin überzeugt, dass die meisten Menschen in Asien dem ebenfalls nicht zustimmen, denn die Sehnsucht nach Freiheit, Gleichheit und Würde liegt in der ureigensten Natur der Menschen, und alle haben das gleiche Recht, dies zu erreichen. Meiner Meinung nach liegt kein Widerspruch darin, gleichzeitig nach wirtschaftlicher Entwicklung und Wahrung der Menschenrechte zu streben. Die große Vielfalt an Kulturen und Religionen sollte dazu beitragen, die grundlegenden Menschenrechte in jeder Gemeinschaft zu stärken. Doch diese Vielfalt baut auf Grundprinzipien, die uns alle als Mitglieder derselben menschlichen Familie ausweisen. Vielfalt und Tradition können nie Verstöße gegen die Menschenrechte rechtfertigen. Diskriminierungen von Menschen anderer Rassen, von Frauen und schwächeren Teilen der Gesellschaft mögen zwar in manchen Gebieten in der Tradition begründet sein, wenn sie aber mit den allgemein anerkannten Menschenrechten unvereinbar sind, müssen diese Verhaltensweisen geändert werden. Die allgemeinen Grundsätze von der Gleichheit der Menschen müssen über allem stehen.

Es sind vor allem autoritäre und totalitäre Regime, die sich gegen die allgemeine Gültigkeit der Menschenrechte aussprechen. Es wäre völlig falsch, sich dieser Ansicht anzuschließen. Im Gegenteil, solche Regime müssen dazu gebracht werden, die allgemein anerkannten Grundsätze zu respektieren und sich daran zu halten, was auf lange Sicht im Interesse ihrer eigenen Völker ist. Die drastischen Veränderungen in den letzten Jahren zeigen deutlich, dass der Siegeszug der Menschenrechte unaufhaltsam ist. [...]

Der Hauptgrund, warum wir unsere gegenseitige Abhängigkeit nicht voll akzeptieren können, liegt, so glaube ich, darin, dass wir der materiellen Entwicklung eine ungebührende Bedeutung zumessen. Wir sind so damit beschäftigt, nach materiellen Werten zu streben, dass wir unwissentlich die grundlegenden menschlichen Eigenschaften wie Mitgefühl, Verständnis und Zusammenarbeit vernachlässigt haben. Wenn wir jemanden nicht kennen oder uns einem Menschen oder einer Gruppe nicht verbunden fühlen, übersehen wir leicht deren Bedürfnisse. Aber Voraussetzung für die Entwicklung der menschlichen Gesellschaft ist, dass wir einander helfen.

Dalai Lama: Menschenrechte und universelle Verantwortung. Rede vor den regierungsunabhängigen Organisationen auf der Menschenrechtskonferenz der UNO in Wien im Juni 1993. http://www.buddhanetz.org/texte/dalai1.htm – Zugriff: 07.09.2008.

a Exzerpieren Sie den Text.

b Entnehmen Sie dem Text die Gründe, die der Dalai Lama dafür anführt, dass die Menschenrechte allgemein menschliche Werte sind.

c Erläutern Sie, weshalb wir unsere gegenseitige Abhängigkeit nicht voll akzeptieren können.

d Informieren Sie sich über das Konzept des Dharma. Klären Sie dabei auch, inwiefern sich daraus eine Reziprozität von Rechten und Pflichten ergibt.

e Diskutieren Sie die Möglichkeiten einer buddhistischen Teilnahme am Menschenrechtsdiskurs.

1. Beschreiben Sie das Foto.

2. Das Foto zeigt den Transport einer lebenden Kuh in dem westafrikanischen Land Burkina Faso. Informieren Sie sich über Tiertransporte bei uns.
   Besuchen Sie beispielsweise die Internetseite *http://www.tierrechte.de/ – Zugriff: 29.12.2008.*

3. Informieren Sie sich über tierethische Konzepte.

4. „Die Gedankengänge in bezug auf die Einbeziehung der Tiere in die moralische Gemeinschaft erscheinen (einstweilen noch) so aporetisch, dass sich letztlich begreifen lässt, weshalb die tierethische Diskussion noch immer nicht recht auf der Ebene der angewandten Ethik angekommen ist."
   Thurnherr, Urs: Tierethik, in: Pieper/Thurnherr: Angewandte Ethik, München 1998, S. 75.
   Erläutern Sie die Position Thurnherrs vor dem Hintergrund Ihrer Recherche zu tierethischen Konzepten.

5. Diskutieren Sie, ob wir als Nichtbuddhisten in der Frage der Tierethik vom Buddhismus lernen können.

Die Lehre vom Tun und Nicht-Tun

Ein Akrobat ließ seinen Schüler auf die Bambusstange steigen, die er selbst auf der Stirn, Schulter usw. balancieren wollte, und sagte zu ihm: „Jetzt achte auf mich, und ich werde auf dich achten, dann werden wir mit unseren Künsten Erfolg haben." Da sagte der Schüler: „So geht das nicht, Meister. Achte du auf dich, und ich werde auf mich selbst achten. Das ist das richtige Verfahren." So sollt ihr auf euch selbst achten, dann achtet ihr zugleich auf die anderen, weil sie eurem guten Beispiel folgen. Indem ihr aber durch Milde, durch Schonung, durch freundliche Gesinnung, durch Mitleid auf die anderen achtet, achtet ihr zugleich auf euch selbst. [...]

Selbst wenn einer die Überreste seines Speisenapfes in einen schmutzigen Pfuhl am Eingang des Dorfes tut, damit die darin lebenden Wesen sich nähren, so bringt dies eine Mehrung des guten Karma, um wieviel mehr ist dies der Fall, wenn man Menschen Gutes tut! Zu folgenden fünf Zeiten soll man Gaben spenden: wenn einer kommt, wenn einer geht, wenn einer krank ist, in Notzeiten und wenn das erste Korn und die ersten Früchte sich zeigen. Nicht soll man nur mir und meinen Anhängern Gaben spenden, sondern auch den Anhängern anderer Lehren. [...]

Der Minister von Magadha meinte: „Wenn einer von etwas, das er selbst gesehen oder erkannt hat, spricht, so ist das ohne Fehl." „Nicht sage ich, Brahmane, dass man über alles Gesehene usw. reden oder über alles Gesehene usw. nicht reden soll. Ich sage aber: über das soll man nicht sprechen, wobei einem beim Sprechen die unheilvollen ‚Dinge' (dharma, Gemütsregungen) wachsen und die heilvollen ‚Dinge' schwinden. Sprechen soll man aber von dem, wobei die heilvollen ‚Dinge' wachsen und die unheilvollen schwinden."

Ein Weiser von großer Einsicht denkt zugleich an das eigene Heil, an das Heil des andern, an das beiderseitige Heil und an das Heil der ganzen Welt.

Was es immer an verdienstvollen Werken gibt, sie haben alle nicht den Wert eines sechzehnten Teils der freundlichen Gesinnung gegen alle Wesen, so wie der Glanz aller Sterne nicht den Wert des sechzehnten Teils des Mondscheins hat.

Auch wenn Räuber und Mörder einem mit einer Säge Glied für Glied abschnitten, wer darüber zornig würde, der handelt nicht nach meiner Lehre. Denn auch in einem solchen Fall sollt ihr euch also üben: „Nicht soll unser Denken sich verändern, nicht wollen wir ein böses Wort von uns geben, sondern gütig und mitleidig bleiben, voll freundlicher Gesinnung und ohne Hass. Wir wollen diesen Menschen mit von freundlicher Gesinnung erfülltem Geiste durchdringen und von ihm ausgehend die ganze Welt."

Text nach: Von Glasenapp, Helmuth: Pfad zur Erleuchtung. Ein buddhistisches Lesebuch, 7. Aufl. der Neuausgabe, München 1999, S. 93ff.

a Exzerpieren Sie den Text.

b Erläutern Sie, inwiefern sich aus dem Text Hinweise für eine Tierethik ergeben.

1. Beschreiben Sie das Bild.

2. Das Bild ist eine Ikone aus Russland, die den Erzengel Gabriel darstellt.
   Informieren Sie sich über die Bedeutung dieses Engels im Judentum, Christentum und Islam.
   Informieren Sie sich auch über die grundsätzliche Bedeutung von Engeln.

3. Nach Ludwig Feuerbach ist Gott eine „Projektion des Menschen".
   Nehmen Sie probehalber diese Position ein und bewerten Sie die dargestellte Ikone.

4. Setzen Sie sich kritisch mit Feuerbach auseinander.

5. Diskutieren Sie das Problem eines „angemessenen" Gottesbildes.

Die Rede von Gott als ein Problem der Logik

Der wirklich religiöse Mensch bittet, wenn er dem Wesen der monotheistischen Idee folgt, nicht um irgend etwas und erwartet nichts von Gott: er liebt Gott auch nicht so, wie ein Kind seinen Vater oder seine Mutter liebt. Er hat vielmehr jene Demut erreicht, in der er weiß, dass er nichts von Gott weiß. „Gott“ wird für ihn ein Symbol, in welchem der Mensch in einem früheren Stadium seiner Evolution das Höchste ausgedrückt hat, was er erstrebt: Liebe, Wahrheit und Gerechtigkeit. Er hat Vertrauen in die Prinzipien, die „Gott“ verkörpert; er denkt wahr, lebt in Liebe und Gerechtigkeit und empfindet sein Leben nur insofern als wertvoll, als es ihm die Möglichkeit gibt, zu einer vollen Entfaltung seiner menschlichen Kräfte zu gelangen – als die einzige Realität, die zählt, als das einzige Objekt „letzter Erkenntnis“. Und schließlich spricht er nicht über Gott, erwähnt nicht einmal seinen Namen. Gott zu lieben, wenn wir das Wort hier gebrauchen wollen, würde bedeuten, nach der Erreichung der vollen Fähigkeit des Liebens zu streben, nach der Verwirklichung Gottes in uns selbst.

Von diesem Gesichtspunkt aus ist die logische Konsequenz des monotheistischen Gedankens die Negation der gesamten „Theologie“, des gesamten „Wissens über Gott“. Und doch bleibt ein Unterschied zwischen einer derartigen radikalen Ansicht und einem nicht-theistischen System, wie wir es zum Beispiel im frühen Buddhismus oder Taoismus finden. [...]

Ich beziehe mich damit auf einen grundlegenden Unterschied zwischen Ost (China, Indien) und West, den man im Unterschied logischer Begriffe formulieren kann. Seit Aristoteles ist die westliche Welt den logischen Prinzipien der aristotelischen Philosophie gefolgt. Diese Logik basiert auf dem Satz der Identität – der aussagt, dass A gleich A ist –, auf dem Satz vom Widerspruch (A ist nicht Nicht-A) und auf dem Satz vom ausgeschlossenen Dritten (A kann nicht A *und* Nicht-A noch A *oder* Nicht-A sein). Aristoteles erklärt seine These sehr klar in folgendem Satz: „Es ist ausgeschlossen, dass ein und dasselbe Prädikat einem und demselben Subjekte zugleich und in derselben Beziehung zukomme und auch nicht zukomme [...] Dies also ist das Grundlegendste unter allen Prinzipien.“

Dieses Axiom der aristotelischen Logik hat unsere Denkgewohnheiten so tief beeinflusst, dass es als „natürlich“ und selbstverständlich empfunden wird, während andererseits die Feststellung, dass X gleich A *und* nicht gleich A ist, unsinnig zu sein scheint.

Im Gegensatz zu der aristotelischen Logik steht das, was man als *paradoxe Logik* bezeichnen könnte: die Annahme, dass A und Nicht-A sich als Aussagen von X nicht gegenseitig ausschließen. [...] Das allgemeine Prinzip der paradoxen Logik ist sehr deutlich von Laotse beschrieben worden: „Worte, die streng genommen wahr sind, sind paradox.“

Fromm, Erich: Die Kunst des Liebens, Frankfurt am Main 1979, S. 98ff.

a Fassen Sie den Text zusammen.

b Erläutern Sie, was es bedeuten müsste, Gott zu lieben.

c Geben Sie die Grundsätze der aristotelischen Logik an.

d Wiederholen Sie den Ihnen aus der Mathematik bekannten „indirekten Beweis“. Hinweis: Im Mathematikunterricht der 8. Jahrgangsstufe wird durch einen indirekten Bewies gezeigt, dass $\sqrt{2}$ keine rationale Zahl ist. Erklären Sie, auf welchem Prinzip der aristotelischen Logik dieser Beweis beruht.

e Entnehmen Sie dem Text das Prinzip der „paradoxen“ Logik.

f Informieren Sie sich über die „Dialektik“ bei Hegel und Marx. Würden Sie diese Denker der aristotelischen oder paradoxen Logik zuordnen? Begründen Sie Ihre Feststellung.

1. Beschreiben Sie das Bild. Welches Ereignis wurde hier dargestellt?

2. Die Mannschaft des amerikanischen Raumschiffs Apollo VIII, das am 24.12.1968 erstmals den Mond umrundete, übertrug die Schöpfungsgeschichte aus der Genesis als Weihnachtsgruß zur Erde. Die Übertragung wurde damals über Rundfunk und Fernsehen verbreitet und weltweit von einer Milliarde Menschen gehört. Informieren Sie sich über die Bedeutung der Genesis für die Christen bzw. des Buches „Bereshit" für die Juden. Hätten Sie auch die Schöpfungsgeschichte ausgewählt?

3. Dieser Schöpfungsbericht ist also Juden und Christen gemeinsam. Es gibt aber auch Trennendes. Um sich vom Judentum abzugrenzen, charakterisieren Christen das Judentum als eine „Religion des Gesetzes". Erläutern Sie diese Charakterisierung.

4. Informieren Sie sich über den „Jom Kippur", den Versöhnungstag. Erläutern Sie im Anschluss, wie im Judentum die Befreiung von der Sünde gedacht wird.

5. Bewerten Sie die Charakterisierung des Judentums als Religion des Gesetzes und begründen Sie Ihre Feststellung.

Mensch und Gott

Das Judentum in seiner heutigen Form ist eine vergleichsweise junge Religion, die ihre definitive Gestalt frühestens im 3. Jahrhundert in Abgrenzung und gegen verschiedene Gruppen von Jesusanhängern und Gnostikern, in Auseinandersetzung und Übereinstimmung mit dem römischen Imperium und nicht zuletzt unter dem Einfluss der griechischen Philosophie gewonnen hat; ein in die Sprache des biblischen Glaubens gekleidetes System von ethnisch gebundenen Lebensregeln, das sich in seinem menschheitlichen Universalismus von der stoischen Philosophie kaum unterscheidet, aber aufgrund bitterer historischer Erfahrungen einem politischen Quietismus anhängt und gleichwohl – anders als das Christentum nach Augustinus – nicht bereit war, die moralische Verantwortlichkeit des einzelnen Menschen preiszugeben.

Dieser zentrale moraltheologische Unterschied wird von einem unterschiedlichen, „rein monotheistischen" bzw. trinitarischen Gottesverständnis begleitet sowie von dem grundlegenden Unterschied, dass der christliche Glaube seinen universalen Anspruch in Gestalt einer universalen Kirche verwirklichen will, während das Judentum, dessen Glaube ebenfalls einen universalen Anspruch hat, dessen Verwirklichung unterschiedlichen partikularen Gemeinschaften überlässt. [...]

Die alltägliche und festtägliche jüdische Liturgie, die Gebetsordnung des rabbinischen Judentums kennt zwei zentrale Gebete. Einerseits das „Schma Israel" („Höre Israel"), ein direktes Zitat aus Deuteronomium 6,4-9, sowie das nur im Kreise von mindestens zehn Erwachsenen und im Stehen zu sagende Achtzehnbittengebet. Beide Gebete gehören zur synagogalen Liturgie – frühestens seit dem 3. Jahrhundert vor der christlichen Zeitrechnung, spätestens seit dem frühen 2. Jahrhundert christlicher Zeitrechnung.

Das „Schma Israel" beginnt: „Höre Israel, der Ewige, unser Gott, der Ewige ist einzig", worauf ein so in der Bibel nicht fixierter Einschub folgt: „Gelobt sei der Name der Herrlichkeit seines Reiches immer und ewig." Dem folgt ein Katalog von Weisungen [...].

Die Weisung ermöglicht es, Gott zu lieben, während sich umgekehrt die Liebe zu Gott im Erfüllen seiner Weisungen erfüllt. [...] Diese Gedankenfigur ist auch der Gegenwart durchaus vertraut: Sich vernünftig zu ernähren und maßvoll Sport zu treiben, das hat, wie allgemein bekannt, wohltätige Konsequenzen für das individuelle Wohlbefinden. Wer auf diese Zusammenhänge aufmerksam gemacht wird, ist noch lange nicht gezwungen, sich entsprechend zu verhalten. Der kausale Zusammenhang zwischen Lebensstil und Wohlbefinden ist einfach eine empirische Tatsache. In genau diesem Sinn macht das „Schma Israel" auf die lebensdienlichen, wohltätigen Folgen eines Lebens aufmerksam, das Gottes Weisungen entspricht.

Brumlik, Micha: Was stimmt? Judentum. Die wichtigsten Antworten, Freiburg/Basel/Wien 2007, S. 39ff.

a Fassen Sie den Text zusammen.

b Informieren Sie sich über die im Text vorkommenden Begriffe „Universalismus" und „Quietismus".

c Entnehmen Sie dem Text das Gottesverständnis des Judentums im Vergleich zum christlichen Verständnis.

d Erläutern Sie, was es bedeutet dem jüdischen Gesetz und seiner Weisung zu folgen.

e Setzen Sie sich mit der Bewertung des Judentums als „Religion der Angst" kritisch auseinander.

1. Beschreiben Sie das Bild.

2. Informieren Sie sich über die Samariter zur Zeit Jesu und ihr Verhältnis zu den Juden.

3. „Und Zarathustra sprach also zum Volke: [...] Was liegt an meinem Mitleiden!
   Ist nicht Mitleid das Kreuz, an das der genagelt wird, der die Menschen liebt?
   Aber mein Mitleiden ist keine Kreuzigung."
   Nietzsche, Friedrich: Also sprach Zarathustra. Ein Buch für alle und keinen, München 1989, S. 12.
   Erläutern Sie, was nach Nietzsche gegen das christliche Mitleid spricht.

4. Das Bild zeigt u.a. einen Mann, der einem anderen vom Pferd hilft.
   Bewerten Sie das Handeln dieses Mannes aus der Sicht Nietzsches.

5. Bewerten Sie die Position Nietzsches.

Das große Gebot

Und siehe, ein Gesetzeslehrer trat auf, um ihn auf die Probe zu stellen, und sagte: „Meister, was muss ich tun, um das ewige Leben zu erlangen?“ Er aber sprach zu ihm: „Was steht im Gesetze geschrieben? Wie liesest du?“ Jener antwortete: „Du sollst den Herrn, deinen Gott, lieben mit deinem ganzen Herzen und mit deiner ganzen Seele und mit deiner ganzen Kraft und mit deinem ganzen Denken und deinen Nächsten wie dich selbst.“ Da sprach er zu ihm: „Du hast recht geantwortet: Tue das, und du wirst leben.“

Jener aber wollte sich rechtfertigen und sprach zu Jesus: „Und wer ist mein Nächster?“ Jesus nahm das Wort und sprach: „Ein Mann ging von Jerusalem hinab nach Jericho und fiel unter die Räuber; die plünderten ihn aus, schlugen ihn, machten sich davon und ließen ihn halbtot liegen. Zufällig ging ein Priester denselben Weg hinab. Er sah ihn und ging vorüber. Ebenso kam ein Levit an der Stelle vorbei, sah ihn und ging vorüber. Ein Samariter aber, der des Weges zog, kam in seine Nähe, sah ihn und wurde von Mitleid bewegt. Er trat hinzu, verband seine Wunden und goss Öl und Wein darauf; dann setzte er ihn auf sein eigenes Lasttier, brachte ihn in eine Herberge und trug Sorge für ihn. Am nächsten Morgen zog er zwei Dinare heraus, gab sie dem Wirt und sprach: ‚Trage Sorge für ihn, und was du noch darüber aufwenden wirst, will ich dir erstatten, wenn ich wiederkomme.‘ Welcher von diesen dreien scheint dir der Nächste geworden zu sein dem, welcher unter die Räuber fiel?“ Jener antwortete: „Der, welcher Barmherzigkeit an ihm geübt hat.“ Und Jesus sprach zu ihm: „Gehe hin, und tue desgleichen.“

Lk. 10, 25 – 37

a Geben Sie das Gleichnis aus dem Text in eignen Worten wieder.

b Erklären Sie den Begriff des Nächsten aus diesem Text. Informieren Sie sich über die „Samariter“.

c Erläutern Sie den Titel „Das große Gebot“.

d Entnehmen Sie dem Text das christliche Gottesverständnis.

e Bewerten Sie das christliche Gottesverständnis im Hinblick auf seine Möglichkeiten und Grenzen für das Handeln in unserer Zeit.

1. Beschreiben Sie das Foto.

2. Das Foto zeigt den Tempelberg in Jerusalem mit Felsendom und Klagemauer.
   Informieren Sie sich über die Bedeutung dieses heiligen Ortes für Muslime, Juden und Christen.

3. „Närrisch, dass jeder in seinem Falle
   Seine besondere Meinung preist!
   Wenn *Islam* Gott ergeben heißt,
   Im Islam leben und sterben wir alle.“

   Goethe, J. W. von: West-östlicher Diwan, zitiert nach: Renz, Andreas/Leimgruber, Stephan: Christen und Muslime. Was sie verbindet und was sie unterscheidet, München 2004, S. 78.

   Erklären Sie, was Goethes Bewertung für die Theologie des Islam bedeutet und beurteilen Sie seine Sicht.

4. Informieren Sie sich über die Bedeutung des Wortes „Islam“ durch eine eigne Recherche.

5. Der Islam wird häufig als „Religion des Buches“ charakterisiert.
   Diskutieren Sie diese Charakterisierung.

„Muslim" – Der sich Gott Unterwerfende

Er ist es, der die Himmel und die Erde der Wahrheit entsprechend erschaffen hat. Und am Tag, da Er sagt: Sei!, und es ist. Sein Wort ist die Wahrheit. Und Ihm gehört die Königsherrschaft am Tag, da in die Trompete geblasen wird. Er weiß über das Unsichtbare und das Offenbare Bescheid, und Er ist der Weise, der Kenntnis von allem hat.

Und als Abraham zu seinem Vater Äzar sagte: „Nimmst du dir denn Götzen zu Göttern? Ich sehe dich und dein Volk in einem offenkundigen Irrtum." Und so zeigten Wir Abraham das Reich der Himmel und der Erde, damit er einer von denen sei, die Gewissheit hegen. Als nun die Nacht ihn umhüllte, sah er einen Stern. Er sagte: „Das ist mein Herr." Als der aber verschwand, sagte er: „Ich liebe die nicht, die verschwinden." Als er dann den Mond aufgehen sah, sagte er: „Das ist mein Herr." Als der aber verschwand, sagte er: „Wenn mein Herr mich nicht rechtleitet, werde ich gewiss zu den abgeirrten Leuten gehören." Als er dann die Sonne aufgehen sah, sagte er: „Das ist mein Herr. Das ist ja größer." Als sie aber verschwand, sagte er: „O mein Volk, ich bin unschuldig an dem, was ihr (Gott) beigesellt. Ich richte mein Gesicht zu dem, der die Himmel und die Erde erschaffen hat, als Anhänger des reinen Glaubens, und ich gehöre nicht zu den Polytheisten." Sein Volk stritt mit ihm. Er sagte: „Wollt ihr mit mir über Gott streiten, wo Er mich rechtgeleitet hat? Ich fürchte nicht, was ihr Ihm beigesellt, es sei denn, es ist mein Herr, der etwas will. Mein Herr umfasst alle Dinge in seinem Wissen. Wollt ihr es nicht bedenken? Und wie sollte ich fürchten, was ihr (Ihm) beigesellt, wo ihr euch nicht fürchtet, Gott solche beizugesellen, für die Er auf euch keine Ermächtigung herabgesandt hat? Welche von beiden Gruppen hat eher Recht auf Sicherheit, so ihr es wisst?" Denjenigen, die glauben und ihren Glauben nicht mit unrechtem Handeln verhüllen, gehört die Sicherheit, und sie folgen der Rechtleitung. Das ist unser Beweisgrund, den Wir Abraham gegen sein Volk zukommen ließen. Wir erhöhen, wen Wir wollen, um Rangstufen. Dein Herr ist weise und weiß Bescheid. Und Wir schenkten ihm Isaak und Jakob; jeden (von ihnen) haben Wir rechtgeleitet. Auch Noach haben Wir zuvor rechtgeleitet, sowie aus seiner Nachkommenschaft David und Salomo, Ijob, Josef, Mose und Aaron: so entlohnen Wir die, die Gutes tun; und Zakaria, Yahyä, Jesus und Elias, jeder von ihnen gehört zu den Rechtschaffenen; und Ismael, Elischa, Jonas und Lot; jeden (von ihnen) haben Wir vor den Weltenbewohnern bevorzugt; und auch manche von ihren Vätern, ihren Nachkommen und ihren Brüdern. Wir haben sie erwählt und zu einem geraden Weg geleitet. Das ist die Rechtleitung Gottes. Er leitet damit recht, wen von seinen Dienern Er will. Und hätten sie (Gott andere) beigesellt, so wäre (auch) ihnen wertlos geworden, was sie tun pflegten.

Der Koran. Übersetzung von Adel Theodor Khoury. Unter Mitwirkung von Muhammad Salim Abdullah, Gütersloh 1987, 6, 73-88.

a Informieren Sie sich über „Die fünf Säulen", das Schlagwort im Zusammenhang mit dem Islam.

b Informieren Sie sich über die Theologie der Mu'tazila und erläutern Sie die Bedeutung dieser islamischen Theologie für das Lesen des Koran.

c Exzerpieren Sie den Text.

d Erläutern Sie den Begriff „Rechtleitung".

e Entnehmen Sie dem Text die Bedeutung von Jesus für Muslime.

2.1.3 Fundamentalismus

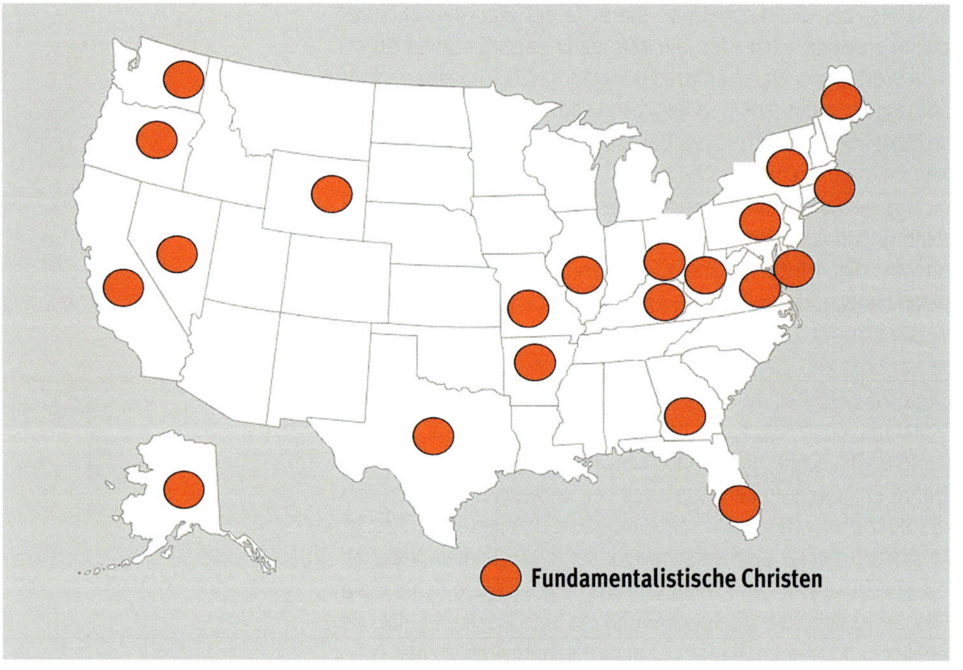

1. Erläutern Sie die Grafik.

2. Informieren Sie sich über die fundamentalistischen Christen und die fundamentalistischen Mormonen in den USA.

3. Nehmen Sie Stellung zu den Werten, an denen diese Fundamentalisten ihr Handeln orientieren.

4. Die amerikanische Journalistin Andrea Moore-Emmett stellt in ihrem in den USA erschienenen Buch „God's Brothel" fest, dass das Leben in den fundamentalistischen Mormonen-Gemeinden dem Leben unter den Taliban in Afghanistan gleiche; der Herrschaft der Taliban jedoch habe die US-Regierung mehr Augenmerk geschenkt. Diskutieren Sie diese Einschätzung.

5. Bewerten Sie das Ergebnis Ihrer Diskussion: Sind Sie zu einem befriedigenden Urteil über die Feststellung von Frau Moore-Emmett gekommen?

Der Fundamentalismus als Antwort auf die Moderne

Das Bild vom elektronischen Weltdorf offenbart ungewollt die Wahrheit unseres globalen tatsächlichen Umgangs miteinander. Während eine bestimmte Art oberflächlicher Information über die anderen wie Klatsch in allen Teilen der Welt verfügbar ist und täglich neu ausgebreitet wird, haben Verständnis, Kooperation und universelle Verantwortlichkeit die Schwelle kleinlicher Provinzialität nicht überschritten. Der Transistor, mit dem die kulturellen Signale aus den Metropolen des modernen Fortschritts rund um die Welt empfangen werden, ist das Symbol des Fortschritts und der Verlockung zu seinen unbegrenzten Segnungen für alle, die sie empfangen.

Die destruktive Macht der modernen Kultur, Wegbereiterin und Vorbote ihrer großen Verheißung von Menschenwürde und Selbstbestimmung, ist als gewaltlose Kraft der Auflösung traditioneller Selbstverständlichkeiten und aufgezwungener Dogmen schon heute unwiderruflich universell, auch wenn ihr kulturelles Zeitmaß Ungleichzeitigkeiten von Jahrhunderten kennt. Ihre konstruktive Macht, durch Verbreitung von Wissenschaft und wirtschaftlichem Fortschritt, von Information und Bildung, von Demokratie und Menschenrechten das Leben der Menschen zu erleichtern und vor Willkür zu schützen, ist hingegen mit der Ausnahme winziger Sektoren privilegierter Eliten in den Ländern des Südens das Monopol des Nordens geblieben. Im Norden vollzieht sich der Prozess der Modernisierung auf den Grundlagen einer inneren Dynamik, die sich aus den kulturellen und sozialen Gesetzen der modernen Kultur selbst ergibt. Er hat Wohlstand, Demokratie und die Achtung vor den individuellen Menschenrechten in einem Maße geschaffen, das weltgeschichtlich ohne Beispiel ist. Er hat zugleich Brüche, Widersprüche, Entfremdungen und eine neue Art kultureller Heimatlosigkeit herbeigeführt, die heute als sein eigenes Werk kenntlich wird. […]

Der protestantische Fundamentalismus im ausgehenden 19. Jahrhundert war eine elementare Gegenreaktion gegen Modernismus, Rationalismus und Säkularismus. Er hatte nach seinem sozialen Entstehungssinn wenig mit Christentum, aber viel mit moderner Gesellschaft zu tun. Der Rückzug auf die wortwörtliche Bibelgläubigkeit mit allem, was daraus für die Verteidigung eines ebenso simplen wie erklärungskräftigen Bildes von der Welt, vom Kosmos, von den sozialen Konflikten und vom Schicksal des einzelnen folgte, errichtete soziale und kulturelle Dämme gegen die Irritationen und Zumutungen der beschleunigten Modernisierung und alles, was sie an Unübersichtlichkeit und Angst mit sich brachte.

Der Bauplan für diese Dämme waren die ab 1909 publizierten theologischen „Fundamentals". Die auf sie gestützte Bewegung mündete in eine schlagkräftige Organisation, die auf ihre Gewissheit der Bewahrung ihres wahren Christentums einen weltweiten Missionsanspruch gründete.

Meyer, Thomas: Fundamentalismus. Aufstand gegen die Moderne, Reinbek 1989, S. 66ff.

a Fassen Sie den Text zusammen.

b Informieren Sie sich über die Bedeutung der Begriffe „Modernismus", „Rationalismus" und „Säkularismus".

c Erläutern Sie die beiden Möglichkeiten, die moderne Kultur wahrzunehmen.

d Entnehmen Sie dem Text die Gründe für die Entstehung des Fundamentalismus.

e Diskutieren Sie den Fundamentalismus als universelles Phänomen.

1. Beschreiben Sie das Foto.

2. Informieren Sie sich über das Dargestellte.

3. „Die Katastrophe, die in unserer Zeit über das jüdische Volk hereinbrach und in Europa Millionen von Juden vernichtete, bewies unwiderleglich aufs neue, dass das Problem der jüdischen Heimatlosigkeit durch die Wiederherstellung des jüdischen Staates im Lande Israel gelöst werden muss, in einem Staat, dessen Pforten jedem Juden offen stehen, und der dem jüdischen Volk den Rang einer gleichberechtigten Nation in der Völkerfamilie sichert."
(Auszug aus der israelischen Unabhängigkeitserklärung, verlesen von David Ben Gurion am 14.05.1948.)
Erläutern Sie diese Erklärung.

4. Informieren Sie sich über die Reaktionen auf diese Erklärung.

5. Bewerten Sie die Erklärung.

Gush Emunim und der göttliche Gang der Erlösung

Die grundlegenden, reduzierten Ideen des Gush Emunim, die auf der heiligen Dreieinigkeit aus jüdischem Volk, Land Israel und der Tora basierten und deren Essenz in dem religiösen Gebot lag, in allen Teilen des Landes Israel zu siedeln, waren, wie beschrieben, aus den Lehren und Kommentaren der beiden Rabbiner Kook, Vater und Sohn, abgeleitet. Wenn die Schaffung des Staates ein großer und wichtiger Schritt innerhalb des Erlösungsprozesses war, der mit der neuzeitlichen Rückkehr nach Zion eingesetzt hatte, dann war die Eroberung der Gebiete jenseits der Grünen Linie und die Vereinigung Jerusalems im Juni 1967 eine weitere, alles verändernde Stufe des messianischen Prozesses. Der Jom-Kippur-Krieg indes, die gerade noch abgewendete Vernichtung und die Tausenden, die in den Schlachten getötet worden waren, bedeuteten eine gewaltige Herausforderung für die messianische Interpretation der Geschichte des Staates Israel. „Welche Bedeutung hat dieser Krieg?" fragte etwa Yehuda Amital, ein Schüler des jüngeren Rabbi Kook und Mitglied der Gruppe, die schon bald den Gush Emunim gründen sollte. Denn „unser fester Glaube [ist, dass] wir in einer Zeit des Beginns der Erlösung leben [...] Vor dem Hintergrund dieses Glaubens und vor dem Hintergrund des Sechs-Tage-Kriegs, der uns gelehrt hat, dass Krieg tatsächlich ein greifbares Ziel hat, nämlich die Eroberung des Landes, erhebt sich die Frage [...] inwieweit hier nicht ein, der Himmel behüte, Rückschritt stattgefunden hat? Wirft nicht allein der Ausbruch des Krieges, mit all seinen schmerzlichen Phänomenen, die Möglichkeit auf, dass hierin so etwas wie ein Rückschritt im göttlichen Gang der einsetzenden Erlösung zu sehen ist?"

Und genau um einen solchen „Rückschritt im göttlichen Gang" der Erlösung zu verhindern, erstand der Gush Emunim. [...]

Vom ersten Tag an betrachtete sich der Gush als eine Avantgarde, die die gesamte Nation erwecken und führen würde, und war durchdrungen von einem Gefühl uneingeschränkter Überzeugung von der Rechtmäßigkeit des eigenen Weges. Seine Anhänger sahen sich in der Rolle einer Art kollektiver Propheten und leiteten eigene Sonderrechte aus dieser Rolle und der Verpflichtung ab, die sich selbst auferlegten. Folgerichtig erkannten sie kein irdisches Hindernis an, das ihnen im Weg stand, weder einzelne Personen, Juden wie Nichtjuden, weder diese oder jene Regierung noch das Gesetz. Ihr Ziel war es, das Volk auf einen Schlag wachzurütteln und Israel zu erretten, „vor der Verzweifelung, die es heimsucht, vor Orientierungslosigkeit und Nihilismus". Obschon die überwiegende Mehrheit der Führer des Gush Emunim und seiner Anhänger dem religiösen Zionismus entstammten, Absolventen der Bnei-Akiva-Jugendbewegung oder Mitglieder der Nationalreligiösen Partei waren, sahen sie sich selbst nicht als Teil des Parteiensystems und weigerten sich, zu einer Fraktion innerhalb einer Partei zu werden.

Zertal, Idith/Eldar, Akiva: Der Herren des Landes. Israel und die Siedlerbewegung seit 1967, München 2007, S. 232ff.

a Exzerpieren Sie den Text.

b Erläutern Sie, wie die beiden Rabbiner Kook den göttlichen Erlösungsprozess deuten.

c Informieren Sie sich über den Sechs-Tage-Krieg und den Jom-Kippur-Krieg.

d Erläutern Sie im Zusammenhang mit diesen Kriegen die Zielsetzung des Gush Emunim.

e Erklären Sie das Selbstverständnis des Gush Emunim.

f Setzen Sie sich kritisch mit Gush Emunim auseinander. Berücksichtigen Sie dabei auch die Bedeutung des Holocaust für die Gründung des Staates Israel.

g Diskutieren Sie die Bedeutung des jüdischen Fundamentalismus für die heutige Welt.

1. Beschreiben Sie das Bild.

2. Informieren Sie sich über Darwins Evolutionstheorie.

3. Das Bild soll Darwin darstellen. Beschreiben Sie das Bild erneut, jetzt aber vor dem Hintergrund seiner Evolutionstheorie.

4. Setzen Sie sich mit der folgenden Einstellung zu Darwin auseinander: „Die Hand, mit der er sein Werk geschrieben hat, ist die Hand eines Affen."

5. Diskutieren Sie die folgende Feststellung des amerikanischen Philosophen Daniel Dennet:

   „Whenever Darwinism is the topic, the temperature rises, because more is at stake than just the empirical facts about how life on Earth evolved, or the correct logic of the theory that accounts for those facts. One of the precious things that is at stake is a vision of what it means to ask, and answer, the question ‚Why?' "

   Dennett, Daniel: Darwin's Dangerous Idea, New York 1995.

Christlicher Fundamentalismus und Evolution

Vergangene Woche sprach Präsident Bush: „Wenn Sie mich fragen, ob die Menschen mit den verschiedenen Ideen konfrontiert werden müssen, lautet die Antwort: Ja. Nur so können sie verstehen, worum es in der Debatte geht." Die Kreationisten wissen solche Hilfe zu schätzen. Das Discovery Institute, selbst an vorderster Front an der Entwicklung der Intelligent-Desing-Idee beteiligt, jubelt: „Wir interpretieren, dass der Präsident seine Kommandoposition nutzt, um die Freiheit der Forschung und die freie Rede über die Frage des biologischen Ursprungs zu unterstützen. Das kommt genau zur rechten Zeit, weil viele Wissenschaftler diskriminiert werden, sobald sie mit der darwinistischen Orthodoxie brechen." Richard Land von der Southern Baptist Convention klagt, dass die Evolution zu oft als faktisch gelehrt wird: „Lehrt sie als Theorie, und lehrt zudem noch eine andere Theorie – jene, die am meisten Unterstützung unter Forschern besitzt."

Es ist ein raffinierter Trick, und sie haben damit eine Menge Erfolg. Ich nahm vor kurzem an einer Sendung in der BBC mit einem Vertreter des Discovery Institute teil. Nach einer übellaunigen Diskussion beendete der Moderator die Sendung mit den Worten: „Also, die Kontroverse geht weiter." Da empfand ich Verzweiflung. Es gibt nämlich keine Kontroverse, nicht im Mindesten. Das Geschäft des Discovery Institute ist nicht die Entdeckung der Wahrheit, sondern ihre Verschleierung. Ich werde meine Genetik-Vorlesungen nicht mit der Theorie beginnen, dass der Storch die Kinder bringt. Dennoch haben die ID-Anhänger in der Öffentlichkeit den Eindruck erzeugt, dass ihre Ideen die gleiche Aufmerksamkeit verdienen, wie jene, die von den Biologen akzeptiert werden.

Intelligent Design ist keine wissenschaftliche Theorie. Sie speist sich aus Denkfaulheit und Arroganz: „Ich bin ein kluger Kerl, und ich kann nicht verstehen, wie das alles durch Evolution entstehen konnte. Also konnte es nicht durch Evolution entstehen." Jeder Beweis, dass die Evolution an einer Stelle am Werk ist, wird sofort gekontert: Die nächste Ebene von Komplexität in einem biologischen System sei aber nur durch Design zu erklären. Wird den Kreationisten auch das widerlegt, gehen sie wiederum einen Schritt weiter und deuten Intelligenz als Ausdruck des Schöpferplans. Es ist ein endloses Spiel – und wie so viele Spiele reine Zeitverschwendung. Wissenschaftler interessieren solche Spiele nicht, ihre Zunft arbeitet an Hypothesen, die getestet werden können. Solche Hypothesen hat ID nicht zu bieten, nur leere Worte. [...]

Für die Evolution ist Perfektion nicht notwendig. Sie kennt dieses Konzept ebenso wenig wie das der Komplexität. Beides entsteht erst im Auge des Betrachters.

Jones, Steve: Gott pfuscht auch. Religion und Evolution, Die Zeit, Nr. 33, 2005. http://www.zeit.de/2005/33/Kreationismus – Zugriff: 17.08.2008.

a Exzerpieren Sie den Text.

b Informieren Sie sich über den „Kreationismus" bzw. über „Intelligent Design".

c Erläutern Sie die Auffassung der Kreationisten.

d Für Karl Popper besteht die Wissenschaftlichkeit einer Theorie darin, dass sie falsifizierbar ist. Informieren Sie sich über die Bedeutung des Begriffs „Falsifizierbarkeit".

e Klären Sie die Frage, ob „Intelligent Design" eine wissenschaftliche Theorie darstellt. Beziehen Sie sich dabei auf den Wissenschaftsbegriff Karl Poppers.

f Diskutieren Sie die Bedeutung des christlichen Fundamentalismus für die heutige Welt.

1. Beschreiben Sie das Foto.

2. Das Foto zeigt ein Wahlplakat der palästinensischen Organisation „Hamas". Auf dem Plakat heißt es: „Palsetine From Sea to Rever". Setzen Sie sich mit dem Inhalt des Plakats auseinander und diskutieren Sie dabei auch die Bedeutung des Nahostkonflikts für den Frieden.

3. Der amerikanische Politikwissenschaftler Samuel P. Huntington geht in seinem Buch „Kampf der Kulturen" davon aus, dass die Konflikte zwischen und innerhalb der Nationalstaaten zunehmend kulturell geprägt sind. Insbesondere prognostizierte er eine im Rahmen der Globalisierung auftretende, weltweite gewalttätige Auseinandersetzungen zwischen Muslimen und Nichtmuslimen.
   Erläutern Sie die Prognose Huntingtons.

4. Entwickeln Sie mögliche Reaktionen auf diese Prognose.

5. Bewerten Sie die Prognose Huntingtons.

Eine weltpolitische Ordnungsvorstellung

Der geistige Urheber des politischen Islam, Sayyid Qutb (1906–1966), schließt in seinem Pamphlet *„al-Salam al-alami wa al-Islam“* (Der Weltfriede und der Islam) jeden internationalen Frieden ohne eine weltpolitische Geltung der von ihm als Substanz des Islam gedeuteten *„Hakimiyyat Allah“* (Gottesherrschaft) aus. [...] Mit islamischem Weltfrieden meint Qutb die Vorherrschaft der von ihm geforderten göttlichen Weltordnung. Dies ist in seiner angeführten, überall in der Welt des Islam in vielen Sprachen verbreiteten Schrift nachzulesen. [...]

Der Pakistani Abu al-A'la al-Maududi, der neben dem Ägypter Sayyid Qutb die [...] fundamentalistische Formel von der *Hakimiyyat Allah* geprägt hat, definiert sie in seinem Pamphlet „Der Islam und die moderne Zivilisation“ unzweideutig wie folgt: „Ich sage es Euch Muslimen in aller Offenheit, dass die säkulare Demokratie in jeder Hinsicht im Widerspruch zu Eurer Religion und zu Eurem Glauben steht [...]. Der Islam, an den Ihr glaubt und wonach Ihr euch Muslime nennt, unterscheidet sich von diesem hässlichen System total [...]. Selbst in Bagatellangelegenheiten kann es keine Übereinstimmung zwischen Islam und Demokratie geben, weil sie sich diametral widersprechen. Dort, wo das politische System der Demokratie und des säkularen Nationalstaates dominiert, gibt es keinen Islam. Dort, wo der Islam vorherrscht, darf es jenes System nicht geben.“

Nach Maududi gilt diese Auffassung nicht nur für die Welt des Islam, sondern für die gesamte Welt, also auch für die muslimischen Migranten in Europa bzw. den gesamten Westen. Maududi war einer der wichtigsten geistigen Vorläufer des islamischen Fundamentalismus unserer Gegenwart.

Der religiöse Fundamentalismus formuliert seine Ordnungsvorstellung im Zeitalter der „Revolte gegen den Westen“. Anders als der politische Antikolonialismus, der auf westliche Ideen zur Abwehr der westlichen Hegemonie zurückgriff, ist die zeitgeschichtliche Revolte gegen den Westen auch gegen westliche Normen und Werte gerichtet. [...]

Die angeführten geistigen Väter des islamischen Fundamentalismus sowie ihre heutigen, als Aktivisten des politischen Islam *(al-Islam al-siyasi)* tätigen Anhänger sind der Auffassung, dass der von ihnen politisch gedeutete Islam nicht nur ein religiöser Glaube ist. Für sie ist der Islam umfassend *(Schumuli)*, d.h., er beinhaltet quasi organisch alle Lebensbereiche [...] und deswegen seien religiöser Glaube und politische Ordnung eine Einheit.

Tibi, Bassam: Fundamentalismus im Islam. Eine Gefahr für den Weltfrieden?, Darmstadt 2002, S. X; 7 ff.; 82.

a Fassen Sie den Text zusammen.

b Erläutern Sie die Bedeutung der *Hakimiyyat Allah*.

c Erklären Sie, was unter der „Revolte gegen den Westen“ zu verstehen ist und welche Konsequenzen sich daraus ergeben können.

d Informieren Sie sich über Selbstmordattentäter.

e Im Zusammenhang mit den Selbstmordattentätern liest man oft die folgende Behauptung: „Die Paradiesschilderungen in Koran und Sunna spiegeln männliche Sexualphantasien wieder.“ Stimmen Sie dieser Bewertung zu? Begründen Sie Ihre Aussage.

f Diskutieren Sie die Bedeutung des islamischen Fundamentalismus für die heutige Welt.

2.1.4 Gender

1. Beschreiben Sie das Foto.

2. Informieren Sie sich über Rahel Varnhagen.

3. Rahel Varnhagen soll zeitlebens darunter gelitten haben, eine Frau und noch dazu eine Jüdin zu sein. Trifft diese Behauptung zu? Begründen Sie Ihr Urteil auf der Grundlage Ihrer Recherche.

4. „Im Parlament war einmal von der ansteigenden Überfallsquote auf Frauen die Rede; ein (der extrem religiösen Partei zugehöriger) Minister schlug vor, eine Sperrstunde einzuführen, nach der Frauen nicht mehr auf die Straße gehen sollten. Mein Vorschlag war es, den Männern das Ausgehen zu verbieten – schließlich sind sie es ja, die die Frauen überfallen.“ (Golda Meir)
   http://www.travelnet.co.il/israel/german/index.htm – Zugriff: 20.09.2008.
   Informieren Sie sich über Golda Meir. Setzen Sie sich mit ihrer Reaktion auseinander: Auf welches grundsätzliche Problem reagiert sie?

5. Informieren Sie sich über die Situation der Frauen in Deutschland: Hat die Religionszugehörigkeit Einfluss auf ihre Situation?

Gender als Prinzip zur Entdeckung der Rollen von Mann und Frau

Die systematische Erforschung des Komplexes Geschlecht, Geschlechtsidentität, Geschlechterdifferenz, Geschlechterverhältnis, Geschlechterordnung bildet weniger einen eigenen, separaten Sachbereich als vielmehr einen Querschnittsaspekt, der in so gut wie allen Bereichen von Kultur und Gesellschaft und ihren Wissensdiskursen relevant ist. Dementsprechend hat sich der *gender-studies*-Ansatz in den verschiedensten Disziplinen entwickelt. Überwiegend auf die Kultur- und Sozialwissenschaften konzentriert, erstreckt er sich auch auf Naturwissenschaften und Technik. [...]

Aus der Tatsache, dass Männer über weite Strecken der abendländischen Geschichte die institutionelle Wissensbildung dominiert haben, lässt sich die Erwartung ableiten, dass sie diesen Bereich nach ihrem Bilde geformt und durch ihre Interessen geprägt haben, wohingegen die aufgrund der geschlechtsspezifischen Arbeitsteilung ganz anders gearteten Erfahrungen des weiblichen Geschlechts darin keinen oder mindestens einen wesentlich geringeren Niederschlag gefunden haben. Während feministische Kritik auf der ersten Stufe die Auswirkungen der Geschlechtersegregation auf die Frauen analysiert, steht auf der zweiten Stufe die Frage im Vordergrund, welche Folgen das für die Konstitution des jeweiligen Diskurses hat. Geht es beim Thema Sexismus um ein Problem gesellschaftlicher Gerechtigkeit, so geht es beim Thema Androzentrismus um die Frage der Wahrheit und Gültigkeit des Wissens.

Was in der feministischen Kritik als Androzentrismus bezeichnet wird, lässt sich in vielen Wissensdisziplinen und in vielen verschiedenen Erscheinungsformen beobachten. Aber gerade in der Philosophie spielt die Entlarvung des Androzentrismus eine besonders wichtige Rolle, insofern die Philosophie ihrem traditionellen Selbstverständnis nach den Anspruch erhoben hat, von den kontingenten Bedingungen der menschlichen Existenz in ihrer historischen, kulturellen, psychischen und physischen Unterschiedlichkeit und Wandelbarkeit zu abstrahieren. Thema der Philosophie war „der Mensch" schlechthin, in universaler Perspektive, das Allgemein-Menschliche, das Ewige, die so genannten „letzten Dinge" – jenseits von Kontingenz und Partikularität.

Infolgedessen beginnt so gut wie jede feministische Auseinandersetzung mit der traditionellen abendländischen Philosophie bei einer Kritik des Humanen als neutralem und universalem Konzept. In den verschiedensten Kontexten formulierbar und an zahllosen Beispielen demonstrierbar, läuft diese Kritik im Kern immer wieder auf die Feststellung hinaus, dass sich hinter den vorgeblich auf das geschlechtsneutral Menschliche beziehenden Positionen des philosophischen Diskurses männliche Perspektiven und Interessen verbergen, die den hohen Anspruch auf Allgemeingültigkeit Lügen strafen.

Klinger; Cornelia: Feministische Philosophie, in: Pieper, Annemarie (Hg.): Philosophische Disziplinen. Ein Handbuch, Leipzig 1998, S. 117ff.

a Fassen Sie den Text zusammen.

b Erläutern Sie die Bedeutung der Rollenverteilung zwischen Mann und Frau für die institutionelle Wissensbildung.

c Erläutern Sie die beiden Stufen der feministischen Kritik.

d Informieren Sie sich über die Bedeutung des Begriffs „Sexismus".

e Entnehmen Sie dem Text die Bedeutung des Begriffes „Androzentrismus".

f Erläutern Sie die Bedeutung des Androzentrismus-Begriffs für die feministische Philosophie.

1. Beschreiben Sie das Foto.

2. Das Foto zeigt eine Bar-Mizwa-Feier an der Klagemauer in Jerusalem.
   Informieren Sie sich über die Bedeutung von Bar-Mizwa und der Klagemauer für die Juden.

3. Es fällt auf, dass auf dem Foto nur Jungen und Männer zu sehen sind.
   „Die Grundlage der traditionellen jüdischen Sicht zur Stellung der Frauen in Familie und Gesellschaft entspringen einer patriarchalischen Kultur biblischer und talmudischer Zeiten. Damals wurde die Frau als Eigentum des Mannes angesehen, deren Pflicht es war, Kinder zu gebären, sie zu erziehen und ihrem Mann beizustehen."
   http://www.judentum-projekt.de/religion/frau/index.html – Zugriff: 03.01.2008.
   Erläutern Sie den Text.

4. Bewerten Sie diese Position.

5. Dem oben stehenden Foto können Sie entnehmen, dass Männer und Frauen an der Klagemauer nach Geschlechtern getrennt beten. Welche Stellung hat die Frau im heutigen Judentum?

Zur Rolle von Sexualität, Familie und Geschlechterbeziehung

Der Hinweis darauf, dass im orthodoxen Judentum ausschließlich Männer zur Lesung der Tora aufgerufen werden und eine vollgültige Gebetsgemeinschaft aus zehn erwachsenen Männern zu bestehen hat, führt zu der Frage, ob das Judentum mit seinem angeblich so männlich-rachsüchtigen Gott nicht auch der Inbegriff einer die Frauen systematisch unterdrückenden, patriarchalen Religion ist. [...]

Tatsächlich ist die orthodox-jüdische Religion, wie sie vom 4. Jahrhundert der Zeitrechung bis heute existiert, in ihren liturgischen Vollzügen eine patriarchale, auf den ersten Blick sogar frauenfeindlich wirkende Religion. So sieht der orthodoxe Ritus für das häusliche wie das synagogale Morgengebet – sofern es von Männern gesprochen wird – folgende Segenssprüche vor: „Gelobt seist Du, Ewiger, unser Gott, König der Welt, der dem Hahn Erkenntnis gegeben, zu unterscheiden zwischen Tag und Nacht [...] Gelobt seist Du, Ewiger, unser Gott, König der Welt, der mich nicht als Heiden erschaffen [...] Gelobt seist Du, Ewiger, unser Gott, König der Welt, der mich nicht als Sklaven erschaffen [...]", sowie: „Gelobt seist Du, Ewiger, unser Gott, König der Welt, der mich nicht als Frau erschaffen." Die orthodoxe Liturgie sieht für Frauen eine Variation des letzten Segensspruches vor: „Gelobt seist Du, Ewiger, unser Gott, König der Welt, der mich nach seinem Willen erschaffen."

Die den Männern aufgegebenen Segenssprüche loben einen mächtigen Gott dafür, die Beter angesichts weltlicher, gesellschaftlicher und „natürlicher" Unterschiede auf der richtigen Seite platziert zu haben. Es ist besser, Jude zu sein, als Heide, frei zu sein, als Sklave, und es ist besser Mann zu sein, als Frau. Die von orthodoxer Seite gern vorgebrachte Erklärung, es ginge hier lediglich um eine wertfreie Preisung von Unterschieden verschlägt in diesem Fall nicht, da die Unterscheidung zwischen „Jude" und „Heide" sowie zwischen „frei" und „Sklave" gar nicht anders als wertend zu verstehen ist. Indem das Volk Israel Gott für die Gabe der Tora dankt, sieht es sich besser gestellt als jene, die keine Tora haben. Dass sowohl in der Antike als auch im Mittelalter die Freiheit der Sklavenexistenz vorzuziehen war, bedarf keiner weiteren Debatte. Frauen, das setzt dieser Segensspruch zu Beginn eines jeden Tages voraus, sind grundsätzlich schlechter gestellt als Männer. Allerdings kann er auch als Dank dafür verstanden werden, von der nicht ungefährlichen und oft schmerzhaften Last des Gebärens befreit zu sein. Dennoch lässt sich die patriarchale Grundierung an der Form des weiblichen Pendants ablesen: Frauen sollen Gott dafür segnen, so zu sein, wie sie sind, ohne doch sagen zu können, wofür.

Die mit dem rabbinischen Judentum etablierte Matrilinearität privilegiert Frauen allerdings, als sie und ihre Kinder ohne Zweifel und weitere Verfahren dem jüdischen Volk angehören.

Micha Brumlik: Was stimmt? Judentum. Die wichtigsten Antworten, Freiburg/Basel/Wien 2007, S. 85ff.

a Fassen Sie den Text zusammen.

b Erläutern Sie die Rolle der Frau aus orthodox-jüdischer Sicht.

c Überprüfen Sie die Bewertung des Judentums als eine „Religion des Patriarchats".

d Informieren Sie sich über die Bedeutung des Begriffs „Matrilinearität".

e Ergänzen Sie die orthodox-jüdische Sicht auf die Rolle der Frau um die Sichtweisen anderer Spielarten des Judentums.

f Formulieren Sie ein zusammenfassendes Urteil über die Rolle der Frau im Judentum und diskutieren Sie Ihr Urteil in der Lerngruppe.

1. Beschreiben Sie das Bild.

2. Informieren Sie sich über die „klassische“ Rollenverteilung in der Familie und erläutern Sie, inwiefern diese Rollenverteilung im Bild zum Ausdruck kommt.

3. Informieren Sie sich über die „liturgische“ Stellung der Frau in den christlichen Kirchen.

4. Informieren Sie sich über den Zölibat.

5. In der katholischen Kirche wird der Zölibat u. a. so begründet:
   „Der Unverheiratete ist besorgt um die Sache des Herrn, er sucht dem Herrn zu gefallen. Der Verheiratete dagegen ist besorgt um die Dinge der Welt, er sucht seiner Frau zu gefallen.“
   1 Kor. 7, 32–34.
   Erläutern Sie die Rollenverteilung, die sich aus dieser Bibelstelle ergibt.

Über die Zusammenarbeit von Mann und Frau in Kirche und Welt

In den letzten Jahren haben sich in der Auseinandersetzung mit der Frauenfrage neue Tendenzen abgezeichnet. Eine erste Tendenz unterstreicht stark den Zustand der Unterordnung der Frau, um eine Haltung des Protestes hervorzurufen. So macht sich die Frau, um wirklich Frau zu sein, zum Gegner des Mannes. Auf die Missbräuche der Macht antwortet sie mit einer Strategie des Strebens nach Macht. Dieser Prozess führt zu einer Rivalität der Geschlechter [...]. Die Folge davon ist eine Verwirrung in der Anthropologie, die Schaden bringt und ihre unmittelbarste und unheilvollste Auswirkung in der Struktur der Familie hat.

Im Sog dieser ersten Tendenz ergibt sich eine zweite. Um jegliche Überlegenheit des einen oder des anderen Geschlechts zu vermeiden, neigt man dazu, ihre Unterschiede zu beseitigen und als bloße Auswirkungen einer historisch-kulturellen Gegebenheit zu betrachten. Bei dieser Einebnung wird die leibliche Verschiedenheit, *Geschlecht* genannt, auf ein Minimum reduziert, während die streng kulturelle Dimension, *Gender* genannt, in höchstem Maß herausgestrichen und für vorrangig gehalten wird. Die Verschleierung der Verschiedenheit oder Dualität der Geschlechter bringt gewaltige Auswirkungen auf verschiedenen Ebenen mit sich. Diese Anthropologie, die Perspektiven für eine Gleichberechtigung der Frau fördern und sie von jedem biologischen Determinismus befreien wollte, inspiriert in Wirklichkeit Ideologien, die zum Beispiel die Infragestellung der Familie, zu der naturgemäß Eltern, also Vater und Mutter, gehören, die Gleichstellung der Homosexualität mit der Heterosexualität sowie ein neues Modell polymorpher Sexualität fördern.

Die unmittelbare Wurzel der genannten Tendenz findet sich im Kontext der Frauenfrage. Ihre tiefste Begründung muss aber im Versuch der menschlichen Person nach Befreiung von den eigenen biologischen Gegebenheiten gesucht werden. Gemäß dieser anthropologischen Perspektive hätte die menschliche Natur keine Merkmale an sich [...]: Jede Person könnte und müsste sich nach eigenem Gutdünken formen, weil sie von jeder Vorausbestimmung auf Grund ihrer Wesenskonstitution frei wäre.

Diese Perspektive hat vielfältige Auswirkungen. Zum einen wird dadurch die Meinung bekräftigt, die Befreiung der Frau bringe eine Kritik an der Heiligen Schrift mit sich, die ein patriarchalisches Verständnis von Gott überliefere, das von einer wesentlich männlichen Kultur genährt sei. Zum anderen ist es gemäß dieser Tendenz unwichtig und bedeutungslos, dass der Sohn Gottes die menschliche Natur als Mann angenommen hat.

Angesichts dieser Denkströmungen spricht die Kirche hingegen [...] von *aktiver Zusammenarbeit* von Mann und Frau bei ausdrücklicher Anerkennung ihrer Verschiedenheit.

Joseph Ratzinger: Schreiben an die Bischöfe der katholischen Kirche über die Zusammenarbeit von Mann und Frau in der Kirche und in der Welt. Rom am 31. Mai 2004

a Exzerpieren Sie den Text.

b Erläutern Sie die Kritik von Kardinal Ratzinger am Gender-Begriff.

c Erklären Sie, was die „aktive Zusammenarbeit von Mann und Frau bei ausdrücklicher Anerkennung ihrer Verschiedenheit" bedeutet und erläutern Sie Kardinal Ratzingers Begründung.

d Formulieren Sie ein Urteil über die liturgische Stellung der Frau in der katholischen Kirche.

e Informieren Sie sich auch über die Stellung der Frau in der Evangelischen Kirche.

f Formulieren Sie ein zusammenfassendes Urteil über die Rolle der Frau im Christentum und diskutieren Sie Ihr Urteil in der Lerngruppe.

1. Beschreiben Sie das Foto.

2. Informieren Sie sich über die Kleidervorschriften für Muslime.

3. „Es ist leicht, aus der Ferne und ohne eigene Betroffenheit das Kopftuch zu tolerieren. Für mich ist das jedoch keine Toleranz, sondern Ignoranz. Das Kopftuch und der Tschador symbolisieren in meinen Augen die Unterwerfung der Frau. Solange das Kopftuch fremdbestimmt, also vom Mann bestimmt ist, werde ich mich mit den Frauen solidarisieren, die endlich das Kopftuch oder den Tschador ablegen wollen".
   Seyran Ateş in: *http://de.wikipedia.org/wiki/Kopftuchstreit – Zugriff: 03.01.2008*
   Erläutern Sie den Standpunkt von Frau Ateş.

4. Nehmen Sie Stellung im Kopftuchstreit.

5. Diskutieren Sie die Frage, inwieweit auf Forderungen von Muslimen nach einem nicht-koedukativen Sportunterricht Rücksicht genommen werden kann.

Die Rolle von Mann und Frau im Koran

4,34 Die Männer haben Vollmacht und Verantwortung gegenüber den Frauen, weil Gott die einen vor den anderen bevorzugt hat und weil sie von ihrem Vermögen (für die Frauen) ausgehen. Die rechtschaffenen (Frauen) sind demütig ergeben und bewahren das, was geheimgehalten werden soll, da Gott (es) bewahrt. Ermahnt diejenigen, von denen ihr Widerspenstigkeit befürchtet, und entfernt euch von ihnen in den Schlafgemächern und schlagt sie. Wenn sie euch gehorchen, dann wendet nichts Weiteres gegen sie an. Gott ist erhaben und groß. [...]

2,221 Und heiratet nicht polytheistische Frauen, bis sie gläubig geworden sind. Wahrlich, eine gläubige Sklavin ist besser als eine polytheistische Frau, auch wenn sie euch gefallen sollte. Und lasst die Polytheisten nicht zur Heirat zu, bis sie gläubig geworden sind. Wahrlich, ein gläubiger Sklave ist besser als ein Polytheist, auch wenn er euch gefallen sollte. [...] 222 Und sie fragen dich nach der Menstruation. Sprich: Sie ist ein Leiden. So haltet euch von den Frauen während der Menstruation fern und nähert euch ihnen nicht, bis sie wieder rein sind. Wenn sie sich nun gereinigt haben, dann geht zu ihnen, wie Gott es euch befohlen hat. Gott liebt die Bußfertigen, und Er liebt die, die sich reinigen. 223 Eure Frauen sind für euch ein Saatfeld. Geht zu eurem Saatfeld, wo immer ihr wollt. Und schickt für euch (etwas Gutes) voraus. Und fürchtet Gott und wisst, dass ihr Ihm begegnen werdet. Und verkünde den Gläubigen frohe Botschaft. [...]

226 Diejenigen, die schwören, sich ihrer Frauen zu enthalten, haben vier Monate zu warten. Wenn sie es aber zurücknehmen, so ist Gott voller Vergebung und barmherzig. 227 Und wenn sie sich zur Entlassung entschließen – siehe, Gott hört und weiß alles. 228 Die entlassenen Frauen haben drei Perioden lang zu warten. Es ist ihnen nicht erlaubt, zu verschweigen, was Gott in ihrem Schoß erschaffen hat, so sie an Gott und den Jüngsten Tag glauben. Ihre Gatten haben eher das Recht, sie während dieser Zeit zurückzunehmen, wenn sie eine Aussöhnung anstreben. Und sie haben Anspruch auf das gleiche, was ihnen obliegt, und dies auf rechtliche Weise. Die Männer stehen eine Stufe über ihnen. Und Gott ist mächtig und weise. [...]

65,4 Und für die von euren Frauen, die keine Menstruation mehr erwarten, falls ihr da Zweifel hegt, gilt eine Wartezeit von drei Monaten. Und ebenso für die, die keine Menstruation haben. Für die, die schwanger sind, ist ihre Frist erreicht, wenn sie gebären, was sie (in ihrem Leib) tragen. Und wer Gott fürchtet, dem schafft Er Erleichterung in seiner Angelegenheit. 5 Das ist die Anordnung Gottes, die Er zu euch herabgesandt hat. Und wer Gott fürchtet, dem sühnt Er seine Missetaten und dem verleiht Er einen großartigen Lohn.

Der Koran. Übersetzung von Adel Theodor Khoury. Unter Mitwirkung von Muhammad Salim Abdullah, Gütersloh 1987, 4, 34; 2, 221-223, 226-228; 65, 4-5.

a Fassen Sie den Text zusammen.

b Erläutern Sie, was die Feststellung „Die Männer haben Vollmacht und Verantwortung gegenüber den Frauen“ für die Sexualität bedeutet.

c Erläutern Sie das Verhältnis der Geschlechter zueinander im Islam mit Hilfe der Formel „Gleichheit in der Ungleichheit“.

d Erläutern Sie das Verhältnis der Geschlechter mit Hilfe des Gender-Begriffs.

e Formulieren Sie ein zusammenfassendes Urteil über die Rolle der Frau im Islam und diskutieren Sie Ihr Urteil in der Lerngruppe.

Reflexion des interreligiösen Dialogs

1.

- **a** Fassen Sie den einleitenden Text „Interreligiöser Dialog“ zusammen.
- **b** Informieren Sie sich über die Begriff „Dialog“ und „Interreligiöses Lernen“.
- **c** Erläutern Sie, weshalb Kenntnisse über andere Religionen (also interreligiöses Lernen) Voraussetzung für einen interreligiösen Dialog sind.
- **d** Informieren Sie sich über das Projekt „Weltethos“ des Tübinger Theologen Hans Küng.
- **e** Informieren Sie sich über den Begriff „Wahrheit“ und über das Konfliktpotenzial, das dieser Begriff im interreligiösen Bereich hat.
- **f** Diskutieren Sie in diesem Zusammenhang auch die Rolle des Buddhismus und seine ganz andere Tradition.
- **g** Informieren Sie sich vorab über die Begriffe „Theologie“, „Fundamentalismus“ und „Gender“ als dringliche Themen für einen interreligiösen Dialog der monotheistischen Religionen.
- **h** Erläutern Sie die Bedeutung eines recht verstandenen Toleranzbegriffs für den Dialog der Religionen.

2. Für Nikolaus von Kues stand außer Zweifel, dass die eine wahre Religion die christliche sei bzw. im Christentum zum Ausdruck komme, doch ging es ihm weniger um die Bekehrung Andersgläubiger zum Christentum, als vielmehr um den Aufweis der Übereinstimmung der Religionen in ihrem Wesenskern mit der *vera religio* und damit mit dem christlichen Glauben. Seine Devise lautete: Die eine wahre Religion prägt sich in der Geschichte der Menschheit in verschiedenen Formen aus *(una religio in rituum varietate)*. Dabei steht ein theologisch-philosophischer Gedanke im Mittelpunkt, den er bereits in seiner Hauptschrift „De docta ignorantia“ ausgeführt hat: Die Unendlichkeit und das unerschöpfliche Geheimnis Gottes, in dem alle Gegensätze vereinigt werden *(coincidentia oppositorum)*.

Renz, Andreas/Leimgruber, Stephan: Christen und Muslime. Was sie verbindet. Was sie unterscheidet, München 2004, S. 69.

- **a** Fassen Sie den Text über Nikolaus von Kues zusammen.
- **b** Entwickeln Sie mit Hilfe des Textes Grundsätze für einen interreligiösen Dialog.

3.

15. August 2005

Bischof Huber fordert aufrichtigeren Dialog mit Islam

Berlin (epd). Der Ratsvorsitzende der Evangelischen Kirche in Deutschland, Bischof Wolfgang Huber, hat einen aufrichtigeren Dialog mit dem Islam gefordert. Auch über die Religionsfreiheit und die Rolle der Scharia, des islamischen Rechts, müsse offen diskutiert werden, sagte Huber am Montag in Berlin bei einer Tagung der Friedrich-Naumann-Stiftung. Die Dialogkultur mit dem Islam sei in Deutschland zwar auf dem richtigen Weg, aber noch nicht ausreichend, so Huber. Es sei zu einfach, zu betonen, dass Christentum, Judentum und Islam abrahamitische Religionen seien und damit sei alles gut. Die Gottesbilder und damit auch die Werte seien sehr unterschiedlich.

Es müsse diskutiert werden, wie weit die Religionsfreiheit im Islam gehe und inwieweit ein Religionswechsel ermöglicht werde. Es reiche ihm auch nicht, wenn Muslime in den Ländern, in denen sie in der Minderheit seien, lediglich akzeptierten, dass die Scharia dort nicht gelte, betonte der oberste Repräsentant der evangelischen Christen in Deutschland.

http://www.ekd.de/aktuell_presse/news_2005_08_15_dialog_islam.html – Zugriff: 04.05.2008.

Setzen Sie sich mit dem Text auseinander. Gehen Sie dabei folgendermaßen vor:

- **a** Informieren Sie sich über Bischof Huber.
- **b** Entnehmen Sie dem Text grundsätzliche Forderungen für einen Dialog mit dem Islam.
- **c** Bewerten Sie die Position Hubers.
- **d** Entwickeln Sie unter Einbeziehung der Forderungen Hubers Grundsätze für einen interreligiösen Dialog.

Reflexion des Themas „Buddhismus"

1. Der Buddhismus unterscheidet sich von vielen indischen und nicht-indischen Religionen dadurch, dass er die Erlösung des Menschen von den Banden der Endlichkeit nicht von göttlicher Gnade, sondern von einer von jedem Heilsucher selbständig zu gewinnenden Erleuchtung erwartet.

   von Glasenapp, Helmuth: Pfad zur Erleuchtung. Ein buddhistisches Lesebuch, 7. Aufl. der Neuausgabe, München 1999, S. 5.

Bewerten Sie die Feststellung von Glasenapps, indem Sie sich auf den Text „Die buddhistische Lehre" beziehen.

2. [...] Im Widerspruch dazu findet sich zweitens eine ökologisch ausgesprochen konstruktive Leseart des Buddhismus, die im Rückgriff auf vorgängig entwickelte buddhistische Lehren die Umweltdebatte theoretisch bereichern und praktische Konsequenzen aus diesen Erkenntnissen ziehen will. Eine besondere Rolle spielt in diesem Zusammenhang die Lehre der Verbundenheit aller in der Welt wirkenden Daseinsfaktoren [...].

   Vertreter der dritten idealtypischen Position melden zwar Zweifel an der Kompatibilität von traditionellen buddhistischen Konzepten und der modernen Umweltethik an, finden es ideengeschichtlich jedoch legitim, wenn Gedankengänge, die im buddhistischen Kontext im Detail anders gemeint waren, sich aus heutiger Sicht aber potentiell als ökologisch funktional erweisen, weiterentwickelt und konstruktiv in die moderne Umweltdebatte eingebracht werden. Eine in diese Richtung weisende Erörterung hat Lambert Schmithausen vorgelegt. Er verweist darauf, dass Umweltprobleme weniger durch unmittelbar einsichtiges, individuelles Handeln verursacht werden, sondern vielmehr durch falsche Einstellungen und fehlende Sensibilitäten, die sich allmählich in ihren Wirkungen kollektiv aufbauen. Hier ergeben sich laut Schmithausen ökologisch sinnvolle Anschlüsse an die buddhistische Gesinnungsethik, der es auf die Veränderungen von Verhaltens*einstellungen* und Handlungs*motivationen* ankommt.

   Michael Klöcker/Udo Tworuschka (Hg.): Ethik der Weltreligionen. Ein Handbuch, Darmstadt 2005, S. 255f.

Nehmen Sie Stellung zu obenstehendem Text. Gehen Sie dabei folgendermaßen vor:

a Entnehmen Sie dem Text die „idealtypischen" Positionen im umweltethischen Diskurs des Buddhismus.
b Bewerten Sie diese Positionen mit Hilfe des Textes „Die Lehre vom Tun und Nicht-Tun" (S. 163).
c Diskutieren Sie die Möglichkeiten einer buddhistischen Teilnahme an der umweltethischen Debatte.

3. Ein Mensch, der nach vielen bitteren Kämpfen gegen seine eigene Natur sie endlich ganz überwunden hat, ist nur noch als rein erkennendes Wesen, als ungetrübter Spiegel der Welt übrig. Ihn kann nichts ängstigen, nichts mehr bewegen; denn alle die tausend Fäden des Wollens, welche uns an die Welt gebunden halten und als Begierde, Furcht, Neid, Zorn uns hin- und herreißen unter beständigem Schmerz, hat er abgeschnitten. Er blickt nun ruhig und lächelnd zurück auf die Gaukelbilder dieser Welt, die einst auch sein Gemüt zu bewegen und zu peinigen vermochten; die aber jetzt so gleichgültig vor ihm stehn wie die Schachfiguren nach geendigtem Spiel oder wie am Morgen die abgeworfenen Maskenkleider, deren Gestalten uns in der Faschingsnacht neckten und beunruhigten. Das Leben und seine Gestalten schweben nur noch vor ihm, wie eine flüchtige Erscheinung, wie dem Halberwachten ein leichter Morgentraum, durch den schon die Wirklichkeit durchschimmert und der nicht mehr täuschen kann; und eben auch wie dieser verschwinden sie zuletzt ohne gewaltsamen Übergang.

   Schopenhauer, Arthur: Welt und Mensch. Eine Auswahl aus dem Gesamtwerk von Arthur Hübscher, Stuttgart 1988, S.116f.

a Fassen Sie den Text zusammen.
b Informieren Sie sich über die Bedeutung des Willens bei Schopenhauer.
c Vergleichen Sie die Verneinung des Willens bei Schopenhauer mit dem Nirvana der Buddhisten.
d Bewerten Sie den Text Schopenhauers.

4.

Schreiben Sie einen Essay zum Thema „Der Buddhismus im Dialog mit den monotheistischen Religionen: Möglichkeiten und Grenzen".

Reflexion des Themas „Theologie“

1. Die Geschichte vom 18. Kamel

Ein Mullah ritt auf seinem Kamel nach Medina; unterwegs sah er eine kleine Herde von Kamelen; daneben standen drei junge Männer, die offenbar sehr traurig waren.

„Was ist euch geschehen, Freunde?“ fragte er, und der älteste antwortete: „Unser Vater ist gestorben.“

„Allah möge ihn segnen. Das tut mir leid für euch. Aber er hat euch doch sicherlich etwas hinterlassen?“

„Ja“, antwortete der junge Mann, „diese siebzehn Kamele. Das ist alles, was er hatte.“

„Dann seid doch fröhlich! Was bedrückt euch denn noch?“

„Es ist nämlich so“, fuhr der älteste Bruder fort, „sein letzter Wille war, dass ich die Hälfte seines Besitzes bekomme, mein jüngerer Bruder ein Drittel und der jüngste ein Neuntel. Wir haben schon alles versucht, um die Kamele aufzuteilen, aber es geht einfach nicht.“

„Ist das alles, was euch bekümmert, meine Freunde?“ fragte der Mullah. „Nun, dann nehmt doch für einen Augenblick mein Kamel, und lasst uns sehen, was passiert.“

Von den achtzehn Kamelen bekam jetzt der älteste Bruder die Hälfte, also neun Kamele; neun blieben übrig. Der mittlere Bruder bekam ein Drittel der achtzehn Kamele, also sechs; jetzt waren noch drei übrig. Und weil der jüngste Bruder ein Neuntel der Kamele bekommen sollte, also zwei, blieb ein Kamel übrig. Es war das Kamel des Mullahs; er stieg wieder auf und ritt weiter und winkte den glücklichen Brüdern zum Abschied lachend zu.

Segal, Lynn: Das 18. Kamel oder Welt als Erfindung. Zum Konstruktivismus Heinz v. Forsters, München/Zürich 1988, S. 9.

Diese Geschichte wird häufig als Veranschaulichung dafür gelesen, wie wir nach der Lehre des Radikalen Konstruktivismus die Wirklichkeit gemeinsam konstruieren.

Die folgenden Aufgaben verlangen eine neue Auseinandersetzung mit dieser Geschichte:

a Geben Sie die Geschichte in eigenen Worten wieder.

b Erläutern Sie das Problem der Brüder.

c Erklären Sie den Lösungsvorschlag des Mullah.

d Formulieren Sie eine Vermutung, weshalb die Brüder den Lösungsvorschlag des Mullah froh akzeptierten und begründen Sie Ihre Vermutung.

e Beziehen Sie die Geschichte auf die Theologie der monotheistischen Religionen: Sehen Sie einen Zusammenhang? Stellen Sie gegebenenfalls diesen Zusammenhang dar.

f Eine Schülerin sieht folgenden Zusammenhang zwischen dieser Geschichte und der Theologie: „So wie die Brüder das 18. Kamel brauchten, so braucht man Theologie als Krücke, die man wegwirft, wenn man sich über alles andere klar ist.“ –

Bewerten Sie die Meinung der Schülerin.

2. Die Gläubigen kamen in Scharen, um die Worte des Propheten Mohammed zu hören. Ein Mann hörte besonders aufmerksam und andächtig zu, betete mit gläubiger Inbrunst und verabschiedete sich schließlich vom Propheten, als es Abend wurde. Kaum war er draußen, kam er wieder zurückgerannt und schrie mit sich überschlagender Stimme: „Oh, Herr! Heute morgen ritt ich auf meinem Kamel zu dir, um dich, den Propheten Gottes, zu hören. Jetzt ist das Kamel nicht mehr da. Weit und breit ist kein Kamel zu sehen. Ich war dir gehorsam, achtete auf jedes Wort deiner Rede und vertraute auf Gottes Allmacht. Jetzt, oh, Herr, ist mein Kamel fort. Ist das die göttliche Gerechtigkeit? Ist das die Belohnung meines Glaubens? Ist das der Dank für meine Gebete?“ Mohammed hörte sich diese verzweifelten Worte an und antwortete mit einem gütigen Lächeln: „Glaube an Gott und binde dein Kamel fest.“

Peseschkian, Nossrat: Der Kaufmann und der Papagei. Orientalische Geschichten als Medien in der Psychotherapie, Frankfurt am Main 1979. S. 43.

a Geben Sie den Text in eigenen Worten wieder.

b Geben Sie den Ratschlag des Propheten in eigenen Worten wieder.

c Erläutern Sie den in der Geschichte dargestellten Zusammenhang zwischen Glauben und Wirklichkeit.

d Bewerten Sie den Ratschlag des Propheten.

3.

a Informieren Sie sich über den Begriff „Aufklärung“ (beispielsweise bei Kant).

b Bewerten Sie die theologischen Positionen der drei monotheistischen Religionen mit Hilfe des Begriffs der Aufklärung.

Reflexion des Themas „Fundamentalismus“

1. Hinter dem Eichmann-Konflikt verbarg sich eine grundsätzliche Auseinandersetzung über die Frage der Bewältigung der eigenen Vergangenheit, die Hannah Arendt gerade in Bezug auf die jüdische Seite für unerlässlich hielt. Sie widersprach mit aller Entschiedenheit den Bestrebungen, eine Kontinuität der jüdischen Geschichte zu postulieren, die den Juden ausschließlich die Rolle des Opfers zuwies und ihnen ein Sonderschicksal einräumte, das indirekt die Existenz des Antisemitismus rechtfertigte. Daher betont sie in der Eichmann-Studie nachdrücklich, dass es sich beim Genozid nicht bloß um ein Problem des Verhältnisses von Juden und Nichtjuden handelte, sondern um ein „Verbrechen gegen die Menschheit, begangen am jüdischen Volk“, das faktisch und potentiell ebenfalls gegen Zigeuner und Angehörige der slawischen Völker, aber auch gegen Asoziale und „überflüssige“ Bevölkerungsgruppen gerichtet war.

   Mommsen, Hans: Hannah Arendt und der Prozess gegen Adolf Eichmann. Ein leitender Essay zu: Arendt, Hannah: Eichmann in Jerusalem. Ein Bericht von der Banalität des Bösen, 3. Aufl., München/Zürich 2008, S. 42.

a Informieren Sie sich im Abschnitt „Die Deontologische Ethik Immanuel Kants“ über Adolf Eichmann.

b Erläutern Sie, wie Hannah Arendt den Genozid bewertet und stellen Sie ihre Begründung für diese Bewertung dar.

c Äußern Sie eine Vermutung über die Haltung Hannah Arendts zur israelischen Unabhängigkeitserklärung und deren Bezug zum Holocaust. Begründen Sie diese Vermutung.

d Schreiben Sie einen eigenen Essay zum Thema „Hannah Arendt und der Prozess gegen Adolf Eichmann“.
Hinweis: Lesen Sie als Vorbereitung Hannah Arendts Buch „Eichmann in Jerusalem“.

2. Suscipe crucis signum – nehmt das Zeichen des Kreuzes, ergreift im Eifer für den Christennamen die heilbringenden Waffen! Denn Gottes geheiligtes Land ist in Gefahr. Er hat dort mehr als dreißig Jahre als Mensch unter Menschen gelebt, er hat es durch seine Wunder erleuchtet, er hat es durch sein eigenes Blut geweiht, er hat es durch seine Geburt geehrt, er hat es durch sein Grab bereichert.

   Deshalb ist es die Pflicht eines jeden Christenmenschen, dieses geweihte Land zu verteidigen. Für Gott, für Christus! Denn die Christenheit selbst trägt Schuld daran, dass der Gott des Himmels beginnt, Sein Land zu verlieren. Durch die eigene Sündhaftigkeit und die vielen Laster ist es soweit gekommen, dass nun das gepriesene Land verwüstet wird.

   Die Heiden sind Feinde des Kreuzes, sie besudeln und schänden die heiligen Stätten. Wenn ihr gegen die Heiden nichts unternehmt, schändet ihr euer eigenes Leben und verwirkt die Erlösung. Das kommt einem Verrat gleich! Soll es so weitergehen? Kann es sein, dass ihr das Heilige den Hunden und die Perlen den Säuen preisgeben wollt?

   Vgl. Sabine Reinberg: Bernhard von Clairvaux und der Zweite Kreuzzug. Hausarbeit.

a Erläutern Sie, weshalb es nach Bernhard die Pflicht jedes Christenmenschen ist, das Heilige Land zu verteidigen.

b Entnehmen Sie dem Text, welchen Lohn der Soldat nach Bernhard für die Teilnahme am Kreuzzug erhält.

3. In seiner hochmittelalterlichen Dichtung „Göttliche Komödie“ platzierte Dante Muhammad und dessen Schwiegersohn Ali im Raum der Hölle, wo für Sünden und Laster gesühnt wird. Spezifische Sünde für beide Muslime ist nach Dante das Stiften von Zwietracht auf Erden. Die Strafe für Muhammad ist eine völlige Verstümmelung des Leibes, ein Aufschlitzen vom Fuß bis zu den Lenden, so dass die Eingeweide und der Magen hervortreten. Eine noch schlimmere Buße erfährt sein Schwiegersohn Ali, nämlich die Spaltung des Hauptes, weil er für die Glaubensspaltung innerhalb des Islam verantwortlich gemacht wird. Damit sind schwerste Vergehen gegen die Wahrheit geschehen, die nach Dante eine ewige Verdammnis in der Hölle verdienen.

   Renz, Andreas/Leimgruber, Stephan: Christen und Muslime. München 2004, S. 66.

Fassen Sie den Text über Dantes „Göttliche Komödie“ zusammen. – Vergleichen Sie diesen Text und seine Einstellung zum Islam mit den Kreuzzugbriefen des Heiligen Bernhard.

4. Es ist nicht lange her, da tobte schon einmal ein Kulturkampf. Ende der Sechziger, also vor knapp vier Jahrzehnten, begehrte die junge Generation gegen die verstaubten Gesellschafts- und Moralvorstellungen der Älteren auf.

Die Emanzipationsbewegung erhob das Recht der Frauen auf Selbstbestimmung und auf Abtreibung sowie die Gleichberechtigung der Homosexuellen zum Programm, Demos und Wertedebatten bewegten die Gesellschaft und veränderten sie.

Noch bis in die Siebziger Jahre, bevor die sozialliberale Koalition zum großen Reformwurf ausholte, war der Mann Familienoberhaupt – mit allen rechtlichen Konsequenzen und zum Nachteil der Frauen. Geschiedene Frauen galten in manchen Landstrichen als verdächtig, interkonfessionelle Ehen als untragbar.

Niemandem wäre damals in den Sinn gekommen, hinter diesen Zuständen den langen Arm der Scharia zu vermuten. Die Muslime waren zwar schon im Land, aber waren praktisch unsichtbar – als „Nutztiere“ des deutschen Wirtschaftswunders.

Angeblich tobt jetzt wieder ein Kulturkampf. Aber zwischen wem eigentlich? Zwischen Deutschen und Muslimen? Mitnichten. Es ist ein Kampf der Ewiggestrigen, die genau dieser mit ethnischen und religiösen Attributen aufgeladene Kampf und die propagandistisch-populistische Art und Weise, wie er geführt wird, mehr eint als trennt.

Sie führen diesen Kampf nicht gegeneinander, sondern gemeinsam – zum Schaden der offenen Gesellschaft. Es ist ihnen gelungen, binnen wenigen Jahren einen regressiven, ja geradezu infantilen Kulturbegriff einzuführen und zu zementieren, dessen kulturalistische Ideologie jede Art von Pluralismus und somit auch das Fundament der freien Gesellschaft gefährdet.

Fundamentalist wird man nicht durch einen bestimmten Glauben, sondern durch eine bestimmte Art zu denken (oder auch nicht zu denken).

Die Fundamentalisten des Islam fühlen sich sehr wohl in einer Gegenwart, in der nicht mehr die Aufklärung und die Säkularisierung den Diskurs bestimmen sollen, sondern das christliche Erbe und die xenophoben Denkmuster des 19. Jahrhunderts, die zur großen europäischen Katastrophe des 20. Jahrhunderts geführt haben.

© Zafer Şenocak 2007
http://www.qantara.de/webcom/show_article.php/_c-469/_nr-668/i.html – Zugriff: 03.05.2008.

a Geben Sie den Text in eigenen Worten wieder.
b Informieren Sie sich über den Begriff „Kulturkampf“ und erklären Sie, inwiefern man nach Şenocak heute von einem Kulturkampf reden kann.
c Was versteht Şenocak unter „Fundamentalismus“? – Entnehmen Sie dem Text die Bedeutung dieses Begriffs.
d Formulieren Sie Forderungen, die Şenocak an Muslime, Christen und Juden stellen müsste.
e Formulieren Sie eine Vision im Sinne des Autors.

5.
a Schreiben Sie einen Essay zum Thema „Fundamentalistische Strömungen in den drei monotheistischen Religionen Judentum, Christentum und Islam“.
b Informieren Sie sich über den Begriff „Toleranz“ (beispielsweise im „Lexikon der Ethik“).
c Informieren Sie sich über die Auswirkungen des Fundamentalismus auf Deutschland, Europa und die Welt.
d Diskutieren Sie mit Hilfe des Begriffs „Toleranz“ den momentanen Stand der Auseinandersetzung mit dem Phänomen des Fundamentalismus in den drei monotheistischen Religionen.
Bereiten Sie sich auf diese Diskussion durch eine Internetrecherche vor. Beispielsweise veröffentlichte die Bertelsmann-Stiftung am 26.09.2008 die Studie „Religionsmonitor 2008 – Muslimische Religiosität in Deutschland“
http://www.bertelsmann-stiftung.de/cps/rde/xchg/bst – Zugriff: 28.09.2008.
Im Jahre 2008 gab es Bestrebungen in Tarsus/Türkei, dem Geburtsort des Apostels Paulus, eine Kirche zu bauen. Auch über dieses Projekt könnten Sie sich in diesem Zusammenhang informieren.

Reflexion des Themas „Gender“

1. Allgemeine Erklärung der Menschenrechte (UNO) vom 10. Dezember 1948

   Artikel 1.
   Alle Menschen sind frei und gleich an Würde und Rechten geboren. Sie sind mit Vernunft und Gewissen begabt und sollen einander im Geiste der Brüderlichkeit begegnen.

   Artikel 2.
   (1) Jeder Mensch hat Anspruch auf die in dieser Erklärung verkündeten Rechte und Freiheiten ohne irgendeine Unterscheidung etwa nach Rasse, Farbe, Geschlecht, Religion, politischer oder sonstiger Überzeugung, nationaler oder sozialer Herkunft, nach Eigentum, Geburt oder sonstigen Umständen.

   (2) Weiter darf keine Unterscheidung gemacht werden aufgrund der politischen, rechtlichen oder internationalen Stellung des Landes oder Gebietes, dem eine Person angehört, ohne Rücksicht darauf, ob es unabhängig ist, keine Selbstregierung besitzt oder irgendeiner anderen Beschränkung seiner Souveränität unterworfen ist.

   http://www.info-servo.de/menschenr.htm – Zugriff: 04.05.2008.

a Erläutern Sie, was sich aus dieser Erklärung für die Rollen von Mann und Frau ergibt.

b Am 3. September 1980 trat das „Übereinkommen der Vereinten Nationen zur Beseitigung jeder Form von Diskriminierung der Frau“, abgekürzt CEDAW, in Kraft. Bisher haben 185 Staaten unterschrieben, u.a. aber Iran, Somalia oder Sudan noch nicht. – Informieren Sie sich über CEDAW und über die Kritik der Staaten an dem Übereinkommen, die bisher ihre Unterschrift verweigerten.

c Trotz dieser Papiere gelang es bisher nicht, Frauen vor Diskriminierung zu schützen. Diskutieren Sie in diesem Zusammenhang auch die Rolle der Religionen.

d Schreiben Sie einen Essay zum Thema „Die Wertschätzung der Frau in den drei monotheistischen Religionen Judentum, Christentum und Islam“.

2. Es ist vor allem eine scholastische Auseinandersetzung, die muslimische Gelehrte führen. Es geht um Interpretationsvielfalt, mit der man eine Brücke zur Vielfalt in der Gesellschaft bauen will. Doch das Verhältnis zum fundamentalen, sakralen Grundtext, also zum Koran, bleibt davon weitgehend unberührt.

   Das ist wenig verwunderlich, denn dem Koran kommt in der islamischen Religion jene unantastbare Bedeutung zu wie Jesus im Christentum. Sicher gibt es auch bibeltreue Christen, die die Bibel wortwörtlich auslegen. Im Islam aber gibt es keine korankritischen Muslime.

   Es ist offensichtlich, dass die Muslime ohne eine textkritische Auseinandersetzung mit dem Koran in den modernen Gesellschaften nicht weiterkommen. Sie werden nicht umhinkommen, diesen gordischen Knoten zu durchschlagen. Die Alternative ist die Pervertierung ihres Glaubens zur Kampfmaschine, die Legitimierung von Gewalt, wo es nichts zu legitimieren gibt. Also, keine Alternative.

   Das Scheitern an den Herausforderungen der Moderne hat nicht nur soziale, sondern auch pathologische Folgen. Vor allem für die Männer, die von ihrem hohen Ross absteigen müssen.

   © Zafer Şenocak 2007
   http://www.qantara.de/webcom/show_article.php/_c-469/_nr-668/i.html – Zugriff: 03.05.2008.

a Erläutern Sie die Forderungen des Autors an die muslimischen Gelehrten.

b Informieren Sie sich über die Methode der *textkritischen* Auseinandersetzung und erklären Sie, weshalb dieser Umgang mit dem Koran auf Schwierigkeiten stößt.

c Erläutern Sie die Bedeutung einer textkritischen Koranlektüre für den interreligiösen Dialog über das Thema „Gender“.

3.

a Informieren Sie sich über den Begriff „Emanzipation“ (beispielsweise im „Lexikon der Ethik“).

b Diskutieren Sie den momentanen Stand der Emanzipation der Frau in den drei monotheistischen Religionen.
Hinweis: Grundlage ihrer Diskussion sollte eine Internetrecherche sein.

2.2 Fremdverstehen als Problem

Im Wort *Fremdverstehen* kommt der Begriff *Verstehen* vor. Er hat nicht nur eine umgangsprachliche, sondern auch eine philosophische Bedeutung und Verwendung. In der Philosophie findet er sich in der *Hermeneutik* wieder. Der Begriff hat hier die Aufgabe, Texte, Zeichen und Symbole zu erfassen. Das *Verstehen* unterscheidet sich dabei vom *Erklären*. Beim Erklären wird einem Zeichen oder Symbol seine schon bekannte oder festgelegte Bedeutung angefügt, es wird erklärt, wie das Zeichen oder das Symbol zu verstehen und zu verwenden ist. Dies finden wir beispielsweise bei alltäglichen Verwendungen, bei Verkehrszeichen und dergleichen, aber auch in der klassischen Physik. Hier stehen Zeichen und Symbole für Vorgänge, Aussagen oder Vorschriften, die von sich her nicht verständlich sind und deshalb eine *Erklärung* brauchen, damit sie richtig verstanden und verwendet werden können.

Anders ist es beim Verstehen. Das Verstehen von Texten, Zeichen und Symbolen kann nicht auf eine Erklärung, auf eine erklärende Vorlage zurückgreifen, es muss vielmehr zu dieser Erklärung vorstoßen und gelangen. Im Verstehen gilt es deshalb, die Bedeutung (eines Zeichens, Symbols, Textes oder überhaupt einer Erscheinung) erst zu finden. Hier handelt es sich also nicht um die Erklärung schon bekannter Bedeutungen, sondern um die Erforschung und Erfahrung noch unbekannter und fremder Bedeutungen. Das Verstehen greift auf die Methode des hermeneutischen Zirkels zurück. Dabei geht es von demjenigen aus, *was* bereits *gewusst* wird und *wie* die fremde Erscheinung, das fremde Zeichen *erscheint*. Dieses erste Wissen und Aufscheinen wird dabei als Vorurteil behandelt. In einem nächsten Schritt werden die Voreingenommenheiten abgeklärt, die für die Entstehung dieses Vorurteils maßgeblich waren. *Verstehen ist damit grundsätzlich Fremdverstehen*.

Das Verstehen bringt auf diese Weise immer die eigene Position mit ins Blickfeld und beobachtet sie kritisch. Das Ziel, das Fremde näher zu bringen und verständlich werden zu lassen, kann hermeneutisch nur mithilfe einer kritischen Selbstbeobachtung gelingen. Die Hermeneutik entspricht deshalb als Methode der modernen Quantenphysik, insofern sie die Beobachtung und die von der Beobachtung ausgehenden Störungen berücksichtigt. Auch hier wird die eigene Position des Beobachters im Erkenntnisvorgang mit berücksichtigt. Soweit es um die Erkenntnis lebendiger Vorgänge geht, kann Verstehen auch empathisch genannt werden. Es setzt die Fähigkeit voraus, sich in den Anderen zu versetzen. Im Verstehen wird dem Anderem und Fremden der Respekt gezollt, den er als Anderer und Fremder für seine Anerkennung braucht.

Um etwas zu verstehen, das mir fremd ist und dessen Bedeutung ich nicht kenne, bin ich auf umfassende Kenntnisse, auf Informationen und auf die Erweiterung des eigenen Horizonts angewiesen. Ich suche ja die Erklärung für etwas, für das es noch keine Erklärung gibt. Da die eigene Position im Verstehen immer mitspielt, benötige ich eine gewisse Erkenntnis meiner selbst. Das Fremde, das ich verstehen will, kann ich nur vom Bekannten und Vertrauten aus erschließen. Die Selbsterkenntnis ist der erste Schritte zum Verstehen und Fremdverstehen. Ich muss erkennen, welche Vorurteile ich habe. Das betrifft nicht nur Vorurteile weltanschaulicher Art, was gut und richtig ist, es betrifft auch und zuerst das Vorurteil, das aus der in mir selbst verankerten Differenz zwischen bekannt und fremd, zwischen Selbst und Anderem entsteht.

Gegenüber dieser Abspaltung und gegen diese Abspaltung vermittelt das Fremdverstehen zum Anderen hin, es schlägt die Brücke zum Anderen. Die Zuversicht dafür ergibt sich aus dem Vorwissen, dass das Selbst der Andere und der Andere das Selbst ist. Aus der indischen Philosophie ist das unter der bekannten Formel *tat tvam asi* – „das bist Du" – bekannt geworden. Wir erkennen uns im Spiegel, wenn wir den Anderen sehen. Diese Lehre aus den Upanishaden hat der deutsche Philosoph Arthur Schopenhauer zur Grundlage nicht nur seiner Ethik, sondern auch seiner Erkenntnistheorie gemacht. Wenn ich mich im Anderen wiedererkenne, dann bin ich nicht auf meine Individualität, die sich am Leib festmacht, beschränkt. Vielmehr erfahre ich mich als lebendiges Wesen und erkenne in dieser Erfahrung, dass das Leben etwas Allgemeines ist, an dem nicht nur Lebewesen, sondern die gesamte Natur und Umwelt partizipieren. Ausgehend von dieser Erkenntnis kommt das erkennende Ich für Schopenhauer auch zur Ethik. Indem ich mich als entgrenzt über meine leibliche Existenz hinaus erkenne, übersteige ich auch die Erfahrung, die ich von mir selbst haben kann. Im Übersteigen der Selbsterfahrung erlebe ich auch den Anderen in seinen Freuden und Leiden, ich erlebe ihn im Mitgefühl.

Im Übersteigen der eigenen Erkenntnis und Erfahrung überschreite ich Grenzen und öffne Horizonte. Das zeigt sich vor allem im zwischenmenschlichen Bereich und in der Begegnung. Natürlich spielen dabei auch Vorsicht und Angst mit, da alles Fremde – wie eben auch das Fremde im Selbst – etwas Ungeheuerliches haben. Aber gerade deshalb, weil das Fremde auch im eigenen Inneren ist, ist die Überwindung des Fremden ein tiefes Anliegen der Menschen. Diese Überwindung gelingt aber nicht durch die Vernichtung. Die Vernichtung des Fremden betrifft auch das Selbst und die eigene Kultur.

Das zeigen die nationalistischen Ideologien des 20. Jahrhunderts, die sämtlich auf Fremdenhass aufgebaut waren und sind. Mit ihrer Ablehnungs- und Vernichtungsideologie haben sie auch die jeweils eigene Kultur vernichtet. Die Beispiele hierfür sind zahlreich. Die Verbrechen, die etwa der Nationalsozialismus verübt hat, haben nicht nur Europa mit Leid überzogen, sondern auch große Teile der deutschen Kultur unwiederbringlich zerstört. Die eigene Kultur kann nur leben, gedeihen und gefördert werden, wenn sie das Fremde erkennt, versteht und integriert. Aussagen, die auf eine Diskriminierung einer anderen Kultur oder auf einen feindlichen Zerfall der Kulturen hinweisen, schüren Misstrauen und Ängste mit dem Ziel der Zerstörung und Vernichtung der fremden, aber damit auch der eigenen Kultur.

Das Problem des Fremdverstehens ist also ein Problem der Selbsterkenntnis: Ich muss erkennen, welche Vorurteile ich habe. Die Frage ist also: Welche Vorurteile kann man überhaupt Fremden gegenüber haben? Vorurteile werden durch Xenophobie (also die Wahrnehmung des Fremden als Bedrohung: der Fremde als der Barbar oder Eindringling) und Xenophilie (also die Wahrnehmung des Fremden als Ideal: der Fremde als der Edle oder der Gute) geschürt. Beide Wahrnehmungen führen zu einem Unterlegenheitsgefühl, das zu bedrohlichen Kompensationen neigt, wie am Beispiel der Nazis und ihrer Ideologien zu erkennen ist.

1. Beschreiben Sie das Bild.

2. Informieren Sie sich über die Bedeutung des Sündenbocks in der Bibel.

3. Informieren Sie sich über die Sündenbock-Theorie von Sigmund Freud.

4. Bewerten Sie diese Theorien.

5. Diskutieren Sie in Ihrer Lerngruppe die Frage, ob es heute noch Sündenböcke gibt. – Suchen Sie gegebenenfalls nach Beispielen.

Eine Ansprache zum 3. Oktober 2003

Leider, meine Damen und Herren, kann ich den Verdacht, dass man als Deutscher in Deutschland keine Vorzugsbehandlung genießt, nicht entkräften. Im Gegenteil. Ich habe drei Anfragen an die Bundesregierung gestellt:

1.) Ist die Bundesregierung angesichts der Wirtschaftsentwicklung und des Rückgangs der Staatseinnahmen bereit, ihre Zahlungen an die Europäische Union zu verringern? Die Antwort war: Die deutsche Verpflichtung gegenüber der Europäischen Union wird ohne Abstriche eingehalten.

2.) Ist die Bundesregierung bereit, sich auch für deutsche Zwangsarbeiter einzusetzen, nachdem für ausländische und jüdische Zwangsarbeiter 10 Milliarden DM zur Verfügung gestellt worden sind? Die Antwort war: Man könne die beiden Fälle nicht vergleichen. Die Bundesregierung wird sich gegenüber Russland, Polen und der Tschechischen Republik auch nicht für eine symbolische Entschädigung und ein Zeichen der Genugtuung für die deutschen Zwangsarbeiter einsetzen.

3.) Ist die Bundesregierung angesichts der Wirtschaftsentwicklung und des Rückgangs der Steuereinnahmen bereit, ihre Entschädigungszahlungen nach dem Bundesentschädigungsgesetz (also an – vor allem jüdische – Opfer des Nationalsozialismus) der gesunkenen Leistungsfähigkeit des deutschen Staates anzupassen? Die Antwort war: Nein, der Respekt vor dem damaligen Leiden dieser Menschen gebiete, das Entschädigungsniveau uneingeschränkt aufrechtzuerhalten.

Mich haben diese Antworten nachdenklich gemacht und sie bestätigen die in unserem Land weitverbreitete Anschauung. Erst kommen die anderen, dann wir: Überspitzt gesagt: Hauptsache, die deutschen Zahlungen gehen auf Auslandskonten pünktlich und ungeschmälert ein. Dafür müssen die Deutschen den Gürtel halt noch ein wenig enger schnallen.

Offengestanden, ich würde mir einen Konsens wünschen, wie er in vielen anderen Ländern der Welt besteht. Dort lautet dieser Konsens: Der eigene Staat muss in erster Linie für die eigenen Staatsbürger da sein. Wenn schon eine Bevorzugung der Deutschen als nicht möglich oder nicht opportun erscheint, dann erbitte ich wenigstens Gleichbehandlung von Ausländern und Deutschen.

Fragt man nach den Ursachen dieser Schieflage, so werden viele antworten: Das liegt an der deutschen Geschichte. [...]

Schwere Sorgen macht eine allgegenwärtige Mutzerstörung im nationalen Selbstbewusstsein, die durch Hitlers Nachwirkungen ausgelöst wurde. [...] Trotz der allseitigen Beteuerungen, dass es Kollektivschuld nicht gebe, trotz nuancierter Wortneuschöpfungen wie „Kollektivverantwortung“ oder „Kollektivscham“: Im Kern bleibt der Vorwurf: die Deutschen sind das „Tätervolk“.

Rede des CDU-Bundestagsabgeordneten Martin Hohmann zum 3. Oktober 2003. http://www.hagalil.com/archiv/2003/10/hohmann-3.htm – Zugriff: 25.10.2005.

a Exzerpieren Sie den Text.

b Entnehmen Sie dem Text die Anfragen des Redners an die Bundesregierung.

c Nehmen Sie Stellung zu diesen Anfragen.

d Bewerten Sie die Aussage des Redners, dass man als Deutscher in Deutschland eine Vorzugsbehandlung genießen müsste.

e Nehmen Sie Stellung zu der Forderung des Redners, die Entschädigungszahlungen an die jüdischen Opfer zu verringern.

f Bewerten Sie diese Rede des damaligen Bundesabgeordneten der CDU.

1. Beschreiben Sie das Bild.

2. Das Bild wurde von dem spanischen Maler Francisco José de Goya y Lucientes gemalt. „Der Schlaf der Vernunft gebiert Ungeheuer“ schrieb Goya auf die Tafel im Bild. Das Bild gehört als Blatt 43 zu der Folge von Radierungen, die er „Caprichos“ (Einfälle) nannte. Informieren Sie sich, wovor Goya mit diesem „Einfall“ warnen wollte.

3. Hat Goyas Warnung immer noch ihre Berechtigung? Diskutieren Sie gegebenenfalls die Frage, was den Ideen der Vernunft heute entgegensteht.

4. Informieren Sie sich über das Phänomen „Vorurteil“ und erläutern Sie, inwiefern sich Goya mit diesem Phänomen auseinandergesetzt hat.

5. Informieren Sie sich über heutige Vorurteile, beispielsweise über Frauen oder über farbige Menschen.

Wahrnehmungen

Das Orchester ist eine traditionell männliche Domäne, es gibt immer noch kaum Dirigentinnen, und im Orchester selbst gibt es weitaus weniger Frauen als Männer. Warum? Glaubt man dem Mainstream der Orchestermusiker, so werden Frauen eine schlechtere Technik und ein ungeeignetes Temperament unterstellt. Ist dem so? Es gibt ja Orchester, sie Stellenbewerber hinter einem Paravent vorspielen lassen, ohne dass Prüfer, meist Männer, wissen, wer sich dahinter verbirgt. Sollte so etwas nicht dazu führen, dass Vorurteile unwirksam werden?

Claudia Goldin und Cecilia Rouse untersuchten im Jahre 2000 elf große Orchester danach, ob sie ein „blindes“ oder ein offenes Verfahren anwendeten, also ein solches, in dem die Prüfer die Prüflinge sahen. Und siehe da: Wenn das Vorspielen hinter einem Paravent verdeckt stattfand, verdoppelte sich die Chance der Frauen, die Stelle zu bekommen. Diese Beispiel verdeutlicht, wie real Diskriminierung ist und welche Kosten Wahrnehmungsverzerrungen verursachen können: Wer kann es sich schon leisten, einen schlechteren Musiker einzukaufen?

Keinen Job zu bekommen, kann eine persönliche Katastrophe bedeuten, aber die gruppenbasierten Wahrnehmungsverzerrungen haben noch schlimmere Folgen: Tony Greenwald und sein Team luden Versuchspersonen zu einem Ballerspiel ein – sie sollten einen Polizeioffizier spielen und richtig reagieren, wenn eine Person am Computerbildschirm hinter einem Müllcontainer erschien. Sie hatten eine Sekunde Zeit, um zu reagieren: schießen (drücken Sie die Computermaus), ein Sicherheitssignal auslösen (drücken Sie die Leertaste) oder nichts tun (drücken Sie nichts). Wenn am Computerbildschirm ein Polizist erschien, sollte das Sicherheitssignal ausgelöst werden; wenn eine normal gekleidete Person erschien, sollte keine Taste gedrückt werden; und wenn ein bewaffneter Mann erschien, sollte geschossen werden. Wie im richtigen Leben, denn mehr als eine Sekunde bleibt Polizisten für die richtige Reaktion in solchen Situationen häufig nicht. Die am Computer gezeigten Personen hatten entweder eine weiße oder schwarze Hautfarbe. Das Ergebnis ist niederschmetternd: Die Versuchspersonen schossen öfter auf Schwarze, und dies auch, wenn diese gar keine Waffe in den Händen hielten. Die Studie wurde mittlerweile in anderen Labors mit leichten Veränderungen nachgestellt, und einige von ihnen zeigen, dass dieses diskriminierende Verhalten auch bei Nichtrassisten zu finden ist, wenn sie unter Zeitdruck sind. Der Effekt tritt sogar dann auf, wenn die Versuchspersonen aktiv dagegen angehen wollen. Allein das Wissen „Schwarze = kriminell“ führt in diesen Studien dazu, das Versuchspersonen am Computer Schwarze eher „erschießen“.

Förster, Jens: Kleine Einführung in das Schubladendenken, 2. Aufl., München 2007, S. 128f.

a Fassen Sie den Text „Wahrnehmungen“ zusammen.

b Erklären Sie das Wort „Paravent“.

c Entnehmen Sie dem Text den Versuchsaufbau mit dem Ballerspiel und geben Sie ihn in eigenen Worten wieder.

d Erläutern Sie die im Text geschilderten Beispiele für verzerrte Wahrnehmungen.

e Erklären Sie, inwiefern der Gesellschaft durch Diskriminierung Kosten entstehen.

f Erläutern Sie den Einfluss der verzerrten Wahrnehmung auf das gesellschaftliche Leben.

1. Beschreiben Sie das Bild: Was nehmen Sie wahr?

2. Erläutern Sie Ihre Wahrnehmung einer Mitschülerin oder einem Mitschüler. – Formulieren Sie ein Ergebnis.

3. Beziehen Sie das Ergebnis Ihrer Partnerarbeit auf das Problem des Fremdverstehens.

4. Informieren Sie sich in diesem Zusammenhang über den Begriff „Vorurteil“ und seine unterschiedliche Verwendung in der Sozialpsychologie und der Hermeneutik.

5. Informieren Sie sich über eine Ihnen fremde Religion. – Diskutieren Sie die Frage, ob Sie damit diese Religion „verstanden“ haben.

Das Fremde als Wahrnehmungsproblem

Um nun zu meinem ursprünglichen Thema zurückzukommen: nach diesem Bericht sind die Völker dort durchaus nicht barbarisch oder wild; gewöhnlich freilich wird alles als Barbarei bezeichnet, was ungewohnt ist. Eigentlich lassen wir ja als richtig und vernünftig nur das gelten, was in dem Lande, wo wir sind, vorkommt und was zu den hier üblichen Anschauungen und Gebräuchen passt. Wo wir leben, da ist immer die einzig richtige Religion, die einzig richtige Politik; alles, was man dort tut, ist musterhaft und vollkommen. Die Einwohner dieses fernen Landes sind Wilde in dem Sinne, wie man als Wildobst solche Früchte bezeichnet, welche die Natur auf dem gewöhnlichen Wege von sich aus hervorgebracht hat. Durch unsere Eingriffe haben wir diese ja eigentlich verfälscht und der Normalentwicklung entfremdet; unser verfälschtes Obst sollten wir lieber Wildobst nennen; in den natürlich gewachsenen Früchten leben und wirken die eigentlichen, die nützlichsten, die natürlichen Kräfte und Eigenschaften; durch die Umzüchtung in der Richtung unseres verdorbenen Geschmackes haben wir gerade diese Naturkräfte in ihnen verkümmern lassen; und doch weisen manche Früchte in diesen Ländern, ohne jede Pflege durch den Menschen, auch für unseren Gaumen, einen ausgezeichneten, würzigen und feinen Geschmack auf, der es mit dem unserer Früchte durchaus aufnehmen kann. Die Kunst zeigt sich eben doch unserer großen und mächtigen Mutter Natur nicht überlegen. Wir haben den Reichtum und die Schönheit ihrer Werke durch unsere Erfindungen so überdeckt, dass wir sie vollständig erstickt haben: und doch beschämt sie, wo sie in ihrer Reinheit hervorleuchtet, alles menschliche Tun; es erscheint daneben nichtig und unwesentlich [...] Es gelingt uns mit aller Anstrengung nicht, etwas zu schaffen wie das Nest des unscheinbarsten Vögleins, mit seinem sinnvollen, schönen und zweckmäßigen Bau, oder wie das Netz der winzigen Spinne. [...]

Also: diese fremden Völker kommen uns so barbarisch vor, weil sie vom menschlichen Geist wenig umgestaltet und ihrem Originalzustand noch sehr nahe sind. Bei ihnen sind die Naturgesetze noch in Geltung; sie sind durch menschliche Gesetze noch wenig verdorben. Ich bedaure oft, dass wir von diesem Urzustand nicht früher in Europa etwas erfahren haben, zu einer Zeit, als es Menschen gab, die sich so etwas besser vorstellen konnten als wir. Es ist schade, dass Lykurg und Plato nichts davon gewusst haben. Denn was wir bei diesen Völkern in der Wirklichkeit erleben, ist mehr als alle Bilder, die die Dichter sich ausgemalt haben, um damit die Vorstellung vom goldenen Zeitalter auszuschmücken, und als alle Utopien von Menschenglück, ja mehr, als in den Konstruktionen und sogar in den Wunschbildern der Philosophie enthalten ist [...].

De Montaigne, Michel: Über die Kannibalen.
In: Ders.: Die Essais, hg. von Arthur Franz, Stuttgart 1984, S. 109f.

a Exzerpieren Sie den Text.

b Entnehmen Sie dem Text die Bedeutung des Wortes „Barbar".

c Nehmen Sie Stellung zu Montaignes Aussage „Wo wir leben, da ist immer die einzig richtige Religion, die einzig richtige Politik; alles, was man dort tut, ist musterhaft und vollkommen".

d Entnehmen Sie dem Text die Bedeutung des Wortes „Der Wilde".

e Erläutern Sie, weshalb uns manche Völker „so barbarisch" vorkommen.

f Entnehmen Sie dem Text die Bedeutung des Wortes „Urzustand".

1. Beschreiben Sie das Foto.

2. Das Foto zeigt die Festhalle „Alt Hanovera“ auf dem Schützenfest in Hannover im Jahre 1996. Es trägt den Titel „Das größte Schützenfest der Welt“. Halten Sie dieses Foto für „typisch deutsch“?

3. Informieren Sie sich, was in der Welt für „typisch deutsch“ gehalten wird und stellen Sie Ihre Informationen dar.

4. *Worauf man in Europa stolz ist*

   Dieser Erdteil ist stolz auf sich, und er kann auch stolz auf sich sein. Man ist stolz in Europa:
   Deutscher zu sein.
   Franzose zu sein.
   Engländer zu sein.
   Kein Deutscher zu sein.
   Kein Franzose zu sein.
   Kein Engländer zu sein. [...]

   (Tucholsky, Kurt: Gesammelte Werke in zehn Bänden. Herausgegeben von Mary Gerold-Tucholsky und Fritz J. Raddatz, Reinbek bei Hamburg: Rowohlt Verlag, 1975, S. 115)

   Diskutieren Sie Tucholskys Text.

5. Sie planen einen Besuch in Frankreich. Informieren Sie sich im voraus darüber, was „typisch französisch“ ist? Diskutieren Sie die Vor- und Nachteile solcher Kenntnisse.

Eine begriffliche Klärung

Wenn wir jetzt einmal alles zusammenfassen, so gibt es drei Phänomene: *Stereotype,* also Wissensstrukturen, die Vorstellungen und Erwartungen gegenüber bestimmten Gruppen enthalten, ohne dass wir unbedingt von der Richtigkeit dieses Wissens überzeugt sein müssen. Stereotypen können, müssen aber nicht in ein Verhalten (eine Diskriminierung) münden, und sie sind im Gegensatz zu Vorurteilen nicht emotionsgeladen. *Vorurteile* sind Stereotype, an deren Wahrheitsgehalt eine Person glaubt oder die eine starke (positive oder negative) emotionale Reaktion hervorrufen – sie sind Bewertungen gegenüber Gruppen, ohne dass man deren Mitglieder kennt. *Diskriminierung* ist das negative oder positive Verhalten gegenüber Mitgliedern bestimmter Gruppen aufgrund deren Gruppenmitgliedschaft.

Nebenbei haben wir schon angesprochen, dass manche Stereotype einen wahren Kern haben und andere erwiesenermaßen falsch sind, dass sie gelernt und nicht angeboren sind, dass sie abhängig von der Gesellschaft sind, in der wir leben, und dass sie uns manchmal ungewollt einfallen. Wir haben angesprochen, dass es schwierig ist, negative Gefühle und Gedanken zu unterdrücken und dass es uns doch teilweise gelingt, sie nicht offen zu äußern und nicht zwingend Diskriminierung daraus erfolgt. Hier tragen soziale Normen dazu bei, nicht zu diskriminieren. [...] Nebenbei habe ich schon auf eine Funktion von Vorurteilen hingewiesen, sie dienen der Identifizierung, der Ich-Findung: Ich bin jemand, der Juden gut und Antisemiten blöd findet. Eine weitere Funktion der Stereotype scheint zu sein, dass sie abgespeichertes, wenn auch manchmal ungenaues oder inkorrektes Wissen beinhalten und uns damit helfen, schnell Entscheidungen zu treffen. [...]

Stereotype speichern wir in Hierarchien im Gedächtnis ab. Teilweise geschieht dies ohne unseren Willen. Je häufiger wir eine Verbindung aktivieren und je kürzer es her ist, dass wir sie aktiviert haben, umso stärker ist sie. Hinzu kommt, dass negative Information besonders gut gelernt wird, ebenso wie die Verbindung von seltenen Informationen. Je müheloser man sich an etwas erinnern kann, desto schneller führt dies zu einer Überschätzung der Auftretenshäufigkeit. Daher überschätzen wir negative Ereignisse, wenn sie von Gruppen durchgeführt werden, die uns fremd sind. Wir können Verbindungen primen, das heißt aktivieren [...].

Stereotype können zu verzerrten Wahrnehmungen führen. Sie führen zu Übertreibungen, zu Blindheit gegenüber unpassenden Informationen und zur Wahrnehmung von nicht vorhandenen Gemeinsamkeiten. Diese Prozesse zeigen oftmals die Wirkung von gesellschaftlich tradiertem Wissen, das wir abspeichern, um in dieser Welt zurechtzukommen.

Förster, Jens: Kleine Einführung in das Schubladendenken. Vom Nutzen und Nachteil des Vorurteils, 2. Aufl., München 2007, S. 35f. und 104f.

a Exzerpieren Sie den Text.

b Entnehmen Sie dem Text die Bedeutung der Phänomene „Stereotype", „Vorurteile" und „Diskriminierung".

c Erläutern Sie mit Hilfe des Textes die Bedeutung von Vorurteilen für die Ich-Findung.

d Erläutern Sie, wie Stereotype zu verzerrten Wahrnehmungen führen, aber dabei helfen, in dieser Welt zurechtzukommen.

e Entnehmen Sie dem Text die Merkmale und Funktionen von Stereotypen.

f Erklären Sie, weshalb aus negativen Gefühlen nicht zwingend Diskriminierung wird.

1. Beschreiben Sie das Foto. – Finden Sie einen Titel.

2. Informieren Sie sich über die Gastarbeiter-Thematik. – Betrachten Sie das Bild einmal unter dieser Perspektive.

3. Informieren Sie sich über den Begriff „Fremdarbeiter“. – Warum bezeichnete man die im Ausland in den sechziger Jahren angeworbenen Arbeitskräfte als „Gastarbeiter“?

4. Informieren Sie sich über den Begriff „Xenophobie“ und erläutern Sie seine Bedeutung für das Fremdverstehen.

5. Setzen Sie sich in diesem Zusammenhang noch einmal mit der Hohmann-Rede auseinander.

Die Ablehnung des Fremden

Taubblind geborene Kinder entwickeln intolerante Neigungen, vorausgesetzt, dass die Kinder keine schweren Gehirnschäden aufweisen. Diese Neigungen entwickeln sich oft gegen erzieherische Bemühungen. Fremden begegnen sie in einem bestimmten Alter mit Ablehnung. Diese äußert sich zunächst in Fremdenfurcht. [...] Sie haben sicher nie schlechte Erfahrungen mit Fremden gemacht, die eine solche Haltung begründen würden. Es muss sich demnach um natürliche Reifungsvorgänge sozialer Einstellungen handeln. Mit weiterem Heranwachsen bekommt die Fremdenablehnung auch aggressive Züge. Das taubblinde Kind weicht nicht nur aus, es schlägt vielmehr nach dem Fremden, wenn er sich weiter um den Kontakt bemüht. Die Reaktion nach Schema: fremd = Feind, bekannt = Freund entwickelt sich, ohne dass es dazu schlechter Erfahrungen mit Fremden bedarf. [...]

Dieses Verhalten lässt sich beispielsweise auch bei Buschmannbabys beobachten: Mit acht bis zehn Monaten beginnen Buschmannbabys Fremdenfurcht zu zeigen. Nähert sich ihnen ein Fremder, dann wenden sie sich ab und klammern sich schutzsuchend an ihre Bezugsperson, den Kopf an deren Körper bergend. Oft weinen sie. Mit zunehmendem Alter ändert sich die Reaktion. Die Kinder fliehen nicht nur, sie wehren den Fremden auch aktiv ab, indem sie z.B. nach ihm schlagen [...]. Ich habe die Fremdenablehnung durch das Kleinkind auch in vielen anderen Kulturen beobachtet. Es handelt sich um eine elementare, wohl angeborene Verhaltensweise des Menschen. [...]

Auf die Fremdenfurcht und Fremdenablehnung ihrer Säuglinge reagieren die Eltern in bemerkenswerter Weise. Zunächst beruhigen sie die Kleinen, ja sie sagen mitunter sogar freundliche Worte über den Fremden. Ihr Verhalten ist jedoch ambivalent. Säuglinge werden nämlich oft verbal geneckt, etwa indem man ihnen sagt, dass der Fremde sie mitnehmen werde. Dies verstärkt sicherlich die Fremdenfurcht. Außerdem benützt man die Fremdenfurcht in der Erziehung nach dem Muster, wenn du in diesem oder jenem Punkte nicht folgst, dann kommt der Fremde und nimmt dich mit. In dieser Weise wird übrigens das Feindklischee universell in der Kindererziehung benutzt. Ich beobachtete das z.B. bei den Waika-Indianern, bei einigen Papuastämmen, bei den Balinesen und in Europa. [...]

Kinder flüchten bei Angst zur Mutter, dort sind sie geborgen. In ähnlicher Weise suchen wir bei Ranghohen Schutz – im übertragenen Sinne bei höheren Mächten; bei Gefahr schließen sich selbst Fremde einander an. Man könnte gewissermaßen von einer Angstbindung sprechen. Sie wird gerne politisch genutzt, wenn es gilt, von inneren Schwierigkeiten abzulenken und eine Gruppe zu festigen. Man tut dies etwa, indem man auf Feinde hinweist, die die Gruppe angeblich bedrohen.

In: Eibl-Eibesfeldt, Irenäus: Der vorprogrammierte Mensch. Das Ererbte als bestimmender Faktor im menschlichen Verhalten, 4. Aufl., München 1982, S. 93, 127, 130, 160.

a Fassen Sie den Text zusammen.

b Erläutern Sie die Ursache der Fremdenfurcht beim Kind.

c Entnehmen Sie dem Text die Beispiele, die der Autor zum Beleg seiner These anführt.

d Erläutern Sie den Umgang der Eltern mit der Fremdenfurcht ihres Kindes.

e Entnehmen Sie dem Text die Bedeutung der „Angstbindung“.

f Erklären Sie die Vorteile einer angeborenen Fremdenfurcht für die Evolution.

g Informieren Sie sich über den Begriff „Urvertrauen“. Diskutieren Sie, ob bzw. inwiefern dieser Begriff zur Theorie von Eibl-Eibesfeldt passt.

1. Beschreiben Sie das Plakat. – Geben Sie auch das Thema an.

2. Diskutieren Sie das Thema des Plakats und seine Aussage.

3. Erläutern Sie, inwiefern Fremdverstehen ein Thema des Plakates ist.

4. Informieren Sie sich über den Begriff „Xenophilie“ und erläutern Sie seine Bedeutung für das Fremdverstehen.

5. Bewerten Sie die Aussage des Plakats unter dem Aspekt der „Xenophilie“.

Die Rede des Häuptling Seattle

Der Himmel dort droben, der seit unzähligen Jahrhunderten Tränen des Mitgefühls auf unsere Vorfahren geweint hat und uns ewig erscheint, kann sich dennoch stets verändern. Heute ist er schön, morgen schon kann er von Wolken bedeckt sein. Meine Worte sind wie Sterne, die nicht untergehen. Was Seattle dem großen Häuptling Washington sagt, darauf kann er sich mit der gleichen Sicherheit verlassen, wie sich unsere weißgesichtigen Brüder auf die Wiederkehr der Jahreszeiten verlassen können.

Der Sohn des weißen Häuptlings sagt, sein Vater sende uns Grüße der Freundschaft und des Wohlwollens. Das ist freundlich, denn wir wissen, dass er unserer Freundschaft wenig bedarf, weil sein Volk groß ist. Sie sind wie das Gras, das die unermessliche Prärie bedeckt, während meine Leute nur wenige sind und den vereinzelten Bäumen auf einer vom Wind gepeitschten Ebene gleichen.

Der große – und ich nehme an – auch gute weiße Häuptling schickt uns die Nachricht, dass er unser Land kaufen möchte, dass er aber auch gewillt ist, uns zu erlauben, genug davon für uns zurückzubehalten, damit wir gut weiterleben können. Das erscheint mir wirklich großzügig, denn der Rote Mann hat keine Rechte mehr, die respektiert werden müssten; auch mag das Angebot weise sein, da wir nicht länger das weite Land benötigen. Es gab eine Zeit, da unser Volk das ganze Land überzog, wie die Wellen des windgekreuselten Meeres seinen muschelgepflasterten Boden bedecken. Aber die Zeit ist lange vergangen, und mit ihr geriet die Großartigkeit der Stämme ebenfalls in Vergessenheit. Ich will nicht klagen über unseren verfrühten Niedergang, noch meinen weißgesichtigen Brüdern den Vorwurf machen, ihn beschleunigt zu haben, denn auch wir mögen an manchem die Schuld tragen.

Wenn unsere jungen Männer wegen eines tatsächlichen oder scheinbaren Unrechts ärgerlich werden und ihre Gesichter mit schwarzer Farbe entstellen, dann sind auch ihre Herzen entstellt und werden schwarz; und dann ist ihre Grausamkeit unbarmherzig und kennt keine Grenzen, und unsere Alten sind nicht in der Lage sie zurückzuhalten.

Aber lasst uns hoffen, dass die Feindseligkeiten zwischen dem Roten Mann und seinen weißgesichtigen Brüdern niemals wiederkehren. Wir hätten alles zu verlieren und nichts zu gewinnen.

Wahr ist es, dass Rache – sogar auf Kosten des eigenen Lebens – unter unseren jungen Kriegern als erstrebenswert angesehen wird; aber alte Männer, die in Kriegszeiten zu Hause bleiben, und die Frauen, die Söhne zu verlieren haben, wissen es besser. [...]

Jeder Teil dieses Landes ist meinem Volke heilig. Jeder Hang, jedes Tal, jede Ebene und jedes Gehölz ist geheiligt durch eine zärtliche Erinnerung oder eine traurige Erfahrung meines Stammes.

http://www.obib.de/Erzaehlungen/seattle/seattle.html – Zugriff: 15.10.2007.

a Fassen Sie den Text zusammen.

b Geben Sie den Vergleich wieder, mit dem der Häuptling seine Zuverlässigkeit betont.

c Geben Sie auch wieder, wie der Häuptling den Niedergang seines Volkes beschreibt.

d Erklären Sie die Bedeutung der Rache für die jungen Krieger und erläutern Sie, welche Funktion dieser Hinweis für die Rede des Häuptlings hat.

e Erklären Sie, ob bzw. inwiefern der Häuptling dem Wunsch der amerikanischen Regierung entsprechen und Land verkaufen kann.

f Stellen Sie Informationen über die Rede des Häuptlings Seattle zusammen und formulieren Sie Vermutungen über die Intentionen des Verfassers der Rede.

1. Beschreiben Sie das Foto.

2. Informieren Sie sich über das Verbrechen in Solingen am 31.05.1993.

3. Die vier Täter sind inzwischen wieder auf freiem Fuß.
   Einige von ihnen wurden wegen guter Führung vorzeitig aus der Haft entlassen, erhielten eine neue Chance und haben entweder ein Studium angefangen oder sind berufstätig. –
   Nehmen Sie Stellung zum Umgang der Justiz mit diesem Verbrechen.

4. Informieren Sie sich über Maßnahmen zur Verhinderung solcher Verbrechen.

5. Diskutieren Sie den Brandschlag mit Hilfe von „Xenophobie“:
   Was fehlte den Tätern?

Die Ethik des Mit-Leidens

Man setze zum letzten Beweggrund einer Handlung, was man wolle, immer wird sich ergeben, dass, auf irgendeinem Umwege, zuletzt *das eigene Wohl und Wehe des Handelnden* die eigentliche Triebfeder, mithin die Handlung *egoistisch,* folglich *ohne moralischen Wert* ist. Nur einen einzigen Fall gibt es, in welchem dies nicht statthat: nämlich wenn der letzte Beweggrund zu einer Handlung oder Unterlassung geradezu und ausschließlich im *Wohl und Wehe* irgendeines dabei passiv beteiligten *andern* liegt, also der aktive Teil bei seinem Handeln oder Unterlassen ganz allein das Wohl und Wehe eines *andern* im Auge hat und durchaus nichts bezweckt, als dass jener andere unverletzt bleibe oder gar Hilfe, Beistand und Erleichterung erhalte. *Dieser Zweck allein* drückt einer Handlung oder Unterlassung den Stempel des *moralischen Wertes* auf, welcher demnach ausschließlich darauf beruht, dass die Handlung bloß zu Nutz und Frommen *eines andern* geschehe oder unterbleibe. Sobald nämlich dies *nicht* der Fall ist; so kann das *Wohl und Wehe,* welches zu *jeder* Handlung treibt oder von ihr abhält, nur das *des Handelnden selbst* sein: dann aber ist die Handlung oder Unterlassung allemal egoistisch, mithin *ohne moralischen Wert.*

Wenn nun aber meine Handlung ganz allein *des andern wegen* geschehen soll, so muss *sein Wohl und Wehe unmittelbar mein Motiv sein:* so wie bei allen andern Handlungen das *meinige* es ist. Dies bringt unser Problem auf einen engern Ausdruck, nämlich diesen: wie ist es irgend möglich, dass das Wohl und Wehe *eines andern* unmittelbar, d.h. ganz so wie sonst nur mein eigenes, meinen Willen bewege, also direkt mein Motiv werde, und sogar es bisweilen in dem Grade werde, dass ich demselben mein eigenes Wohl und Wehe, diese sonst alleinige Quelle meiner Motive, mehr oder weniger nachsetze? – Offenbar nur dadurch, dass jener andere *der letzte Zweck* meines Willens wird, ganz so wie sonst ich selbst es bin: also dadurch, dass ich ganz unmittelbar *sein* Wohl will und *sein* Wehe nicht will, so unmittelbar, wie sonst nur das *meinige.* Dies aber setzt notwendig voraus, dass ich bei *seinem* Wehe als solchem geradezu mitleide, *sein* Wehe fühle, wie sonst nur meines, und deshalb sein Wohl unmittelbar will, wie sonst nur meines. Dies erfordert aber, dass ich auf irgendeine Weise *mit ihm identifiziert* sei, d.h., dass jener gänzliche *Unterschied* zwischen mir und jedem andern, auf welchem gerade mein Egoismus beruht, wenigstens in einem gewissen Grade aufgehoben sei. Da ich nun aber doch nicht *in der Haut des andern* stecke, so kann allein vermittelst der *Erkenntnis,* die ich von ihm habe, d.h. der Vorstellung von ihm in meinem Kopf, ich mich so weit mit ihm identifizieren, dass meine Tat jenen Unterschied als aufgehoben ankündigt.

Schopenhauer Arthur: Welt und Mensch. Eine Auswahl aus dem Gesamtwerk, hg. von Arthur Hübscher, Stuttgart 1988, S. 105f.

a Fassen Sie den Text zusammen.

b Entnehmen Sie dem Text die Bedeutung des Wortes „egoistisch“.

c Erläutern Sie, wodurch eine Handlung einen „moralischen Wert“ bekommt.

d Entnehmen Sie dem Text die Bedeutung des Wortes „Mitleid“.

e Erläutern Sie, inwiefern die moralische Handlung eine Handlung aus Mitleid ist.

f Erklären Sie, wodurch es zur vollständigen Identifizierung mit dem Anderen kommt und vergleichen Sie diesen Vorgang mit der Position von Lévinas in „Totalität und Unendlichkeit“.

g Vergleichen Sie die Mitleids-Ethik Schopenhauers mit der Ethik Kants (vgl. den Abschnitt „Deontologische Ethik“).

h Bewerten Sie die Hohmann-Rede mit der Ethik Schopenhauers.

i Bewerten Sie Schopenhauers Ethik im Hinblick auf ihre Leistungsfähigkeit für das Fremdverstehen.

Reflexion des Themas „Fremdverstehen als Problem"

1.

a Fassen Sie den einleitenden Text „Fremdverstehen als Problem" zusammen.

b Entnehmen Sie dem Text die Bedeutung von „Erklären".

c Entnehmen Sie dem Text die Bedeutung des „hermeneutischen Zirkels".

d Erläutern Sie, inwiefern Verstehen grundsätzlich Fremdverstehen ist.

e Erläutern Sie, inwiefern eine „kritische Selbstbeobachtung" Voraussetzung für das Verstehen ist.

f Erläutern Sie die Bedeutung des Vorurteils. Beziehen Sie sich dabei auch auf die Philosophie von Lévinas.

g Erläutern Sie die Bedeutung der Ethik Schopenhauers für das Fremdverstehen.

h Erklären Sie am Beispiel des Nationalsozialismus, dass die Vernichtung des Fremden auch die Vernichtung des Selbst und der eigenen Kultur bedeutet.

2.

a Informieren Sie sich über das so genannte „Kopftuch-Urteil" des Bundesverfassungsgerichts vom 24.09.2003.

b Bewerten Sie das Urteil durch Anwendung der Ethik Schopenhauers. – Stimmen Sie dem Ergebnis zu?

c Setzen Sie sich auch mit der abweichenden Meinung der Richter Jentsch, Di Fabio und Mellinghoff auseinander: Bewerten Sie deren Meinung.

3. Das Gehirn behält zeitlebens seine plastischen Eigenschaften. Diese Plastizität mahnt zur *Psychohygiene:* Plastizität ist selbst ein positiver Wert und lässt sich z.B. durch das Vermeiden von Eintönigkeit fördern. Sie mahnt jedoch auch, auf dem Menschen gemäße Erfahrungshorizonte zu achten. Um es drastisch zu formulieren: Wer täglich zwei Stunden Horror- und Gewaltfilme anschaut (oder, schlimmer noch, seine Kinder anschauen lässt), der sollte wissen, dass dies Veränderungen im Gehirn bewirkt, die entsprechendes Verhalten begünstigen und damit letztlich zu mehr Horror und Gewalt in der realen Welt beitragen. Wir sind es gewohnt, sehr auf den Input für den Magen zu achten; im Hinblick auf unser wichtigstes Organ, das Gehirn, ist uns der Gedanke an eine Diät sehr fremd. Dabei ist unser Gehirn im Gegensatz zum Magen zeitlebens plastisch wie eine Wachstafel. Achten wir in Zukunft besser auf die Eindrücke!

Spitzer, Manfred: Geist im Netz. Modelle für Lernen, Denken und Handeln, Heidelberg/Berlin/Oxford 1996, S. 335.

a Informieren Sie sich über den Begriff „Plastizität".

b Fassen Sie den Text zusammen.

c Erläutern Sie die Bedeutung dieser Feststellungen für das Fremdverstehen.

4.

a Informieren Sie sich über den Moscheeneubau in Köln-Ehrenfeld. – Informieren Sie sich auch über den Träger der Moschee, die DITIB („Türkisch-Islamische Union der Anstalt für Religion e.V.").

b Der Bau dieser Moschee wurde kontrovers diskutiert. Informieren Sie sich über die damaligen Pro- und Contra-Argumente. Diskutieren Sie diese Argumente. Bringen Sie die Argumente in eine Reihenfolge und identifizieren Sie das wichtigste Argument.

c Bewerten Sie dieses Argument mit Hilfe der Ethik Schopenhauers.

Der Spiegel, Jahres-Chronik 2008, S. 166. Foto: Architekturbüro Paul Boehm/DDP.

Reflexion der Sozialethik

1.
- a Fassen Sie den einführenden Text „Sozialethik“ (S. 154f.) zusammen.
- b Erklären Sie den Begriff „Sozialdarwinismus“ und erläutern Sie seine Bedeutung für Rassismus und Imperialismus.
- c Informieren Sie sich über die Bedeutung des Sozialdarwinismus für die Weltanschauung Adolf Hitlers.
- d Für Richard Dawkins ist Religion irrational und zerstörerisch. In seinem Buch „Der Gotteswahn“ bezeichnet er die katholische Erziehung als Kindesmisshandlung. Informieren Sie sich über Dawkins und seine Begründungen für diese kritische Sicht auf die Religion.
- e Erläutern Sie, inwiefern die Thesen von Dawkins eine Herausforderung für die Sozialethik darstellen.
- f Erklären Sie die Vorgehensweise der Sozialethik.
- g Erläutern Sie den theoretischen Zugang der Sozialethik.
- h Erklären Sie die Bedeutung des Fremdverstehens und des Interreligiösen Dialogs für die Sozialethik.

2. Ich kann nicht umhin, diesen Betrachtungen eine Bemerkung hinzuzufügen, der man vielleicht einige Wichtigkeit nicht absprechen wird. In jedem Moralsystem, das mir bisher vorkam, habe ich immer bemerkt, dass der Verfasser eine Zeitlang in der gewöhnlichen Betrachtungsweise vorgeht, das Dasein Gottes feststellt oder Beobachtungen über menschliche Dinge vorbringt. Plötzlich werde ich damit überrascht, dass mir anstatt der üblichen Verbindungen von Worten mit *„ist“* und *„ist nicht“* kein Satz mehr begegnet, in dem nicht ein *„sollte“* oder *„sollte nicht“* sich fände. Dieser Wechsel vollzieht sich unmerklich; aber er ist von größter Wichtigkeit. Dies *sollte* oder *sollte nicht* drückt eine neue Beziehung oder Behauptung aus, muss also notwendigerweise beachtet und erklärt werden. Gleichzeitig muss ein Grund angegeben werden für etwas, das sonst ganz unbegreiflich scheint, nämlich dafür, wie diese neue Beziehung zurückgeführt werden kann auf andere, die von ihr ganz verschieden sind. Da die Schriftsteller diese Vorsicht meistens nicht gebrauchen, so erlaube ich mir, sie meinen Lesern zu empfehlen; ich bin überzeugt, dass dieser kleine Akt der Aufmerksamkeit alle gewöhnlichen Moralsysteme umwerfen und zeigen würde, dass die Unterscheidung von Laster und Tugend nicht in bloßer Beziehung der Gegenstände begründet ist, und nicht durch die Vernunft erkannt wird.

Hume, David: Ein Traktat über die menschliche Natur. Buch II/III. Über die Affekte/Über Moral, hg. von Reinhard Brandt, übersetzt von Theodor Lipps, Hamburg 1978, S. 211f.

- a Fassen Sie den Text zusammen.
- b Erläutern Sie, inwiefern Hume in diesem Abschnitt den „naturalistischen Fehlschluss“, also den Fehlschluss vom Sein auf das Sollen erklärt, worin dieser Fehlschluss besteht und wie man ihn vermeiden kann.
- c Erklären Sie, inwiefern man dann, wenn man die biologischen Beobachtungen Darwins zu ethischen Lebenswerten ummünzt, einen naturalistischen Fehlschluss begeht.

3. Moralisch kann immer nur der Einzelne, nie ein Kollektiv beurteilt werden. Die Denkform, die Menschen in Kollektiven anzuschauen, zu charakterisieren und zu beurteilen, ist ungemein verbreitet. Solche Charakteristiken – etwa der Deutschen, der Russen, der Engländer – treffen nie Gattungsbegriffe, unter denen die einzelnen Menschen subsumiert werden können, sondern Typenbegriffe, denen sie mehr oder weniger entsprechen. Die Verwechslung der gattungsmäßigen mit der typologischen Auffassung ist das Zeichen des Denkens in Kollektiven: *die* Deutschen, *die* Engländer, *die* Norweger, *die* Juden – und beliebig weiter: die Friesen, die Bayern – oder: die Männer, die Frauen, die Jugend, das Alter. Dass durch die typologische Auffassung etwas getroffen wird, darf nicht zu der Meinung verführen, jedes Individuum erfasst zu haben, wenn man es als durch jene allgemeine Charakteristik getroffen betrachtet. Das ist eine Denkform, die sich durch die Jahrhunderte zieht als ein Mittel des Hasses der Völker und Menschengruppen untereinander. Diese den meisten leider natürliche und selbstverständliche Denkform haben die Nationalsozialisten in der bösesten Weise angewendet und durch ihre Propaganda den Köpfen eingehämmert. Es war,

als gäbe es keine Menschen mehr, sondern nur noch jene Kollektive.

Ein Volk als Ganzes gibt es nicht. Alle Abgrenzungen, die wir vornehmen, um es zu bestimmen, werden durch Tatbestände überschritten. Die Sprache, die Staatsbürgerschaft, die Kultur, die gemeinsamen Schicksale – alles dieses koinzidiert nicht, sondern überschneidet sich. Volk und Staat fallen nicht zusammen, auch nicht Sprache und gemeinsame Schicksale und Kultur.

Ein Volk kann nicht zu einem Individuum gemacht werden. Ein Volk kann nicht heroisch untergehen, nicht Verbrecher sein, nicht sittlich oder unsittlich handeln, sondern immer nur die Einzelnen aus ihm. Ein Volk als Ganzes kann nicht schuldig und nicht unschuldig sein, weder im kriminellen, noch im politischen (hier haften nur die Bürger eines Staates), noch im moralischen Sinn.

Die kategoriale Beurteilung als Volk ist immer eine Ungerechtigkeit; sie setzt voraus eine falsche Substantialisierung – sie hat eine Entwürdigung des Menschen als einzelnen zur Folge.

Jaspers, Karl: Die Schuldfrage. Für Völkermord gibt es keine Verjährung, München 1979, S. 28f.

Erläutern Sie den Text. Gehen Sie dabei folgendermaßen vor:

a Klären Sie das Thema des Textes. – Entnehmen Sie dem Text eine Frage, die er beantwortet. Beantworten Sie die von Ihnen gestellte Frage nach Möglichkeit in einem Satz.

b Informieren Sie sich über wesentliche Begriffe des Textes, z.B. über „Kollektiv", „Gattungsbegriff", „Typenbegriff".

c Entnehmen Sie dem Text, weshalb ein Denken in Kollektiven problematisch ist.

d Erklären Sie insbesondere, inwiefern ein Volk nicht zu einem Individuum gemacht werden kann.

e Bewerten Sie den Text von Karl Jaspers.

4.

08.05.2008

Hüpfburg und Hitlergruß

Der moderne Rechtsradikalismus arbeitet längst mit den bewährten Methoden der Protestkultur: Kinderfest und Unterschriften gegen Sozialabbau. Doch am Ende stehen immer Hass und brutale Gewalt

Ein Bericht über den neuen deutschen Rechtsextremismus kann sehr harmlos beginnen oder sehr brutal. Beides gibt es, und beides gehört zusammen. Während das Harmlose (NPD organisiert Hüpfburg) trügt, ragt das Brutale (Neonazis hetzen Ausländer) aus einem zunehmend unübersichtlichen Problem heraus: Man könnte es Netzwerknationalismus nennen. Er hat weder Führer noch Hauptquartier, sondern taucht in unterschiedlichster Spielart auf: als Reichskriegsflagge oder antisemitische Schmiererei, als Rechtsrockkonzert, Schülerzeitung oder T-Shirt-Vertrieb. Während junge Nationaldemokraten in Landesparlamente einziehen, erhalten militante Kameradschaften regen Zulauf. Während die Zahl rechter Websites auf etwa 1000 gewachsen ist, hat die Zahl ausländerfeindlicher Gewalttaten sich auf hohem Niveau eingepegelt. Um die modernen Rechten zu verstehen, muss man sie sich als harmlos-brutale Doppelstrategen vorstellen. Wer durchs Land fährt, gewinnt den Eindruck, dass ihre Strategie aufgeht. […]

Dass aber ist des braunen Pudels Kern: Hass auf Juden- und Christentum, auf die Idee der Gleichheit aller Menschen – Sehnsucht nach einer archaischen Welt aus Herren und Sklaven, Führern und Geführten. […]

Das jämmerliche Resultat der jüdisch-christlichen Gleichheitsidee könne man – so die Parole der Rechten – überall, sozusagen urbi et orbi, besichtigen. Auf den Trümmern großer Reiche breite sich ein machtvergessener Nihilismus aus, dem nichts mehr heilig sei. Herrenlose Massen zögen wie Nomaden durch die Shoppingmalls babylonischer Städte. So habe der Monotheismus das Abendland zu genau der Wüste gemacht, der seine Propheten entstammten. [...]

Verachtung der Gleichheit, Lob der Auslese, heidnische „Wiedergeburt“: Das sind die Parolen, mit denen rechte Denker gemeinhin zum entscheidenden Schlag auszuholen, zum Schlag gegen die hässlichste Staatsform der Geschichte, die liberale „Demokratie“. Grau und grässlich sei sie, weil in ihr die Schwachen und Mittelmäßigen ihre scheinliberale Herrschaft über die Großen und Starken ausübten. Zu diesem „gleichmacherischen“ System gibt es im rechten Weltbild nur eine Alternative: die „Volksgemeinschaft“. Sie sei deshalb eine wahre Demokratie, weil ihr „Führer“ aus dem Auslesekampf des Volkes hervorgehe und dessen Interessen besser vertrete, als ein Parlament dies je könnte. Denn der Führer, so bringen rechte Denker in Anschlag, weiß: Das Volk wartet nicht auf eine Diskussion; es wartet auf einen Befehl.

Finger, Evelyn: Hüpfburg und Hitlergruß, in: Die Zeit, Nr. 20, 2008, S. 15./
Assheier, Thomas: Neue Heiden hat das Land, in: Die Zeit, Nr. 20, 2008, S. 17.

a Setzen Sie sich mit dem Text auseinander. Gehen Sie dabei folgendermaßen vor:

- **1** Fassen Sie die im Text erwähnten Parolen der rechten Denker zusammen.
- **2** Überprüfen Sie den Zeit-Artikel durch eigene Recherche.
- **3** Entnehmen Sie dem Text, was rechte Denker an unserer Staatsform, die von ihnen als „liberale ‚Demokratie'“ charakterisiert wird, kritisieren.
- **4** Erklären Sie, wie wahre „Demokratie“ nach Meinung der Nazis organisiert sein muss.
- **5** Bewerten Sie das Gesellschaftsmodell der Nazis mit den Erkenntnissen aus den Abschnitten „Fremdverstehen“ und „Interreligiöser Dialog“.

b Schreiben Sie einen Essay zum Thema „Kann es eine Kollektivschuld eines Volkes an Verbrechen geben, die in seinem Namen verübt wurden?“. Wählen Sie ein gut dokumentiertes historisches Verbrechen an der Menschlichkeit aus, das im Namen eines Staates verübt wurde, und diskutieren Sie die gestellte Frage an diesem Beispiel.

c Die Ausgabe der Wochenzeitung „Die Zeit“ (Nr. 20, 2008) enthält (auf den Seiten 15 bis 22) folgendes Dossier: „Werden wir die Nazis los? Ob in Schulen oder als Berater in Bürgerbüros: Rechtsextreme unterwandern unseren Alltag. Was hilft dagegen? Dazu: Das Poster zur Aktion ‚Netz-gegen-Nazis.de', dem Ratgeberportal der Zeit.“

Erläutern Sie, weshalb der 8. Mai als Datum für ein Dossier zu diesem Thema gewählt wurde.

d Diskutieren Sie in Ihrer Lerngruppe, ob ein solches Dossier überhaupt notwendig ist. Recherchieren Sie in diesem Zusammenhang auch über das Thema „Nazis in Deutschland“.

e Besorgen Sie sich aus dem Netz die NPD-Broschüre „Argumente für Kandidaten und Funktionsträger“, beispielsweise von der Seite *http://www.redok.de/content/view/687/78/ – Zugriff: 10.05.2008.*
Setzen Sie sich mit dieser Broschüre auseinander. Gehen Sie dabei folgendermaßen vor:

- **1** Wählen Sie aus dieser Argumentationshilfe eine Frage aus, mit der Sie sich genauer beschäftigen wollen.
- **2** Entnehmen Sie dem Text die „Argumente“ der NPD.
- **3** Formulieren Sie eine Antwort. Bedienen Sie sich dabei einer ethischen Theorie (vgl. den Abschnitt „Allgemeine Ethik“).
- **4** Formulieren Sie in Ihrer Lerngruppe ein Gespräch mit einem NPD-Funktionär über diese Frage. Bedienen Sie sich dabei gegebenenfalls der Mittel des Szenischen Spiels.

3. Wirtschaftsethik: Die Globalisierung

„Globalisierung" ist ein vielschichtiger Prozess, der unser Leben wesentlich bestimmt und es in Zukunft möglicherweise noch stärker bestimmen wird. In diesem Zusammenhang wird auf die weltweite Vernetzung aufgrund der durch die Informationstechnologien geschaffenen Möglichkeiten hingewiesen und auf die Chancen, die sich dadurch für den Austausch und die Kommunikation ergeben.

„Globalisierung" bezieht sich aber auch konkret auf das wirtschaftliche Handeln. Man denkt dann an global tätige Unternehmen, die weltweit produzieren, Rohstoffe nutzen und Arbeitsplätze anscheinend nach Belieben verlagern. Die Auswirkungen dieser Globalisierung werden auf dem Arbeitsmarkt erlebt und im Hinblick auf das Weltklima beobachtet. Angemessene soziale Standards in den entwickelten Ländern machen Arbeit teurer und veranlassen Unternehmen in unterentwickelten Ländern zu investieren und zu produzieren. Umweltauflagen im Norden verteuern die Produktion und führen deshalb dazu, dass umweltschädigende Prozesse in Länder des Südens ausgelagert werden, in denen diese Auflagen nicht gelten.

Wirtschaftliches Handeln wird also vielfach nicht an ethischen Werten orientiert, sondern quasi als naturgesetzliches Geschehen aufgefasst, das sich allein von „Sachzwängen" leiten lässt.

Insgesamt gesehen ist „Globalisierung" ein vielfach vernetzter Prozess, bei dem Rückkopplungseffekte auftreten. Betrachten wir ein Beispiel: Hohe Nahrungsmittelpreise belasten nicht nur den armen Süden, sondern mittlerweile auch die reichen Länder des Nordens. Kritiker geben den Biokraftstoffen eine Hauptschuld an der Krise. „Biokraftstoffe" sind das Ergebnis des Versuchs, Energie aus erneuerbaren Rohstoffquellen zu gewinnen, um die Abhängigkeit von nichterneuerbaren Energien zu verringern. Wenn aber Grundstoffe für die Herstellung von Nahrungsmitteln verbrannt werden, so die Kritiker, stehen sie nicht mehr für die Sicherstellung der Ernährung zur Verfügung.

Die Wissenschaft, die sich mit Rückkopplungsprozessen beschäftigt, ist die Kybernetik. Die Grundlegung der Kybernetik als Wissenschaft geht auf Norbert Wiener und sein Buch gleichen Namens zurück, das 1948 erschien.

Nach Norbert Wiener gibt es für die Erklärung des Wirtschaftshandelns eine „einfältige" Theorie, die jedoch weit verbreitet sei und in der man davon ausgehe, dass in einem freien Markt die individuelle Selbstsucht der Beteiligten (nämlich so teuer wie möglich zu verkaufen und so billig wie möglich einzukaufen) am Ende zu einer stabilen Preisdynamik führe und so zum allgemeinen Nutzen beitrage. Diese Sicht hält Wiener für verfehlt, weil schon der Augenschein zeige, dass der Markt ein Geschehen sei, das dem bekannten Gesellschaftsspiel „Monopoly" folge.

Nach Wiener ist wirtschaftliches Handeln ein Spiel, „wie es zwischen vollkommen intelligenten, vollkommen erbarmungslosen Teilnehmern gespielt wird". Das Marktgeschehen ist demnach streng der allgemeinen Theorie der Spiele unterworfen, die von v. Neumann und Morgenstern entwickelt wurde.

Heute geht man davon aus, dass Wiener mit seiner Sicht Recht hat. Im Jahre 1994 erhielt der amerikanische Mathematiker John Forbes Nash, Jr. zusammen mit Reinhard Selten und John Harsanyi den Nobelpreis für Wirtschaftswissenschaften für die gemeinsamen Leistungen auf dem Gebiet der Spieltheorie. Damit wurde der von Wiener unterstellte Zusammenhang zwischen den Wirtschaftswissenschaften und der Spieltheorie eindrucksvoll gewürdigt.

Aber auch der von Wiener bereits erwähnte „augenscheinliche" Zusammenhang zwischen dem Marktgeschehen und „Monopoly" lässt sich an einem einfachen Beispiel belegen: Der Werbeslogan „Geiz ist geil" sollte zu einer Kaufentscheidung verführen, die im Sinne nachhaltigen Handelns mittlerweile kritisch bewertet wird. Der Slogan wurde zum Gegenstand der öffentlichen Diskussion, weil nur noch der Kaufpreis einer Ware zählen sollte, ohne auf andere Merkmale wie beispielsweise den Service im Fachhandel u. ä. zu achten. „Geiz ist geil" charakterisiert also ein erbarmungsloses Spiel, von dem man sich distanziert, sobald der Spielcharakter durchschaut ist und man die Regeln und ihre Werthaltigkeit entdeckt hat. Übrigens ist der Geiz im Christentum eine der sieben Todsünden, die durch den Slogan zum Vorbild wird.

Wirtschaftliches Handeln muss auch auf der Ebene der menschlichen Beziehungen betrachtet werden und im Zusammenhang mit deren Charakterisierung begegnet uns die oben erwähnte Spieltheorie erneut. Paul Watzlawick veranschaulicht in seinem Buch „Menschliche Kommunikation" die Problematik menschlicher Beziehungen am spieltheoretischen Modell des so genannten „Gefangenendilemmas". Thema des Dilemmas ist das Vertrauen. In zwischenmenschlichen Situationen von der Art des Gefangenendilemmas besitzt weder die eine noch die andere Person direkte Information über die Gesamtsituation. Beide sind daher auf das Vertrauen in den Anderen angewiesen. Sie müssen ihre eigene Vertrauenswürdigkeit abschätzen und brauchen eine Annahme über die Entscheidung des Anderen, von der sie nur wissen, dass sie auf seiner Voraussage über die eigene Entscheidung beruht. Das Dilemma besteht also darin, dass beide nicht wissen, was der Andere tun wird. Sie müssen wählen, können aber über ihre Wahl nicht offen kommunizieren. Es zeigt sich, dass man in diesen Situationen bereit ist, einen Verlust in Kauf zu nehmen, um sicher zu gehen, dass man von dem Anderen nicht betrogen werden kann. Spieltheoretisch gesehen, wählt man ein „Nullsummenspiel", indem es keine Gewinner gibt, aber alle verlieren. Ziel müsste es sein, eine Vertrauensbasis zu finden, damit ein „Nichtnullsummenspiel" oder ein kooperatives Spiel entstehen kann, in dem alle gewinnen.

Da es schwer und aufwändig ist, Vertrauen zu schaffen, entscheidet man sich häufig für eine andere Variante: Beziehungen werden durch Regeln bestimmt. Diese Regelung durch Regeln muss aber auf einer übergeordneten Ebene erfolgen, damit sie stabil ist.

Dass im Bereich wirtschaftlichen Handelns offenbar ein Nullsummenspiel gespielt wird, wird sogar von Topmanagern befürchtet, die nach dem Staat rufen. Mit Erstaunen konnte man in der Koblenzer Rheinzeitung vom 19.03.2008 die Schlagzeile lesen „Ackermann: Der Staat muss helfen". Der Vorstandschef der Deutschen Bank, Josef Ackermann, einer von Deutschlands Topmanagern und bis dahin nicht gerade als Befürworter staatlicher Eingriffe in Erscheinung getreten, verlangte Hilfe vom Staat. Ackermanns Fazit: „Ich glaube nicht mehr an die Selbstheilungskräfte der Märkte." Es sei ein konzertiertes Vorgehen von Notenbanken, Regierungen und Anlegern gefragt. Der weitere Verlauf der Bankenkrise unterstreicht diese Einschätzung bisher nachdrücklich.

Wirtschaftliches Handeln muss also reguliert werden. – Die Frage ist, was getan werden kann bzw. warum nicht schon längst gehandelt wurde. Fragen wir genauer: Welche Spielregeln müssten formuliert werden und wer wäre in der Lage, sie durchzusetzen?

Hat die Philosophie Vorschläge?

Der griechische Philosoph Aristoteles hat sich als einer der Ersten mit dem Begriff der Gerechtigkeit befasst und dazu einen Vorschlag unterbreitet, der in der Tradition immer wieder diskutiert wurde und der immer noch aktuell ist. Dieser Vorschlag wird ergänzt durch das Konzept der bürgerlichen Gesellschaft von Immanuel Kant. Es besagt, dass sich nur innerhalb einer bürgerlichen Gesellschaft Güter gerecht verteilen und Ungerechtigkeiten ausgleichen lassen. Kants Vorschlag geht aber noch weiter: Die bürgerliche Gesellschaft im Inneren ist von einem gesetzmäßigen äußeren Staatsverhältnis abhängig. Voraussetzung für die Realisierung von Gerechtigkeit in einer globalisierten Welt wäre also, dass man internationalen Organisationen (Kant spricht von einem großen „Völkerbunde") die Macht einräumt, Spielregeln für ein kooperatives Spiel festzulegen, die den zwischenstaatlichen Ausgleich regeln.

1. Beschreiben Sie das Bild.

2. Informieren Sie sich über den Begriff „Entfremdung" bei Karl Marx und stellen Sie Ihre Informationen dar. Bewerten Sie die im Bild gezeigte Arbeit mit Hilfe dieses Begriffs.

3. Informieren Sie sich über den Film „Moderne Zeiten" von Charly Chaplin. Ein Hinweis: Den Film gibt es als DVD im Handel. Informieren Sie sich anschließend über Fließbandarbeit und stellen Sie diese Informationen dar. Bewerten Sie auch die Fließbandarbeit mit dem Begriff „Entfremdung" von Karl Marx.

4. „Die Entfaltung des einzelnen und der ganzen Menschheit wäre in Frage gestellt, wenn die wahre Hierarchie der Werte abgebaut würde. Da das Verlangen des Menschen, sich die notwendigen Güter zu beschaffen, berechtigt ist, folgt, dass die Arbeit, durch die wir jene Güter erlangen, zur Pflicht wird: ‚Wer nicht arbeiten will, soll auch nicht essen.' Aber der Erwerb zeitlicher Güter kann zu maßloser Gier führen, zum Verlangen nach immer mehr Besitz und zum Streben nach immer größerer Macht. Die Habsucht der einzelnen, der Familien, der Völker kann die Armen und die Reichen packen und bei den einen wie den andern einen erstickenden Materialismus hervorrufen."
   Paul VI: Enzyklika Populorum Progressio, 1967, Nr. 18.
   Informieren Sie sich über die Finanzkrise 2008 und erläutern Sie, inwiefern Aussagen aus dem Schreiben Paul VI durch diese Krise bestätigt werden.

5. Diskutieren Sie den Zusammenhang der Finanzkrise mit dem Verhalten von Firmen ihren Beschäftigten gegenüber. – Erweitern Sie anschließend Ihre Aufgabenstellung: Ist eine Finanzkrise der einzige Anlass, Beschäftigte zu entlassen und Firmenstandorte zu schließen oder zu verlagern?

Der Fall „Siemens-BenQ“

Während der Premierenvorstellung von Brechts „Die heilige Johanna der Schlachthöfe“ am 3. November 2006 in Oberhausen unterbrach eine Abordnung von freigesetzten Mitarbeitern der Firma BenQ mobile die Vorstellung und verlas folgenden Text:

„Meine sehr verehrten Damen und Herren, liebes Ensemble, wir erlauben uns, die Vorstellung zu unterbrechen und Ihre Aufmerksamkeit für 5 Minuten in Anspruch zu nehmen.

Auf dieser Bühne sehen Sie ein Theaterstück über die Defizite des Kapitalismus.

Es ist auch unsere Sache, die auf dieser Bühne verhandelt wird. Wir sind eine Abordnung von 1000 freigesetzten Mitarbeitern der Firma BenQ mobile aus Kamp-Lintfort.

Vor nur 2 Jahren hat der Handyhersteller Siemens uns Mitarbeiter erpresst, zahlreichen Stellenstreichungen und Lohneinbußen bis zu 30% zuzustimmen, um den Standort Kamp-Lintfort zu sichern. Doch das war erst der Anfang!

Es folgte der zweite Akt in diesem Schurkenstück: Letztes Jahr verschenkte Siemens die Handyproduktion, einschließlich der 3.000 Mitarbeiter, an das taiwanesische Unternehmen BenQ und legte noch einmal 365 Millionen Euro drauf, damit die Taiwanesen das Unternehmen auch wirklich nehmen.

Dritter Akt: BenQ baut in China ein Handywerk mit der dreifachen Produktionskapazität des Werkes in Kamp-Lintfort.

Vierter Akt: BenQ Deutschland erklärt sich nach nur einem Jahr zahlungsunfähig. Von 1.600 Mitarbeitern in Kamp-Lintfort werden 1.000 von der Arbeit freigestellt. [...]

Nun wird in unserem Unternehmen noch bis zum 31.12. produziert, ein Solidaritäts-Streik der Noch-Beschäftigten ist unmöglich, denn alles was hier noch entsteht, geht in die Konkursmasse ein, aus der später möglicherweise ein Sozialplan finanziert wird. Zu einer ordnungsgemäßen Abwicklung wären etwa 200 Millionen Euro nötig. Vorhanden sind etwa 20 Millionen. Wie gesagt: 365 Millionen hatte Siemens BenQ damals als Dreingabe geschenkt.

Doch keine der beiden Firmen war je wirklich an einem Erhalt unseres Unternehmens interessiert. Der Verkauf an BenQ war nur ein schmutziger Trick, mit dem sich der Siemens Konzern seiner Beschäftigten entledigte. Von vornherein waren beide Verhandlungspartner auf die Entsorgung der deutschen Mitarbeiter aus, anstatt sich um die Sanierung des Unternehmens zu kümmern. [...]

Im Namen von 1.000 Kollegen und ihren Familien auf dem Weg in die Unterschicht danken wir Ihnen für Ihre Aufmerksamkeit.“

Flugblatt, das bei der Premierenvorstellung von Brechts „Die heilige Johanna der Schlachthöfe“ am 3. November 2006 in Oberhausen verteilt wurde

a Exzerpieren Sie den Text.

b Recherchieren Sie den Fall „Siemens-BenQ“ und stellen Sie die Ergebnisse Ihrer Recherche dar.

c Geben Sie die im Flugblatt erwähnten vier Akte wieder und vergleichen Sie diese Akte mit dem Ergebnis Ihrer Recherche.

d Informieren Sie sich über das „epische Theaterstück“ von Berthold Brecht „Die heilige Johanna der Schlachthöfe“ und stellen Sie Ihre Informationen dar.

e Diskutieren Sie, ob die Demonstranten im Flugblatt zu Recht behaupten konnten, dass es auch ihre Sache sei, die auf der Bühne verhandelt werde.

f Bewerten Sie das Flugblatt.

g Informieren Sie sich über die Polemik als ein Mittel, um auf bestehende Missstände aufmerksam zu machen. Bewerten Sie das Flugblatt, jetzt aber unter dem Aspekt der Polemik.

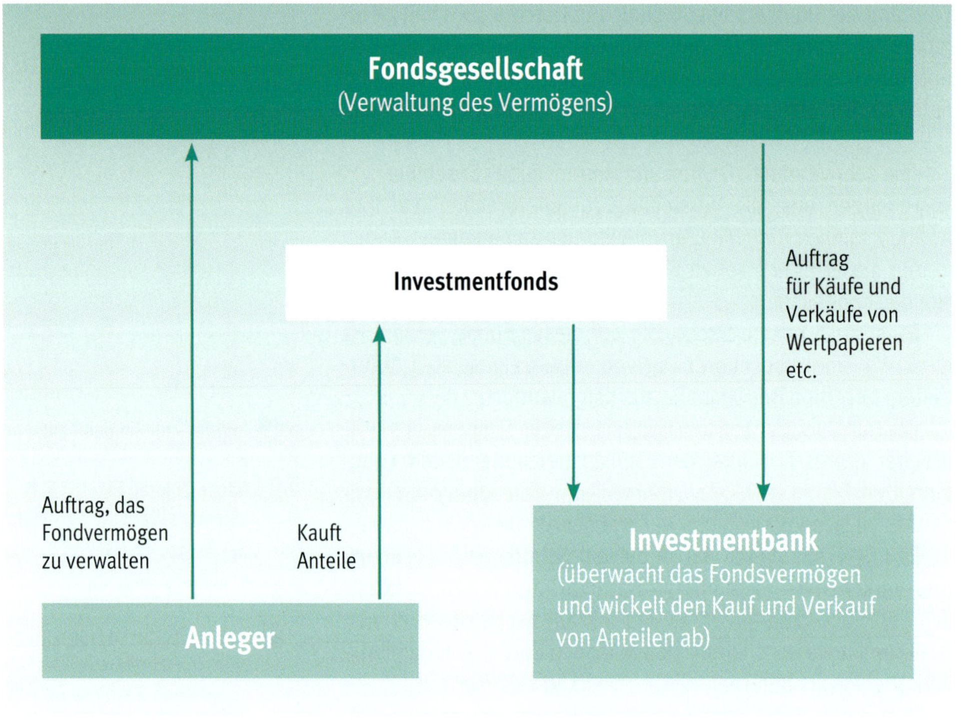

1. Erläutern Sie die Grafik.

2. „In Deutschland werden Investmentfondsgeschäfte streng überwacht. Nach dem Kapitalanlagegesetz gilt das Geschäft einer Investmentgesellschaft nämlich als Bankgeschäft, das heißt, sie wird – wie jede Bank auch – vom Bundesamt für das Kreditwesen in Berlin überwacht. Betroffen davon sind allerdings nur deutsche Fondsgesellschaften, für ausländische gelten andere gesetzliche Regelungen."
Opoczynski, Michael: Erfolg an der Börse. Der Weg zur sicheren Geldanlage vom WISO-Experten, Niedernhausen im Taunus 2000, S. 217.
Erklären Sie das Zitat. Beziehen Sie sich dabei auch auf die Grafik.

3. Informieren Sie sich über die Gründe, weshalb es vor allem bei den Investmentbanken in der Finanzkrise 2008 zu Schieflagen kam und weshalb davon auch deutsche Banken erheblich betroffen waren. Stellen Sie Ihre Informationen dar.

4. Informieren Sie sich über die Aufgaben eines Bankmanagers und stellen Sie auch diese Informationen dar. Diskutieren Sie seine moralische Verantwortung.

5. Peter Sodann, Fernsehkommissar und Präsidentschaftskandidat der Linkspartei für die Wahl 2009, forderte deutsche Banker wegzusperren. Diskutieren Sie diese Meinung.

Banker ohne Reue

Das Ansehen der Finanzmanager ist auf einem Tiefpunkt angelangt. Die Branche hat sich so schwer verzockt, dass sie ohne Staatshilfe nicht überleben kann. Aber nicht einmal jetzt, da Steuergelder in Milliardenhöhe bereitgestellt werden, ist so etwas wie Demut oder Reue zu spüren.

Einige Spitzenbanker sind zu Symbolfiguren geworden. Sie lösen Zorn aus, ihr Verhalten wird darüber entscheiden, ob das kapitalistische Wirtschaftssystem bei den Bürgern jeglichen Kredit verliert. Für diese historische Rolle haben sie kein Gespür. Denn sie sind ja – Banker.

Wenn die Finanzbranche ihrer staatsbürgerlichen Verantwortung nicht gerecht wird, so liegt das allerdings auch am System. Banker sind unter normalen Umständen nicht auf öffentliche Zustimmung angewiesen, sondern beziehen ihre Legitimation – wie andere Firmenlenker auch – aus dem individuellen Geschäftserfolg. Man kann lange darüber diskutieren, ob dieses Prinzip richtig ist: Den Wohlstand der Welt hat es in jedem Fall enorm gesteigert, und ob nach der Krise unter dem Strich ein Verlust übrig bleibt, steht noch längst nicht fest. Jetzt aber benötigt die Finanzbranche Staatshilfen – damit hat sie die eindimensionale Sphäre des ökonomischen Diskurses verlassen und die mehrdimensionale politische Arena betreten. Hier zählt nicht mehr allein die Rendite, hier zählen Werte, Gesten, Haltungen. Hier fordert man von den Bankern, gesellschaftliche Verantwortung zu übernehmen, sie sollen sich nicht länger nur individuell, sondern auch kollektiv rational verhalten.

Deutschlands Banker sind damit, von wenigen Ausnahmen abgesehen, hoffnungslos überfordert. Sicher, die Deutsche Bank will ihre Bonussysteme reformieren und die kurzfristige Spekulation eindämmen. Sie gibt das viel kritisierte – und gesamtwirtschaftlich schädliche – Ziel auf, eine Rendite von mindestens 25 Prozent erzielen zu wollen. [...]

Eine kluge Realpolitik verschleiert den Interessengegensatz zwischen Bankern und Politikern nicht. Wenn das Gewinnstreben der Geldinstitute erkennbar dem Gemeinwohl schadet, appelliert sie nicht an die staatsbürgerliche Vernunft der Banker, sondern greift mit gesetzlichen Vorgaben ein. Zum Beispiel kann man – wie in den USA geschehen – den Banken die Staatsbeteiligung einfach aufzwingen, kann man die Hilfspakete so ausgestalten, dass am Ende der Steuerzahler möglichst wenig bezahlt, kann man den Banken vorschreiben, besser für Risiken vorzusorgen, kann man die Gewinne besteuern und umverteilen. Dies alles setzt einen selbstbewussten, starken Staat voraus, der Distanz zum Finanzsektor wahrt, ohne ihn zu verdammen. Ein kluges Krisenmanagement kennt keine Rache und braucht keine Reue.

Schieritz, Mark: Banker ohne Reue. In: Die Zeit, Nr. 44, 2008, S. 1.

a Fassen Sie den Text zusammen.

b Erläutern Sie, inwiefern die Banker „ihrer staatsbürgerlichen Verantwortung nicht gerecht werden“.

c Erklären Sie, inwiefern das Verhalten der Bankmanager auch am System liegt: Woher beziehen Sie ihre Legitimation?

d Erläutern Sie, weshalb die Banker damit überfordert sind, „gesellschaftliche Verantwortung zu übernehmen“.

e Erklären Sie den Interessengegensatz zwischen Banken und Politikern.

f Erläutern Sie den Vorschlag des Autors für eine „kluge Realpolitik“.

g Bewerten Sie diesen Vorschlag.

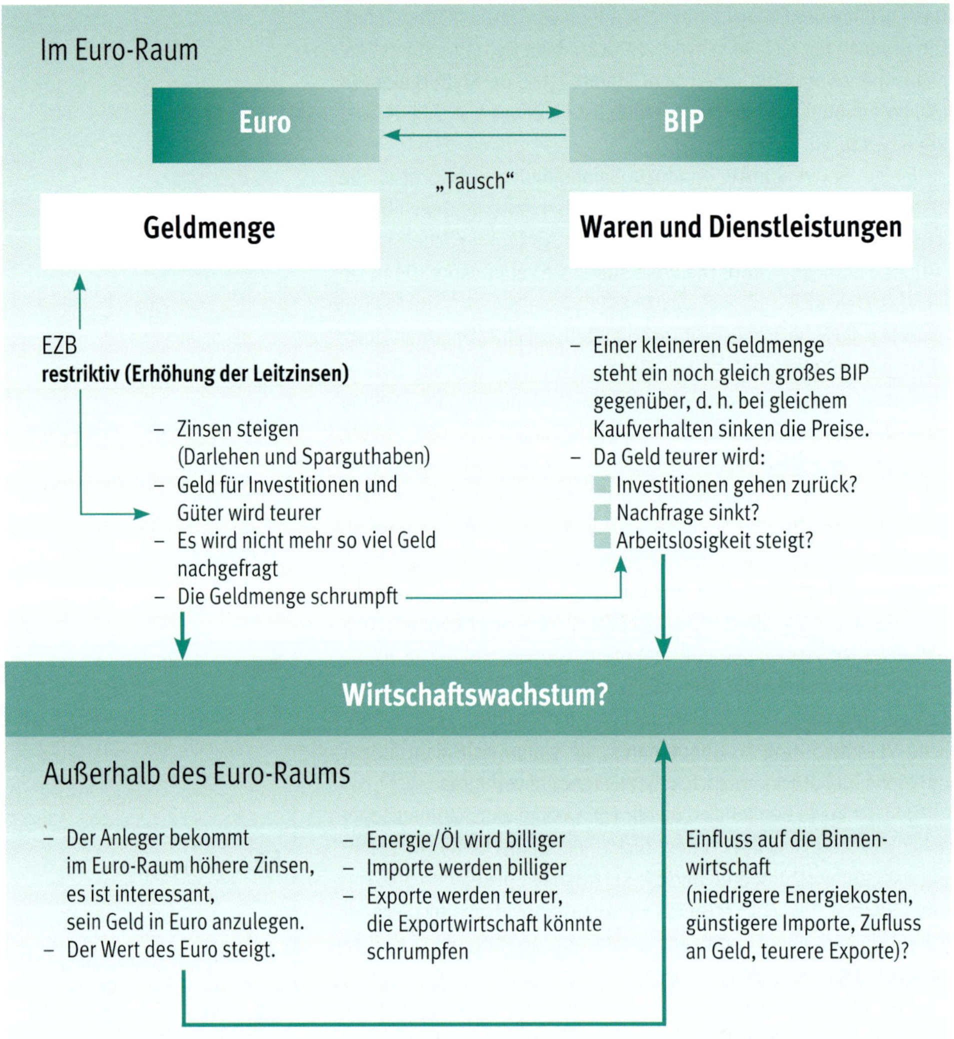

1. Erläutern Sie das Schaubild.
2. Fertigen Sie ein Schaubild für den Fall an, dass die Europäische Zentralbank (EZB) eine expansive Geldpolitik betreibt, d.h. dass sie die Leitzinsen senkt.
3. Informieren Sie sich über die Tobin-Steuer und stellen Sie Ihre Informationen dar.
4. Bewerten Sie die Tobin-Steuer. Ist die Regulierung der Kapitalmärkte sinnvoll oder ist zu befürchten, dass sie eher zum Nachteil der schwächeren Partner abläuft, weil die internationalen Organisationen, die diese Regulierung durchführen könnten (Internationaler Währungsfonds – IWF, Weltbank, Welthandelsorganisation – WTO), von den mächtigen Industriestaaten dominiert werden?
5. Informieren Sie sich über eine globalisierungskritische Organisation wie beispielsweise ATTAC. Bewerten Sie diese Organisation und erläutern Sie Ihre Bewertungskriterien.

Was versteht man unter „Gerechtigkeit“?

So leuchtet denn ein, dass es außer der allgemeinen Gerechtigkeit noch eine andere, partikulare gibt, die ihr darum synonym ist, weil in ihrer Begriffsbestimmung dieselbe Gattung wiederkehrt. Beide bedeuten nämlich etwas, was auf andere Bezug hat, nur bezieht sich die eine auf Ehre oder Eigentum oder Gesundheit oder in welchen Ausdruck wir das alles zusammenfassen mögen, und entspringt aus der unordentlichen Freude am Gewinn, während sich die andere auf alles bezieht, womit der Tugendhafte es zu tun hat.

Dass es also mehrere Gerechtigkeiten gibt und noch eine Gerechtigkeit neben der ganzen Tugend, ist klar. Bestimmen wir also, was und welcher Art sie ist.

Das Ungerechte zerfällt in das Ungesetzliche und das der Gleichheit Widerstreitende, das Gerechte in das Gesetzliche und das der Gleichheit Entsprechende. [...] Da aber das der Gleichheit Zuwiderlaufende und das Ungesetzliche nicht dasselbe, sondern verschieden sind wie Teil und Ganzes – denn alles, was wider die Gleichheit verstößt, ist ungesetzlich, aber nicht alles Ungesetzliche streitet mit der Gleichheit, grade wie auch alles Zuviel die Gleichheit verletzt, aber nicht alles, was die Gleichheit verletzt, auch ein Zuviel ist -, so folgt, dass auch das Ungerechte und die Ungerechtigkeit hierin nicht dasselbe, sondern verschieden sind. Denn jene Ungerechtigkeit ist ein Teil der ganzen Ungerechtigkeit, und ebenso ist die Gerechtigkeit, nach der wir gegenwärtig fragen, ein Teil der ganzen Gerechtigkeit. Mithin müssen wir uns auch mit der Gerechtigkeit und Ungerechtigkeit und mit Recht und Unrecht *im engeren Sinne* beschäftigen. [...]

Von der *partikularen Gerechtigkeit* aber und dem ihr entsprechenden Rechte ist eine Art die, die sich bezieht auf die *Zuerteilung* von Ehre oder Geld oder anderen Gütern, die unter die Staatsangehörigen zur Verteilung gelangen können – denn hier kann der eine ungleich viel und gleich viel erhalten wie der andere -; eine andere ist die, die *den Verkehr* der einzelnen untereinander *regelt*. Die letztere hat zwei Teile. Es gibt nämlich einen freiwilligen Verkehr und einen unfreiwilligen. Zum freiwilligen Verkehr gehören z.B. Kauf, Verkauf, Darlehen, Bürgschaft, Nießbrauch, Hinterlegung, Miete. Hier spricht man von freiwilligem Verkehr, weil das Prinzip der genannten Verträge beiderseits der freie Wille ist. Zu dem unfreiwilligen Verkehr gehören teils heimliche Handlungen, wie Diebstahl, Ehebruch, Giftmischerei, Kuppelei, Sklavenverführung, Meuchelmord, falsches Zeugnis, teils gewaltsame, wie Mißhandlung, Freiheitsberaubung, Totschlag, Raub, Verstümmelung, Scheltreden, Herabwürdigung.

Aristoteles: Nikomachische Ethik, Hamburg 1985, S. 104ff.

a Exzerpieren Sie den Text.

b Erklären Sie den Unterschied zwischen allgemeiner und partikularer Gerechtigkeit.

c Erklären Sie, in welche Teile das Ungerechte und das Gerechte zerfallen.

d Erläutern Sie, weshalb man sich nach Aristoteles auch mit der Gerechtigkeit im engeren Sinne beschäftigen muss.

e Erklären Sie, in welche Teile die partikulare Gerechtigkeit zerfällt.

f Erklären Sie auch, in welche Teile die Gerechtigkeit zerfällt, „die den Verkehr der einzelnen untereinander regelt“.

g Geben Sie die Beispiele aus dem Text für den freiwilligen und den unfreiwilligen Verkehr wieder und finden Sie darüber hinaus eigene.

1. Beschreiben Sie das Foto.

2. Das Foto zeigt die Wall Street in New York im Jahre 1929. Informieren Sie sich über die damalige Weltwirtschaftskrise und über den Umgang mit ihr. Stellen Sie Ihre Informationen dar.

3. In den USA wurde im Jahre 1933 zum ersten Mal von Seiten der Regierung massiv in die Marktwirtschaft eingegriffen. Das damalige Programm nannte man „New Deal“.
Diskutieren Sie die Frage, ob man es als Modell für die Lösung von globalen Krisen sehen kann. Welche Rolle sollten dabei die Vereinten Nationen spielen?

4. In der Präambel der Charta der Vereinten Nationen wird die Entschlossenheit der Völker bekräftigt, „den sozialen Fortschritt und einen besseren Lebensstandard in größerer Freiheit zu fördern“.
Diskutieren Sie diese Zielsetzung auch im Hinblick auf ihre Realisierung:
Sind wir dem Ziel in den letzten 60 Jahren näher gekommen?

5. „Der Beschluss des Weltsicherheitsrates könnte entweder wertgeschätzt und durchgesetzt oder aber ignoriert werden und das ohne Konsequenzen. Werden die Vereinten Nationen den Zweck, aus dem sie gegründet wurden, gerecht oder werden sie irrelevant?“
(US-Präsident George W. Bush 2003 zur Haltung des Sicherheitsrates zum Irak-Krieg.)
Bewerten Sie diese Äußerung von Präsident Bush. Teilen Sie seine Auffassung von der Übermacht der USA und der Machtlosigkeit der Vereinten Nationen?

Gerechte Beziehungen im zwischenstaatlichen Bereich

Das größte Problem für die Menschengattung, zu dessen Auflösung die Natur ihn zwingt, ist die Erreichung einer allgemein das Recht verwaltenden bürgerlichen Gesellschaft. [...] In diesen Zustand des Zwanges zu treten, zwingt den sonst für ungebundene Freiheit so sehr eingenommenen Menschen die Not; und zwar die größte unter allen, nämlich die, welche sich Menschen untereinander selbst zufügen, deren Neigungen es machen, dass sie in wilder Freiheit nicht lange neben einander bestehen können. [...]

Das Problem der Errichtung einer vollkommenen bürgerlichen Verfassung ist von dem Problem eines gesetzmäßigen äußeren Staatenverhältnisses abhängig und kann ohne das letztere nicht aufgelöst werden. Was hilft's, an einer gesetzmäßigen bürgerlichen Verfassung unter einzelnen Menschen, d. i. an der Anordnung eines *gemeinen* Wesens zu arbeiten? Dieselbe Ungeselligkeit, welche die Menschen hiezu nötigte, ist wieder die Ursache, dass ein jedes Gemeinwesen in äußerem Verhältnisse, d. i. als ein Staat in Beziehung auf Staaten in ungebundener Freiheit steht, und folglich einer von dem anderen eben die Übel erwarten muß, die die einzelnen Menschen drücken und sie zwangen, in einen gesetzmäßigen bürgerlichen Zustand zu treten. Die Natur hat also die Unvertragsamkeit der Menschen, selbst der großen Gesellschaften und Staatskörper dieser Art Geschöpfe, wieder zu einem Mittel gebraucht, um in dem unvermeidlichen *Antagonism* derselben einen Zustand der Ruhe und Sicherheit auszufinden; d. i. sie treibt durch die Kriege, durch die überspannte und niemals nachlassende Zurüstung zu denselben, durch die Not, die dadurch endlich ein jeder Staat, selbst mitten im Frieden, innerlich fühlen muß, zu anfänglich unvollkommenen Versuchen, endlich aber nach vielen Verwüstungen, Umkippungen und selbst durchgängiger innerer Erschöpfung ihrer Kräfte zu dem, was ihnen die Vernunft auch ohne soviel traurige Erfahrung hätte sagen können, nämlich: aus dem gesetzlosen Zustande der Wilden hinauszugehen und in einen Völkerbund zu treten; wo jeder, auch der kleinste Staat, seine Sicherheit und Rechte nicht von eigener Macht oder eigener rechtlicher Beurteilung, sondern allein von diesem großen *Völkerbunde* [...], von einer vereinigten Macht und von der Entscheidung nach Gesetzen des vereinigten Willens erwarten könnte. So schwärmerisch diese Idee auch zu sein scheint, [...] so ist es doch der unvermeidliche Ausgang der Not, worein sich Menschen einander versetzen, die die Staaten zu eben der Entschließung (so schwer es ihnen auch eingeht) zwingen muss, wozu der wilde Mensch ebenso ungern gezwungen ward, nämlich: seine brutale Freiheit aufzugeben und in einer gesetzmäßigen Verfassung Ruhe und Sicherheit zu finden.

Kant, Immanuel: Idee zu einer allgemeinen Geschichte in weltbürgerlicher Absicht, in: Ders.: Ausgewählte kleine Schriften, Hamburg 1969, S. 33ff.

a Fassen Sie den Text zusammen.

b Entnehmen Sie dem Text das „größte Problem für die Menschengattung“ und erläutern Sie, inwiefern die Lösung dieses Problems mit Zwang verbunden ist.

c Informieren Sie sich über den Begriff „Ungeselligkeit“ und erläutern Sie, inwiefern das ungesellige Verhältnis der Menschen zueinander diese zwingt, sich eine vollkommene bürgerliche Verfassung zu geben.

d Informieren Sie sich über den Begriff „Antagonismus“.

e Erläutern Sie, inwiefern der Antagonismus zwischen den Staaten ein Mittel ist, einen Zustand der Ruhe und Sicherheit im zwischenstaatlichen Bereich zu finden.

f Entnehmen Sie dem Text die Bedeutung des Begriffs „Völkerbunde“.

g Erläutern Sie, was Kant zu der Hoffnung berechtigt, dass ein solcher Zustand letztlich eintreten muss.

h Vergleichen Sie Kants Völkerbund mit der UNO.

1. Beschreiben Sie das Bild. – Um welches Thema geht es?

2. Die Bildunterschrift im Original lautet: „Fußbälle in Pakistan genäht – Warum steht so etwas nicht auf den Produkten?“. Erläutern Sie diese Bildunterschrift. Welche Mitteilung erhält der Leser?

3. Informieren Sie sich über Transfair-Produkte. Bewerten Sie diese Produkte.

4. Informieren Sie sich über die Bedeutung der sogenannten „Nichtregierungsorganisationen“ (NGO) als Globalisierungskritiker und stellen Sie diese Informationen dar.

5. Diskutieren Sie die Auffassung vieler Aktivisten aus den NGO, dass Aufrufe zur Abstimmung mit dem Einkaufswagen nur von der Verantwortung der Politik ablenkten.

Was kann ich denn schon tun?

Es scheint bisweilen fast, als solle die politische Ordnung des demokratischen Staates zukünftig nicht mehr als der Rahmen sein, innerhalb dessen die Bürger vor allem als Konsumenten agieren. Wenn es uns aber immer unwichtiger wird, Bürger zu sein, während wir gleichzeitig immer lieber und öfter Kunde sein wollen, ist es an der Zeit, den Konsum als politische Handlung zu verstehen. [...] Egal, ob es um ein günstiges T-Shirt made in Bangladesh geht oder um Zuckerschoten aus Tansania: Der Einkauf ist, ab und zu jedenfalls, mit einem leichten Unbehagen verbunden. Doch sogleich stellt sich ein Gefühl der Ohnmacht ein, weil man das alles scheinbar ohnehin nicht ändern kann.

Das stimmt aber nicht.

Die Konsumenten sind nur so lange ohnmächtig, wie sie an diese Ohnmacht glauben und danach handeln. Der Wirtschaftswissenschaftler Birger Priddat hat das so beschrieben: „Der Normalfall der individuellen moralischen Markierung von Gütern tritt so heterogen auf, dass er im Markt nicht signifikant wird." Individuelle moralische Bewertungen begleiten ständig den Konsum, aber weil sie so verschieden sind, heben sie einander auf und werden nicht bemerkt. [...] Politischen Konsum gibt es längst, er wirkt nur nicht, weil die politischen Konsumenten nicht recht an ihre Macht glauben und deshalb nicht konsequent nach ihren Vorstellungen handeln.

Verstünden wir aber Einkaufen wie Wählen, wäre das anders. Bei einer politischen Wahl weiß jeder, dass die eigene Stimme nicht wahlentscheidend ist, trotzdem glauben wir an ihr Gewicht. Würden wir unsere Entscheidungen beim Einkaufen ähnlich ernst nehmen, könnten wir nicht länger leichtfertig Waren kaufen, deren Art der Herstellung wir nicht billigen.

[...] Der politische Konsument braucht Gesetze, die ihm den Zugang zu Informationen garantieren und so verantwortungsvolles Einkaufen vereinfachen, wenn nicht erst ermöglichen. Er braucht ein Gesetz, das ihm grundsätzlich Zugang zu den Ergebnissen von Lebensmittelkontrollen garantiert, [...] eine Deklarationspflicht für sämtliche Inhalts- und Zusatzstoffe von Lebensmitteln, Textilien, Spielzeug – was bislang angeblich aus „100 % Baumwolle" besteht, kann in Wirklichkeit bis zu 7000 zum Teil ungetestete Chemikalien enthalten. Und er braucht genaue Angaben zur Herstellung. Es kostet ziemlich wenig, Verbrauchermacht zur Förderung von Gerechtigkeit zu nutzen, zur Verhinderung von Umweltkatastrophen und zum Schutz der eigenen Gesundheit. Noch gleicht der politische Konsument einem Stier, der sich von einem Lattenzaun bremsen lässt, weil er nicht weiß, wie stark er ist.

http://hermes.zeit.de/pdf/archiv/2006/01/ Die_Macht_des_Einkaufswagens.pdf – Zugriff: 02.05.2008.

a Exzerpieren Sie den Text.

b Erläutern Sie, weshalb man den Konsum als politische Handlung verstehen sollte.

c Erklären Sie, inwiefern wir als Konsumenten nicht ohnmächtig sind.

d Erläutern Sie, was sich ergibt, wenn man Einkaufen wie Wählen versteht.

e Entnehmen Sie dem Text die Bedeutung von Gesetzen für das politische Handeln der Konsumenten.

f Entnehmen Sie dem Text Vorschläge für die Gestaltung von Gesetzen.

g Bewerten Sie die Vorschläge, die sich aus dem Text ergeben.

Reflexion der „Wirtschaftsethik“

1.

- a Fassen Sie den einleitenden Text „Wirtschaftsethik: Die Globalisierung“ zusammen.
- b Erläutern Sie an einem eigenen Beispiel die Aussage des Textes, die Globalisierung sei ein „vielfach vernetzter Prozess, bei dem Rückkopplungseffekte auftreten“.
- c Erklären Sie, inwiefern Norbert Wieners Kybernetik den Prozess der Globalisierung erklären kann.
- d Erläutern Sie, inwiefern es Sinn macht, wirtschaftliches Handeln mit der Spieltheorie zu erklären.
- e Informieren Sie sich über den amerikanischen Mathematiker John Forbes Nash. Der Spielfilm „A Beautiful Mind – Genie und Wahnsinn“ behandelt das Leben von Nash. Informieren Sie sich über den Film und schauen Sie sich ihn eventuell gemeinsam an.
- f Bewerten Sie den Werbeslogan „Geiz ist geil“.
- g Informieren Sie sich über Paul Watzlawick und sein Buch „Menschliche Kommunikation“. Stellen Sie Ihre Informationen dar.
- h Erklären Sie den Begriff „Nullsummenspiel“ und erläutern Sie, inwiefern auch im Rahmen der Globalisierung ein Nullsummenspiel gespielt wird.
- i Erläutern Sie, wie man versuchen könnte, dieses Nullsummenspiel zu vermeiden.
- j Bewerten Sie die Aussage von Josef Ackermann über die Notwendigkeit staatlicher Eingriffe.
- k Erläutern Sie, inwiefern die Philosophie einen Beitrag zur Diskussion wirtschaftsethischer Fragen liefern kann, die sich im Rahmen der Globalisierung stellen.

2.

- a Erläutern Sie die Struktur des Textes „Was versteht man unter ‚Gerechtigkeit‘?“ mit Hilfe dieses Schaubildes:

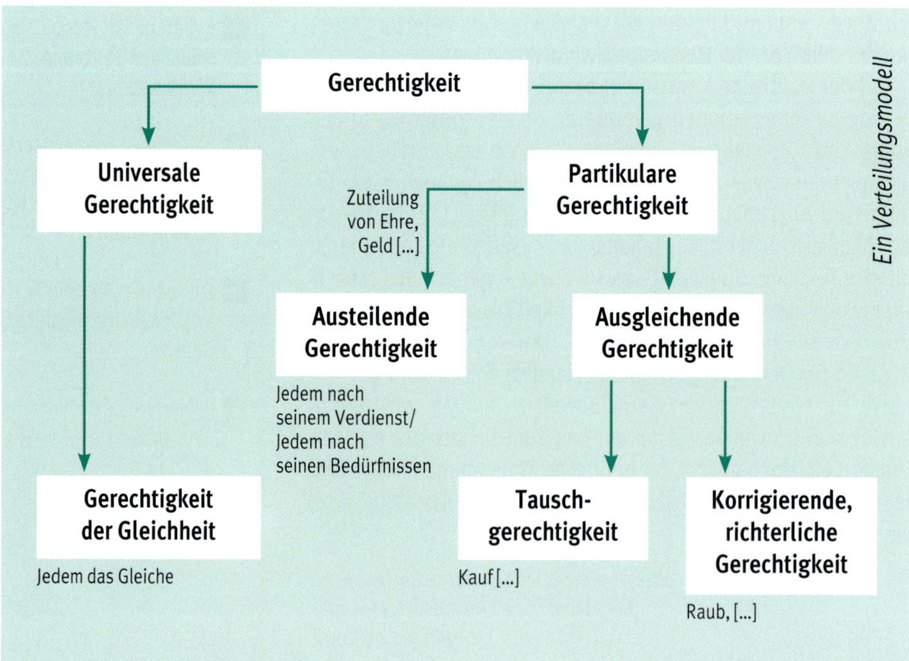

b Erläutern Sie mit Hilfe des Schaubildes, ob und (gegebenenfalls) wie durch Anwendung des aristotelischen Gerechtigkeitsbegriffs die Gewinne der Globalisierung gerecht verteilt werden könnten und bewerten Sie die gefundene Verteilung.

3. Das spieltheoretische Modell des Gefangenendilemmas lässt sich am einfachsten durch die folgende (oder jede beliebige ähnliche) Matrix darstellen:

	b_1	b_2
a_1	5, 5	–5, 8
a_2	8, –5	–3, –3

In dieser Spielsituation haben Spieler *A* und Spieler *B* je zwei Alternativen. *A* kann a1 oder a2 und *B* entweder b1 oder b2 wählen. Beiden sind die durch die Matrix festgelegten Gewinne und Verluste bekannt. So weiß *A* z.B., dass er und *B* je 5 Punkte gewinnen, wenn er a1 und *B* b1 wählt; wenn *B* aber die Alternative b2 wählt, verliert *A* 5 Punkte und *B* gewinnt 8 Punkte. *B* befindet sich in derselben Lage gegenüber *A*. Ihr Dilemma besteht darin, dass beide nicht wissen können, welche Alternative der andere wählen wird, da sie auf Grund der Spielregeln gleichzeitig wählen müssen, über ihre Wahl aber nicht kommunizieren können.

Watzlawick, Paul (u.a.): Menschliche Kommunikation. Formen, Störungen, Paradoxien, 4. Aufl., Bern/Stuttgart/München 1974, S. 210f.

a Stellen Sie das Spiel in eigenen Worten dar.

b Spielen Sie das Spiel mit einem Partner bzw. einer Partnerin 10-mal und schreiben Sie jeweils das Ergebnis auf. Was fällt Ihnen auf?

c Bewerten Sie das Ergebnis im Hinblick auf die Verteilungsprobleme zwischen Nord und Süd.

4. Der Rechtsstaat in dem Sinne der Herrschaft, die keine gesetzlichen Vorrechte für bestimmte von der Regierung ausgewählte Einzelpersonen kennt, sichert allein jene Gleichheit vor dem Gesetz, die das Gegenteil der Willkürherrschaft ist.

Eine notwendige und nur scheinbar paradoxe Schlussfolgerung aus dem Vorstehenden ist, dass die formale Gleichheit vor dem Gesetz sich im Widerstreit befindet, ja unvereinbar ist mit einer Politik, die bewusst die materielle Gleichheit verschiedener Individuen anstrebt und dass irgendeine Politik, die sich direkt das Ideal der Verteilungsgerechtigkeit zum Ziel setzt, zur Zerstörung des Rechtsstaats führen muss. Wenn man verschiedene Individuen in dieselbe Lage bringen will, so muss man sie notwendigerweise verschieden behandeln.

Hayek, Friedrich A.: Der Weg zur Knechtschaft, München 1984.

a Stellen Sie den Text dar und erläutern Sie ihn mit Hilfe eines Beispiels.

b Sehen Sie einen Zusammenhang zwischen dem Text von Hayek und dem Phänomen der Globalisierung? Übertragen Sie die Theorie von Hayek auf das Verteilungsproblem zwischen Nord und Süd.

c Bewerten Sie die Theorie von Hayek.

4. Bioethik: Gentechnik

Das Wort „Bioethik“ kommt aus dem englischsprachigen Raum und wurde in den frühen siebziger Jahren geprägt. Der Begriff „Bioethics“ reagierte damals auf die rasante biomedizinische Entwicklung und ist heute noch weitgehend mit „Medical Ethics“ identisch.

In Deutschland bezieht sich „Bioethik“ auf einen erheblich weiteren Gegenstandsbereich. „Bioethik“ thematisiert die moralischen und ethischen Probleme im Umgang des Menschen mit dem Leben in all seinen Facetten. So geht es beispielsweise um die verantwortungsvolle Nutzung der biologischen Ressourcen, um die Verwirklichung eines umfassenden Artenschutzes, um den moralisch verantwortbaren Umgang mit Tieren in der Nahrungsmittelindustrie und der Forschung und um die Auswirkungen der biotechnisch-medizinischen Entwicklung auf den einzelnen Menschen und die menschliche Gemeinschaft.

Wir beschränken uns hier auf die *Gentechnik*, weil wir von ihr am unmittelbarsten betroffen sind. Gentechnik ermöglicht Gentests, Gentechnik verspricht Heilung und Gentechnik ermöglicht vielleicht einmal die Schaffung eines Menschen mit optimierten Fähigkeiten. In diesem Zusammenhang interessieren uns grundlegende Fragen: Wie kam es zu diesen Handlungsoptionen? Wie sollen wir mit ihnen verantwortlich umgehen?

Erwin Schrödinger, einer der Väter der Quantentheorie und Physik-Nobelpreisträger, diskutierte 1943 in einer Vorlesungsreihe die Frage „Was ist Leben?“ und schlug in diesem Zusammenhang zum ersten Mal die Idee eines genetischen Codes vor: „Wenn wir die Struktur der Chromosomen einen Code nennen, so meinen wir damit, dass ein alles durchdringender Geist, dem jegliche kausale Beziehung sofort offenbar wäre – wie Laplace ihn sich einmal vorgestellt hat –, aus dieser Struktur voraussagen könnte, ob das Ei sich unter geeigneten Bedingungen zu einem schwarzen Hahn, einem gefleckten Huhn, zu einer Fliege oder Maispflanze, einer Alpenrose, einem Käfer, einer Maus oder zu einem Weibe entwickeln werde.“ *(Schrödinger, Erwin: Was ist Leben? Die lebende Zelle mit den Augen des Physikers betrachtet, 3. Aufl., München 1999, S. 56.)* Wohl kein anderes Buch hat die Anfänge der molekularbiologischen Wissenschaft so stark geprägt wie Schrödingers Vorlesungen über das Leben. Er redete nicht nur von einer verschlüsselten Schrift, sondern sprach wiederholt vom großen „Buch der Natur“. In dieser Tradition stand Robert Sinsheimer, Biologe am California Institut for Technology, mit seiner weitergehenden Beurteilung: „In diesem Buch der Natur steht – in einem wundersamen und wunderbaren Code – die Anweisung zur Erschaffung des Menschen“.

Sinsheimer brachte schon zu Beginn der achtziger Jahre die Gründung des Humangenom-Projektes ins Gespräch, das schließlich im Herbst 1990 mit dem Ziel gegründet wurde, das menschliche Genom vollständig zu entschlüsseln.

Worum ging es dabei inhaltlich? Das Genom ist die gesamte genetische Information eines Organismus. Die Erbinformationen sind in den Chromosomen gespeichert. In jeder Zelle seines Körpers hat der Mensch 23 Chromosomenpaare, 23 Chromosomen von seiner Mutter, 23 von seinem Vater. Die Chromosomen bestehen aus Eiweiß und der DNS (Desoxyribonukleinsäure). Bei der DNS (engl. DNA) handelt es sich um ein langes, kettenförmiges Molekül aus zwei Strängen. Es besteht aus Zucker, Phosphorsäure und vier verschiedenen Basen: Adenin, Guanin, Cytosin und Thymin. Diese Basen werden mit den Buchstaben A, C, G und T abgekürzt. Jede Erbanlage, also jedes Gen, ist ein bestimmtes (definiertes) Stück der DNS. Wie die Aneinanderreihung von Wörtern in einer Sprache Sinn erzeugt, so stellt die Reihenfolge der Basen die Information dar, wie ein bestimmtes Merkmal eines Organismus ausgebildet wird. Diese Reihenfolge ist beispielsweise die Information für die Augen- oder Haarfarbe eines Menschen, aber auch für seine Anfälligkeit für Krankheiten.

Die vollständige Sequenzierung des Genoms bildet deshalb die Grundlage für die Möglichkeit, Krankheiten zu erforschen und das Erbgut zu optimieren.

Im Abschnitt „Medizinethik“ (S. 240ff.) wird auf die Nähe der Medizinethik zur Bioethik und auf die Stammzellenforschung als ein Problem der Bioethik hingewiesen. Dieser Hinweis ist wichtig, weil die Debatte um die Ethik dieser Forschung kontrovers geführt wird. In Deutschland verbietet das „Stammzellgesetz“ von 2002 die Arbeit mit Stammzellen fast vollständig. Die Wissenschaft möchte das Verbot lockern mit dem Argument, den Anschluss an die internationale Forschung zu verlieren.

Was ist der Hintergrund dieser Debatte? 1998 war es amerikanischen Forschern gelungen, embyronale Stammzellen des Menschen aus überzähligen Embryonen zu gewinnen. Die Embryonen wurden dabei zerstört. Wie kommt es zu diesen *überzähligen* Embryonen? Sie entstehen durch In-Vitro-Fertilisation und sind überzählig, weil sie nicht mehr für Fortpflanzungszwecke benötigt und daher tiefgefroren gelagert werden. Das Forschungsinteresse an diesen Embryonen besteht, weil man hofft, die embryonalen Stammzellen eines Tages in der Medizin zu therapeutischen Zwecken nutzen zu können. So konnte die Parkinson-Krankheit unter Nutzung embryonaler Stammzellen zumindest in Tierversuchen bereits behandelt werden. Diese Erkenntnisse wurden jedoch noch nicht bei größeren Säugetieren bestätigt.

Wie lässt sich ein gesellschaftsweiter Diskurs über die ethische Bewertung dieser Forschungen führen?

Der Philosoph Peter Sloterdijk hielt im Sommer 1999 im Rahmen eines internationalen Symposions einen Vortrag mit dem Titel „Regeln für den Menschenpark“. Darin antwortete er vordergründig auf Martin Heideggers Brief über den Humanismus. Kritiker unterstellten ihm aber, sein eigentliches Thema sei die „Züchtung“ des Menschen gewesen aufgrund der Möglichkeiten, die die Biowissenschaften zur Verfügung stellten und die durch das Humangenomprojekt einer breiteren Öffentlichkeit bekannt wurden.

Sloterdijks Vortrag entfachte eine Auseinandersetzung um die Gentechnik, die über die Medien ausgetragen wurde. In diesem Zusammenhang erschien in der Reihe „Zeitdokument“ (Nr. 2/1999), hg. von der Redaktion der Wochenzeitung Die Zeit, ein Heft mit dem Titel „Der Streit um den Menschen“. Das Thema „Möglichkeiten und Grenzen der Biowissenschaften“ war in der Gesellschaft angekommen und eine Lektüre von Sloterdijks Vortrag zeigt, dass es nicht auf der Ebene der Unverbindlichkeit und des Vagen diskutiert werden kann.

Die zunächst zu klärende Frage ist, inwieweit die damalige Aufregung überhaupt eine sachliche Grundlage besitzt. Am Beispiel des Genomdiskurses stellt die Wissenschaftlerin Lily Kay die Genomforschung als Grundlage der Gentechnik dar und weist auf die Schwierigkeiten dieser Forschung hin. Lily Kays Aufsatz enthält eine sachliche Wertung, aber noch keine *ethische Bewertung*. Wie kommen wir zu angemessenen Instrumenten für eine ethische Bewertung?

Der damalige Bundespräsident Johannes Rau wies in einer Rede darauf hin, dass die gentechnische Forschung auf ein „menschliches Maß“ begrenzt werden muss. Johannes Reiter versucht das menschliche Maß über den Begriff der Würde zu bestimmen und gelangt zu einer formalen Beschreibung dieser Grenze. Karl-Otto Apel schlägt eine Methode vor, zu verbindlichen Inhalten zu kommen.

1. Beschreiben Sie das Gemälde.

2. Das Bild trägt den Titel „Mönch am Meer, der Maler ist Caspar David Friedrich. Beschreiben Sie das Gemälde erneut, diesmal jedoch unter der Perspektive seines Titels.

3. Das Gemälde findet man beispielsweise auf einer Seite des Online-Lexikons „Wikipedia“ zur Illustration des Artikels „Philosophische Anthropologie“ (Zugriff: 24.10.2008). Diskutieren Sie diese Zuordnung.

4. Der Abschnitt „Anthropologie“ wurde in die folgenden Themenbereiche gegliedert: Mensch und Gott, Mensch und Tier, Mensch und Maschine. Ordnen Sie das Gemälde einem dieser Themenbereiche zu und verständigen Sie sich in der Lerngruppe auf Ihre Zuordnung.

5. Bewerten Sie Ihre Zuordnung: Inwieweit charakterisiert das sich ergebende Menschenbild auch die Situation des heutigen Menschen?

Das Programm einer humanistischen Gesellschaft

Heidegger bietet sich an, der unermesslichen Unterlassung des europäischen Denkens, nämlich der Nicht-Stellung der Frage nach dem Wesen des Menschen in der einzig angemessenen, er meint: existenzial-ontologischen Weise ein Ende zu bereiten; [...] Dem Humanismus – in seiner antiken, in seiner christlichen wie in seiner aufklärerischen Gestalt – wird bescheinigt, der Agent eines zweitausendjährigen Nichtdenkens zu sein; es wird ihm vorgehalten, mit seinen schnell gegebenen, scheinbar evidenten und unabweislichen Deutungen des Menschenwesens die Heraufkunft der eigentlichen Menschenwesensfrage versperrt zu haben. [...] Die Menschenwesensfrage komme nicht eher auf die richtige Bahn, als bis man Abstand nehme von der ältesten und verderblichsten Übung der europäischen Metaphysik: den Menschen als *animal rationale* zu definieren. In dieser Deutung des Menschenwesens bleibt der Mensch verstanden von einer durch geistige Zusätze erweiterten *animalitas* her. [...] Vielmehr ist die Seinsart des Menschlichen selbst von der aller übrigen vegetabilischen und animalischen Wesen essentiell und dem ontologischen Grundzug nach verschieden; denn der Mensch hat Welt und ist in der Welt, während Gewächs und Getier nur in ihre jeweiligen Umwelten verspannt sind. [...]

Diese Provokation des Menschenwesens durch das Unumgängliche, das zugleich das Nichtbewältigbare ist, hat schon am Anfang der europäischen Philosophie eine unvergessliche Spur hinterlassen [...]. Nach dem Gesagten ist es nicht mehr allzu überraschend, dass diese Spur im besonderen sich als ein Diskurs über Menschenhütung und Menschenzucht erweist. Plato hat in seinem Dialog *Politikos* – man übersetzt gern: Der Staatsmann – die Magna Charta einer europäischen Pastoralpolitologie vorgelegt. [...]

Für den modernen Leser – der zurückblickt auf die humanistischen Gymnasien der Bürgerzeit und auf die faschistische Eugenik, zugleich auch schon vorausschaut ins biotechnologische Zeitalter – ist die Explosivität dieser Überlegungen unmöglich zu verkennen. Was Plato durch den Mund seines Fremden vortragen lässt, ist das Programm einer humanistischen Gesellschaft, die sich in einem einzigen Voll-Humanisten, dem Herrn der königlichen Hirtenkunst, verkörpert. Die Aufgabe dieses Über-Humanisten wäre keine andere als die Eigenschaftsplanung bei einer Elite, die eigens um des Ganzen willen gezüchtet werden muss.

Eine Komplikation bleibt zu bedenken: Der platonische Hirt ist aber ein wahrer Hirt nur, weil er das irdische Abbild des einzigen und ursprünglichen wahren Hirten verkörpert – des Gottes, der in der Vorzeit, unter der Herrschaft des Kronos, die Menschen unmittelbar gehütet hatte. Man darf nicht vergessen, dass auch bei Plato allein der Gott als ursprünglicher Hüter und Züchter der Menschen in Frage kommt. [...]

Sloterdijk, Peter: Regeln für den Menschenpark, in: Der Streit um den Menschen, Zeit-Dokument, Nr. 2, 1999, S. 7ff.

a Exzerpieren Sie den Text.

b Entnehmen Sie dem Text die von Heidegger entdeckte „unermessliche Unterlassung des europäischen Denkens“.

c Erläutern Sie Heideggers Kritik an der bisherigen Fragestellung nach dem Wesen des Menschen.

d Informieren Sie sich über die Bedeutung von „Existenzial-ontologisch“ und stellen Sie Ihre Informationen dar.

e Erläutern Sie den Zusammenhang zwischen der „Existenzial-ontologischen Weise“ der Fragestellung nach dem Wesen des Menschen und der Erfahrung, dass der Mensch Welt „hat“ und in der Welt „ist“.

f Erklären Sie, wie nach Heidegger die Frage nach dem Wesen des Menschen richtig gestellt werden müsste.

g Entnehmen Sie dem Text, inwiefern die falsche Fragestellung Spuren in der europäischen Philosophie hinterlassen hat.

h Erklären Sie die Bedeutung von „Pastoralpolitologie“.

i Erläutern Sie den Satz „Die Aufgabe dieses Über-Humanisten wäre keine andere als die Eigenschaftsplanung bei einer Elite, die eigens um des Ganzen willen gezüchtet werden muss“. Diskutieren Sie diesen Satz: Inwiefern könnte auch hier das Golem-Motiv aus dem Abschnitt „Anthropologie“ wieder auftauchen?

j Diese Rede wurde damals kontrovers diskutiert. Können Sie das erklären? – Bewerten Sie selbst die Rede.

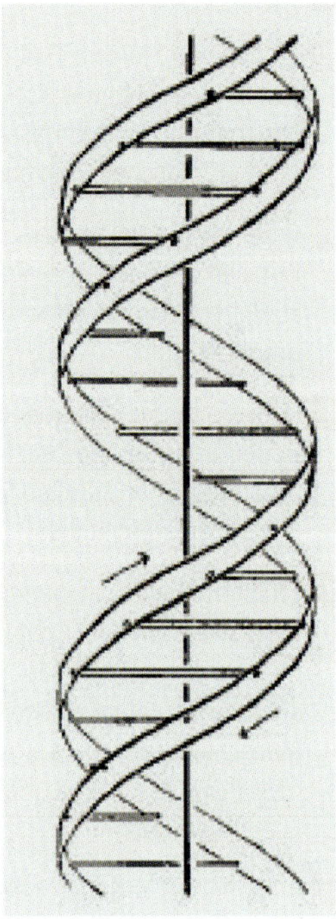

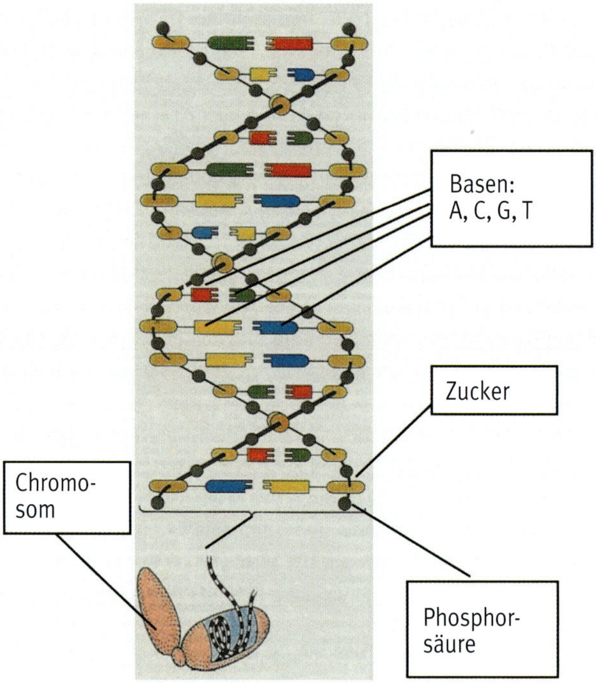

1. Erläutern Sie die Abbildungen.

2. Erklären Sie den Begriff „genetischer Code“.

3. Informieren Sie sich über die biologischen Begriffe „Genom“, „Chromosom“ und „Gen“.

4. Informieren Sie sich über das Humangenomprojekt und die damit verbundenen Hoffnungen der Biotechnologie. Diskutieren Sie diese Hoffnungen in Ihrer Lerngruppe.

5. Lesen Sie ggf. erneut im Abschnitt „Anthropologie: Mensch und Maschine“ den Text über den Golem (S. 53). Diskutieren Sie, inwiefern durch das Humangenomprojekt dieser alte Traum von der Schaffung eines optimierten menschlichen Wesens Auftrieb erhalten könnte.

Der Genom-Diskurs

Die Jagd auf den genetischen „Stein von Rosetta" begann im Jahre 1953, als Watson und Crick die Erklärung der DNA-Doppelhelix gelang – „des Codes, der die genetische Information in sich trägt", wie die beiden es formulierten. Dies war der Startschuss zum Wettlauf um die Aufdeckung der Korrelation, die zwischen den vier DNA-Basen und den zwanzig Aminosäuren, den Bausteinen der Proteine, besteht. Bewaffnet mit den avanciertesten Werkzeugen sowohl der Genetik als auch der Kryptoanalytik machten sich zwei Dutzend brillanter Wissenschaftler an die Entschlüsselung des Codes, den man zunächst als Black-Box mit DNA-Input und Protein-Output begriff. [...]

Ohne Frage stellt die Sequenzierung des menschlichen Genoms eine großartige technische Leistung dar, die es den Wissenschaftlern erleichtern wird, biologisch bedeutungsvolle DNA-Abschnitte mittels genetischer Marker, physikalischer Kartierung und Verknüpfungstabellen aufzuschlüsseln. Dies eröffnet der biomedizinischen Forschung ein weites Feld und stellt obendrein enorme finanzielle Gewinne in Aussicht. Dennoch klafft zwischen diesen Sequenzen und ihrem funktionalen Stellenwert eine gewaltige Lücke. Die Metapher vom „Buch des Lebens" ist nämlich in mehrfacher Hinsicht irreführend – nicht zuletzt deshalb, weil es eine enorme kognitive und technische Herausforderung darstellt, diese Sequenzen auch tatsächlich zu begreifen, also im „Buch des Lebens" zu lesen. [...] Kaum jemals wird den Nicht-Biologen erklärt, dass rund 97 Prozent des Genoms so genannte „Junk-DNA" beinhaltet: diese „Schrott-DNA" scheint weder Proteine zu spezifizieren noch Regulationsfunktionen zu übernehmen (was freilich nicht ausschließt, dass sie sich nicht doch noch als wichtig herausstellen könnte). Die biologisch relevanten 3 Prozent – das entspricht einer Größenordnung von 100 000 Genen – sind kreuz und quer über das ganze Genom verteilt. Und bisher wurden erst 12 000 Gene identifiziert, rund eines pro Tag. Was aber versteht man überhaupt unter dem Begriff Gen? [...] Ein Genom besteht aus halbstabilen genetischen Elementen, die neu angeordnet oder von einem Ort an einen anderen umgruppiert werden können, wodurch die in der DNA enthaltene Information abgewandelt wird.

Als Reaktion auf die Lebensumwelt eines Organismus können DNA-Teilstücke neue Verbindungen eingehen und völlig unterschiedliche funktionale Einheiten spezifizieren. All das lässt die verbindliche Abgrenzung eines Gens vom anderen unscharf werden, die vom Steuerungsapparat der Zelle abhängt. Gene sind alles andere als klar definierte Faktoren, sie sind vielmehr zeitweilige Produkte der Physiologie einer Zelle. Daher ist übrigens „genetisch" auch nicht notwendig deterministisch zu verstehen.

Es stimmt natürlich, dass die DNA Proteine herstellt. Nur wird dabei selten erläutert, dass in der DNA-Sequenz keineswegs sämtliche Informationen über die Proteinstruktur enthalten sind.

Kay, Lily E.: Der Genom-Diskurs steht auf tönernen Füßen, in: Graumann, Sigrid (Hg.): Die Genkontroverse. Grundpositionen, Freiburg 2001, S. 30ff.

a Fassen Sie den Text zusammen.

b Informieren Sie sich über den „Stein von Rosetta" und stellen Sie Ihre Informationen dar.

c Informieren Sie sich über die beiden Wissenschftler Francis Crick und James Watson und über das Ereignis, das man als Startschuss zum Wettlauf um die Aufdeckung „des Codes, der die genetische Information in sich trägt" bezeichnen kann.

d Informieren Sie sich über „Kryptoanalytik" und den Begriff „Black-Box". Stellen Sie auch diese Informationen dar.

e Erläutern Sie den Satz „Man begriff den genetischen Code zunächst als Black-Box mit DNA-Input und Protein-Output".

f Entnehmen Sie dem Text zwei Schwierigkeiten, im „Buch des Lebens" zu lesen.

g Erläutern Sie, weshalb es schwierig ist, den Begriff „Gen" zu bestimmen.

h Entnehmen Sie dem Text, inwiefern man „genetisch" nicht „notwendig deterministisch" verstehen sollte.

1. Beschreiben Sie das Foto.

2. Zur Geschichte des Fotos: Das Bild ist eine heimliche Aufnahme aus dem Jahre 1941 und zeigt die „Landesheilanstalt Hadamar". Hadamar bei Limburg/Lahn war einer der Orte, an denen die sogenannte Euthanasie der Nazis durchgeführt wurde. Informieren Sie sich über diese Euthanasie, die mit Hitlers Befehl vom 01.09.1939 begann, „die Befugnisse namentlich zu bestimmender Ärzte so zu erweitern, dass nach menschlichem Ermessen unheilbar Kranken bei kritischer Beurteilung ihres Krankheitszustandes der Gnadentod gewährt werden kann".

3. Besuchen Sie eine Gedenkstätte. Beispielweise ist die Gedenkstätte (Öffnungszeiten im Jahre 2008) in Hadamar (außer an Feiertagen) dienstags, mittwochs und donnerstags von 9.00 bis 16.00 Uhr und freitags von 9.00 bis 13.00 Uhr geöffnet.

4. Bewerten Sie das Handeln der an der Euthanasie beteiligten Wissenschaftler.

5. Informieren Sie sich über den Begriff „Eugenik" und über den historischen Zusammenhang von Eugenik und Euthanasie. Erläutern Sie den Zusammenhang zwischen der „Sequenzierung des menschlichen Genoms" und einer gezielten Eigenschaftsplanung beim Menschen. – Sollte man heute auf Eugenik verzichten? Gegebenenfalls: Was müsste Ihrer Meinung nach getan werden, damit Eugenik nicht erneut verbrecherisch wird?

Für einen Fortschritt nach menschlichem Maß

Die Antworten auf die Frage: „Was ist gut für den Menschen?" finden wir weder in der Natur noch in unseren technischen Möglichkeiten. Wir können sie nur finden, wenn wir ethische Grundsätze für unser persönliches Leben und für das Zusammenleben von Menschen formulieren, achten und selber leben. Ganz gleich, was wir tun oder nicht tun, wir treffen ja immer wertende Entscheidungen – gewollt oder unbedacht, bewusst oder unbewusst. [...]

Ethische Grundsätze zu formulieren, das bedeutet, sich auf Maßstäbe und auf Grenzen zu verständigen. [...]

Eugenik, Euthanasie und Selektion: Das sind Begriffe, die in Deutschland mit schlimmen Erinnerungen verbunden sind. Sie rufen deshalb – zu Recht – emotionale Abwehr hervor. Trotzdem halte ich das Argument für ganz falsch und irreführend, wir Deutsche dürften bestimmte Dinge wegen unserer Geschichte nicht tun. [...]

Richtig ist: Die Erfahrung, die wir mit dem Nationalsozialismus gemacht haben, speziell mit Forschung und Wissenschaft im Dritten Reich, muss für die ethische Urteilsfindung – nicht nur bei uns – eine ganz wichtige Rolle spielen. Wir erinnern daran nicht, weil wir moralischer sein wollen als alle anderen. Nein, es geht nicht um deutsche Sondermoral.

Niemand darf vergessen, was damals auch in Wissenschaft und Forschung geschehen ist. Entwicklungen, die schon vor 1933 und auch in anderen Ländern begonnen hatten, konnten dann ohne jede Grenze weitergehen. Eine entfesselte Wissenschaft forschte – um ihrer wissenschaftlichen Ziele willen – ohne moralische Skrupel. [...]

Die Erinnerung daran ist ein immerwährender Appell: Nichts darf über die Würde des einzelnen Menschen gestellt werden. Sein Recht auf Freiheit, auf Selbstbestimmung und auf Achtung seiner Würde darf keinem Zweck geopfert werden. Eine Ethik, die auf diesen Grundsätzen beruht, gibt es freilich nicht umsonst. Es hat einen Preis, wenn wir nach ethischen Grundsätzen handeln.

Weil es hier im wahrsten Sinne des Wortes um existenzielle Fragen geht, muss ganz besonders gelten: Wenn wir begründete Zweifel haben, ob wir etwas technisch Mögliches tun dürfen oder nicht, dann muss es so lange verboten sein, bis alle begründeten Zweifel ausgeräumt sind. [...]

Wir brauchen Aufklärung im besten Sinn des Wortes. Aufklärung richtet sich gleichermaßen gegen irrationale Ängste und apokalyptische Vorstellungen wie gegen pure technische Machbarkeitsphantasien.

Wir müssen uns gemeinsam immer wieder neu darauf verständigen, welche Richtung wir dem Fortschritt geben wollen.

Wir müssen immer wieder wägen und entscheiden, welche Möglichkeiten unser Leben wirklich freier machen und welche Möglichkeiten uns bloß neuen Zwängen unterwerfen oder gar in das Leben anderer eingreifen.

Rau, Johannes: Wird alles gut? – Für einen Fortschritt nach menschlichem Maß. Berliner Rede vom 18.05.2001, in: Graumann, Sigrid (Hg.): Die Genkontroverse. Grundpositionen, Freiburg 2001, S. 16ff.

a Exzerpieren Sie den Text.

b Entnehmen Sie dem Text, wie wir Antworten auf die Frage „Was ist gut für den Menschen?" finden können.

c Entnehmen Sie dem Text, was es heißt, ethische Grundsätze zu formulieren.

d Erklären Sie, wie wir mit den Erfahrungen aus der NS-Zeit umgehen sollten.

e Entnehmen Sie dem Text die Werte, die respektiert werden müssen, damit die Achtung der Menschenwürde gewährleistet ist.

f Fomulieren Sie Konsequenzen, die sich aus dem Text für die Bewertung des biotechnologischen Fortschritts ergeben. Formulieren Sie diese Konsequenzen als Imperativ.

g Entnehmen Sie dem Text die drei Schritte, die Johannes Rau am Ende vorschlägt, damit diesem Imperativ entsprochen werden kann.

h Bewerten Sie den Text im Hinblick auf seine Leistungsfähigkeit für die Gestaltung einer biowissenschaftlichen Forschung nach menschlichem Maß.

1. Beschreiben Sie das Bild.

2. Nach Auffassung der Bibel wurde der Mensch von Gott als dessen Ebenbild geschaffen (vgl. Gen. 1, 26-27.) und ins Paradies gesetzt.
   Erläutern Sie die Bedeutung der Gottesebenbildlichkeit für die Würde des Menschen.

3. Walther Düring beschreibt in seinem Kommentar zum Grundgesetz den Begriff „Menschenwürde" so: „Jeder Mensch ist kraft seines Geistes, der ihn abhebt von der ursprünglichen Natur und ihn aus eigener Entscheidung dazu befähigt, sich seiner selbst bewusst zu werden, und sich selbst zu bestimmen und sich selbst und die Umwelt zu gestalten."
   Bewerten Sie diesen Kommentar.

4. Für den Soziologen Niklas Luhmann ist Würde allein Leistung, die der Einzelne erbringen, die er aber auch verfehlen kann.
   Bewerten Sie die Position Luhmannns.

5. Entwickeln Sie aus den in 2. (Würde als Geschenk), 3. (Würde als Wert) und 4. (Würde als Leistung) gemachten Vorschlägen eine eigene Definition.
   Was ergibt sich aus Ihrer Definition für das Handeln?

„Würde". Ein problematischer Begriff

Was vermag die Menschenwürde konkret für die Ethik und Moraltheologie zu leisten? Hierbei ist die sog. „Objektformel" von dem Verfassungsrechtler *Günter* Dürig, hilfreich. In dem von ihm verfassten Grundgesetzkommentar heißt es: „Die Menschenwürde ist getroffen, wenn der konkrete Mensch zum Objekt, zu einem bloßen Mittel, zur vertretbaren Größe herabgewürdigt wird." Anders ausgedrückt: Es widerspricht der Menschenwürde, wenn der Mensch einer Behandlung ausgesetzt wird, die seine Subjektqualität prinzipiell in Frage stellt bzw. unterwandert. Die Menschenwürde wird hierbei also im Wesentlichen ex negativo, von ihrer Verletzung her bestimmt. [...]

Die ex negativo-Begründungsstrategie *(G. Dürig)* ist nur dort erfolgreich, wo sie auf einen bestehenden Konsens im Hinblick auf einen Verletzungstatbestand trifft (z.B. Folter, Sklaverei, Rassendiskriminierung). Sie stößt auf Schwierigkeiten, wo ein solcher Konsens nicht besteht. Ob etwa die In-vitro-Fertilisation oder Pornographie Verstöße gegen die Menschenwürde bedeuten, ist in unserer Gesellschaft umstritten und auf der Basis des Menschenwürde-Begriffs allein nicht zu klären.

Doch auch die positive Strategie trifft auf Schwierigkeiten. Die dort aufgelisteten Ansprüche sind insoweit plausibel, als ihre Erfüllung zur Sicherung und Ausübung von Autonomie und Freiheit, dem philosophischen Kern der Menschenwürde, notwendig sind; unklar bleiben jedoch der Umfang und die Reichweite dieser Ansprüche: Genügt etwa für den Fall der materiellen Not eine Absicherung der physischen Existenz, oder sind weitergehende Garantien, z.B. ein Recht auf Arbeit, notwendig, um ein menschenwürdiges Leben zu sichern? [...]

Die ethische Bedeutung des Menschenwürde-Gedankens liegt vor allem und insbesondere darin, dass die Menschenwürde als das Fundament der Menschenrechte herausgestellt wird. Die Menschenwürde führt zur Formulierung der Menschenrechte hin, bedarf aber umgekehrt auch der politisch-rechtlichen Absicherung durch eben diese Rechte. Die Menschenwürde begründet die Schutz- und Freiheitsrechte des Menschen und schärft diese ein. Die ethische Grenze des Menschenwürde-Gedankens liegt darin, dass die Menschenwürde eine vorwiegend formale Größe ist. Aus ihr können keine konkreten Normen positiver Art gefolgert werden.

Es sind dann auch vor allem die skizzierten Schwierigkeiten der inhaltlichen Bestimmung von Menschenwürde, die es geraten erscheinen lassen, sie als Berufungsinstanz bei der Lösung ethischer Kontroversen nicht zu überschätzen. [...]

Der Mensch hat deswegen eine letzte unantastbare und unverlierbare Würde, weil hinter ihm sein Schöpfer, Erlöser und Vollender steht.

Reiter, Johannes: Die Probe aufs Humanum – Über die Ethik der Menschenwürde, in: Graumann, Sigrid (Hg.): Die Genkontroverse. Grundpositionen, Freiburg 2001, S. 76ff.

a Fassen Sie den Text zusammen.

b Erklären Sie, inwiefern die Objektformel von Düring eine ex negativo Begründung darstellt und geben Sie die Schwierigkeiten dieser Begründungsstrategie wieder.

c Erläutern Sie die positive Strategie zur Bestimmung der Würde und geben Sie auch deren Schwierigkeiten wieder.

d Erläutern Sie, inwiefern die Verbindung zwischen Menschenwürde und Menschenrechten einen Ausweg aus den Schwierigkeiten darstellt, die sich im Zusammenhang mit den verschiedenen Begründungsversuchen ergeben.

e Entnehmen Sie dem Text, weshalb aus der Menschenwürde keine konkreten Normen gefolgert werden könnnen. Teilen Sie die Auffassung des Autors? Begründen Sie Ihre Antwort.

f Der Autor bindet die Menschenwürde letztlich an den Schöpfer. Bewerten Sie diese Auffassung.

1. Beschreiben Sie das Bild und erläutern Sie es.

2. Sammeln Sie Regeln für ein gelingendes Gespräch und bewerten Sie die dargestellte Situation mit diesen Regeln.

3. Überlegen Sie sich gegebenenfalls Möglichkeiten zur Verbesserung der Gesprächssituation.

4. Die Sprache hat nach Karl Bühler nicht nur eine Darstellungsfunktion (propositionaler Aspekt), sondern auch eine Ausdrucks- und Appellfunktion (performativer Aspekt). Dabei ist der performative Bestandteil auf den propositionalen bezogen, das Moment der Reflexion tritt infolgedessen zur Darstellung der Welt hinzu. Karl-Otto Apel wendet diesen Ansatz auf die Ethik an. Nach Apel ist ein Diskurs dann zu Ende, wenn sich einer der Sprecher in einen performativen Selbstwiderspruch verwickelt. Darüber hinaus gibt dieser Sprecher damit implizit zu erkennen, dass der andere recht hat.
   Erläutern Sie, inwiefern der Satz „Alles ist relativ“ einen performativen Selbstwiderspruch enthält, durch den das Gespräch beendet wird, wenn er von einem Gesprächspartner geäußert wird.

5. Diskutieren Sie Apels Ansatz. Bereiten Sie sich auf diese Diskussion vor, indem Sie aus dem Abschnitt „Allgemeine Ethik“ eine ethische Theorie auswählen und mit Apels Herangehensweise vergleichen.

Über die Ethik der demokratischen Willensbildung

Ich glaube erstens zeigen zu können, dass *philosophische Letztbegründung* nicht mit formallogischer Deduktion von Propositionen aus Prämissen gleichzusetzen ist (das würde in einen unendlichen Regress oder in einen logischen Zirkel oder zur Dogmatisierung einer Prämisse führen), sondern eher mit der strikten Reflexion auf die subjektiv-intersubjektiven Bedingungen der Möglichkeit intersubjektiv gültiger Argumentation und damit des sprachvermittelten Denkens überhaupt, und ich glaube zweitens zeigen zu können, dass zu den subjektiv-intersubjektiven Bedingungen der Möglichkeit aller Argumentation die Grundnormen einer intersubjektiv gültigen Ethik gehören. [...]

Zu den Bedingungen der Möglichkeit gültiger Argumentation gehört nicht nur die *operative* – logisch-linguistische – *Kompetenz,* die jeder Einzelne von sich aus mitbringen muss, sondern darüber hinaus die Voraussetzung einer im Prinzip unbegrenzten *idealen Kommunikationsgemeinschaft,* in der eine Sinnverständigung und eine Konsensbildung über Wahrheitsansprüche im Prinzip möglich sein muss. Ohne diese – ausdrückliche oder unausdrückliche – Unterstellung würde offenbar jede ernst gemeinte Diskussion ihren Sinn verlieren – mit der a priori notwendigen Unterstellung einer idealen Kommunikationsgemeinschaft – die auch im Prinzip realisierbar, ja in einem gewissen Maße schon realisiert sein muss, wenn Argumentation möglich sein soll. Mit dieser Voraussetzung muss aber auch die intersubjektive Gültigkeit einer normativen Ethik der idealen Kommunikationsgemeinschaft immer schon unterstellt werden. Dies besagt unter anderem: Niemand kann auch nur mit sich selbst sich aufrichtig im Denken verständigen, der nicht schon im Prinzip alle Normen einer aufrichtigen Kommunikation unter Bedingungen wechselseitiger Anerkennung der Kommunikationspartner anerkannt hat. [...]

Man könnte nun vielleicht meinen, damit sei für die Ethik noch wenig gewonnen, da in der Kommunikationsgemeinschaft der Argumentierenden lediglich eine *Ethik der aufrichtigen Argumentation* unter Abstraktion von allen individuellen Bedürfnissen der Argumentierenden vorausgesetzt werde. Diese Meinung übersieht m.E., dass der Bereich möglicher Inhalte der Argumentation – das „Diskurs-Universum" – durch das Prinzip der Argumentation, das ja immer schon anerkannt ist, nicht eingeschränkt werden kann; dies ist im Prinzip eben so wenig möglich wie eine willkürliche Begrenzung der Gemeinschaft kompetenter Kommunikationspartner. Daraus folgt aber, dass im Prinzip alle Ansprüche der Kommunikationspartner untereinander anerkannt werden müssen, die sich durch Argumente als mit den Ansprüchen aller übrigen Mitglieder der Kommunikationsgemeinschaft kompatibel erweisen lassen. [...]

Es ist m.E. bemerkenswert, dass die hier skizzierte Ethik des praktischen Diskurses weit über die formale Ethik des „kategorischen Imperativs" im Sinne Kants hinausgeht.

Apel, Karl-Otto: Diskurs und Verantwortung, Frankfurt am Main 1988, S. 35ff.

a Exzerpieren Sie den Text.

b Informieren Sie sich über den Begriff „Philosophische Letztbegründung" und erläutern Sie, inwiefern es für Apel wichtig war, zeigen zu können, dass ihm eine Letztbegründung gelungen sei.

c Entnehmen Sie dem Text, wie Apel seine Ethik begründen will.

d Entnehmen Sie dem Text die beiden Voraussetzungen (= „Bedingungen der Möglichkeit") für eine gültige Argumentation.

e Entnehmen Sie dem Text die Bedeutung des Begriffs „Ideale Komunikationsgemeiunschaft".

f Erläutern Sie, was sich nach Apel aus einer von vorneherein (= „a priori") „notwendigen Unterstellung einer idealen Kommunikationsgemeinschaft" für die Ethik ergibt.

g Entnehmen Sie dem Text die Bedeutung des Begriffs „normative Ethik der idealen Kommunikationsgemeinschaft".

h Erläutern Sie die Bedeutung von „Diskurs-Universum".

i Nehmen Sie Stellung zu der Überschrift des Textes „Über die Ethik der demokratischen Willensbildung" und erläutern Sie, inwiefern Apel mit seiner Ethik den Anspruch erhebt über Kants Ethik hinauszugehen.

j Bewerten Sie Apels Ethik der demokratischen Willensbildung im Hinblick auf ihre Bedeutung für die ethische Diskussion der biotechnologischen Forschung.

Reflexion der Bioethik

1.

a Fassen Sie den einleitenden Text „Bioethik" zusammen.

b Erklären Sie den Begriff „Bioethik".

c Erläutern Sie, inwiefern es für unsere Zwecke sinnvoll ist, sich beim Thema „Bioethik" auf die Gentechnik zu beschränken.

d Entnehmen Sie dem Text die Bedeutung von Erwin Schrödinger für die Entwicklung der Molekularbiologie.

e Geben Sie die Erläuterungen zum Genom wieder.

f Informieren Sie sich über den Fall des südkoreanischen Veterinärmediziners und Wissenschaftlers Hwang Woo-suk und stellen Sie Ihre Ergebnisse dar. Nehmen Sie insbesondere Stellung zur ethischen Problematik dieses Falles.

g Erläutern Sie die Bedeutung der Sloterdijk-Rede für die Diskussion um die Gentechnik in Deutschland.

2. Gegen jede unkritische Lehre vom Sein als dem „bloß Vorhandenen" ist ein für allemal klar, dass die Menschen durch ihre Praxis (Sorge) ihre Welt handelnd selbst erzeugen und tätig zustande bringen.

Die kategorialen Seinsarten sind dem entsprechend auf den Existenzialien des menschlichen Daseins konstituiert:

Kategorien
Existenzialien

Die Existenzialien gehen den Kategorien, letztere ermöglichend, voraus. Darum gründen auch alle Wissenschaften und ihre Objektivationsleistungen in den ursprünglichen Lebensvollzügen.

Rentsch: Thomas: Martin Heidegger – Das Sein und der Tod. Eine kritische Einführung, München 1989, S. 155.

a Erläutern Sie mit Hilfe der Heidegger-Interpretation von Rentsch noch einmal die Bedeutung von „Existenzial-ontologisch" (vgl. S. 229).

b Erläutern Sie mit Hilfe dieser Interpretation auch noch einmal den Zusammenhang zwischen der „Existenzial-ontologischen Weise" der Fragestellung nach dem Wesen des Menschen und der Erfahrung, dass der Mensch Welt „hat" und in der Welt „ist" (vgl. S.229)

3. Als die 18-jährige Irene zufällig erfährt, dass ihr Onkel väterlicherseits an der so genannten Huntington-Krankheit gestorben ist, gerät sie in Panik.

Sie erfährt, dass HD (engl. Huntington-Disease) eine der häufigsten erblichen Krankheiten des Nervensystems ist. Erste Anzeichen der Erkrankung treten meist zwischen dem 35. und 50. Lebensjahr auf. Körperliche Symptome sind u.a. Unruhe und unwillkürliche rasche Bewegungen der Muskulatur, vor allem an Armen und Beinen. Der Krankheitsverlauf ist durch zunehmenden körperlichen Verfall und Intelligenzverlust bis zur Demenz gekennzeichnet. Es gibt keine Möglichkeit einer Heilung. Wenn die Krankheit ausgebrochen ist, führt sie zum Tod.

Irene erfährt auch, dass das Gen, das diese Krankheit auslöst, bekannt ist und dass es einen Gentest gibt, mit dem das Gen identifizert werden kann. Im Normalfall wird die Krankheit so vererbt, dass ein Elternteil auf beiden Chromosomen 4 die gesunde Sequenz hat und das andere Elternteil auf einem Chromosom 4 die gesunde und auf dem anderen Chromosom 4 die krankmachende Sequenz. Da man ein Chromosom 4 vom Vater und ein Chromosom 4 von der Mutter erbt und weil HD dominant vererbt wird, besteht statistisch die Wahrscheinlichkeit von 50% das ein Nachkomme erkrankt, wenn ein Elternteil Träger der krankmachenden Substanz ist.

Der Gentest ist problematisch, weil der Träger des Gens auch erkranken wird. Trotzdem beschliesst Irene sofort, sich testen zu lassen. Der Arzt, den sie aufsucht, schickt sie jedoch erst zu einer humangenetischen Beratung. In dieser Beratung wird klar, dass Irenes 45-jähriger Vater, der bisher symptomfrei ist, auch das Huntington-Gen haben muss, wenn man es bei ihr findet. Das macht sie unsicher und sie weiß nicht mehr, was sie tun soll.

(Gestaltet nach dem Film „Risikoperson" – Kurzfilm von Jörg Gfrörer, BRD 1992, 27 Min.)

a Diskutieren Sie in Ihrer Lerngruppe Irenes Problem mit der Methode der Ethischen Analyse.

b Bewerten Sie die Reflexionsmethode „Ethische Analyse“ im Hinblick auf ihre Leistungsfähigkeit für die Diskussion bioethischer Fragen.

c Untersuchen Sie, ob diese Reflexionsmethode Apels Prinzip der idealen Kommunikationsgemeinschaft entspricht. – Begründen Sie Ihr Ergebnis.

4.

12. April 2007

Gentech: Klare Regeln

Nächste Woche erwartet das Europäische Parlament einen ersten Vorschlag der EU-Kommission, wie der Einsatz von gentechnisch veränderten Pflanzen einheitlich geregelt werden könnte. Zeitgleich findet in Brüssel eine von der Zukunftsstiftung „Landwirtschaft“ organisierte Konferenz der „gentechnikfreien Regionen“ statt. 170 gibt es davon in der EU, plus 3500 Gemeinden. Sie fordern Klarheit und Mitsprache in der Gesetzgebung.

In den vergangenen Jahren hat die EU-Kommission immer wieder den Import neuer Sorten von genetisch verändertem Mais, Soja oder Raps aus den USA, Argentinien oder Brasilien genehmigt. Gleichzeitig weicht das Anbauverbot von genetisch verändertem Saatgut auf. Zwar darf in der EU bisher nur eine genetisch veränderte Maissorte des US-Pharmakonzerns Monsanto angebaut werden, der MON 810. Doch weitere Ausnahmen werden bald folgen. Die Hoffnung auf Raps- und Sojaöl als Treibstoffe der Zukunft ist zu groß. Das Problem: Wie das Feld eines Ökolandwirtes vor dem Pollenflug etwa des MON 810 geschützt wird, variiert bislang von Mitgliedsland zu Mitgliedsland, ebenso die Strafbarkeit bei „Ansteckung“.

Die Zeit, Nr. 16, 2007, S. 30.

a Geben Sie den Text in eigenen Worten wieder.

b Informieren Sie sich über die so genannte „grüne Gentechnik“. Sehen auch Sie in diesem Zusammenhang Klärungs- und Regelungsbedarf? Begründen Sie Ihre Antwort!

c Diskutieren Sie Aufgaben und Probleme der „gentechnikfreien Regionen“.

5. Medizinethik: Anfang und Ende menschlichen Lebens

Die Medizinethik ist in erster Linie eine angewandte Ethik im Bereich von Kliniken, Pflegeheimen, Arztpraxen, Hospizen und anderen Einrichtungen, in denen eine ärztliche Versorgung vorgesehen ist. Sie befasst sich mit der würdevollen Behandlung des kranken und sterbenden Menschen durch Ärzte und Pflegepersonal. Die Medizinethik bindet den Arzt an die Grundziele ärztlichen Handelns. Diese Grundziele bestehen darin, die Gesundheit des Kranken wieder herzustellen, sein Leben zu verlängern oder zumindest sein Leiden zu lindern.

Die Medizinethik fordert eine weitgehende und für den Patienten verständliche Aufklärung über seine Krankheit und den Grad seiner Erkrankung sowie über die möglichen Erfolge aber auch Nebenwirkungen und Risiken einer ärztlichen Behandlung. Auch die Patientenverfügung ist als eine vorweggenommene Selbstbestimmung zu verstehen. Sie hilft, das Recht auf körperliche Unversehrtheit zu bewahren und den Schutz vor Verletzungen durch ungewollte ärztliche Eingriffe aufrechtzuerhalten. Die Medizinethik verbietet, den kranken Menschen zum bloßen Forschungsgegenstand werden zu lassen. Hierbei geht es auch um das Problem der Menschenversuche, da gelegentlich ärztliche Ziele reinen Forschungszwecken untergeordnet werden. Dabei geht es nicht nur darum, Versuche unter Nichtbeachtung des Selbstbestimmungsrechts vorzunehmen, sondern auch menschenunwürdige Versuche im Einverständnis mit den Versuchspersonen durchzuführen. Dagegen ist es ein medizinethischer Grundsatz, dass die Frage der Wissenschaftlichkeit der Versuche immer hinter der Bewahrung der Würde zurück zu stehen hat. Es ist darauf zu achten, dass Kranke nicht zu bloßen Versuchspersonen degradiert werden. Die Gefahr ist gerade in den mikrobiologisch und hirnphysiologisch orientierten Bereichen der Medizin besonders groß, weil hier gegenwärtig eine sehr effektive und öffentlichkeitswirksame Forschung betrieben wird.

Die Medizinethik ist damit die Ethik eines beruflichen Standes, dem es um Heil und Gesundheit geht. Diesen Status teilt die Medizinethik mit anderen Berufen, die in besonderer Weise *helfende Berufe* sind. In der Vergangenheit hat man darunter solche Berufe verstanden, die den Menschen aus gesundheitlicher, geistlicher und rechtlicher Not gerettet haben, also Medizin, Theologie und Juristerei. Sie bildeten im alten Universitätssystem die drei so genannten oberen Fakultäten (die vierte und untere war die Philosophische Fakultät). Ihr Ziel bestand darin, das *allgemeine Wohl* in medizinischer, geistlicher und rechtlicher Hinsicht zu fördern.

In heutiger Zeit haben sich die Aufgaben der helfenden Berufe vom Umfang und von der Konzeption her erweitert. Sie dienen nicht nur der *Rettung*, sondern bewähren sich auch im Bereich der *Vorsorge* und *Nachsorge*. Prophylaxe, Therapie und Rehabilitation sollen bei Erkrankungen, bei psychischen Problemen und auch im Strafvollzug dem *Wohl* jedes Einzelnen und der Gesellschaft dienen. Darüber hinaus bietet und fordert die moderne Gesellschaft im beruflichen und privaten Bereich ein höheres Maß an Selbstverwirklichung, um ein glückliches und erfolgreiches Leben führen zu können. Davon ist auch die Medizinethik betroffen. Auch hier haben die gesellschaftlichen und kulturellen Veränderungen nicht nur zu einem Wandel des Berufsethos geführt, sondern darüber hinaus zu einer Diskussion und Hinterfragung spezieller Ziele des medizinischen Berufsethos auf breiter gesellschaftlicher und politischer Basis. So wird im *Eid des Hippokrates* ausdrücklich Abtreibung und Sterbehilfe untersagt. Diese medizinethischen Grundwerte sind in den letzten Jahren und Jahrzehnten ebenso relativiert worden wie andere überkommene Grundwerte der allgemeinen Ethik, die der Bewahrung und Förderung des Lebens gewidmet sind.

Durch die immense Entwicklung in der Medizin ist in den letzten Jahren technisch vieles möglich geworden, was früher undenkbar war und von daher auch keine ethischen Probleme bereitete. Eine der größten Veränderungen in der Medizinethik brachte die Transplantationsmedizin mit sich. In Folge der ersten Herztransplantationen, die Christiaan Barnard 1968 in Kapstadt glückten, war es notwendig geworden, die alte Definition des Todes, die an die Herzfunktion und an den Stillstand des Blutkreislaufes gebunden war, zu revidieren. Dies war notwendig, da Spenderherzen nur von lebenden Menschen kommen können, von Menschen, deren Herz noch schlägt. Hierbei handelt es sich um Menschen, die sterben, aber noch nicht tot sind. Um sie für tot zu erklären, musste eine neue Festlegung für die Grenze des Lebens gefunden werden. So kam es zur Todesdefinition des sogenannten *Hirntodes*.

Die Rechtfertigung für diese Definition liegt in einer Veränderung in den Grundvorstellungen von Leben und deren rechtlicher Konsequenz. Entgegen der geläufigen Meinung sind die Grenzen des Lebens objektiv, also durch wissenschaftliche Befunde nicht erkennbar. Sie müssen durch menschliche Entscheidung festgestellt und festgelegt werden. Dabei ist der Wert der Unantastbarkeit des Lebens maßgeblich. Mit Aufkommen der Transplantationsmedizin entstand der Konflikt, dass ein noch lebendiger Körper im Interesse der Gesundheit seines Spenderorgans angetastet werden muss.

Seit diesen Anfängen haben sich mit der Fortentwicklung der Medizin auch die Problembereiche vervielfältigt. Dazu gehören einerseits die spektakulären Fälle. So ist es heute technisch möglich, einen komatösen Patienten jahrelang am Leben zu erhalten oder einen Fötus im Uterus seiner durch Unfall getöteten Mutter weiter zu erhalten und zur Geburt zu bringen. Jenseits solcher besonderen Fälle steht andererseits der medizinische Alltag. Im Bereich der Pränataldiagnose (PID) steht die Möglichkeit zur Verfügung, selektiv auf Föten zuzugreifen. Hier stellt sich – weit über die Möglichkeit des Schwangerschaftsabbruches hinaus – die Frage, wann menschliches Leben beginnt und wie weit Leben zu schützen ist.

Diese Möglichkeiten und die damit verbundene Diskussion des Rechts auf Leben haben die Angelegenheiten der Medizinethik zu einem allgemeinen gesellschaftlichen Anliegen gemacht. Hierbei geht es um die Frage, wie weit die Gesellschaft bereit ist, die Grenzen von Leben und Tod neu festzulegen. Die Festlegungen sind mit bestimmten Vorstellungen und Werten vom Leben verbunden, wie sie kulturell und geschichtlich entstanden sind.

Die Medizinethik ist heute keine reine Standesethik mehr. Ihre Angelegenheiten sind von allgemeinem gesellschaftlichen Interesse. Insbesondere in den Bereichen des Anfangs und des Endes menschlichen Lebens sind Fragen entstanden, die gesellschaftsweit diskutiert werden müssen. Mit den Möglichkeiten der Pränataldiagnostik wird der Anfang des Lebens auch zum Problem der Ethik. Mit den Fortschritten der Transplantationsmedizin stellt sich die Frage der Todesdefinition und mit den Möglichkeiten der Intensivmedizin steht die Sterbehilfe wieder auf der Agenda trotz der schrecklichen Erfahrungen mit der Euthanasie der Nazis. Für die genannten Bereiche gibt es aber einen Wert, der grundsätzlich orientiert und nicht zu verhandeln ist: die Würde des Menschen. Sie stellt die Grenze dar, die niemals überschritten werden darf.

Mit diesen Auseinandersetzungen berührt die Medizinethik auch die Problematik anderer Bereichsethiken, allen voran die Bioethik. Hier sind es die Fragen zur Stammzellenforschung, die dem therapeutischen Interesse der Medizin nahe stehen. Bei aller Nähe von Medizinethik und Bioethik auch in den öffentlichen und gesellschaftlichen Debatten um die Grenzen der Forschung sind die ethischen Probleme aber unterschiedlich, da in der Medizinethik der Schwerpunkt auf der Frage beruht, was im Dienst der Gesundheit getan und gelassen werden soll.

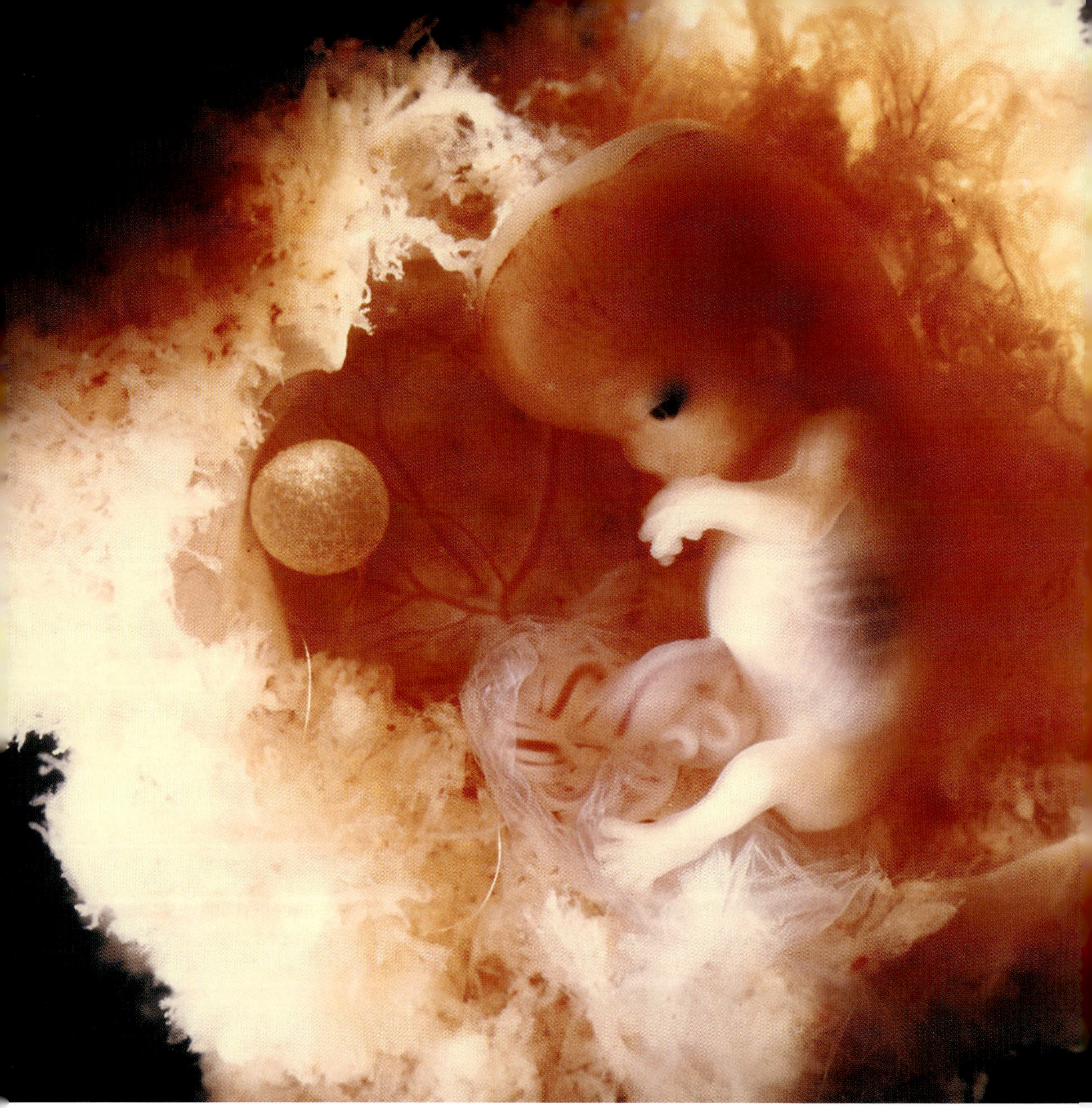

1. Beschreiben Sie das Foto.

2. Das Foto zeigt einen 10–11 Wochen alten Embryo. Die Reproduktionsmedizin verfügt heute über Techniken, ein Ei auch außerhalb des Mutterleibs zu befruchten. Informieren Sie sich über eine Methode, die „In-vitro-Fertilisation".

3. Informieren Sie sich über die Auswirkungen der modernen Reproduktionstechnologien auf das Leben der Frau: Vergrößern sich ihre Möglichkeiten, ein selbstbestimmtes Leben zu führen?

4. Diskutieren Sie die Frage, ob jedes Ehepaar ein Recht auf ein Kind hat.

5. Diskutieren Sie die weitergehende Frage, ob sich unsere moralischen Einstellungen den technischen Möglichkeiten anpassen müssten bzw. sollten.

Pränataldiagnostik und weibliche Lebensentwürfe

Große wissenschaftliche und finanzielle Energie wurde in den letzten drei Jahrzehnten einerseits in die labortechnische Erzeugung von Embryonen und andererseits in die Optimierung der Schwangerschaft und des „Schwangerschaftsprodukts" (wie es inzwischen im medizinischen Fachjargon heißt) gesteckt. In Diskussionen verweisen medizinische Anbieter der Technologien gern auf das Recht der Frauen auf Selbstbestimmung, so als wären Frauen damals in den 70ern auf die Straße gegangen, um von Wissenschaftlerinnen und Wissenschaftlern die Entwicklung von Reproduktionstechnologien, Pränataldiagnostik oder gar Präimplantationsdiagnostik zu fordern.

Zweifellos gibt es inzwischen Frauen, die diese ganze Palette moderner Reproduktionstechnologien für sich einfordern und Frauen (Paare), denen die Reproduktionsmedizin zu ihrem lang ersehnten Wunschkind verholfen hat. Doch daraus bereits den emanzipativen Charakter dieser Technologien abzuleiten, blendet die Lebensrealität von Frauen und auch den Preis, den sie dafür bezahlen müssen, aus. Bisher steht die Perspektive derjenigen, die die medizinische Technik offerieren und der Konsumentinnen, die diese nutzen wollen, zu sehr im Mittelpunkt der Debatte. Wie einzelne Frauen ihr Leben planen und gestalten, hat mit ihren Lebensbedingungen zu tun, aber auch mit dem gesellschaftlichen Klima für Kinder und Kinderkriegen, für Mutter- oder Elternschaft, sowie der innerfamiliären Aufgabenverteilung. Deshalb müssen die modernen Reproduktionstechnologien im Kontext weiblicher Lebensentwürfe diskutiert werden. Dabei darf auch die Perspektive der massenhaften Anwendung nicht durch die Diskussion von Einzelfällen aus dem Blick geraten, zum Beispiel die Frage, wie die medizinischen Angebote die individuelle und gesellschaftliche Lebensrealität von Frauen verändern, welche neuen Verpflichtungen für Frauen zukünftig daraus abgeleitet werden und wie sie unser zukünftiges gesellschaftliches Zusammenleben prägen könnten. [...]

Seit es die Verhütungs-Pille gibt, können Frauen mit Hilfe hormoneller Contrazeption ihren Körper so manipulieren, dass der Sex folgenlos bleibt. [...] Tatsache ist, dass mit der Pille Zeitpunkt und Zahl des Nachwuchses für Frauen planbarer geworden sind. Nun wird ein anderer Schritt propagiert – nicht nur eine Schwangerschaft zu verhindern, sondern auch aktiv mit Hilfe der Reproduktionsmedizin Kinder (und deren genetische Beschaffenheit) zu planen. Die Zukunftsvision: Frauen und Männer lassen sich mit 20 sterilisieren. Vorher legen sie ein Ei- und Samenzellkonto an, in dem die Keimzellen tiefgefroren und abrufbereit lagern. Nach abgeschlossener Karriere, vielleicht mit 40 oder 45 kann dann die Frau ihre junggebliebenen Eier mit dem ebenso jugendlich-gebliebenen Samen ihres Partners befruchten lassen. Die neun Monate der Schwangerschaft sollen dann natürlich sein.

Schindle, Eva: Weibliche Lebensentwürfe im Kontext von Fortpflanzungsmedizin und Pränataldiagnostik, in: Graumann, Sigrid (Hg.): Die Genkontroverse. Grundpositionen, Freiburg 2001, S. 52f.

a Fassen Sie den Text zusammen.

b Entnehmen Sie dem Text die Bedeutung des Begriffs „Schwangerschaftsprodukt" und nehmen Sie Stellung zu diesem Begriff.

c Erläutern Sie die Bedeutung des Schlagworts „Recht der Frauen auf Selbstbestimmung" für die Anbieter von Reproduktionsmedizin.

d Entnehmen Sie dem Text die Bewertung des „emanzipativen Charakters dieser Technologien" und nehmen Sie Stellung zu dieser Bewertung.

e Diskutieren Sie die Frage „Darf der Mensch alles machen, was er kann?" in einem Sokratischen Gespräch.

f Diskutieren Sie die im Text formulierte Zukunftsvision. Nehmen wir an, diese Vision würde Realität: Halten Sie diese für wünschenswert?

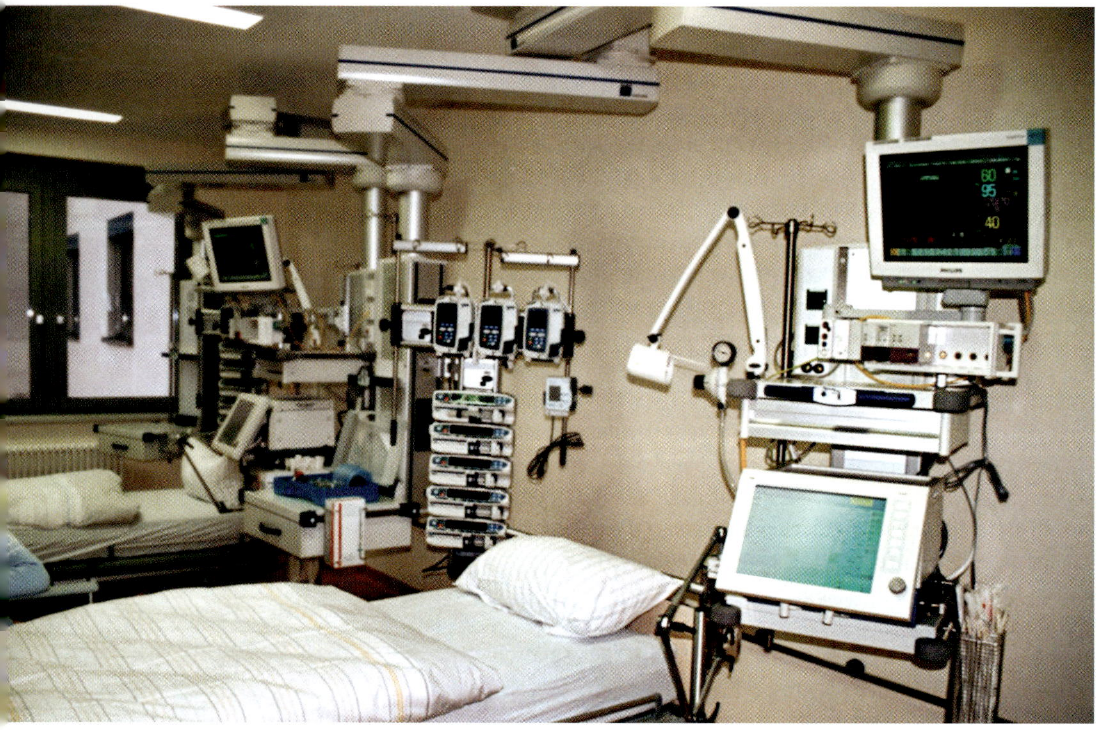

1. Beschreiben Sie das Foto.

2. Informieren Sie sich über die Fortschritte in der Intensivmedizin und sammeln Sie Fragen, die sich in diesem Zusammenhang der Medizinethik im Hinblick auf den Anfang und das Ende des Lebens stellen.

3. Diskutieren Sie den Zusammenhang zwischen der Intensivmedizin und dem Problem der Sterbehilfe sowie der Intensivmedizin und der Transplantationsmedizin.

4. Im Allgemeinen werden weniger Organe gespendet als benötigt. Informieren Sie sich über Kriterien für die Auswahl der Empfänger und bewerten Sie diese Kriterien.

5. Mit den Fortschritten in der Intensivmedizin hängt auch die Tatsache zusammen, dass immer mehr so genannte Frühchen geboren werden und überleben können. Informieren Sie sich auch über diese Problematik.

Das Erlanger Baby: Die Frau als Gebärmaschine?

„Am fünften Oktober 1992 verließ die 18jährige Zahnarzthelferin Marion Ploch ihren Arbeitsplatz, um nach Hause zu fahren. Zwischen Feucht und Altdorf fuhr sie gegen einen Baum. Als nach etwa einer Viertelstunde der Rettungswagen am Unfallort eintraf, war sie bewusstlos und man diagnostizierte einen Schädelbruch. Ein Hubschrauber wurde gerufen und sie wurde in ein Krankenhaus in der Universitätsstadt Erlangen gebracht. Ihre Eltern wurden in die Klinik gerufen und man erklärt ihnen, dass sich ihre Tochter in Intensivbehandlung befinde, aber keine Überlebenschance habe. Sie wurden gefragt, ob sie einer Organspende zustimmen würden, doch sie lehnten ab.

Dann kam eine überraschende Information. Ihre Tochter, wurde den Plochs gesagt, sei schwanger. Sie befinde sich etwa in der 13. Woche der Schwangerschaft. Wussten sie etwas über den Vater? Nein. Marion Ploch war ledig und hatte ihren Eltern nicht erzählt, dass sie ein Baby erwartete, auch nichts über einen Freund. Darauf sagten die Ärzte ihren Eltern, ihre Tochter sei zwar hirntot oder würde es in Kürze sein, doch man könne ihre Körperfunktionen bis zum März, also fünf Monate, aufrecht erhalten, dann wäre der Fötus überlebensfähig. Sie fragten, ob sie damit einverstanden wären, dass ihre Tochter weiterhin beatmet würde, um dies zu ermöglichen. Unter Druck willigten die Eltern ein".

Das ist die Geschichte des Erlanger Babys, die vor etwas mehr als zehn Jahren sehr viel Aufsehen erregt hat. Was also diesen Fall so besonders prekär machte, war eben diese Schwangerschaft und die Frage, ob nun diese Schwangerschaft zu Ende geführt werden sollte. Das wurde jetzt heftig diskutiert. [...]

Es kam dann im Laufe dieser künstlich aufrecht erhaltenen Schwangerschaft plötzlich zu einer Fehlgeburt, wobei man nicht weiß, ob diese nun eingeleitet wurde oder nicht, da die Eltern die Freigabe zur Obduktion verwehrten.

In Amerika ist ein Jahr später etwas Ähnliches passiert, wobei hier das Baby geboren wurde.

Die Frage ist jetzt, wie diese Definition „Hirntod" eigentlich zu Stande gekommen ist, denn die Neudefinition des Todes, also diese Hirntoddefinition, ist natürlich eine Verlegenheitslösung.

Zunächst die traditionelle Toddefinition, die bis 1968 gängig war: „Tod. Das Ende des Lebens; das Aufhören der Existenz; die Ärzte definieren ihn als völligen Stillstand des Blutkreislaufes und der davon abhängigen vitalen und höheren vitalen Funktionen wie Atmung, Puls etc."

Man muss hier nun auch den Zusammenhang ganz klar sehen zwischen Transplantationsmedizin und diesem Umdenken. [...]

Grätzel, Stephan: Über die Grenzen des Lebens. Vorlesungen zur Philosophischen Anthropologie, London 2004, S. 17ff.

a Exzerpieren Sie den Text.

b Erläutern Sie die ethischen Probleme, die sich aus dem Fall ergeben.

c Stellen Sie die Konfliktsituation der Eltern dar und diskutieren Sie diesen Konflikt mit der Methode der Ethischen Analyse.

d Erläutern Sie den Zusammenhang zwischen den Fortschritten in der Transplantationsmedizin und der Definition vom Tod.

e Nehmen Sie Stellung zu der Überschrift „Das Erlanger Baby: Die Frau als Gebärmaschine". Formulieren Sie gegebenenfalls eine bessere Überschrift und begründen Sie Ihren Vorschlag.

Nr. 238 – Samstag, 13.10.2007 Rhein-Zeitung Koblenz

Gut zu wissen

Über Organtransplantation reden

Das Thema Organtransplantation steht im Mittelpunkt eines Vortrages am Montag, 22. Oktober, 19 Uhr, im Herz-Jesu-Krankenhaus in Dernbach. Es referiert Dr. Michael Tübben, Oberarzt der Dernbacher Klinik für Anästhesiologie und Intensivmedizin. Beispielhaft wird Tübben im neuen Katharina-Kasper-Seminarraum im zweiten Untergeschoss des Krankenhauses den klinischen Verlauf eines Patienten mit unheilbarer Hirnschädigung schildern. Gemeinsam mit Dr. Monika Schmid als Koordinatorin der Deutschen Stiftung für Organtransplantation wird der ausgewiesene Notfallmediziner den Ablauf einer Organspende darlegen, von der Hirntoddiagnostik bis zur Operation. Einen weiteren Schwerpunkt wird der Erfahrungsbericht über das Leben mit einem gespendeten Organ bilden. Zum Abschluss der offenen Informationsveranstaltung haben alle Besucher die Gelegenheit zu Austausch und Diskussion.

■ **Infos im Internet: www.krankenhaus-dernbach.de**

1. Diskutieren Sie den Zeitungsausschnitt. –
   Würden Sie an einer Veranstaltung wie der oben angekündigten teilnehmen?

2. Informieren Sie sich über das Thema „Organtransplantation" (beispielsweise auf den Seiten *http://www.transplantation.de/* oder *http://www.transplant-forum.de*).

3. Entwickeln Sie Fragen an den Referenten der oben angekündigten Veranstaltung.

4. „Durch eine Verkettung unglücklicher Umstände haben Ärzte einer Patientin bei einer Transplantation in der Universitätsklinik Ulm eine von Krebs befallene Niere des eigenen Vaters eingepflanzt. Vater und Tochter starben schließlich beide an Krebs."
   http://www.transplantation.de/ – Zugriff: 31.03.2008.
   Diskutieren Sie diesen tragischen Fall: Welche Konsequenzen ergeben sich daraus?

5. Auch in der oben angekündigten Veranstaltung soll über die Hirntoddiagnostik gesprochen werden: Diskutieren Sie die Ängste, die sich in diesem Zusammenhang ergeben.

Wann ist ein Mensch tot? – Medizinische Kriterien des Hirntodes

Die Untersuchung muss durch 2 Ärzte erfolgen, von denen einer Neurologe sein sollte. Beide Ärzte müssen über mehrjährige Erfahrungen in der Intensivbehandlung von Patienten mit schweren Hirnschädigungen verfügen. Beide Untersucher müssen unabhängig von einem Transplantationsteam sein und dementsprechend handeln können.

Zu den Voraussetzungen der Feststellung, dass die Gehirndurchblutung nicht mehr besteht, gehört die Feststellung einer akuten Hirnschädigung. Es muss ausgeschlossen werden, dass

- eine Vergiftung vorliegt
- eine primäre Unterkühlung besteht
- es sich um ein Koma aus Gründen des Stoffwechsels oder der inneren Sekretion handelt (z.B. Zuckerkrankheit).

Maßgebliche Symptome des Ausfalls der Hirnfunktion sind

- das Koma als vollständiger und andauernder Bewusstseinsausfall
- der Ausfall der Spontanatmung
- Weitstellung der Pupillen und Aufhebung des Pupillen-Licht-Reflexes
- Fehlen des okulozephalen Reflexes (Puppenkopfphänomen)
- Verlust des Cornealreflexes (Berühren der Augenhornhaut führt zu keiner Reaktion der Augenlider)
- jede Schmerzreaktion im Gebiet der Gehirnnerven ist erloschen
- Reflexe im Rachen-Kehlkopf-Bereich sind ebenfalls erloschen.

Eine weitere Sicherung des Ausfalls der zentralnervösen Funktionen ist der sogenannte Apnoe-Test.

Diese Untersuchung ist zwingend. Sie soll im Koma erst nach vollständigem Ausfall aller Hirnstammreflexe vorgenommen werden. Es sind zwei Phasen zu unterscheiden, die sogenannte Hypoventilationsphase und die Diskonnektionsphase. Nach Beatmung mit 100% Sauerstoff wird das Atmungsvolumen auf etwa 1/4 des Ausgangsvolumens reduziert, bis der Kohlensäuredruck im Blut mindestens 60 mmHg erreicht. Danach erfolgt unter ausreichender Zufuhr von Sauerstoff in die Luftröhre selbst mittels Katheter die Wegnahme der Verbindung zum Beatmungsgerät. Da der Kohlensäuredruck im Blut eine absolute Stimulation für das Atemzentrum bedeutet, ist der Ausfall der Spontanatmung bewiesen, wenn innerhalb einer angemessenen Frist von 15 Minuten keine Stimulation erfolgt. [...]

Die Untersuchungsergebnisse müssen schriftlich niedergelegt, chronologisch aufgezählt und durch Unterschrift bestätigt werden. Zu diesen Vorgängen wurde ein verbindliches Protokoll zur Feststellung des Hirntodes entworfen. Es ist allgemein in Gebrauch.

Löw-Friedrich/Schoeppe, Wilhelm: Transplantation. Grundlagen, Klinik, Ethik und Recht, Darmstadt 1996, S. 170f.

a Exzerpieren Sie den Text. Arbeiten Sie dabei das Todeskriterium deutlich heraus.

b Erläutern Sie den Zusammenhang zwischen der Hirntod-Definition und einer Organtransplantation. Erklären Sie insbesondere die Bedeutung der Bestimmung „Beide Untersucher müssen unabhängig von einem Transplantationsteam sein und dementsprechend handeln können" für den Schutz des Spenders.

c Informieren Sie sich über den sogenannten Apnoe-Test und stellen Sie Ihre Informationen dar.

d Erläutern Sie die Bedeutung eines verbindlichen Protokolls zur Feststellung des Hirntodes.

e Es ist eine traurige Tatsache, dass zu wenig Spenderorgane zur Verfügung stehen. Informieren Sie sich über die Entscheidungswege, die festgelegt wurden, um einem Kranken ein Organ zuzuordnen.

f Informieren Sie sich über kriminelle Machenschaften im Zusammenhang mit der Organtransplantation.
Schauen Sie sich eventuell gemeinsam den 1979 gedrehten Spielfilm „Fleisch" von Rainer Erler an (Erstsendung am 21. Mai 1979, ZDF. Den Film gibt es als DVD im Handel).

g Diskutieren Sie Möglichkeiten zur Vermeidung von kriminellen Machenschaften im Zusammenhang mit der Organbeschaffung und der Transplantation.

1. Beschreiben Sie das Bild.

2. Betrachten Sie das Bild jetzt unter dem Aspekt der Melancholie und diskutieren Sie die Handlungsoptionen der dargestellten Person unter diesem Aspekt.

3. Aus Platons Dialog „Phaidon" ergibt sich, dass Selbstmord nicht erlaubt ist, weil „die Götter für uns sorgen und wir Menschen eines ihrer Besitztümer sind". Informieren Sie sich auch über die Position der christlichen Kirchen zum Selbstmord und bewerten Sie anschließend Platons Position.

4. Informieren Sie sich über „aktive" und „passive Sterbehilfe" und grenzen Sie die Problematik der Sterbehilfe vom Selbstmord ab.

5. Setzen Sie sich mit dem Problem auseinander, ob man Sterbehilfe zulassen sollte. Informieren Sie sich in diesem Zusammenhang auch über die Euthanasie der Nazis.

Krebspatientin starb an Überdosis eines Schlafmittels

Am Ende hat Chantal Sébire ihren Kampf für einen selbstbestimmten Tod offenbar doch noch gewonnen. Durch eine Überdosis Barbiturate ist die dreifache Mutter am 19. März aus dem Leben geschieden, wie die Tageszeitung „Le Figaro" berichtet.

Die Staatsanwaltschaft Dijon teilte mit, dass Chantal Sébire mit Hilfe starker Barbiturate Selbstmord verübt hat. „Wir bestätigen, dass Madame Chantal Sébire nicht eines natürlichen Todes gestorben ist, sondern durch eine Überdosis starker Barbiturate", erklärte Staatsanwalt Jean-Pierre Alacchi. Dabei handelte es sich um Medikamente aus der Tiermedizin, die „man nicht in einer Apotheke erhalten kann".

Alacchi ergänzte: „Wir haben im Blut eine tödliche Konzentration des Barbiturates Pentobarbital gefunden, das in einer dreifach tödlichen Dosis nachgewiesen wurde. Es handelt sich um ein schnell wirkendes Barbiturat, das nur sehr selten benutzt wird. Es wurde im Magen von Madame Sébire gefunden. Wir gehen deshalb davon aus, dass es oral zugeführt wurde." Alacchi erkärte, dass auf einem Löffel und an einem Glas in unmittelbarer Nähe von Chantal Sébires Leiche Spuren des Medikaments gefunden wurden.

Alacchi kündigte weitere Untersuchungen an, um herauszufinden, wie und mit wessen Hilfe Chantal Sébire in den Besitz dieses Medikaments gelangt sei. „Ich werde aber den menschlichen Aspekt dieses Falles nicht aus den Augen verlieren", ergänzte er.

Chantal Sébire war in ihrer Wohnung in Plombières-lès-Dijon tot aufgefunden worden, drei Tage, nachdem die französische Justiz ihren Antrag auf Sterbehilfe abgelehnt hatte.

Der Körper der 52-Jährigen wies keine äußeren Spuren von Gewaltanwendung auf. Um jede Legendenbildung zu verhindern, hatte die Staatsanwaltschaft in Dijon gegen Widerstände der drei Kinder und des Anwaltes eine Autopsie in Auftrag gegeben.

Bereits am 20. März war durchgesickert, dass die ehemalige Lehrerin Sébire nicht eines natürlichen Todes starb.

Bisher ist vollkommen unklar, wer der Krebspatientin im Endstadium die Medikamente beschafft haben könnte. Ihre älteste Tochter, die von Beruf Krankenschwester ist, hatte angegeben, den leblosen Körper der Mutter gefunden und dann einen Krankenwagen alarmiert zu haben.

Chantal Sébire hatte kurz vor ihrem Tod angekündigt, gegen das abschlägige Urteil zur Sterbehilfe keine Berufung einzulegen. Sie deutete allerdings an, sich Hilfe für ein würdiges Sterben suchen zu wollen. Eine Reise zum Sterben in die Schweiz oder nach Belgien war aufgrund des sehr schwachen Gesundheitszustandes nicht mehr möglich.

Lohse Henning, Paris: Krebspatientin starb an Überdosis eines Schlafmittels. http://www.spiegel.de/panorama/justiz/0,1518,druck-543751,00.html – Zugriff: 21.10.2008.

a Fassen Sie den Text zusammen.

b Informieren Sie sich über Chantal Sébire und stellen Sie Ihre Informationen dar.

c Diskutieren Sie den Wunsch von Frau Sébire nach Sterbehilfe und informieren Sie sich über die rechtliche Situation in Frankreich und in Deutschland.

d Erläutern Sie den Hinweis „Ich werde aber den menschlichen Aspekt dieses Falles nicht aus den Augen verlieren" des zuständigen französischen Staatsanwalts und nehmen Sie Stellung.

e Diskutieren Sie die Behauptung „Der Mensch darf niemals Selbstmord begehen!" in einem Sokratischen Gespräch.

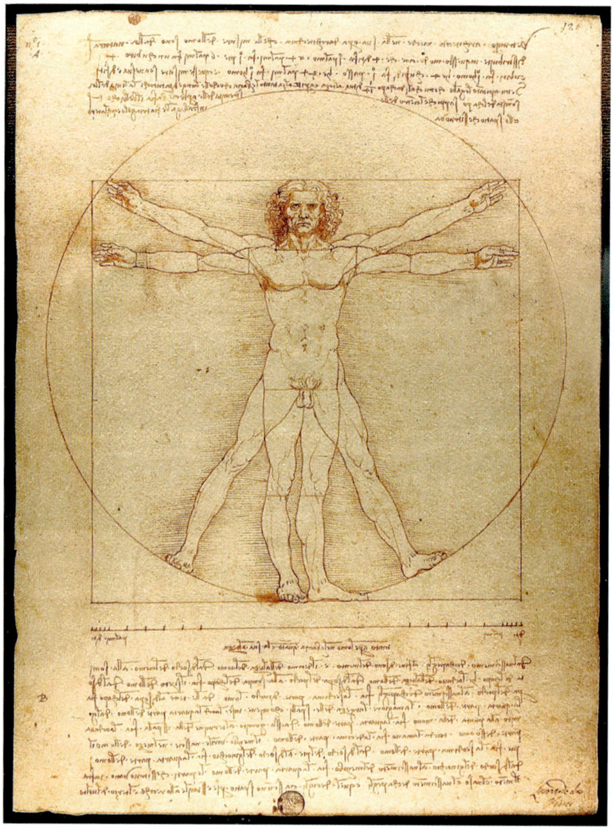

1. Beschreiben Sie das Bild.

2. Dabei handelt es sich um die Proportionsstudie von Leonardo Da Vinci, die als „Der vitruvinische Mensch“ berühmt wurde. Informieren Sie sich über den römischen Architekten, Ingenieur und Schriftsteller Vitruv und über Leonardo Da Vincis Interesse an ihm.

3. „Hinsichtlich der glänzenden Gründungsversuche, die uns in den Wissenschaften und der Technik gelingen, spiegelt die Verfassung den Versuch, uns zunächst in einem Abgrund anzusiedeln. Wissenschaft und Technik müssen vor dem Menschen halt machen. Er ist letztlich nicht der Gegenstand, sondern der Widerstand zu allen Verhältnissen. Wenn er sich dies getraut zu sagen, wenn die Verfassung als der Gesamtrahmen der res publica sich auf den Menschen stellt, nicht auf ein Wesen oder bestimmtes Bild, vielmehr auf die Menschlichkeit schlechthin, dann lösen wir uns von allen konkreten Bildern. Das Bild wird diffus und ist damit das uns wirklich zeigende Urbild des Menschen. Dem entspricht die Formulierung:
Die Würde des Menschen ist unantastbar.“
Baruzzi, Arno: Europäisches Menschenbild und das Grundgesetz für die Bundesrepublik Deutschland, Freiburg/München 1979, S. 112.
Fassen Sie den Text von Arno Baruzzi zusammen. Versuchen Sie den Kerngedanken des Textes in einem Satz auszudrücken.

4. Diskutieren Sie die Konsequenzen für den Würdebegriff.

5. Vergleichen Sie die Positionen von Balthasar und Baruzzi.

Die Würde als Grenze: Eine philosophische Bestimmung

Die Würde ist zunächst einmal ein Ideal. Das bedeutet: Würde ist nichts, was ich empirisch nachweisen könnte. In dem Zitat von Hans Urs von Balthasar war ja davon die Rede, dass man mit der Würde umgehen kann, dass man sie annehmen oder sich davon distanzieren kann, dass man darauf verzichten kann. Würde ist also nicht *etwas* im Sinne eines anthropologischen Merkmales. Es lässt sich nicht unter dem Mikroskop finden oder in sonstigen naturwissenschaftlichen Nachweisen. Aber es ist etwas, was ich als Ideal annehmen und womit ich umgehen kann. Insofern könnte man sagen: Würde ist Gegenstand eines Verhaltens, eines Sich-Verhaltens, also eine Haltung, ein *ethos*. Würde ist eine Haltung im Sich-Verhalten. In dieser Haltung im Sich-Verhalten kann ich mit der Würde umgehen. Ich kann sie annehmen, d.h. ich kann mir oder dem anderen diese Würde zusprechen. Ich kann ihr gegenüber aber auch gleichgültig sein und ich kann sie ablehnen. Das sind Umgangsformen, Verhaltensformen, mit einem Ideal, wobei ich dieses Ideal nicht als konkrete empirische Tatsache nachweisen kann.

Einerseits haben wir also einen Umgang mit diesem Ideal. Und indem ich mit diesem Ideal umgehe und indem es ein Teil meines Verhaltens wird, ist es auch gleichzeitig die Basis meiner Handlungen. Das heißt: dieses Verhalten, diese Haltung, dieses *ethos* wird Teil meiner Handlung, bestimmt die Handlung mir und dem Anderen gegenüber grundsätzlich. Man könnte durchaus sagen, dass das Ideal die Handlung systematisiert.

Der Begriff der Würde eignet sich also durchaus zur Systematisierung der Ethik als einer Lehre, die gelingendes, glückendes Leben zum Ziel hat.

Schauen wir uns eine solche durch das Ideal der Würde bestimmte Handlung zunächst einmal in rein formaler Hinsicht an. Formal ist diese Handlung zunächst einmal in dem Sinne, dass ich mich zu mir selbst verhalte. Dieses Verhältnis ist analog dem Verhältnis zu einem Du. Indem ich mir die Würde zuspreche oder abspreche, habe ich im eigenen Ich ein Gegenüber. Es entsteht gleichsam ein innerer Dialog. In diesem inneren Dialog kommt es entweder zu Anerkennung oder zur Aberkennung der Würde. Der dritte Schritt im Sinne einer Systematik ist das Bekennen. Bekennen ist eine Haltung. Es ist der Ausdruck dieser Haltung.

In dieser Systematik haben wir also zunächst das Erkennen, welches auf die Weise der spekulativen Philosophie erfolgt. Nach diesem Erkennen folgen ein Anerkennen (oder Aberkennen) und ein Bekennen. Das sind systematische Vollzüge, die auf der Basis eines Ideals geschehen bzw. die ein Ideal zur Grundlage haben. Hier geschieht also nichts, was man biologisch nachweisen könnte. Denn Basis dieses Sich-Verhaltens ist ein Ideal.

Grätzel, Stephan: System der Ethik. Existenzielle Fragestellungen der Praktischen Philosophie, Band I, London 2006, S. 54ff.

a Exzerpieren Sie den Text.

b Entnehmen Sie dem Text die Bedeutung des Begriffs „Würde".

c Informieren Sie sich über das christliche Gebot der Nächstenliebe und vergleichen Sie dieses Gebot mit dem Würdebegriff aus dem Text.

d Entnehmen Sie dem Text die möglichen Formen des Umgangs mit der Würde.

e Erklären Sie, inwiefern sich der Begriff der Würde zur Systematik der Ethik als einer Lehre, die gelingendes, glückliches Leben zum Ziel hat, eignet. Geben Sie diese Systematik wieder.

f Lesen Sie den kurzen Text von Arno Baruzzi: Entspricht der im Text von Stephan Grätzel entwickelte Würdebegriff den Anforderungen, die Baruzzi formuliert?

g Bewerten Sie den Würdebegriff im Hinblick auf seine Leistungsfähigkeit für die Medizinethik.

Reflexion der Medizinethik

1.
a Fassen Sie den einleitenden Text „Medizinethik: Anfang und Ende menschlichen Lebens" zusammen.
b Entnehmen Sie dem Text die Bedeutung der Medizinethik für das Handeln von Ärzten und Pflegepersonal.
c Informieren Sie sich über die Patientenverfügung und stellen Sie Ihre Informationen dar.
d Erläutern Sie die Bedeutung des Selbstbestimmungsrechts für die Medizinethik.
e Informieren Sie sich über den Eid des Hippokrates und erläutern Sie, inwiefern die darin enthaltenen medizinethischen Grundwerte relativiert wurden.
f Entnehmen Sie dem Text die Aufgaben der „helfenden Berufe" in Vergangenheit und Gegenwart.
g Erläutern Sie die Veränderungen in der Medizinethik, die sich durch den Fortschritt in der Medizin ergeben.
h Erklären Sie den Zusammenhang zwischen allgemeiner Ethik und Medizinethik.
i Vergleichen Sie Medizinethik und Bioethik im Hinblick auf ihre unterschiedlichen Fragestellungen.

2. Die Reproduktionsmedizin verändert das Verhältnis zum Kind insofern, als der Kinderwunsch in der assistierten Fortpflanzung intensiviert erlebt wird, das Kind „erarbeitet" werden muss, bevor es als Geschenk erfahren werden kann. Aber erst die Gendiagnostik bringt die Radikalität der Veränderung auch gesellschaftlich zum Vorschein, indem das „Geschenk" eines Kindes mit einer Art „Rückgaberecht" verbunden wird.

Haker, Hille: Verantwortliche Elternschaft, in: Graumann, Sigrid (Hg.): Die Genkontroverse. Grundpositionen, Freiburg 2001, S. 181.

a Entnehmen Sie dem Text, inwiefern die Reproduktionsmedizin das Verhältnis zum Kind verändert.
b Erläutern Sie, inwiefern das Kind „erarbeitet" werden muss. Informieren Sie sich eventuell noch einmal über Techniken, die in der Reproduktionsmedizin angewandt werden.
c Erläutern Sie, inwiefern das Geschenk eines Kindes mit einer Art „Rückgaberecht" verbunden wird.
d Bewerten Sie die im Text geschilderten Veränderungen des Verhältnisses zum Kind. Gehen Sie dabei folgendermaßen vor:
  1 Diskutieren Sie, ob der Text realistisch ist.
  2 Nehmen wir an, der im Text geschilderte Sachverhalt trifft zu: Bewerten Sie diese Veränderungen.

3. Mit der Überschrift „Pflege im Notstand" wurde in einer Fernsehzeitschrift eine Sendung angekündigt. Im Text dazu hieß es: „Für 15 Patienten hat ein Pfleger zehn Minuten Zeit. 50.000 Stellen wurden in den letzten Jahren abgebaut."

a Informieren Sie sich über das Schlagwort „Pflegenotstand".
b Überprüfen Sie die Informationen durch eigene Recherche.
c Diskutieren Sie die medizinethischen Aspekte dieses Problems.
d Versetzen Sie sich in die Lage eines Patienten bzw. einer Patientin: Was empfindet er oder sie bei dieser „Pflege"?
e Diskutieren Sie Vorschläge, wie sich die Situation verbessern ließe. Informieren Sie sich dazu beispielsweise auch auf der Seite der Bundeszentrale für Politische Bildung *(http://www.bpb.de/wissen/LP52Z0,0,0, Kosten_und_Finanzierung.html – Zugriff: 03.05.2008)* über die Kosten des Gesundheitssystems und seine Finanzierung. Stellen Sie Ihre Informationen dar.

f Durch verschiedene Reformen im Gesundheitssystem hat man versucht, die Kostenexplosion in den Griff zu bekommen. Informieren Sie sich darüber (beispielsweise auf der Seite *http://www.die-gesundheitsreform.de/index.html – Zugriff: 03.05.2008)*. Stellen Sie Ihre Informationen dar.
g Diskutieren Sie Möglichkeiten eines „gerechten" Gesundheitssystems: Was sollte in diesem Zusammenhang „Gerechtigkeit" bedeuten? Sollte man das System nach dem Prinzip der Leistungs- oder dem der Verteilungsgerechtigkeit organisieren?

4. Die Freiburger Universitätsklinik hat im Mai 2007 eine Untersuchungskommission beauftragt, die Dopingvorwürfe gegen zwei Ärzte des Klinikums zu prüfen.

a Informieren Sie sich über diesen Fall.
b Diskutieren und bewerten Sie ihn mit der Methode der Ethischen Analyse.

6. Reflexion der Bereichsethiken

1.
a Exzerpieren Sie den einleitenden Text „Bereichsethiken" (S. 157f.).
b Erläutern Sie ausführlich die Problematik der Anwendung in den Bereichsethiken und grenzen Sie diese „Anwendung" von den „Anwendungen" in den Naturwissenschaften ab.
c Informieren Sie sich über die Arbeit der Ethikkommissionen.
d Erklären Sie, inwiefern die Arbeit dieser Kommissionen die Gesellschaft entlastet, aber auch, welche Probleme mit dieser Arbeit verbunden sind.
e Formulieren und diskutieren Sie Vorschläge zum Umgang mit diesen Problemen.
f Erläutern Sie auch aus dem fachlichen Zusammenhang, nämlich aus dem Spannungsfeld von Können, Müssen und Dürfen, die Orientierungsfunktion der Ethik.

2.
a Wählen Sie aus dem Abschnitt „Allgemeine Ethik" eine ethische Theorie aus und diskutieren Sie deren Beitrag zur Orientierung in einem gesellschaftlichen Handlungsfeld, das Ihnen (bzw. Ihrer Lerngruppe) besonders wichtig ist.
b Schreiben Sie als persönliche Zusammenfassung einen Essay zum Thema „Die Problematik des Begriffs ‚Würde' und seine Bedeutung für die Diskussion moralischer Fragen".

Dazu ein Hinweis: Für Otfried Höffe ist die unantastbare Menschenwürde ein schlechthin höchstes Prinzip, also ein Axiom oder ein Superlativ zweiter Stufe. Sie bilde das Leitprinzip von Recht und Moral, das gegen keinen anderen Anspruch eingeschränkt oder auch nur abgewogen werden dürfe. Daneben gebe es Superlative erster Stufe. An Superlativen zweiter Stufe müssten die Superlativen erster Stufe Maß nehmen. Zu den Superlativen erster Stufe zählt er die Menschenrechte. Bei ihnen könne es vorkommen, dass eine Güterabwägung vorgenommen werden müsse, die das eine Menschenrecht im Namen des anderen einschränkt.

Setzen Sie sich mit der Position Höffes auseinander. Bedenken Sie in diesem Zusammenhang auch seine Warnungen vor einem „inflationären Gebrauch" des Würdebegriffs und klären Sie die Frage, inwiefern diese Warnungen berechtigt sind.

3.

a Erläutern Sie die grundlegende Bedeutung der Sozialethik für die Gesellschaft.

b Vom Propheten Mohammed wird folgende Begebenheit berichtet: Der Prophet kam mit einem seiner Begleiter in eine Stadt, um zu lehren. Bald gesellte sich ein Anhänger seiner Lehre zu ihm: „Herr! in dieser Stadt geht die Dummheit ein und aus. Die Bewohner sind halsstarrig. Man möchte hier nichts lernen. Du wirst keines dieser steinernen Herzen bekehren." Der Prophet antwortete gütig: „Du hast recht!" Bald darauf kam ein anderes Mitglied der Gemeinde freudestrahlend auf den Propheten zu: „Herr! Du bist in einer glücklichen Stadt. Die Menschen sehnen sich nach der rechten Lehre und öffnen ihre Herzen deinem Wort." Mohammed lächelte gütig und sagte wieder: „Du hast recht!" „Oh, Herr", wandte da der Begleiter Mohammeds ein: „Zu dem ersten sagtest du, er habe recht. Zu dem zweiten, der genau das Gegenteil behauptet, sagst du auch, er habe recht. Schwarz kann doch nicht weiß sein." Mohammed erwiderte: „Jeder Mensch sieht die Welt so, wie er sie erwartet. Wozu sollte ich den beiden widersprechen. Der eine sieht das Böse, der andere das Gute. Würdest du sagen, dass einer von den beiden etwas Falsches sieht, sind doch die Menschen hier wie überall böse und gut zugleich. Nichts Falsches sagte man mir, nur Unvollständiges."

Peseschkian, Nossrat: Der Kaufmann und der Papagei. Orientalische Geschichten als Medien in der Psychotherapie, Frankfurt am Main 1979, S. 28.

Entwickeln Sie mit Hilfe des Textes eine Vorgehensweise für die Diskussion bereichsethischer Fragen.

Gehen Sie dabei folgendermaßen vor:

1 Geben Sie den Text in eigenen Worten wieder.

2 Erläutern Sie, inwiefern es im Text auch um Wahrheit geht.

3 Erklären Sie, was unter „Wahrheit" verstanden wird und nehmen Sie Stellung zu diesem Wahrheitsbegriff.

4 Entnehmen Sie dem Text die Grundsätze, die zur Wahrheit führen.

5 Untersuchen Sie, ob das oben charakterisierte „Sokratische Gespräch" (vgl. Abschnitt „Didaktische Orientierung") die identifizierten Grundsätze berücksichtigt.

6 Bewerten Sie das „Sokratische Gespräch" im Hinblick auf seine Brauchbarkeit für die Diskussion bereichsethischer Fragen. Untersuchen Sie gegebenenfalls auch die Frage, ob und wie man es modifizieren müsste.

4 Diskutieren Sie diesen Fall durch Anwendung von mindestens zwei der obenstehenden Reflexionsmethoden in Ihrer Lerngruppe. – Ordnen Sie die hier entdeckte Problematik in den Zusammenhang der bereichsethischen Fragestellungen ein (vgl. einführenden Text zum Abschnitt „Bereichsethiken").

+ + + faz.net + + + 22. Februar 2003 + + + faz.net+ + + 22. Februar 2003 + + + faz.net+ + +

Koch äußert Verständnis für Gewaltandrohung

In der Diskussion um die Grenzen der Polizeimethoden hat Hessens Ministerpräsident Roland Koch (CDU) Verständnis für das Verhalten des Frankfurter Polizei-Vizepräsidenten Wolfgang Daschner geäußert. Der unter Druck geratene Daschner geht unterdessen noch einen Schritt weiter und fordert eine gesetzliche Erlaubnis zur Anwendung von Gewalt im Verhör. Derweil äußerte sich die Gewerkschaft der Polizei (GdP) in Hessen entsetzt über das Verhalten des Polizeivize. Daschner hatte in einem Polizeiverhör dem mutmaßlichen Mörder und Entführer des Bankierssohns Jakob von Metzler Gewalt angedroht.

Polizei-Vizepräsident Wolfgang Daschner erhielt Rückendeckung von Koch: „Ich persönlich halte Daschners Verhalten in dieser schlimmen Konfliktsituation, in der er Leben retten wollte, für menschlich sehr verständlich." Eine juristische Überprüfung sei in einem Rechtsstaat selbstverständlich. Daschner forderte unterdessen, Gewalt „als letztes Mittel" in Verhören zuzulassen. Koch sagte, Daschner habe in einer schlimmen Situation für sich eine Entscheidung getroffen, in der er die letzte Chance sah, den entführten Jungen zu finden. Der Polizei-Vize hatte dem mutmaßlichen Mörder und Entführer des Bankierssohns Jakob von Metzler im Polizei-Verhör Gewalt androhen lassen.

Daschner forderte eine Gesetzesänderung. „Die Anwendung von Gewalt als letztes Mittel, um Menschenleben zu retten, müsste auch im Verhör erlaubt sein", sagte Daschner. Er habe sich zwar in einer juristischen Grauzone bewegt, aber er könne sich nicht vorstellen, dass er angeklagt und verurteilt werde. Sein Verhalten sei sowohl von der polizeilichen Gefahrenabwehr als auch durch den akuten Notfall rechtlich abgedeckt. Seine damalige Entscheidung würde er auch heute wieder so treffen, betonte Daschner. Es sei darum gegangen, den Aufenthaltsort des gekidnappten Bankierssohns zu erfahren. Die Wahrheit über den Verbleib des Kindes habe man auf normalem Weg nicht erfahren können. Täglich meldeten sich Hunderte, die ihn in seinem Vorgehen bestärkten, sagte Daschner.

Nach seiner eigenen Schilderung hatte Daschner dem mutmaßlichen Täter während des Verhörs androhen lassen, ihm würden notfalls starke Schmerzen zugefügt, wenn er den Aufenthaltsort des entführten Bankierssohnes nicht preisgebe. Er sei entschlossen gewesen, dies auch in die Tat umzusetzen. Dafür habe ein Kampfsportlehrer der Polizei bereit gestanden. Es sei der Polizei in erster Linie um das Leben des Jungen gegangen. „Auch vom Einflößen einer Wahrheitsdroge war die Rede. Das war alles mit mir abgesprochen", sagte Daschner.

http://www.faz.net/s/RubA24ECD630CAE40E483841DB7D16F4211/ Doc~E522E764FE90541489905F585BBF0CEFF~ATpl~Ecommon~Scontent.html – Zugriff: 21.04.2008.

Gehen Sie dabei beispielsweise so vor:

1 Führen Sie eine „Ethische Analyse" durch.

2 Wenden Sie die „Dilemmadiskussion" an.

Hinweis:

- Schreiben Sie zuerst den Bericht so um, dass die Konfliktsituation des Wolfgang Daschner deutlich wird.
- Verfahren Sie im Anschluss nach oben stehendem Ablaufplan.

3 Bewerten Sie beide Methoden im Hinblick auf ihre Brauchbarkeit für die Diskussion des vorliegenden Falles.

4 Bewerten Sie die Stellungnahme des damaligen Ministerpräsidenten Koch.

5 Erläutern Sie die weltweite Diskussion über die Anwendung der Folter. Informieren Sie sich vorab über den Zusammenhang mit dem 11. September 2001 (beispielsweise durch eine Recherche im Internet).

b Ordnen Sie die im Zusammenhang mit dem Fall Daschner diskutierte Problematik in den Zusammenhang der bereichsethischen Fragestellungen ein.

Quellenverzeichnis

30 Pieter Brueghel d. Ä., Der Sturz des Ikarus, um 1558

38 Eigenes Foto

40 Hieronymus Bosch, Das Jüngste Gericht, um 1500

42 Michael Pacher, Der heilige Wolfgang und der Teufel, um 1483

44 Tommaso Cassai, genannt Masaccio, Die Heilige Dreifaltigkeit, 1426/27

46 Eigene Grafik

48 © ALIMDI Deisenhofen 2009

50 Lucys Skelett, Senckenberg-Museum, Frankfurt/M.

52 Busch, Wilhelm: Lehrer Lämpel aus: Max und Moritz.

54 http://upload.wikimedia.org/wikipedia/commons/5/5b/Reichstag_Giebel2.jpg (Zugriff: 06.12.2008)

56 http://upload.wikimedia.org/wikipedia/commons/2/29/Mother-Child_face_to_face.jpg (Zugriff: 26.12.2008)

58 Langer/CCC.www.c5.net

60 © Horst Günter Koch

62 Eigene Grafik

64 © Oswald Huber, Fribourg/Schweiz

66 Paquet, Marcel: René Magritte. 1898–1967. Der sichtbare Gedanke. Köln: Taschen Verlag 1993. S. 66 (Die Beschaffenheit des Menschen, 1935)

74 Warschauer Ghetto, © ullstein bild

76 Pieter Brueghel d. Ä., Der Sturz des Ikarus, 1558

78 Albrecht Dürer, Der heilige Martin, um 1494

80 Jacques-Louis David, Der Tod des Sokrates, 1787

82 © Johannes Grüger, Düsseldorf

88 Bartolomé Esteban Murillo, Mariä Himmelfahrt, um 1675

90 http://upload.wikimedia.org/wikipedia/commons/1/1e/Apple_II.jpg (Zugriff: 29.12.2008)

92 © dfd Deutscher Fotodienst GmbH, Berlin

94 Francisco de Goya y Lucientes, Erschießung der Aufständischen am 3. Mai 1808 in Madrid, 1814

96 Eigenes Foto

100 Albert Schweitzer, Buchcover

102 http://upload.wikimedia.org/wikipedia/commons/0/0f/Nilpferd_auftauchend_0505012_.jpg (Zugriff: 01.12.2008)

104 Eigenes Foto

106 Eigenes Foto

108 Raffael, Schule von Athen, 1510

110 Johann vom Kreuz, Karmelitenkloster in Segovia, 17. Jahrhundert

116 T. E. Rosenthal, Segen der Arbeit, 1908

118 ohne Titel, © Thomas Plaßmann

120 Eduard Kaiser, Kaiserin Elisabeth, um 1855

122 http://upload.wikimedia.org/wikipedia/commons/c/c5/Morocco_Africa_Flickr_Rosino_December_2005_84514010_edited_by_Buchling.jpg (Zugriff: 19.04.2008)

124 Jacoby, Edmund (unter Mitarbeit von Ulrike Braun): 50 Klassiker Philosophen. Denker von der Antik bis heute. Hildesheim (Gerstenberg Verlag) 2. Aufl. 2002. S. 282 (Rechte: AKG, Berlin)

132 Albrecht Dürer, Der Zeichner des liegenden Weibes, 1538

134 http://upload.wikimedia.org/wikipedia/commons/1/19/Antonello_da_Messina_058.jpg (Zugriff: 30.05.2009 – Antonello da Messina: Bild eines Mannes (1473), National Gallery, London)

136 Christus Pantokrator, Hagia Sophia, 12. Jahrhundert

138 http://rhein-zeitung.de/on/98/08/11/topnews/glad1.html (Zugriff: 17.10.2008) (Foto: AP)

144 Bäckertaufe, Brotmuseum Ulm

146 Tommaso Cassai, genannt Masaccio, Vertreibung aus dem Paradies, 1427

148 Hyacinthe Rigaud, Ludwig XIV., 1701

150 Der Volksgerichtshof mit Roland Freisler, mit freundlicher Genehmigung der Gedenkstätte Deutscher Widerstand

152 Raffael, Das Urteil Salomons, 1518–1519

164 Zahntempel in Kandy, Indien

166 Aufstand der Tibeter in Lhasa 2008, AFP

168 http://upload.wikimedia.org/wikipedia/commons/6/66/Animal_Transport.JPG (Zugriff: 12.12.2008)

170 Ssemjon Fedorowitsch Uschakow, Der Erzengel Gabriel, 2. Drittel 17. Jahrhundert

172 © Philip Schumann 1929

174 Vincent van Gogh, Der barmherzige Samariter, 1890

176 http://upload.wikimedia.org/wikipedia/commons/3/3e/Temple_Mount_Western_Wall_on_Shabbat_by_David_Shankbone.jpg (Zugriff: 30.12.2008)

178 Eigene Grafik

180 Tor des Konzentrationslagers Auschwitz

182 Karikatur von Charles Darwin, London Sketchbook, 1874

184 http://upload.wikimedia.org/wikipedia/de/b/b2/Hamas_Sea_to_Rever.jpg (Zugriff: 12.12.2008)

186 Rahel Varnhagen von Ense, 1771–1833

188 http://upload.wikimedia.org/wikipedia/commons/4/41/Bar_Mitzvah_Western_Wall.jpg (Zugriff: 30.12.2008)

190 Bartolomé Esteban Perez Murillo, Heilige Familie mit dem Johannesknaben, 2. Drittel 17. Jh.

192 http://upload.wikimedia.org/wikipedia/commons/e/e8/Woman_walking_in_Afghanistan.jpg (Zugriff: 03.05.2008)

202 William Holman Hunt, The Scapegoat, 1854

204 Francisco de Goya y Lucientes, Der Schlaf der Vernunft gebiert Ungeheuer, 1797/98

206 Roth, Gerhard, Das Gehirn und seine Wirklichkeit. 2. Aufl. Frankfurt/M. 1995, Suhrkamp, S. 241

208 Schützenfest Hannover, © HAJ 9. Juli 2006

210 Der millionste Gastarbeiter 1964; http://www.planet-wissen.de/pw/showdocument,,,,,,,,,,,,,,,,AE3780794F136D05E034080009B14B8F,,,.html (Zugriff: 25.10.2005)

212 © Fritz Arnold, aus der Serie „...gegen Gewalt und Fremdenhass", Verein Für Kommunalwissenschaften e.V. Berlin, 1993

214 http://upload.wikimedia.org/wikipedia/commons/archive/d/d5/20090227025322%21Brandanschlag_solingen_1993.jpg (Zugriff: 06.04.2009)

222 W. Lindner, Bei der Arbeit, o.J.

224 Eigene Grafik

226 Eigene Grafik

228 Wall Street, New York 1929, Foto: AP

230 DIE ZEIT 21/2006, S. 29

236 Caspar David Friedrich, Der Mönch am Meer, 1808–1810

238 Links: James Watson und Francis Crick, „A Structure for Deoxyribose Nucleic Acid", veröffentlicht am 25. April 1953 in „Nature",von Odile Crick gezeichnet. © Nature, rechts: eigene Grafik

240 Gedenkstätte Hadamar, Archiv des Landeswohlfahrtsverbandes Hessen

242 Jan Brueghel, Das irdische Paradies, 1607

244 Bild in: Müller, Josef: Der katholische Hausschatz. Ein Wegweiser und Erbauungsbuch für alle Stände. Verlag christlicher Literatur M. O. Groh Dresden-N. 6 o. J. S. 455

250 Fötus, 10–11 Wochen, 3,0–3,5 cm; © Lennart Nilsson

252 http://upload.wikimedia.org/wikipedia/commons/7/78/Intensivstation_%2801%29_2007-03-03.jpg (Zugriff: 21.10.2008)

256 Albrecht Dürer, Melencolia, 1514

258 Leonardo da Vinci, Der vitruvianische Mensch, 1492